FRANCK FERRAND

DICTIONNAIRE AMOUREUX DE VERSAILLES

Dessins d'Alain Bouldouyre

Plon
www.plon.fr

Collection dirigée
par Jean-Claude Simoën

12, avenue d'Italie
75013 Paris
Tél. : 01 44 16 09 00
Fax : 01 44 16 09 01
www.plon.fr

ISBN : 978-2-259-21189-5

À mon cousin Guillaume,
amoureux de Versailles

Introduction

C'est un livre qui aura décidé de ma passion. Pas une édition rare, pas un coûteux album orné de planches hors-texte ; pas même un de ces monuments de papier que les vieux maîtres – les Nolhac, les Verlet – ont consacrés au monument de pierre… Non. Le livre dont il s'agit est un simple manuel illustré de cent soixante pages, publié par la maison Nathan et signé d'un auteur abonné, après la guerre, aux précis pédagogiques : A. de Montgon – le « A » valant pour Adhémar.

Ma mère conservait ce trésor dans un placard. Elle me le confia en toute solennité, un soir où j'étais rentré de l'école, grisé par une leçon sur Louis XIV et sa cour. Maquette austère, en noir et blanc, sous une couverture cartonnée : l'ouvrage aurait eu de quoi rebuter un enfant de sept ou huit ans. Mais, outre l'à-propos de son irruption dans ma vie, il se trouva ennobli à mes yeux par une étiquette blanc et bleu qui, fixée par un point de colle à sa première garde, portait la mention : *Collège de la Providence – prix d'excellence 1957*.

Je le feuillette en écrivant ces lignes…

Habituellement, j'évite de l'ouvrir, afin de préserver le peu qu'il reste de son parfum : une effluence délicate et suave, comme un bouquet chanci d'encre, de cire et de pourriture noble. Cette odeur a perdu de sa force ; j'en ménage d'autant plus les traces, comme un collectionneur s'interdirait de contempler au grand jour une mine de plomb déjà très effacée.

Ce qui me frappe, en retrouvant ses illustrations familières, c'est l'espèce de torpeur qui s'en dégage. Goût de la solitude ou recherche de l'épure ? Les enfilades vides, les perspectives inhabitées, les escaliers dépeuplés de ce palais nourrissent ma rêverie. La Grande galerie, dans son dénuement d'alors, comme les allées désertes aux limites du Petit Parc, ravivent mes songes d'enfant. Nul ne s'aviserait de troubler une telle solitude, si ce ne sont quelques figures fantomatiques, échappées de documents d'époque : gravures de fêtes, scènes et portraits de cour venant à l'appui du texte…

Car M. de Montgon – en bon gendre de G. Lenotre – s'épanouit dans l'historiette royale et nous apprend comment Louis XIV reprit un jour Louvois sur les dimensions d'une croisée, comment les valets de Louis XV s'amusaient parfois aux dépens de son chat blanc, comment les poufs *à la sultane*, *aux sentiments*, *à la Carmélite*, *au Trésor royal* ornèrent, tour à tour, le chef de Marie-Antoinette… Aucun architecte dans ces lignes, pas de peintre ni de jardinier ! Seulement des rois, des princesses, de beaux seigneurs et de gentes dames… Au vrai, c'est où réside sans doute la magie du manuel de mon enfance : dans la peinture élégiaque d'un Versailles éternel, décor immanent d'événements sans ombre. En somme, un endroit hors du temps, à l'abri des atteintes du réel – comme ces tableaux officiels qui magnifient la bataille en escamotant ses à-côtés pénibles.

Pourtant, le véritable Versailles n'est pas dépourvu d'imperfections. J'ai pu l'éprouver dès octobre 1978, lors d'une visite attendue et préparée comme un pèlerinage. Habitué par les photos à la roideur unie des façades de pierre, côté jardins, je fus tout d'abord heurté par l'imparfaite imbrication des façades de brique, côté ville. Je devais remâcher longtemps la déception de cette première approche, par temps maussade. Et d'emblée, sans me l'avouer, je me rangeai à l'avis du plus fameux censeur de Versailles : je trouvai, comme Saint-Simon, de la monotonie à « ces vastes ailes qui s'enfuient sans tenir à rien », peu d'attrait à cette chapelle écrasant de sa hauteur les autres édifices, et donnant « de partout la représentation d'un immense catafalque ». Pour ajouter au désenchantement, des hordes de badauds, ce matin-là, battaient le pavé gris… Où était donc la belle solitude promise par mon manuel ? Quant aux intérieurs de la demeure, c'est peu de dire qu'ils me désappointèrent ; je me revois, errant comme un égaré, au sein d'immenses décors, ternes à mes yeux d'enfant et entièrement démeublés.

Après cela, comment expliquer la soif de découverte qui, de retour à la maison, s'est malgré tout emparée de moi ? Déni de la réalité ? Intuition d'un effort à fournir pour accéder à des merveilles ? Cherchant peut-être à combler la distance entre mes rêves et la réalité, je me promis de tout apprendre de ce palais et de son histoire. Je sentais qu'entre Versailles et moi ce n'était encore que le début d'une aventure amoureuse, fondée comme beaucoup de ces histoires-là sur une première rencontre manquée – comme si, en fin de compte, c'étaient les tares de Versailles qui m'en avaient fait désirer les beautés. N'est-ce pas, à la réflexion, le lot des très grands sites que d'être ainsi altérés d'éléments inégaux, parfois saillants, où vient s'accrocher la vie ? Ce sont les défauts du verre qui donnent ses bulles au champagne… Rien de moins lisse après tout, dans d'autres domaines, que les univers foisonnants et rugueux d'un Shakespeare, d'un Wagner ou d'un Picasso… C'est ainsi : Versailles se serait montré moins imparfait à mes yeux, il n'aurait peut-être pas exercé sur moi le même charme.

Ernest Renan a évoqué ce paradoxe. Précisons que le chantre des grandes choses n'aimait pas Versailles ; dans *L'Avenir de la Science*, il est allé jusqu'à établir un lien entre le fleuron de l'ancienne France et « l'abrutissement du peuple, l'arbitraire et le caprice, les intrigues de cour et les lettres de cachet, la Bastille, la potence et les Grands Jours ». Seulement Renan ajoutait : « Je préférerais, pour ma part, le siècle de Louis XIV bien qu'il soit très antipathique à mon goût individuel, à un état parfaitement régulier, où tous les intérêts seraient assurés, toutes les libertés respectées, où chacun vivrait à son aise, ne créant rien, ne fondant rien, ne produisant rien. Car le but de l'humanité n'est pas que les individus vivent à l'aise, mais que les formes belles et caractérisées soient représentées et que la perfection se fasse chair. »

Plus de trois décennies durant, je devais consacrer à la contemplation de ces *formes belles et caractérisées*, à la compréhension de cette *perfection faite chair*, la meilleure part de mon énergie. Vivant d'abord loin de l'objet de ma passion, il me faudrait emprunter, puis acheter, bien des livres. Par la suite, installé à Paris pour mes études, je ferais souvent l'école buissonnière pour venir confronter le fruit de mes lectures à la Matrice. Avec quelle joie désormais je prendrais place, le plus souvent possible, dans le petit train qui, par Meudon et Chaville, longe des coteaux couverts de vergers, emprunte des tunnels en meulière et s'enfonce dans la banlieue sud-ouest pour mieux remonter le temps !

En 2000, je finis par céder vraiment à l'appel des ifs taillés, et par m'enraciner aux marches du domaine. Je pus connaître alors les délices de ceux qui, profitant de Versailles à toute heure, en toute saison, finissent par respirer à son rythme. Une infinité de détails, dans le parc notamment, ne se révèlent bien qu'à la centième promenade, lorsque vous croyez tout connaître d'une allée et qu'elle vous livre un beau matin, comme pour vous confondre, un aspect inattendu : le socle d'une statue déplacée, les vestiges d'une palissade, quelques restes d'un abri de garde…

L'âme d'un lieu, c'est dans les moments creux qu'elle vient se livrer à vous, lorsque vous avez déposé les armes et oublié vos références. Ah, la joie de se promener à vélo hors des grilles, dans les confins du parc ! Le bonheur de s'asseoir où l'on veut dans l'herbe et de caresser du regard la margelle arrondie, moussue du Grand Canal, sous un ciel déchiré de nuages et saturé de moucherons ! Des amis se chamaillent dans l'air doux, l'écho de leurs rires me parvient assourdi ; le chien se jette à l'eau – déplorable habitude ; pas trop loin, la silhouette du Trianon du Marbre accroche des rayons dorés... Tout Versailles – tout *mon* Versailles – est dans ces suspensions du temps.

Avec les années, j'ai parfois sacrifié à la manie des experts. C'est ainsi : tout ce qui a trait au domaine attise ma curiosité... Des expositions, des colloques, des articles pointus, je me suis parfois acharné à extraire le suc – jusqu'à ce que cette obsession me rapproche, tout naturellement, des gardiens du Temple... Ce fut alors ma récompense que de pouvoir confronter une science encore fraîche – et, pour ainsi dire, une *philosophie* du site – à celle d'érudits qui, par carrière ou vocation, lui avaient dévolu leur vie.

L'une de mes grandes rencontres versaillaises fut celle de Gérald Van der Kemp et de son épouse, Florence, figures emblématiques de Versailles, au temps d'Adhémar de Montgon... Le sort a voulu que je passe chez eux, à Giverny, la première semaine de 2001 ; ce fut donc ma façon d'entrer dans le XXIe siècle... Le jeudi ou le vendredi – je ne sais plus bien – Florence a dû se rendre à Paris. Je déjeune donc en tête à tête avec Gérald. Vingt ans plus tôt, il a quitté son poste de conservateur en chef, dans des circonstances douloureuses ; aussi le capitaine ne s'épanche-t-il guère sur son passage à la barre du grand vaisseau, un bon quart de siècle pourtant. Comment le convaincre de surmonter cette réticence ?

C'est lui qui attaque ! Sans préliminaires.

— Eh bien, me lance-t-il alors qu'on apporte les hors-d'œuvre, que vouliez-vous donc savoir à propos de Versailles ?

— Tout.

— J'espère que vous avez du temps devant vous...

J'ai tout le temps nécessaire à l'épanchement d'une confession inouïe, testamentaire, sur les aspects les moins attendus d'un sujet que je croyais maîtriser. Le propos, qui vole de portrait en anecdote, d'analyse politique en notation d'esthète, n'est pas à l'abri d'erreurs historiques – bénignes à la vérité. Mais l'orateur fait oublier ses inexactitudes par une ampleur de vue et une sagacité hors du commun. Son grand regret : que la médiocrité des administrations ne lui ait pas permis de mener à bien tous ses projets. Le mien : ne pas oser prendre de notes, de crainte qu'une interruption, même fugace, ne rompe le charme et ne dissipe l'envie que le *French Curator* a eue de se livrer.

Tout en savourant ce monologue, je voyais, par la baie vitrée, tomber le jour sur le jardin de Claude Monet, dépouillé par l'hiver. Un mot me vint : *grandiose*. Ce qui me frappait, dans les termes choisis par Van der Kemp, dans la cohérence des sujets abordés, c'était le rapport inéluctable de Versailles avec la grandeur. J'écoutais cette voix du Commandeur me parler de noblesse, d'élévation, de rayonnement... Et je me demandai si la création de Louis XIV n'était pas, pour notre époque, *un peu ample* – comme aurait pu dire un tailleur délicat. Que j'aurais aimé, en cet instant, pouvoir payer de retour mon interlocuteur, et lui citer de mémoire cette réflexion d'Ernest Renan – encore lui : « Notre petit système de gouvernement bourgeois [...] est conçu au point de vue de l'individu, et n'a pu rien produire de grand. Louis XIV eût-il bâti Versailles s'il eût eu des députés grincheux pour lui rogner ses budgets ? »

J'ai commencé ce préambule en rouvrant le premier livre de ma vie ; j'aimerais l'achever en découvrant avec vous le dernier entré dans ma bibliothèque. C'est un bel exemplaire broché des années 1950, à la couverture bleu de France ornée d'un emblème solaire… Le *Versailles* de Jean de La Varende vient de me parvenir au courrier, et je dois, pour le feuilleter, couper délicatement des feuillets jamais encore séparés. La belle prose du vicomte normand me ravit ; sa nostalgie de l'Ancien Régime me parle. La Varende aussi s'attache à la grandeur… « Le style Louis XIV, écrit-il, dans son opulence, peut-être dans sa lourdeur, est né d'une TENDANCE INTIME À LA GRANDEUR ET À L'ÉCLAT, et en devient plus respectable encore. » Et, quelques pages plus loin : « Le cœur se serre quand on revient sur les constructions de la banlieue, après s'être imbibé de Versailles ; on se demande si le XIXe siècle n'a pas subi une sorte de maladie du pauvre et du laid. La race a-t-elle changé ? En mettant de côté toute espèce de luxe, pourquoi la plus humble masure des XVIIe et XVIIIe siècles garde-t-elle une dignité, un dessin, une humanité enfin, de tel aloi ? » Voilà, clairement exprimée, l'une des questions que je me serai le plus souvent posées.

Je l'aime, cette *dignité*, je la chéris, cette *humanité* propre aux créations des grands siècles. Et j'aimerais vous faire partager l'émoi ténu, mais délicieux, qui saisit l'amoureux de Versailles au creux de l'estomac, chaque fois qu'il perçoit ou croit percevoir, dans l'effet d'un rai de lumière sur telle boiserie de chêne, dans le détail grêlé de tel bronze de fontaine, dans tel rapport de perspective ou de jeu d'échelle invisible peut-être à d'autres qu'à lui, ce je-ne-sais-quoi de pur et franc qui émane de la maison des rois, à la manière du parfum d'encre s'échappant encore de mon vieux manuel : subtilement, fragilement, mais avec le pouvoir inentamé de vous chavirer l'âme.

A

Académie de Versailles

En exergue à ce livre, un *mea culpa*. En 2006, l'Académie de Versailles, après m'avoir décerné l'un de ses prix, m'a fait l'honneur de m'admettre à siéger à ses débats en qualité de *membre associé*. À l'approche de la quarantaine, c'était pour moi une sorte de consécration, comme la reconnaissance de mon vieil engagement en faveur de Versailles, de mon intérêt pour son histoire et son modèle de civilisation.

Comment expliquer, dans ces conditions, la désinvolture dont j'ai pu faire preuve à l'égard de cette vénérable compagnie ? Après avoir assisté, bien ponctuellement, à quelques séances solennelles et autres réunions et conférences, j'ai laissé la pression de mes activités parisiennes reprendre le dessus et me détourner d'une obligation qui, en vérité, n'en était pas une. J'ai moins souvent donné suite aux convocations de l'Académie, et me suis mis peu à peu, de moi-même, en congé de ses travaux. Regrettable négligence !

Fondée par Louis-Philippe en 1834, la Société des Sciences morales, des Lettres et des Arts de Seine-et-Oise s'était voulue d'emblée le pendant naturel, en ville, des nouvelles Galeries historiques du château ; elle s'inscrivait aussi dans le sillage d'une Société d'Agriculture et des Arts qui, instituée dès 1798, avait compté parmi ses membres d'illustres habitants du département : Bonaparte, propriétaire de la Malmaison, et Oberkampf, venu de sa manufacture de Jouy-en-Josas… Les séances de la Société se tenaient alors dans l'ancien hôtel des Affaires étrangères, devenu bibliothèque municipale ; elles alternaient communications et lectures ouvertes, présentations d'ouvrages et distributions de prix. On y a vu siéger nombre de sommités, d'Alexis de Tocqueville à la reine Amélie de Portugal, entendu causer Louis Madelin, Louis Bertrand, Frantz Funck-Brentano…

Qu'une telle société ait pu compter, parmi ses présidents, de grands Versaillais comme Pierre de Nolhac – forcément – mais aussi Victorien Sardou ou les frères Tharaud, ne pouvait que la rendre chère à mon cœur. Rejoignant d'augustes devancières, comme les académies royales de Toulouse, Bordeaux, Nîmes, Lyon, Montpellier et Dijon, elle devait finalement, en 1928, prendre le nom d'Académie de Versailles. Il est vrai qu'elle venait alors d'être reconnue d'utilité publique, à l'instigation de l'un de ses membres éminents, l'ancien président de la République Alexandre Millerand… La Société devenait, du reste, *Académie de Versailles et de l'Île-de-France*, affichant ainsi, un peu vite, des ambitions hégémoniques.

C'est cependant un cénacle d'érudits affables qui continue de se réunir fréquemment, pour deviser de tous sujets et soutenir la réputation de culture et de raffinement des Versaillais. Sa constance exigeante est de celles qui réchauffent l'âme. D'ailleurs, c'est décidé : je vais retrouver le chemin de l'Académie de Versailles ! J'en prends mes lecteurs à témoin.

Accueil du public

Dix millions de personnes affluent chaque année vers le domaine ; et près de quatre millions poussent les portes du château et s'aventurent dans ses intérieurs. Or, pendant longtemps, rien – ou presque rien – n'a été fait pour les accueillir.

Les visiteurs arrivaient du côté de la ville. Ils traversaient l'immense place d'armes, envahie d'autocars et de voitures, puis franchissaient les grilles fatiguées de la cour d'honneur et se retrouvaient, écrasés, face à la statue équestre du Grand Roi, placée là par Louis-Philippe, au mépris de toute perspective. Étonnés de ce qu'ils découvraient – un agglomérat de bâtiments aux styles divers, incompréhensible à première vue, et où dominaient la brique et la pierre sous des toitures disparates –, ils devaient remonter un océan de pavés jusqu'à l'une des portes du musée – souvent closes sans raison. *Entrée A, entrée B, entrée C*… Les files s'allongeaient devant les guichets, devant les vestiaires, devant les bureaux de réservation, devant l'accès à une cafétéria souterraine et à des toilettes enterrées. Pas ou peu d'explications ; aucune logique dans les visites proposées ; nulle harmonie en rien.

Après une attente souvent interminable, en plein soleil ou en plein vent – pour ne pas évoquer la pluie –, c'était la ruée, absurde, par le goulot d'étranglement d'un escalier à vis, vers une sorte de boulevard touristique, drainant une foule bruyante et compacte du salon d'Hercule et du Grand appartement à la galerie des Glaces et à l'appartement de la Reine. On sortait de là, hagard, par une salle de musée vaste comme un hall de gare et un grand escalier – celui des Princes – dont la première volée comporte une affreuse rampe centrale… Un repoussoir.

À cette époque, lorsque j'accompagnais des amis à Versailles, j'avais à cœur de leur éviter ce calvaire. Comment ? En rusant et en louvoyant ! Je les invitais d'abord à faire le tour, par la rue de l'Indépendance-Américaine, jusqu'à la pièce d'eau des Suisses, avant d'entrer par les deuxièmes Cent-Marches, qui offrent une belle vue sur l'Orangerie. Parvenus au sommet, ils découvraient, bouche bée, un aperçu splendide sur le parterre du Midi, avec en toile de fond le gigantesque rideau de pierre de la façade, signée Hardouin-Mansart. J'avais réservé, la veille, pour une visite-conférence à travers l'appartement intérieur du Roi ou celui de Mme Du Barry. Ces pérégrinations en petit groupe s'achevaient par la découverte silencieuse, presque religieuse, de l'Opéra royal ; alors, seulement, nous nous autorisions une immersion rapide dans la foule du circuit public… Nous descendions ensuite jusqu'au Grand Canal, pour un repas de canotiers, avant de compléter l'enchantement par un tour des Trianons. Ainsi parvenait-on à échapper, du mieux possible, à l'enfer général…

De nos jours, de telles précautions sont moins nécessaires. Du côté de la ville, les belles cours repavées, débarrassées de leurs scories, mettent en valeur des toitures aux plombs redorés – un peu trop redorés, diront certains… La grille fermant la cour royale va bientôt permettre aux visiteurs, entrés par le pavillon Dufour ou le pavillon Gabriel, selon qu'ils seront seuls ou en groupe, de concevoir leur propre parcours, parmi un choix de circuits cohérents. Entrés ainsi « par la grande porte », ils bénéficieront de surcroît d'une présentation pédagogique offrant, à grand renfort de maquettes et d'animations en 3D, un résumé limpide de l'histoire du château. Ainsi dégrossis, ils profiteront mieux de salles restaurées, remeublées, replongées dans leur atmosphère native… Quant aux librairies et aux boutiques, aux lieux de sustentation et d'aisances, ils n'ont plus rien à envier désormais aux meilleurs musées du monde.

Quant aux services de l'Établissement public, ils ont emménagé dans le cadre entièrement restauré du Grand Commun. Admirable ensemble brique et pierre, offrant notamment la plus belle cour que l'on puisse voir à Versailles : un grandiose quadrilatère éclairé de hautes baies sur tout son pourtour, et sommé d'une forêt de chiens-assis et de lucarnes. Le grand balcon qui, à l'étage noble, fait le tour complet de cette cour vaste comme une grand-place, donne le sentiment de vouloir faciliter les échanges et les communications ; c'est exactement ce qu'attendaient, sans le savoir peut-être, toutes les directions techniques et administratives qui, enfin regroupées dans ce même espace, vont pouvoir désormais parler la même langue et lorgner vers les mêmes horizons.

Allée-royale

Les Versaillais la connaissent plutôt sous le nom de *Tapis vert* ; et, de fait, le surnom convient à ravir à cette longue trouée de pelouse de 335 mètres sur 40, rectiligne, aérée, véritable axe médian du Petit Parc.

L'ancienne *grande allée* qui orientait les jardins de Louis XIII a été « bousculée, élargie, replantée entre 1667 et 1669 pour s'appeler fièrement allée-royale, précise l'historien Pierre Verlet. La double rangée d'arbres qui, au-delà du Canal, conduit la vue en direction de Villepreux, semble une avenue tracée pour des géants qui viendraient d'un autre monde ! ». On élargit de nouveau l'allée-royale en 1674, et on la flanque de douze statues et de douze vases, placés par paires symétriques au milieu des ormes ; puis on la « meuble », à partir de 1684, d'un tapis vert de gazon. C'est alors seulement qu'elle prend l'aspect que nous lui connaissons, s'ornant à son entrée de groupes sculptés majeurs, notamment deux chefs-d'œuvre de Pierre Puget, dont les originaux sont au Louvre : *Persée délivrant Andromède* et le célèbre *Milon de Crotone*. En 2013, à l'occasion du quatrième centenaire de la naissance d'André Le Nôtre, de beaux moulages de ces chefs-d'œuvre sont venus restituer tout son éclat à cette partie haute de l'allée.

À la fin du règne de Louis XIV et durant la majeure partie de celui de Louis XV, des courses de traîneaux sont organisées, l'hiver, sur le Grand Canal gelé et sur le Tapis vert, devenu tapis blanc. Les bolides, artistement sculptés en plein bois et ornés *au naturel* de vernis Martin, partent du fond de la perspective pour remonter en direction du château, dans une course opposée à celle du soleil, mais qui ne s'écarte guère, toutefois, de son axe directeur.

L'allée-royale est en effet le cœur d'une perspective gigantesque tracée par Le Nôtre sur plus de trois lieues – douze de nos kilomètres – et s'étendant vers l'est, au-delà de l'avenue de Paris, jusqu'à Vélizy ; vers l'ouest, dans le prolongement du Canal, jusqu'à Villepreux. Si j'en crois la tradition, cette perspective a été orientée de façon à accueillir, en plein axe, le coucher du soleil le soir de la Saint-Louis – c'est-à-dire le 25 août.

En 1963, Dom Édouard Guillou devait en tirer toute une théorie solaire, reprise quinze ans plus tard, à la télévision, par le documentariste Paul Barba-Negra dans sa série *Architecture et géographie sacrées*. L'allée-royale y devient un axe dédié au feu, qui épouse la course du soleil, depuis l'astre doré surmontant les deux grilles, jusqu'au bassin d'Apollon et à son char solaire, en passant par celui de Latone, mère d'Apollon. Il croise à la perpendiculaire un autre axe, dédié à l'eau, celui-là, et qui, du nord au sud, conduit des bassins de Neptune et du Dragon à la pièce d'eau des Suisses, en passant par l'allée d'eau et les bassins des parterres du Nord et du Midi. Un axe solaire qui croise un axe aquatique : sans s'appesantir outre mesure sur cette symbolique absente des textes d'époque, il me paraît néanmoins intéressant de la mentionner – et de souligner, ce faisant, la dimension solaire associée à l'axe majeur de la perspective versaillaise.

Notons aussi qu'en 2010 une étude envisageant le prolongement de cet axe jusqu'à Villepreux – appelé « allée royale de Villepreux » – a été confiée à l'architecte et paysagiste Thierry Laverne, dans le cadre de la réhabilitation de la plaine de Versailles, désormais inscrite par l'Unesco sur la liste du Patrimoine mondial.

Apollon (Bassin d')

L'image présentée sur la couverture de cet ouvrage n'a pas été choisie au hasard. Le groupe sculpté du char du Soleil, au centre du bassin d'Apollon, dans la grande perspective, n'est pas uniquement une allégorie du personnage de Louis XIV – que l'on surnommera le Roi-Soleil ; il n'évoque pas non plus seulement l'éclat d'un Versailles perdu, contemporain de sa création, de 1668 à 1671. À mes yeux, ce quadrige émergeant exprime davantage la nature profonde de l'art versaillais et de l'esprit qui le hante. Son auteur, le discret Tuby, oublié à tort dans l'illustre kyrielle des sculpteurs versaillais, est un génie emblématique de ces lieux et de leur histoire.

Originaire de Rome – ne le surnomme-t-on pas, à Paris, *le Romain* ? –, Giambattista Tubi, qui deviendra Jean-Baptiste Tuby en 1672, a rapporté de la Ville éternelle un peu du souffle baroque d'un chevalier Bernin. Sa veine est à rapprocher, par exemple, de celle de son contemporain, le Maltais Melchiorre Caffà : même connaissance intime de la statuaire antique, même recherche du mouvement, pour ne pas dire de la palpitation… Il y aura, dans ses meilleures créations, des statues d'Acis et de Galatée pour la Grotte de Téthys au splendide vase de la Paix, sur la terrasse qui domine le parterre d'Eau, un équilibre tendu entre excès et mesure, bouillonnement et rayonnement.

Son chef-d'œuvre, à l'évidence : ce char du Soleil difficile à décrire et qui, depuis trois siècles et demi, n'en finit pas de surgir des flots, tiré par des chevaux dont on croit surprendre les puissants coups de collier, au milieu de tritons soufflant dans des conques et de monstres marins. L'effet produit par cet ensemble immergé à demi est proprement magique : loin de faire songer à un naufrage, c'est un surgissement que la fontaine impose à l'esprit. Et pour peu qu'on l'observe d'un peu loin, au milieu des jeux d'eau, le jeune dieu, sur son char, donne réellement l'impression de s'extraire des flots dans un mouvement ascensionnel irrésistible. Qu'importe, si cet astre se lève au couchant, face à son modèle et non dans sa course…

Le sculpteur a réussi un tour de force : donner une grande vigueur à ses créatures, sans jamais tomber dans l'anecdotique. Du coup, son groupe ultra-baroque devient un modèle de classicisme. Ne l'oublions pas : Tuby est un homme de Le Brun – qui lui confiera le tombeau de sa propre mère –, et c'est peu dire qu'il s'est mis entièrement à l'école française, bridant, disciplinant ses élans natifs pour fondre sa production dans l'ensemble grandiose et pondéré de la statuaire louis-quatorzienne. Il incarne ainsi un phénomène paradoxal, véritable secret du grand style versaillais : la pulsion dionysiaque de l'Italie, assimilée, puis transcendée en une puissance apollinienne toute française.

Appartement (Soirées d')

Comment occuper la Cour, les soirs de mauvaise saison, lorsque la nuit vient tôt et que les cheminées dévorent des forêts entières ? Louis XIV a trouvé la réponse : en invitant les seigneurs et les dames à revêtir leurs beaux atours, pour venir jouer et converser, entre sept et dix heures du soir, dans le Grand appartement de Versailles, du salon de l'Abondance au salon d'Apollon. Ainsi, les *soirées d'appartement* se tiennent-elles, de la Toussaint à Pâques, trois jours par semaine (le plus souvent les lundis, mercredis et jeudis). Elles s'achèvent invariablement par le souper du roi au *Grand couvert*, servi à dix heures.

Aux yeux du monarque, de telles mondanités n'ont rien de gratuit. En témoigne, si l'on en croit le marquis de Sourches, cette injonction qu'il adresse à sa belle-fille, la dauphine Marie-Anne de Bavière qui, souffrante, avait tenté de se soustraire à leur rigueur. « Madame, insiste le souverain, je veux qu'il y ait *appartement* et que vous y dansiez. Nous ne sommes pas comme les particuliers. Nous nous devons tout entiers au public. » De fait, la présence du roi et de sa famille à ces *soirées d'appartement* est pour beaucoup dans leur succès. Mme de Sévigné en témoigne au début de 1683, avec sa verve coutumière. « Ce qui plaît souverainement, c'est de vivre quatre heures entières avec le souverain, être dans ses plaisirs et lui dans les nôtres, écrit-elle à Gontaut. C'est assez pour contenter tout un royaume qui aime passionnément à voir son maître. Je ne sais à qui cette pensée est venue, mais Dieu la bénisse, cette personne ! »

Une célèbre série de gravures d'Antoine Toutain laisse entrevoir la splendeur compassée de ces soirées, au début des années 1690 ; de même que la célèbre précision de Saint-Simon, dans les pages de tête de ses *Mémoires* : « Ce qu'on appelait *appartement* était le concours de toute la Cour, depuis sept heures du soir jusqu'à dix que le roi se mettait à table, dans le Grand appartement, depuis un des salons du bout de la Grande galerie jusque vers la tribune de la chapelle. D'abord, il y avait une musique ; puis des tables par toutes les pièces toutes prêtes pour toutes sortes de *jeux* ; un lansquenet où Monseigneur et Monsieur jouaient toujours ; un billard : en un mot, liberté entière de faire des parties avec qui on voulait, et de demander des tables si elles se trouvaient toutes remplies ; au-delà du billard, il y avait une pièce destinée aux rafraîchissements, et tout parfaitement éclairé. »

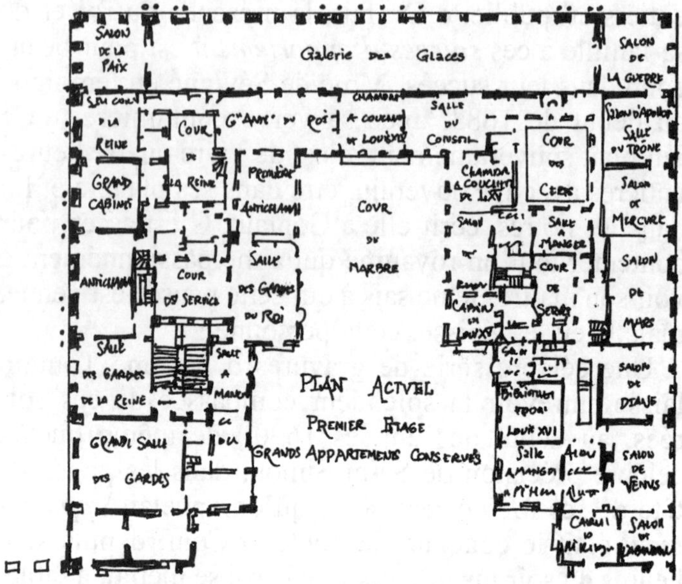

Au rebours de la description du *petit duc*, rappelons qu'on pénètre alors dans le Grand appartement par l'escalier des Ambassadeurs, détruit sous Louis XV en 1752, et qui donnait sur les salons de Vénus et de Diane. Le salon de l'Abondance, à main droite, propose des boissons chaudes et froides, des sirops et des eaux de fruit, des sorbets, du café et du chocolat, des liqueurs et plusieurs sortes de vins… On trouve de quoi se restaurer dans *Vénus*, puis un billard « aux rebords frangés d'or » dans *Diane*. Le roi y est assidu ; il ne ménage pas ses compliments aux bons joueurs. Il se dit même que le ministre Chamillart a dû l'essentiel de sa carrière à son adresse – d'où le méchant quatrain qui, à sa mort, circulera sous le manteau :

Ci-gît le fameux Chamillart
De son roi le protonotaire,
Qui fut un héros au billard,
Un zéro dans le ministère...

Le billard n'a pas les faveurs de la Princesse Palatine : « On va au billard et l'on se met sur le ventre sans que personne dise un mot, écrit-elle. L'on reste ainsi accroupi jusqu'à ce que le roi ait joué une partie. »

Au sortir du salon de Diane, celui de Mars, alors équipé de tribunes, est dévolu à la musique, parfois à la danse. On y exécute des menuets que la plupart des témoins jugent lassants, en attendant les contredanses, plus joyeuses, et qui mettent fin au bal, un quart d'heure avant le souper du roi. Dans les salons de Mercure et d'Apollon, place au jeu – le jeu, grande affaire de l'*appartement* ! Aussi curieux que cela paraisse, un peu comme un casino d'aujourd'hui, on trouve des tables pour différents jeux de cartes : hombre, trictrac, piquet, mais avec une prédilection pour le lansquenet. Les sommes misées peuvent être colossales. Au jeu de hoca, ancêtre du baccara, « cinq mille pistoles en un soir, ce n'est rien », assure notre Sévigné. Pour peu que le roi soit absent, de telles mises peuvent faire perdre aux joueurs le sens des convenances. La Princesse Palatine s'indigne de cette atmosphère de tripot où « l'un hurle, l'autre frappe si fort la table du poing que toute la salle en retentit. Le troisième blasphème tant, que les cheveux se dressent sur la tête ».

Louis XIV, l'âge venant, joue de moins en moins ; mais il va d'une table à l'autre, s'adressant à chacun avec courtoisie. Hors de question d'interrompre la partie pour se lever ou le saluer – l'entorse à l'étiquette est spectaculaire, et c'est ce qui ravit les joueurs… À nouveau Saint-Simon : « Au commencement que cela fut établi, le roi y allait et y jouait quelque temps, mais [en 1692], il y avait longtemps qu'il n'y allait plus, mais il voulait qu'on y fût assidu, et chacun s'empressait à lui plaire. Lui cependant passait les soirées chez Mme de Maintenon à travailler avec différents ministres, les uns après les autres. » En vérité, l'attrait et la gaieté des *soirées d'appartement* iront déclinant ; et sous Louis XV, leur fréquence aura diminué jusqu'à les rendre exceptionnelles.

En 2007, pour l'exposition *Quand Versailles était meublé d'argent*, on replongea l'enfilade des grands salons dans une atmosphère nocturne et chaude, évoquant à merveille celle de ces fameux soirs. Des buffets furent reconstitués dans le salon de Vénus ; de somptueuses suspensions d'argent redonnèrent aux lieux un peu de leur éclat de la décennie 1680 ; on alla même jusqu'à replacer, dans une des cheminées, des bûches décorées de fleurs de lys peintes ! De sorte que, l'espace de quelques semaines, le public a pu se faire une idée assez juste de ce qu'avaient dû être, à l'apogée du grand règne, ces réceptions tout à la fois brillantes et guindées.

Architectes

Ce que j'aimerais montrer, dans cet ouvrage, c'est que Versailles n'est pas né d'un jet, sorti tout élaboré d'un cerveau qui l'aurait préconçu – comme on pourrait le dire de Chambord, par exemple. L'édification du palais des rois de France a été malaisée, parfois chaotique. Des passions s'y sont affrontées, et des audaces, avec ce que cela peut comprendre d'angoisses et de violences. Raconter Versailles, c'est dès lors confronter des destins, ranimer des querelles, ressusciter parfois de terribles histoires.

Notez que sur les vingt-quatre architectes qui, depuis Louis Le Vau, ont présidé aux destinées de la maison, une bonne quinzaine auront laissé un nom dans les annales. Oserai-je souligner que tous les maîtres de l'Ancien Régime sont de ceux-là, et que redire leurs sept patronymes reviendrait à réciter la liste des Premiers architectes du roi, de 1654 à 1792 ? Après tout, Versailles étant devenu, dès le début du règne personnel de Louis XIV, le premier chantier de France, il est naturel qu'il ait requis les soins du meilleur bâtisseur de chaque génération.

Le premier sur la liste – si l'on excepte les travaux initiaux de Philibert Le Roy – est évidemment Louis Le Vau, génie baroque au service d'édifices en tout point classiques. Parvenu au sommet d'un art dont il faut chercher la fantaisie dans les détails, il est l'inventeur du grand style, tel qu'il va s'épanouir à Vaux, chez Fouquet, puis s'accomplir à Paris, dans un Collège des Quatre-Nations voulu par Mazarin (aujourd'hui le palais de l'Institut de France). C'est dire qu'il n'intervient à Versailles que sur le tard, dans les dernières années de sa vie, et sans pouvoir y déployer autant qu'ailleurs l'esprit de liberté, de franche invention même, qui le caractérise. La base du premier Versailles est donnée, imposée par l'ancien relais de chasse de Louis XIII – et il faudra attendre, en 1668, la construction de l'*enveloppe neuve* pour que s'y manifeste quelque nouveauté ; mais on a du mal à déterminer ce qui, dans cet ultime chantier, revient au maître et ce qui appartient à d'Orbay.

François d'Orbay ! On a longtemps eu tendance à oublier le gendre de Le Vau, dont l'architecte et dessinateur Albert Laprade affirmait que le génie avait été étouffé par celui, combien plus visible, de ce dernier, et celui, combien plus habile, de Jules Hardouin-Mansart. Je suis de ceux qui suivraient volontiers Laprade dans l'intuition qu'il avait eue, d'une importance réelle de François d'Orbay, supérieure à ce qu'en ont retenu les annales. Encore faudrait-il en apporter la preuve : beau sujet de thèse à proposer à un étudiant en histoire de l'architecture.

À tout seigneur, tout honneur : je consacre ailleurs un article entier à Jules Hardouin-Mansart. Son beau-frère, Robert de Cotte, est l'homme qui, au tout début du XVIIIe siècle, achèvera sa chapelle… Véritable parangon du grand goût *à la française*, De Cotte deviendra dès lors l'arbitre des élégances européennes, et ce, pour les intérieurs au moins autant que pour les extérieurs. C'est peu dire qu'il aura subi l'influence de son beau-frère ; mais il serait injuste de nier pour autant ses mérites.

Continuons à dérouler la liste d'honneur de « ceux qui ont fait Versailles ». Plus présents à nos esprits sont demeurés les Gabriel, père et fils – apparentés eux aussi au grand Jules. C'est à Ange-Jacques qu'il reviendra de créer, en matière de décors, le grand style versaillais partout copié, fait de lambris blanc et or, et de glaces. Par ailleurs concepteur, entre autres réussites, des sublimes quais de Bordeaux et, à Paris, de la place Louis-XV – future place de la Concorde –, il devait lancer, à Versailles, le projet titanesque qu'on appelle le Grand Dessein, dont subsiste l'aile Neuve, et faire naître, tout au bout du parc, ce joyau de pure élégance qu'est le Petit Trianon.

Juste avant la Révolution, citons Richard Mique, dont la carrière devra tant à Marie-Antoinette, et qui cantonnera son talent, pourtant puissant, aux fabriques de ce Petit Trianon, puis à celles du Hameau de la Reine. Signe des temps…

Cela posé, peut-on dire des architectes qui ont bâti Versailles qu'ils étaient d'une espèce plus hardie, plus brillante en somme, que ceux qui l'ont simplement entretenu ou restauré ? Je me suis souvent posé la question, et crois pouvoir aujourd'hui répondre par la négative. Jules Hardouin-Mansart, Robert de Cotte, Ange-Jacques Gabriel ont eu pour eux l'époque et les circonstances ; mais il serait faux de voir en Frédéric Nepveu, en Charles-Auguste Questel ou en Patrice Bonnet des hommes de l'art moins doués qu'eux ; simplement ils ont eu moins de chance.

Si l'on passe sur les hommes de Bonaparte – Gondouin et Trepsat –, c'est avec Alexandre Dufour que s'ouvre la série des architectes en charge de bâtiments édifiés avant eux. Avec une énergie digne d'éloges, Dufour s'attaque en 1810 aux façades sur les jardins, dont il consolide les avant-corps et supprime les trophées des balustrades, qui menaçaient ruine. Plus tard, il lui reviendra de bâtir, en pendant à l'édifice de Gabriel, un pavillon à fronton et colonnes susceptible de rétablir, côté ville, un minimum de symétrie dans les façades. Son successeur, Nepveu, sera l'homme des aménagements néfastes de la monarchie de Juillet et, partant, deviendra l'Attila des décors versaillais ; mais il ne commettra l'irréparable qu'à regret, comme à son corps défendant. C'est qu'il faut toujours faire la part, dans un ensemble d'édifices comme celui-là, de la volonté personnelle de « l'architecte supérieur » – à savoir, le souverain commanditaire ! De même que revient à Louis XIV le mérite essentiel d'avoir bâti Versailles à l'échelle où nous le connaissons, de même, le responsable ultime des déprédations conduites par Nepveu ne saurait être cherché ailleurs qu'en Louis-Philippe lui-même.

Les trente années passées par Questel à la tête de l'agence d'architecture auront été, par la suite, dépensées en d'incessantes tâches ingrates, dont se détache à peine la construction, au bout de l'aile du Nord, d'un grand escalier enfin digne de l'Opéra. Ses quatre successeurs se perdent dans les travaux obscurs d'une Belle Époque où les restaurations, pour ce qui touche à Versailles, se sont faites sans grande étude. Le conservateur Pierre de Nolhac raconte son étonnement devant les trophées imaginés par l'architecte Lambert, justement pour remplacer ceux qu'avait déposés Dufour un siècle plus tôt. « Pour les deux grands trophées du centre, au-dessus de la galerie des Glaces, aucun modèle n'existait, et l'architecte donna la commande de deux groupes d'Amours colossaux dont le plâtre fut exécuté, raconte dans ses *Mémoires* le grand conservateur. Ayant aperçu par hasard ces chefs-d'œuvre dans un atelier, je fis part de mon étonnement à M. Marcel Lambert. – Pourquoi avoir inventé ces énormes motifs, alors qu'on a dans Blondel le détail des anciens trophées ? – Dans Blondel ? répondit-il, je vais y aller voir, je ne savais pas qu'il y eût ces détails dans Blondel. » Et Nolhac de conclure, cruel : « Je crus m'apercevoir que notre architecte ignorait le tome IV de *L'Architecture française* où le grand artiste a donné de Versailles la monographie la plus complète et la mieux étudiée. »

Heureusement, lors des vastes campagnes de restauration des années 1930 et 1950, Patrice Bonnet, puis André Japy seront nettement mieux renseignés. Le problème, en leur temps, résidera plutôt dans une concurrence sans cesse plus acharnée entre la Conservation du musée et l'agence d'architecture du domaine. Marc Saltet, qui dirigea cette agence de 1954 à 1973, évoque à mots couverts, dans ses *Souvenirs,* jusqu'où put aller le bras de fer entre le conservateur en chef du musée et l'architecte en chef qui se parait du titre de « conservateur du domaine »… « On conçoit que les missions des deux *conservateurs* soient délicates. Elles requièrent entre eux un esprit de conciliation, une compréhension mutuelle et réelle, car leurs actions sont souvent voisines et même mêlées. À titre d'exemple, je rappellerai simplement le cas des peintures : si elles sont mobiles, c'est-à-dire montées sur châssis, et qu'on peut les déposer, elles relèvent du musée ; si, en revanche, elles sont incorporées à un plafond et solidaires de sa structure, elles deviennent l'affaire de l'architecte en chef. »

Les *deux conservateurs* feront parfois bon ménage, cependant ; et l'on verra Pierre Lemoine faire équipe, étroitement, avec Jean Dumont, au début des années 1980, pour restituer leur intégrité aux appartements princiers, au rez-de-chaussée du corps central. Ils mettront aussi à exécution – bien imparfaitement, il est vrai, et même maladroitement – le vieux projet, signé Gabriel, d'un escalier monumental dans l'aile Neuve…

En vérité, il faut attendre 1990 pour qu'une *super-direction* du musée et du domaine soit confiée au conservateur en chef Jean-Pierre Babelon. Quant aux responsabilités architecturales, elles seront alors partagées entre deux hommes : l'un en charge des jardins, Pierre-André Lablaude, l'autre des bâtiments, Frédéric Didier. Pendant près d'un quart de siècle, on pourra mesurer le bien-fondé de cette initiative : les architectes de Versailles feront merveille, remaniant les jardins en profondeur, redonnant vie aux architectures, poussant restaurations et restitutions à des sommets dont n'avaient pas seulement rêvé leurs plus ambitieux devanciers. Le successeur de Lablaude, Jacques Moulin, nommé en août 2012, se trouve être, par ailleurs, l'associé de Frédéric Didier ; on peut donc imaginer que le duo continuera d'œuvrer sans dissension majeure… Il devra compter avec deux confrères : l'un chargé du domaine de Marly, l'autre des dépendances, en ville, de l'Établissement public.

J'ai la chance de connaître un peu Frédéric Didier, et d'avoir compté parfois au nombre des témoins privilégiés de son enthousiasme contagieux. Il a compris, je crois, que je n'étais pas fou de sa grille royale, ni de l'or aux plombs des toitures, à mon avis trop présent. Ces réserves, ou ces bémols n'ôtent rien à l'admiration que je lui porte ; il inscrit ses pas, sans effort, dans ceux d'illustres devanciers.

Avant 1668

De toutes les grandes toiles qui représentent le domaine, en vue plongeante, à différentes époques, la lumineuse *Vue du château et des jardins de Versailles*, par Pierre Patel, est à mes yeux la plus réussie : l'artiste, habituellement peintre de ruines, y a figuré le premier Versailles de Louis XIV, tel qu'il se présentait aux beaux jours de 1668. Débouchant de la future avenue de Saint-Cloud, encore à l'état d'ébauche, on y voit accourir le carrosse rouge du roi, attelé à six chevaux bais, suivi, parmi les mousquetaires, du carrosse doré de la reine, attelé à six chevaux blancs. À cette époque, plus de sept années de travaux incessants ont changé le relais de chasse de Louis XIII en une demeure somptueuse, quoique de taille encore modeste. Les lucarnes et les pots-à-feu des toitures, les bustes de marbre ornant les parements de brique, le péristyle, les grilles, les ferronneries ouvragées, les rampes en hémicycle ponctuées d'obélisques, et jusqu'aux parterres semés d'ifs taillés, tout cela donne l'impression d'un domaine achevé. Parfait. Et, de fait, aux yeux de tous, le château a trouvé, depuis quelques semaines, son point d'équilibre et de perfection. Il est terminé, sans rien laisser de plus à désirer.

Je pense qu'on aurait étonné les contemporains en leur révélant que cette belle demeure n'était, en vérité, que le noyau d'un gigantesque palais à venir.

Dans sa fameuse *Promenade à Versailles*, Mlle de Scudéry, accompagnée de Glicère et de Télamon, fait à la Belle Étrangère les honneurs de ce merveilleux petit château. « Divers rangs de bustes ornent la façade du bâtiment et les deux ailes aussi, dont un magnifique *corridor* [nous dirions un *balcon*] à balustres dorés fait la communication et règne ensuite tout à l'entour du palais. » Ce qu'il y a de plus précieux, dans ce texte, c'est la description qu'il nous offre d'intérieurs qui, forcément, ont échappé au pinceau de Pierre Patel. « Je menai la Belle Étrangère dans l'appartement de la Reine, dont toutes les diverses pièces ont des plafonds fort beaux et fort différents. [...] Mais en cet endroit, ayant passé sur le corridor, la Belle Étrangère, Glicère et Télamon firent un grand cri d'admiration pour la beauté de la vue. [...] "J'ai vu beaucoup de belles maisons en divers lieux de l'Europe, dit Télamon, mais je n'ai jamais vu que celle-ci qui soit environnée de jardins de tous les côtés ; car si vous y prenez garde, il n'y a que l'entrée qui n'en ait point, encore est-elle ornée par de grandes avenues qui valent bien un jardin." Ensuite, toutes ces personnes étant passées dans le grand cabinet, elles firent encore une exclamation pleine d'étonnement, qui me témoigna qu'elles étaient fort surprises de la magnificence d'un si beau lieu. [...] Glicère considérait de petits obélisques d'orfèvrerie, des corbeilles, des vases, des guéridons, des brasiers, des cassolettes et mille autres choses, ne pouvant assez s'étonner de voir aussi des fauteuils de filigrane d'argent sur un fond bleu, où l'on voit le soleil à tous les dossiers et dont le prix fait assez connaître la beauté. »

Colbert, depuis quatre ans surintendant des Bâtiments, voudrait limiter les frais et croire Versailles achevé. Le domaine, en 1668, ne constitue en rien un symbole de puissance. Il n'est voué qu'au délassement du roi, à ses plaisirs. Les jardins ont servi de cadre, le soir du 18 juillet, au *Grand Divertissement Royal*, donné pour célébrer la paix d'Aix-la-Chapelle… Mais la maison, bien petite, n'a guère paru à la mesure des réjouissances offertes.

Au début de l'automne, profitant des derniers beaux jours, La Fontaine – qui le racontera –, Boileau, Racine et le poète Chapelle décident de venir voir Versailles. Arrivés tôt, les quatre amis se font montrer la Ménagerie et l'Orangerie, chefs-d'œuvre de Le Vau ; ils visitent ensuite les appartements, découvrent la célèbre Grotte de Téthys, puis s'aventurent au sein des perspectives dont Le Nôtre a posé les grandes lignes. Comment sauraient-ils que, quelques jours plus tard, cette harmonie d'architecture et de verdures va se hérisser de palans, de machines et d'échafaudages, et que des milliers d'ouvriers investiront les lieux durant l'hiver, pour doubler, tripler, quadrupler un jour la surface des bâtiments ?

L'ajout, du côté des jardins, de l'*enveloppe neuve* de 1669, puis l'édification d'ailes gigantesques au midi et au nord – pour ne rien dire des ailes des Ministres – vont bientôt modifier les lieux de fond en comble et, n'étaient quelques vestiges du côté de la ville, faire pratiquement disparaître le premier Versailles de Louis XIV. De cela, nos poètes ne peuvent pas se douter ; Racine et ses compagnons ignorent que le joyau baroque, à peine vieux de sept ans, est déjà sur le point de sombrer dans un semi-oubli.

La première décision de Louis XIV à propos de Versailles remonte au mois de septembre 1660 : elle a consisté pour le jeune roi – il avait vingt-deux ans – à nommer son valet de chambre au poste d'intendant de ce qui était encore une dépendance de Saint-Germain-en-Laye. Dans la foulée, Louis s'est lancé dans une politique qu'acquisitions foncières visant à constituer ce qui, un jour, deviendra le *Grand Parc*. Mais son premier désir était évidemment de rénover les intérieurs : ainsi le peintre et décorateur Charles Errard s'est-il vu confier, au tout début de 1661, la mission de rafraîchir les décors d'appartements royaux inoccupés depuis vingt ans.

C'est alors qu'interviennent les grands bouleversements de la fameuse année 1661. Le jeune souverain, marié l'année précédente et bientôt père d'un petit dauphin, met à profit la mort de Mazarin, en mars, pour prendre en main les rênes de l'État. L'acte le plus connu de cette prise de pouvoir sera l'arrestation, en septembre, et la mise en accusation de Nicolas Fouquet. Foudroyante disgrâce, dont la première conséquence est l'interruption brutale du grand chantier de Vaux, lancé huit ans plus tôt par le surintendant. Du jour au lendemain, le plus grand projet architectural du demi-siècle est ajourné : le pinceau des ornemanistes, le ciseau des sculpteurs, le cordeau des jardiniers reste en suspens, dans l'attente de nouveaux lieux où s'investir…

À deux reprises – en juillet 1659 et lors de la fête légendaire d'août 1661 –, le roi Louis était venu examiner, à Vaux, chez Fouquet, les jardins de Le Nôtre, les édifices de Le Vau et les décors de Le Brun. Sitôt déchu le surintendant, c'est la même triade – à laquelle il convient d'ajouter les meilleurs fontainiers, menuisiers, doreurs, stucateurs du temps – que Louis XIV entend récupérer. Ce n'est, du reste, que justice : ces excellents maîtres ne sont-ils pas attachés, statutairement, au service des Bâtiments du Roi ?

Désormais, l'équipe de Vaux travaillera donc à la seule gloire du souverain. Au Louvre, aux Tuileries, à Fontainebleau, à Saint-Germain, elle va devoir imposer la marque de son génie collégial. Jean-Baptiste Colbert, principal artisan de la chute de Fouquet, se fait fort de l'y engager. On a souvent écrit que Louis XIV avait bâti Versailles pour rivaliser avec Vaux ; c'est une erreur d'appréciation. Quand commence vraiment le chantier de Versailles, Vaux n'est plus d'actualité, et le roi a montré que personne ne saurait impunément se mesurer à lui.

Le jeune Louis XIV – incontestablement – se passionne pour son cher petit Versailles. Et tandis que le peintre Errard poursuit ses « embellissements » intérieurs, c'est le Premier architecte, Louis Le Vau, qui se voit chargé d'enjoliver les façades et les toitures du modeste château de Louis XIII. Comme le raconte Jean-Claude Le Guillou dans *Versailles avant Versailles*, il commence par agrandir les fenêtres du bel étage, ce qui a pour effet de transfigurer la demeure, et ceinture l'édifice d'un balcon de fer forgé vert et doré, enrichit les toitures d'ornements dorés, atténue enfin l'aspect martial des fossés. Le Vau abat aussi, de part et d'autre de l'avant-cour, les anciens bâtiments d'écurie et d'office, et les rebâtit sur un plan plus ample, plus noble.

Dès juillet 1662, le roi peut dès lors « inaugurer » sa nouvelle demeure, en compagnie de sa belle-sœur, Henriette d'Angleterre – moyen à peine discret de profiter de la présence, auprès de la princesse, d'une certaine Louise de La Vallière… Il est toujours frappant de considérer ce que les guerres et les bâtiments, soumis au caprice des rois, doivent aux battements de cils des favorites… L'automne suivant est prétexte à multiplier les chasses à Versailles. Au passage de l'année nouvelle, les appartements reçoivent un très riche mobilier dont Louis XIV fera bientôt les honneurs à son épouse, la reine Marie-Thérèse.

Cet été-là, un deuxième membre de la triade de Vaux est appelé expressément à officier à Versailles : André Le Nôtre. Le jardinier confère aux extérieurs hérités de Louis XIII une ampleur nouvelle : il prolonge le parterre, à l'ouest, par une vaste terrasse en demi-lune – elle deviendra la descente de Latone ; au sud, il imagine, de concert avec Louis Le Vau, un parterre supporté par une orangerie monumentale, ouvrant sur un *jardin des orangers*, que prolonge bientôt un *jardin fruitier*. À l'opposé, un projet d'allée *en cascatelles* aboutira, deux ans plus tard, au dessin du parterre du Nord. Deux premiers bosquets sont également aménagés de part et d'autre de l'allée centrale… Mais l'intervention de Le Nôtre va revêtir bientôt une importance tout autre : urbaniste autant que paysagiste, le bonhomme convainc en effet le jeune roi de la nécessité d'élargir le plan d'ensemble du domaine, et de faire de ce château le cœur d'une vaste composition rayonnante, se déployant vers le levant selon trois larges avenues en patte d'oie, vers le couchant selon trois vastes perspectives de verdure. La vision est splendide ; les coûts induits, immenses.

C'est ce qui alarme Colbert. Renseigné par l'écrivain Charles Perrault, alors contrôleur des Bâtiments, mais aussi par le sieur Petit qu'il a dépêché sur place, le ministre voit, à regret, s'enfler la passion de Louis XIV pour un site ingrat, dont il ne parvient pas à déceler la grandeur. Selon lui, le roi serait la dupe du couple Le Vau-Le Nôtre. Dans une lettre que le savant Pierre de Nolhac a pu dater du 28 septembre 1663, Colbert s'en prend aux anciens collaborateurs de Fouquet : « Votre Majesté observera qu'elle est entre les mains de deux hommes qui ne la connaissent presque qu'à Versailles, c'est-à-dire dans le plaisir et le divertissement... ; que la portée de leurs esprits suivant leur condition, divers intérêts particuliers, la pensée qu'ils ont de faire bien leur cour [...] feront qu'ils traîneront Votre Majesté de desseins en desseins pour rendre ces ouvrages immortels, si elle n'est en garde contre eux. » Admirable clairvoyance, peut-être, mais coupable aveuglement au regard de l'Histoire !

En attendant, les lecteurs de la *Muse historique* et de la *Gazette de France* s'habituent à entendre parler des séjours à Versailles, de plus en plus longs, de plus en plus fréquents, du souverain dont on apprend par exemple, en juin 1663, qu'il y a contracté la rougeole. Du 15 au 22 octobre de la même année a lieu une véritable semaine inaugurale, au cours de laquelle se succèdent bals, ballets, concerts et comédies. La troupe de Molière – encore un transfuge de l'équipe de Vaux – vient y représenter six pièces, dont *L'Impromptu de Versailles* qui divertit le roi.

C'est en 1664 qu'ont lieu les grandes réjouissances des *Plaisirs de l'île enchantée*, qui vont plus faire pour la réputation de Versailles que toutes les constructions du monde. En une semaine de fêtes éblouissantes, la Cour est convaincue des attraits de Versailles et – plus important – de sa place éminente dans le cœur du roi.

Notons bien, dans ces tout premiers travaux de Louis XIV à Versailles, l'absence – ou le retard – du troisième membre de la triade : Charles Le Brun. Le peintre et décorateur, l'inspirateur du Grand Siècle, se rattrapera plus tard, après 1668. Un jour, il fera même de Versailles sa chose personnelle, son chef-d'œuvre et peut-être son manifeste – mais il s'agira déjà d'un autre Versailles.

B

Bains

Voici le plus versaillais des paradoxes : alors que le roi Louis XIV, donnant l'exemple à ses contemporains, pratiquait la *toilette sèche* et ne prenait de bain que de manière exceptionnelle, à des fins thérapeutiques, c'est pour lui que fut réalisé, au rez-de-chaussée nord du corps central, le somptueux *appartement des Bains* qui, nous dit Pierre Verlet, historien du château, « a marqué les contemporains d'un souvenir ébloui ». Il ajoute : « Il a été créé en même temps que celui du premier étage, mais, tout tourné vers la jouissance et le raffinement, il est achevé avec plus de lenteur. Commencé en 1671, il est définitivement meublé en 1680. Destiné, dans le langage de la Cour, aux “plaisirs du bain”, il peut être considéré comme une annexe du royaume de Mme de Montespan. Il forme une sorte d'appartement privé, où, dans un Versailles qui se peuple, se visite et s'encombre, Louis XIV aime se retirer au milieu d'une magnificence inouïe. »

Comment donner une idée de ce luxe incomparable ? En rappelant, par exemple, que les quatorze portes de l'appartement sont toutes rehaussées de sculptures de Temporiti, que presque tous les murs sont revêtus de marbres précieux, et qu'on a disposé, dans l'enfilade de ses cinq salons, pas moins de vingt-quatre colonnes de marbre des Pyrénées et des Flandres, ou de brèche isabelle – c'est-à-dire d'un délicat ocre jaune, rarissime…

Plus tard, lorsque le roi affectera l'*appartement des Bains* au logement de Mme de Montespan, mère des princes légitimés, on en recouvrira le bassin octogonal en marbre de Languedoc, avant de l'extraire bien plus tard, en 1750. Resteront en place, néanmoins, des volets sculptés et des embrasures de fenêtre à décor aquatique, témoins – jusqu'à nos jours – de la destination première des lieux.

Il faut attendre, en vérité, le règne suivant pour que revienne l'habitude – et le plaisir – de se baigner. Louis XV, dès 1723, fait aménager à son usage une salle de bains dont on ignore l'emplacement. Cinq ans plus tard, les *bains du roi* sont installés sur la face orientale de la cour des Cerfs, juste à côté du petit escalier semi-circulaire, alors le mieux fréquenté du château. En vérité, ces bains se composent – c'est une règle – d'une *pièce des Cuves*, équipée de deux baignoires et surmontée d'une chaudière et de réservoirs alimentés par des *baigneurs-étuvistes*, et d'une *chambre des Bains*, où l'on peut récupérer des fatigues engendrées par l'eau chaude, tout en recevant divers soins corporels. Les baignoires revêtent la forme de gros baquets de cuivre ou d'argent, habillés de linges très fins. Énigme que je me suis, jadis, épuisé en vain à résoudre : pourquoi ces deux baignoires au lieu d'une seule ? « Pour que le roi puisse inviter un ami à partager ses ablutions », répondent les uns ; « pour qu'après s'être enduit de savon et d'aromates, il dispose d'une eau de rinçage limpide », affirment les autres. Et si la solution était plus simple, et que la seconde cuve n'avait eu pour fonction que de permettre au baigneur de disposer d'eau chaude plus longtemps ?

William Newton, dans un ouvrage truffé de détails piquants – *Derrière la façade,* publié chez Perrin en 2008 –, explique comment Louis XV prenait son bain. « L'eau chaude versée d'abord dans la baignoire – l'eau froide n'y étant ajoutée qu'ensuite – rendait le cuivre brûlant. Le baigneur s'asseyait sur une chaise placée dans la baignoire, revêtu de vêtements de bain et protégé de surcroît par une sorte de tente. »

À travers un gros livre broché, paru chez Lefèvre en 1950, un documentaliste de l'agence d'architecture, Henry Racinais, a contribué à faire découvrir *Un Versailles inconnu : les petits appartements des roys Louis XV et Louis XVI.* Dénigré par les puristes qui lui reprochent des erreurs, ce bel ouvrage aura eu pourtant, me semble-t-il, le mérite d'attirer l'attention sur certains aménagements intimes, et notamment sur toutes les salles de bains de Louis XV. On les voit, au fil du règne, se succéder principalement autour de la cour des Cerfs, épicentre du Versailles royal. Les bains de Louis XV émigrent ainsi à chaque réaménagement des petits appartements du roi : en 1738, 1750, 1755, 1763 et 1770 – soit moins de quatre ans encore avant la mort du roi. Ces transformations intègrent de petits progrès ; et, par exemple, à partir de 1761, il semble bien que l'eau, jusqu'alors montée dans des seaux, à bras d'homme, ait été pompée et conduite jusqu'aux réservoirs dans des tuyaux de cuir.

Combien d'heures ai-je pu passer, adolescent, plans et croquis à l'appui, à visualiser la migration des bains du roi autour de la cour des Cerfs ? Le septième et dernier des cabinets de bains de Louis XV, orné d'extraordinaires boiseries sculptées par les frères Rousseau, rehaussées de divers tons d'ors (on montre souvent le célèbre bas-relief de la *leçon de natation*), devait devenir, sous le règne suivant, le cabinet de la Cassette : ce réduit retiré où Louis XVI compterait ses livres, ses sols et ses deniers. L'épouse du monarque économe, la dépensière Marie-Antoinette, renouera pour sa part avec la marotte de Louis XV ; et la dernière de ses salles de bains – celle de l'appartement d'été de 1787, prenant jour sur la cour de Marbre – donne, par ses dimensions confortables, une idée des exigences de la souveraine en la matière. Évidemment, un tel confort ne se retrouvait pas chez tous les princes, et moins encore dans les logements des courtisans ; mais il faut souligner le progrès incessant, pendant tout le siècle, de l'hygiène corporelle, aussi bien à la Cour qu'à la ville.

Ce progrès aurait dû inciter les historiens du XIXe siècle à plus de modération dans leur condamnation presque unanime de la saleté dont les gens de cour, selon eux, se seraient montrés coutumiers. À les en croire, la *cour parfumée* ne l'aurait été que pour masquer les pires relents… Certes, il serait vain de nier les problèmes insurmontables rencontrés à Versailles en matière de commodités et de lieux d'aisances. Cela ne veut pas dire pour autant que les marquis emperruqués et poudrés aient spécialement, sous leurs fines dentelles, négligé l'hygiène de leur corps.

Bal des Ifs

Pour mon premier roman historique, je m'étais mis en tête d'imaginer les mémoires apocryphes de Mme de Pompadour. Certes, j'étais bien jeune – trente-deux ans – pour prétendre saisir l'expérience et la maturité de cette incomparable femme de pouvoir ; mais après tout, la Marquise elle-même avait exactement cet âge lorsqu'elle avait atteint le faîte de sa carrière, et les années que j'avais passées dans la familiarité de Saint-Simon, de Croÿ, de Luynes m'avaient bercé de l'illusion de posséder la *musique* des auteurs de cour.

Le roman racontait – à la première personne, comme il se doit dans des mémoires, même fictifs – l'incroyable ascension de la petite Jeanne-Antoinette, du sortir de l'adolescence à l'article de la mort, des bas-côtés de la finance parisienne au saint des saints de l'appareil d'État. J'y convoquais la famille de la Marquise, ses amis – Tournehem, Binet, Bernis –, ses ennemis – Argenson, Maurepas, Richelieu –, ses protégées et ses rivales, pour ne rien dire du roi son maître, présent en fait à chaque page… Outre les grandes biographies, la chronique du règne, les écrits d'époque et la correspondance de Mme de Pompadour – celle du recueil Poulet-Malassis, mais aussi celle, très arrangée, de la Librairie bleue de Troyes –, j'avais choisi pour guide Pierre de Nolhac et ses *Études sur la Cour de France* – ce qui me ramenait essentiellement à Versailles. Deux volumes ne quittèrent pas mon bureau pendant des mois : *Louis XV et Madame de Pompadour* et *Madame de Pompadour et la politique*.

En relisant ce livre – que j'espère avoir, un jour, le temps et la force de récrire –, je réalise combien y sont présents le château, les jardins, Trianon… Autant et peut-être plus que la favorite elle-même, c'est finalement la Cour des années 1745 à 1765 que je me suis complu à faire revivre dans ces chapitres. J'y réserve une place centrale à l'événement qui devait donner son titre à l'ouvrage : cet énorme bal masqué, tenu dans la Grande galerie le 24 février 1745, à l'occasion du mariage du dauphin Louis avec sa cousine, l'infante d'Espagne Marie-Thérèse. Il devait entrer dans l'histoire par son nom – le *bal des Ifs* – et rester dans les mémoires grâce à l'immense gravure coloriée qu'en ferait Charles-Nicolas Cochin.

Pourquoi ce nom curieux de *bal des Ifs* ? Parce que, tout simplement, le roi et ses amis intimes avaient choisi, cette nuit-là, de paraître au milieu de la foule vêtus d'étranges costumes qui figuraient les ifs taillés du parc ! Sur la fameuse gravure, l'artiste a représenté l'un des ifs un peu penché, recueillant les confidences d'une jeune femme gracieuse, représentée de dos : Jeanne-Antoinette Poisson, dame Lenormant d'Étiolles : la future marquise de Pompadour !

Ce soir-là, après une *soirée d'appartement* dont les tables de jeu, pour l'occasion, avaient poussé jusqu'au salon de la Paix, le bal eut lieu dans une galerie bondée comme jamais. Des gradins avaient été placés, dans les embrasures, pour les dames en robe de cour. Les musiciens, sous l'égide de Rebel, surintendant de la Musique, se trouvaient cantonnés au salon de la Guerre. Quant à l'affluence exceptionnelle, elle tenait au fait que, pour une fois, l'accès était ouvert à tous, à la condition de posséder un joli déguisement ! À l'arrivée de chaque petit groupe de danseurs costumés, une personne seulement devait tomber le masque et décliner son nom. Dans un premier temps, l'on tenta de faire respecter cette consigne minimale ; mais bientôt, le personnel se trouva débordé de toute part.

Voici ce que le duc de Luynes, inlassable scribe du règne de Louis XV, en a consigné dans ses fameux *Mémoires* : « Le bal en musique commença à minuit. On n'y entrait que par le salon d'Hercule d'un côté, et de l'autre par la salle des gardes et l'Œil-de-Bœuf. Dans chaque compagnie on se démasquait à la porte ; un huissier écrivait son nom et le nombre de masques qu'il menait avec lui. » Vers une heure du matin, alors que la file des carrosses s'étend encore jusqu'à Paris, il devient difficile de contenir la foule. « Dans l'Œil-de-Bœuf, il y avait peut-être cinq ou six cents masques assis par terre. On fut prêt à renverser la porte de glace. Enfin les huissiers furent forcés, et la foule se trouva si grande dans la Galerie qu'on y était porté presque d'un bout à l'autre sans mettre pied à terre. On estime qu'il peut y avoir eu quatorze ou quinze cents masques dans l'appartement en même temps. On n'avait pas donné de billets. [...] Le bal dura jusqu'à sept heures et demie ou huit heures du matin. »

Il est probable que la pauvre dauphine, arrivée depuis peu de Madrid où son père, Philippe V, et sa mère, Élisabeth Farnèse, étaient traités en demi-dieux, fut surprise de voir, en plein Versailles, une compagnie à ce point *mêlée* – « bien mauvaise compagnie ! » selon la princesse de Conti, elle-même furieuse d'avoir été malmenée. La jeune mariée, peu habituée à de telles privautés, accepta pourtant de danser avec un homme en masque, qui l'avait invitée en espagnol. Curieuse de découvrir l'identité de ce hardi seigneur anonyme, elle se livrait à toutes sortes de supputations quand elle apprit qu'il s'agissait, en vérité, d'un cuisinier castillan du comte de Tessé ! Instant rare et même unique dans la vie du Versailles royal, où, l'espace d'une nuit, le monde inaccessible de la Cour s'est entrouvert à celui, plus commun, de la ville – sinon du peuple...

Bosquets

Les salons les plus raffinés, les plus élégants de Versailles sont aussi ceux qui auront eu le plus de mal à défier les siècles. Et pour cause : ils ont le ciel pour plafond et du gravier pour parquet ; leurs murs sont de charmilles, leurs colonnes, des troncs d'arbres… Ces salons de verdure, ces architectures végétales font tout le prix d'un grand jardin à la française ; ils dédommagent le promeneur des trop longues allées, des perspectives trop austères et des trop mornes terrasses. Ils se découvrent *in extremis*, au détour d'un berceau ou d'un treillage, et offrent leurs trésors aux regards aventureux. Les plus solides, les mieux « maçonnés » d'entre eux – pour reprendre la remarque acerbe d'André Le Nôtre sur le travail de son confrère et rival, Jules Hardouin-Mansart – ont un peu mieux résisté que les chefs-d'œuvre de pure taille. Ce sont la *Salle de Bal* – ou *bosquet des Rocailles* –, la *Colonnade*, les *Dômes* (dont toutefois les dômes en tant que tels ont fini par disparaître)…

Ces bosquets majeurs sont aujourd'hui clos de grilles, et leur ouverture est réservée aux jours de Grandes Eaux. Mais il existe, un peu partout dans le parc, de plus petits bosquets offerts à la curiosité du marcheur. Je songe notamment au groupe de *l'île des Enfants*, un peu à l'écart des axes fréquentés, et qui présente six *putti* replets, chefs-d'œuvre de Hardy, jouant sur un rocher avec des fleurs… et de l'eau ! Ils incarnent à merveille la simplicité et la fraîcheur des dernières réalisations du grand règne, lorsque le vieux Louis XIV notait, en marge d'un projet concernant la Ménagerie : « Je veux de l'enfance partout. »

Pierre-André Lablaude, architecte en chef, dans sa vaste entreprise de résurrection des jardins, a reconstitué minutieusement certains grands bosquets déchus ; je songe évidemment à celui de *l'Encelade,* dont la brillante restauration, en 1998, a fait proprement émerger des rocailles, où elle se perdait jusqu'alors, la figure du géant écrasé, chef-d'œuvre de Gaspard Marsy. À se promener, de niche en pavillon, sous sa vaste galerie de treillage en berceau – entièrement reconstituée – au milieu des topiaires et des vases dorés, l'on se prend à imaginer ce que devait être, à l'échelle de ces jardins – auxquels il faudrait ajouter d'ailleurs Trianon et Marly –, un décor à ce point ciselé dans la verdure. Fascinante entreprise que celle qui devait consister à tenir au bouton près les bosquets de Versailles !

En 2004, s'est produit un événement extraordinaire : un bosquet disparu depuis près de deux siècles et demi a tout simplement ressuscité, grâce au mécénat de Catherine Hamilton et de ses American Friends of Versailles. Deux ans ont été nécessaires pour reconstituer les terrasses du bosquet des *Trois fontaines,* avec leurs bassins. Le plus élevé, tout rond, arbore une gerbe centrale entourée de quatre autres, plus petites ; celui du centre, carré, possède plusieurs jets latéraux formant une voûte d'eau ; en bas, le dernier bassin, octogonal, est orné d'une fontaine de rocaille d'où jaillissent des jets figurant une fleur de lys. Voici les conseils du Grand Roi lui-même pour sa visite : « On entrera aux *Trois fontaines* par en haut, on descendra, et après avoir considéré les fontaines de trois étages, l'on sortira par l'allée qui va au Dragon. »

Dessiné par Le Nôtre en 1677, sur des indications précises du roi, détruit un siècle plus tard, sous le règne de Louis XVI, ce bosquet n'existait plus qu'à l'état de souvenir, grâce au ciseau des graveurs Pérelle et aux pinceaux du peintre Cotelle… Et voici donc que ressortent de terre ses volumes, ses décors, ses jeux d'eau ! Il serait bon de s'extasier – et pourtant, quelque chose d'un peu froid, d'un peu sec dans la restitution, me paraît priver ces lieux de la magie qu'on y perçoit, sur les représentations anciennes. Tribut naturel du rêveur, confronté à la réalité ? Je me dis parfois qu'un grand site historique est riche de ses trésors disparus, bien autant que de ceux qui ont subsisté… Et que vouloir, à tout prix, tout reconstruire, n'est peut-être pas toujours une bonne idée.

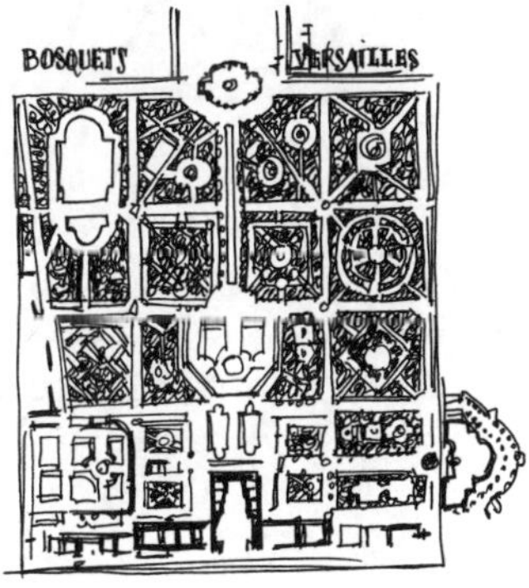

Les *Trois fontaines* feront-elles école, cependant, et verra-t-on renaître un jour le plus célèbre des bosquets de Versailles, le *Labyrinthe,* inspiré à Charles Perrault par la traduction en vers que La Fontaine avait donnée des fables d'Ésope ? Chacune de ses trente-huit fontaines était ornée d'animaux en plomb polychrome, « au naturel », dessinés par Charles Le Brun – le tout installé dans un écrin de rocaillage et d'éléments végétaux en fer-blanc. Les groupes animaliers, démontés pour faire place au nouveau *bosquet de la Reine*, ont été entreposés de façon dispersée, mais pas perdus pour la plupart. Je me souviens d'en avoir aperçu tout un lot, il y a trente ans, au hasard d'une visite à la Petite Écurie… Pourrait-on imaginer de les réunir et de les replacer dans un bosquet, peut-être plus modeste que le vaste labyrinthe original, mais inspiré de son univers de fables et de contes ? Les enfants s'en réjouiraient sans doute, et quelques adultes avec eux.

C

Capitale (de 1871 à 1879)

La Cour a quitté Versailles depuis moins d'un siècle ; et voici que la défaite française face aux Prussiens, l'effondrement du second Empire, le siège de Paris et les prémices d'une insurrection dans la capitale ramènent la cité royale au premier plan de l'histoire de France.

L'Assemblée issue des urnes de février 1871 s'est d'abord réunie à Bordeaux pour y ratifier l'armistice conclu avec l'occupant. Se méfiant des Parisiens, plutôt que de reprendre le chemin du Palais-Bourbon, elle opte pour le château de Versailles et s'approprie l'ancien Opéra royal, aménagé en catastrophe par deux architectes de valeur, Charles Questel, attaché au domaine, et Edmond de Joly, de l'Assemblée. Le parterre et l'amphithéâtre sont recouverts d'un plancher uniforme sur lequel on cloue des banquettes à dosseret. Mais l'espace reste insuffisant pour contenir 722 élus : près de 70 devront être relégués dans les premières loges, les autres loges accueillant le public et la Presse.

Pour les députés rentrés de Bordeaux, il faut trouver à se loger en ville – une ville qui vient seulement d'être libérée par l'occupant. Nombreux sont ceux qui, pendant plusieurs semaines, devront se contenter d'un lit de camp dans la galerie des Glaces, aménagée par les Prussiens en ambulance militaire – sans doute le plus somptueux et le plus dérisoire dortoir de tous les temps. Pour Versailles, le temps est venu d'une seconde invasion.

Le 18 mars, l'insurrection des gardes nationaux fédérés pousse en effet Adolphe Thiers, tout juste nommé « chef du pouvoir exécutif », à quitter Paris pour se réfugier, lui aussi, dans l'ancienne cité royale, avec tout le gouvernement, toute l'administration et une partie du corps diplomatique ! Si M. Thiers s'installe à la préfecture, dans les fauteuils tout juste abandonnés par le Kaiser, c'est au château, naturellement, que les bureaux gouvernementaux trouvent asile. Une répartition sauvage du corps central s'opère en quelques heures. Au rez-de-chaussée s'installent, du sud au nord, le ministère de l'Instruction publique et des Cultes (chez la dauphine), celui de l'Intérieur (chez le dauphin et chez Marie-Antoinette), celui des Travaux publics (chez le capitaine des gardes), et celui des Finances (chez Mesdames). Au premier étage, on trouvera le ministère du Commerce et de l'Agriculture (dans les salles du Sacre et de la Révolution), celui des Affaires étrangères (chez la reine), et celui de la Justice (chez le roi jusqu'à l'Œil-de-Bœuf) ; les cabinets de la Marine et de la Guerre investissant l'aile sud des Ministres comme deux siècles plus tôt… D'autres administrations se joignent à ce *squat* officiel : ainsi du Conseil d'État, de la Banque de France, de la Caisse des Dépôts, du *Journal officiel*… Le service des Postes a, quant à lui, pris possession de la galerie des Batailles.

Autant dire que rien n'est respecté : même les salles épargnées par les Prussiens sont occupées. Pire : les appartements eux-mêmes, parmi les rares qui subsistent, sont affectés au logement des grands commis ! Ainsi, le président de l'Assemblée prend-il possession de la partie orientale de l'appartement intérieur du roi. Son lit est installé dans le cabinet même d'où Louis XV conduisait sa diplomatie secrète, et celui de son valet de chambre, dans la merveilleuse salle de bains, devenue sous Louis XVI *cabinet de la Cassette*. Il y côtoie d'ailleurs le ministre des Finances, dont la petite famille occupe sans états d'âme la partie occidentale du même appartement, jusqu'à la chambre privée du roi… Après tout, le ministre des Travaux publics ne dort-il pas chez Mme Du Barry et le garde des Sceaux dans un des cabinets de la reine ? C'est au prix de tels arrangements que Versailles est devenu l'asile de la légalité.

Car tandis que, dans Paris, le Comité central de la garde nationale a fait élire un Conseil communal qui agit en véritable gouvernement révolutionnaire, les *Versaillais* s'apprêtent à reprendre le contrôle de la capitale. Sous le commandement du maréchal de Mac-Mahon, duc de Magenta, une armée de près de deux cent mille hommes entre le 21 mai dans Paris, par le bastion dégarni du Point-du-Jour. C'est le début de la *Semaine sanglante*, durant laquelle les troupes régulières reprennent la capitale rue par rue, au prix de milliers de tués dans les rangs fédérés – contre moins de neuf cents dans l'autre camp.

La Commune de Paris est écrasée dans le sang, et plus de trente-cinq mille prisonniers, épuisés, loqueteux, battus par les soldats et insultés par la foule, sont conduits à pied jusqu'à Versailles pour y être jugés. Deux mille cinq cents d'entre eux sont enfermés dans l'Orangerie du château ! Vingt cours martiales sont instituées dans le domaine et ses alentours ; on en trouve au manège de la Grande Écurie, dans la salle des Hoquetons et jusque dans le salon Marengo… Ces conseils de guerre vont prononcer à tour de bras : sur la totalité des accusés, près de vingt-trois mille bénéficieront, certes, de non-lieux, mais dix mille seront condamnés à des peines parfois lourdes. Vingt-trois, dont Rossel et Ferré, seront fusillés au mur dit « des Fédérés » – une portion de l'enceinte du Grand Parc, derrière l'étang de la Martinière.

La paix civile est revenue en France ; elle finira – bien tardivement – par s'inscrire dans les textes. En étayant le régime, les lois constitutionnelles de 1875 s'efforcent d'ancrer la IIIe République dans une perspective de long terme. Or, elles prévoient désormais un régime bicaméral. Et puisque les Parlementaires ne semblent pas pressés de quitter la cité des rois, la question se pose de savoir où loger la seconde assemblée. Après bien des débats, le Sénat va finalement chasser les députés de l'Opéra, tandis qu'on aménage, à la hâte, l'aile du Midi, un hémicycle digne de la Chambre des députés. Ainsi, naît une enceinte rectangulaire, avec deux angles à pans coupés du côté de l'amphithéâtre, qu'agrémentent, sur le pourtour du balcon, de hautes colonnes corinthiennes, et, autour de la verrière, des voussures décorées par Chaperon et Rubé.

Mais, déjà, Versailles, l'« anti-capitale » conservatrice, voit son étoile pâlir. Car les républicains, en passe de l'emporter sur des monarchistes divisés, ont hâte de regagner Paris. Dès 1871, le ministère des Finances avait retrouvé les bords de Seine, suivi, au fil des ans, par bien des services gouvernementaux. En 1874, Mac-Mahon, successeur de Thiers à la présidence, quitte l'hôtel de la préfecture pour le palais parisien de l'Élysée. Seuls restent dès lors à Versailles les parlementaires… Or, le 22 juillet 1879, une loi fixe le retour des Chambres à Paris. Députés et sénateurs tiendront leur dernière séance le 2 août au château – un château meurtri, pour ne pas dire bafoué –, qu'ils abandonnent sans un regret.

Caravansérail

Sous la plume de Voltaire, le terme n'a rien de flatteur ; selon lui, on menait une « vie d'hôtel » à la cour de Louis XIV, au sein d'« une manière de grand caravansérail qui cachait bien des misères et n'avait même pas l'avantage du confortable ». Certes, par la suite, un peu d'aisance s'immiscera timidement dans la demeure des rois ; il n'empêche : jusqu'au bout, à Versailles, l'entassement sera de mise. « Quand on embrasse du regard ce bâtiment, écrit Norbert Elias, on est frappé d'abord par un fait particulier : on aperçoit un complexe de constructions capable d'héberger des milliers de personnes. C'est la population d'une ville entière qui peut s'abriter dans ses murs. » S'y abriter, certes, mais au prix de quelles incommodités ? Difficile de l'évaluer, tant le Grand Siècle s'est ingénié à transcender ces petitesses pour ne laisser de l'ensemble qu'une vision grandiose. Qu'on se rappelle, par exemple, les vers de Charles Perrault :

Ce n'est pas un palais, c'est une ville entière
Superbe en sa grandeur, superbe en sa matière.
Non, c'est plutôt un monde où du grand univers
Se trouvent rassemblés les miracles divers.

Foyer politique et intellectuel, vivier des mœurs et des modes, creuset social et lieu de promotion, Versailles s'impose comme le cœur de la société française pendant un siècle exactement : de l'installation de la Cour à demeure, en mai 1682, à la mort de Louis XIV en septembre 1715, puis du retour de Louis XV, en juin 1722, au départ de Louis XVI lors des journées d'Octobre de 1789.

Hors de la Cour, point de salut ; mais en son sein, point de liberté… Comme dans un village, comme dans une petite entreprise, tout le monde s'y connaît et peut nommer l'autre par son nom. C'est un aspect déterminant de la vie de cour, qu'a souligné Roland

Barthes avec beaucoup de finesse dans un de ses *Essais critiques*, dédié à La Bruyère. « *L'inland de la mondanité*, écrivait-il, quoique plein d'être à craquer, est un territoire étroit et faiblement peuplé ; il s'y produit un phénomène dont nos sociétés de masse perdent de plus en plus l'idée : tout le monde s'y connaît, tout le monde y a un nom. »

Combien étaient-ils, au juste, à s'agglutiner dans cette « manière de grand caravansérail » ? La plus ancienne statistique utile nous est fournie par le recensement du commissaire de police Narbonne, établi lors du retour de Louis XV, en 1722 : « Dans le château et son enceinte, estime-t-il, princes, seigneurs, officiers, domestiques, quatre mille personnes. » Ce nombre, qui ne comprend ni la maison militaire, ni les personnes logées dans les dépendances du château – le total aboutit à une population de six à sept mille personnes logées par le roi –, paraissait au demeurant un peu excessif à l'érudit Jacques Levron. En 1744, une enquête commandée par le comte de Noailles, gouverneur de Versailles, au même Narbonne, fournit les résultats suivants : « On estime que l'on peut évaluer le château et son enceinte, y compris les troupes de la garde, les grandes et petites écuries, le grand commun, le chenil, l'hôtel du Grand Maître, l'hôtel de Limoges, les hôtels particuliers et maisons qui appartiennent au roi et les hôtels des princes et seigneurs qui sont situés dans l'étendue de la ville, à environ dix mille personnes. » C'est une limite haute, à l'apogée du règne de Louis XV, et sur le plus vaste périmètre envisageable.

Mathieu Da Vinha, dans un important ouvrage sur le *Versailles de Louis XIV*, accrédite finalement la vision voltairienne du caravansérail. Il nous dépeint à longueur de page un palais surencombré d'une population grouillante et hiérarchisée ; chacun s'active et vaque à ses devoirs… L'auteur rappelle l'importance, pour les personnes titulaires d'un office à la Cour, de pouvoir demeurer sous le toit du roi – vestige du passé, on appelait cela être « logé au Louvre ». « Même exigu, inconfortable, mal chauffé, un appartement “au Louvre” demeurait une condition indispensable pour participer à la vie curiale. C'est là que l'on pouvait changer d'habits (les dames portaient jusqu'à trois tenues différentes par jour suivant les circonstances), se reposer entre deux temps de cour, se retirer discrètement pour converser et entretenir ses réseaux, tout cela sans jamais quitter la place. […] Le duc de Croÿ, sous le règne de Louis XVI, le formulait sans ambiguïté : “J'ai toujours remarqué que les deux seules grâces réellement d'un usage agréable à la Cour, sont les entrées et un bon logement au château.” »

Vols et larcins, ventes à la sauvette, chutes d'ordures, querelles de préséance à la chapelle ou à la comédie, débuts d'incendies toujours maîtrisés, rixes de domestiques et cancans d'antichambre font le quotidien d'une demeure qu'il faut imaginer fourmillante, active en diable, aux antipodes de la vision compassée que tenteront d'en donner les historiens du XXe siècle.

Centre de recherche

En 2002, pour conclure mon ouvrage *Ils ont sauvé Versailles*, je formais le vœu que puisse voir le jour, dans le cadre du Grand Versailles, une entité de documentation et de recherches où « conflueraient tous ceux que passionnent les élans philosophique, scientifique, artistique du Grand Siècle et des Lumières. S'y retrouveraient, pour faire vivre cette culture, des savants et des curieux de tous horizons, attirés par l'architecture de cour et l'art des jardins, la musique baroque, la haute école et les vers de Racine... ». J'ignorais alors qu'un projet de cet ordre était sur le point d'aboutir, et qu'allait naître, dès la fin de l'année 2004, un Centre de recherche conçu par Béatrix Saule et spécialement dévolu à la civilisation de cour, envisagée sous tous ses aspects : « des modes d'exercice du pouvoir à la structure et au fonctionnement des institutions curiales, en passant par les usages et les mentalités, la circulation des hommes et des idées, le développement des arts et des sciences, la conception des palais et des jardins ou encore la signification des cérémonies, des fêtes et des spectacles ».

Les raisons de soupirer et de hocher la tête sont trop nombreuses, dans ces temps contrariants, pour ne pas se féliciter – que dis-je ? se congratuler – d'une initiative comme celle-là, réalisée en partenariat avec de nombreuses institutions culturelles, dont ma vieille et chère EHESS. Fin 2006, le Centre de recherche du château de Versailles devait gagner de surcroît son autonomie par rapport à l'Établissement public, et revêtir le statut envié de Groupement d'intérêt public. C'était octroyer au nouveau-né une souplesse d'action et de gestion des plus appropriée.

Le siège de cette institution est en soi un rêve de chercheur ; c'est la calme demeure bâtie pour le botaniste Jussieu, vers 1750, en bordure du parc de

Trianon, à deux pas du Pavillon français – autant dire un modèle de volumes aimables et de belles proportions. Les aménagements, sobres, les patines des pièces de travail, tout en demi-teintes, font de cet endroit un havre de paix, propice à l'étude. S'y préparent des colloques, des journées d'étude et des expositions, des publications s'y élaborent des bases de données – pour ne rien dire de recherches de plus longue haleine sur des thèmes aussi divers que les représentations corporelles, les courtisans étrangers ou les usages vestimentaires – toute une activité digne des prestigieux correspondants du Centre, de par le monde. Entre ces murs studieux, Béatrix Saule, Raphaël Masson, Mathieu Da Vinha et leur équipe font avancer nos connaissances à propos, par exemple, de l'éducation des princes, des grandes galeries palatiales, des sciences à la cour, du protocole funèbre, de différents aspects des *Mémoires* de Saint-Simon ou encore de figures comme Jules Hardouin-Mansart…

Parmi les chers fantômes qui veillent sur ces lieux, il en est un que j'évoquerais volontiers : c'est l'ombre discrète, familière, de Sylvie Messinger qui, dans les tout débuts, sut aider Béatrix Saule à donner sa cohérence à ce nouvel institut. Je nous revois, tous les trois, entourés d'amis, devant l'imposante cheminée de Jussieu, dans la cuisine où se déroulèrent des déjeuners et des dîners fort chaleureux. On n'avait nullement l'impression d'assister aux premiers pas d'une institution culturelle ; plutôt le sentiment de voir se mettre en place un lieu d'accueil et d'échange pour tous les spécialistes des anciennes cours.

Chambre du Roi

L'an 2007, à la fin de l'automne, j'ai fait l'une des expériences les plus inespérées de ma vie. Nous filmions pour la télévision, dans la Grande galerie, la mise en place de l'exposition *Quand Versailles était meublé d'argent*. Il était fort tard – minuit passé – et les réglages de lumière, essentiels à un tournage de nuit, n'en finissaient pas. Me sachant inutile à l'équipe, je cherchai un lieu discret, un peu à l'écart, pour y faire un somme. Mes pas me conduisirent tout naturellement jusqu'à la chambre du Roi, plongée dans la pénombre d'un éclairage de sécurité. J'avais, par le passé, visité mille fois ce lieu symbolique entre tous, épicentre du château – cette alcôve où Louis XIV avait mis si longtemps à mourir, ce balcon d'où Marie-Antoinette, le 6 octobre 1789, avait courageusement osé affronter les regards d'une foule hostile… J'en avais saisi la noblesse, mesuré les proportions, médité le luxe insensé : pensez, des tentures recelant soixante kilos d'or pur ! Mais cette nuit-là, seul dans le saint des saints, au milieu des ombres, il m'a semblé que je pouvais franchir les siècles et, véritablement, toucher du doigt l'Histoire. Je me calai dans une des embrasures, assis en tailleur sur le parquet, les yeux grands ouverts – me semblait-il – sur les reflets dorés de la balustrade, des pentes du lit, de l'alcôve… Et je m'endormis.

La scène se passe au milieu du règne de Louis XV. Le matin, un peu après neuf heures – le roi, couché tard, a souhaité dormir plus que de coutume –, le premier valet de chambre entrouvre les rideaux du lit royal, dans la chambre privée que le souverain occupe, depuis 1738, à l'emplacement de l'ancienne pièce du Billard de Louis XIV, en retour sur la cour de Marbre. Après un moment, il se lève, en chemise ; on lui passe une robe de chambre, on lui met des chaussons aux pieds ; le roi bâille et vient se chauffer un instant à sa cheminée ; puis il traverse, précédé du premier valet, le vaste salon du Conseil, désert. Un garde du corps ouvre discrètement la porte de la chambre du Roi, et s'efface. C'est ainsi : pour des raisons de confort, Louis XV ne dort plus dans la grande chambre glaciale, balayée de courants d'air, de son aïeul ; mais il n'a pas renoncé pour autant à y tenir les cérémonies, vitales pour la Cour, du Lever et du Coucher – ce qui rend nécessaire ce manège matinal…

La raison d'un tel conservatisme tient à l'importance de la chambre dans la vie publique des monarques. Traditionnellement – depuis des temps très reculés –, c'est devant le lit du roi, symbole du pouvoir en France où l'on n'utilise pas de trône, qu'ont lieu les cérémonies rituelles du Lever et du Coucher, certes, mais aussi les audiences solennelles de grands corps, les agréments de créances diplomatiques, et certains adoubements et présentations. D'ailleurs, les courtisans, passant à n'importe quelle heure devant le lit de Sa Majesté, sont tenus de se fendre d'une révérence.

Louis XV vient d'entrer. À l'intérieur de la grande chambre du Roi, les gens du service ordinaire – on les appelle les *garçons bleus* –, avertis à temps, ont déjà replacé dans l'alcôve les tabourets qu'ils avaient réunis, au creux de la nuit, pour s'en faire des lits d'appoint… Tel un automate, le souverain se dirige vers le lit de parade, ouvert pour l'accueillir ; il grimpe sur le marchepied, puis s'allonge comme s'il allait dormir… Le premier valet referme alors le lourd rideau de brocart écarlate, broché d'argent et rebrodé d'or ; il adresse un signe de tête au garde posté à la porte donnant sur l'Œil-de-Bœuf ; le vantail s'ouvre déjà pour laisser passer les Petites entrées : le Lever du roi va pouvoir commencer !

Jusqu'en juin 1761 – année du remplacement de l'ancienne cheminée de brèche violette par deux autres, plus modernes, en marbre bleu turquin –, rien n'aura changé dans le décor conçu pour Louis XIV, en 1701, à l'emplacement de ce qui avait été, jusqu'alors, le Grand cabinet du Roi. Harmonie blanc et or, rehaussée par l'éclat écarlate des tentures ; sombres tableaux dans l'attique ; grands pilastres dorés rythmant les murs… Au sommet de l'alcôve, seulement suggérée dans cette pièce, une belle allégorie de Nicolas Coustou – le sculpteur des chevaux de Marly – représente *La France veillant sur le sommeil du roi*. Cette chambre « est trop belle pour un homme de mon âge… », se serait écrié Louis XIV quand il en prit possession. Il avait alors soixante-trois ans, et aurait, sans nul doute, été bien surpris d'apprendre qu'il lui restait encore près de quinze années à vivre…

« D'un souverain à l'autre, les murs de la Chambre ont vu les mêmes actes, résonné des mêmes paroles, écrit Pierre Verlet. Le premier gentilhomme de la Chambre *en année* ouvre à huit heures et quart le lit [du roi], qui vient d'être éveillé par son premier valet de chambre et de recevoir la visite de son premier médecin ; il lui apprend, s'il y a lieu, quelque nouvelle importante. » Ceux qui ont les Grandes entrées sont déjà là, prêts à grappiller des grâces et à répandre des ragots. Puis viendront les Petites entrées, qui assistent à la toilette du roi : on lui fait la barbe, on lui met sa perruque. Le roi s'habille, aidé – ou entravé – de tout un service d'honneur. Viennent les prières, avant qu'enfin le roi, habillé, poudré, ne sorte pour se rendre à la messe.

Dans mon demi-sommeil, je songeais au film documentaire voulu par le conservateur en chef Gérald Van der Kemp, au printemps 1980, afin de marquer l'inauguration de la chambre du Roi, enfin restaurée. Vingt années d'un travail patient avaient été nécessaires pour tout reprendre, tout réparer, tout redorer. Le plus long de l'affaire, et le plus coûteux, avait été le retissage, centimètre par centimètre, du très précieux *meuble d'hiver* habillant le lit et l'alcôve – le *meuble*, en langue versaillaise, c'est l'ensemble des étoffes entrant dans le décor d'une pièce. On avait choisi un motif censé rappeler celui qu'avait commandé Louis XV, et qui était encore en place à la Révolution. Tentures, baldaquin, pentes, rideaux, portières : quand tout fut achevé, une sommité du Mobilier national prit un malin plaisir à signaler, au détour d'un article d'érudition, que le motif retenu pour la restauration était erroné ! Le véritable, précisa-t-elle, avait été retendu aux Tuileries au XIXe siècle ; or il était visible à l'arrière-fond d'un portrait du duc d'Orléans, fils aîné de Louis-Philippe, peint par Ingres en 1842 ! Jusqu'où peut se nicher la malice…

Refaisant surface, peu à peu, je demeurai tout un moment songeur, dans cette pénombre aux reflets dorés. Les hommes passent vite, me disais-je, comme les fleurs coupées dans un vase, et qu'une main distraite ne cesse de renouveler ; les choses, elles, durent davantage – pour peu qu'on n'ait pas brisé le vase ou qu'on ait su le réparer.

Chantiers

La gare ferroviaire de *Versailles-Chantiers*, le long de la *rue des Chantiers*, dans le quartier des *Chantiers*... Ces noms bien connus des Versaillais sont un vestige du XVIIᵉ siècle, lorsque cette zone, sise au sud-est du domaine royal, était occupée par des terrains vagues où une armée d'ouvriers s'activait au calibrage et au polissage des pierres destinées au château. Aussi bien *Versailles-Chantiers* pourrait-il être un surnom du palais lui-même, sans cesse en travaux de Louis XIV à nos jours, constamment semé d'échafaudages, de coffrages divers et de bâches de protection.

Si l'on excepte les constructions initiales de Louis XIII, les grands travaux ont commencé avec le règne de son fils, pour prendre une dimension inédite à la fin de la décennie 1660. À cette époque, l'équipe réunie naguère à Vaux par le surintendant Fouquet a persuadé le jeune souverain d'encadrer le charmant castel de Versailles d'une *enveloppe neuve* qui, côté jardins, lui donnera fière allure. De

1679 à 1689, des constructions pharaoniques achèveront de faire de Versailles le plus grand chantier d'Occident.

De sorte que, lorsqu'il s'installe en 1682, Louis XIV est loin de trouver sa demeure achevée. Jacques Levron, qui dirigea les archives de Seine-et-Oise et écrivit, notamment, *Les Inconnus de Versailles* dans la collection « La vie quotidienne », chez Hachette, écrit : « Il faut que les plâtres sèchent. Qu'importe ! On s'installe au milieu des plâtres, dans un chantier en pleine activité.

« Dangeau le note expressément : "Le Roi quitte Saint-Cloud pour venir s'établir à Versailles où il souhaitait d'être depuis longtemps, quoi qu'il fût encore rempli de maçons."

« On ne le sait pas assez : Louis XIV a vécu au milieu de ce chantier pendant près de vingt ans. Après les maçons viennent en effet les menuisiers, puis les peintres. Une partie est à peine achevée qu'il faut laisser la place aux ouvriers pour qu'ils en attaquent une autre. »

Un ouvrage publié en 2002 – *Versailles, le chantier de Louis XIV, 1662-1715* – raconte l'aventure inouïe de ces dizaines de milliers d'hommes, occupés à remuer des millions de nos mètres cubes de terre, à ériger des milliers de tonnes de pierre, à poser 120 000 de nos mètres carrés de toitures… On y observe la naissance d'une organisation déjà moderne des travaux publics, l'essai de techniques nouvelles et parfois révolutionnaires, et même la mise en place d'un embryon d'assurance sociale ! On y découvre aussi à quel prix – humain et financier – Versailles s'imposa comme le grand chantier du siècle et l'un des principaux de l'Ancien Régime.

Pour se faire une idée de ce qu'était Versailles au tournant des années 1680, il faut prendre le temps d'observer, dans tous ses détails, une célèbre toile de Van der Meulen, aujourd'hui à Buckingham Palace ; elle figure Hardouin-Mansart présentant des plans à Colbert, sur le chantier de la Grande Écurie. On y voit, depuis la cour non encore pavée, la foule affairée des commis, des tailleurs de pierre, des maçons, des grutiers, des livreurs, des convoyeurs, des ouvriers de toute espèce, s'activer, parmi des tombereaux et des blocs de calcaire, au sein d'une marée humaine en pleine effervescence – jusqu'au château, à l'arrière-plan, dont les ailes des Ministres, en construction, sont hérissées de grues et d'échafaudages… C'est à peine si, vers le centre de la composition, le carrosse de la reine dérange la frénésie de cette ruche bourdonnante.

À cette aune, les successeurs du Grand Roi – Louis XV et Louis XVI – se montreront modestes. Hormis d'incessants aménagements de confort – qui affectent surtout les cours intérieures –, le Bien-Aimé ne touche guère au chef-d'œuvre de son bisaïeul. Il faut attendre la fin du règne et la faveur de Mme Du Barry pour voir les échafaudages reprendre possession des lieux : on érige une aile Neuve au nord de la cour Royale, amorce d'un remaniement avorté des façades, côté ville ; Louis XVI hésitera longtemps et, du fait de la Révolution, ne pourra mener à son terme le *grand dessein* de l'architecte Gabriel.

Il ne faudrait pas croire, pour le reste, qu'à partir de 1789 le domaine des rois soit entré dans un très long sommeil. Les régimes qui, après la chute de la monarchie absolue, en 1792, se succéderont sans répit, mèneront à Versailles des chantiers, parfois très grands. Napoléon restaure et modifie l'immense façade sur les jardins ; Louis XVIII entreprend une remise en état ambitieuse, incluant la réfection de toutes les huisseries – il ordonne aussi l'érection d'un nouveau pavillon en pendant de celui de l'aile Neuve. Sous Louis-Philippe, Versailles devient le passe-temps du roi-citoyen qui engloutira dans l'immense chantier de ses « galeries historiques » une belle part de ses fonds personnels. Et si la IIe République et le second Empire se désintéressent des lieux, ou presque, ceux-ci deviennent à nouveau, une fois rétablie la République, une des préoccupations centrales de la politique patrimoniale.

Les campagnes de rénovation, à la Belle Époque, de sauvegarde, dans l'entre-deux-guerres – en partie financées par John Davison Rockefeller Jr –, et de sauvetage, dans les années 1950 – à l'initiative du secrétaire d'État André Cornu –, ainsi que les plus récentes lois-programmes, sont à l'origine de travaux énormes, gage de la bonne santé des édifices. De sorte qu'il n'est pas exagéré de dire que, à de rares exceptions près – celles des années 1740 et 1850 notamment –, le château n'a quasiment jamais cessé d'être le terrain de jeu des entrepreneurs.

Cela pose forcément la question de son authenticité : quelle est, dans les éléments qui le constituent aujourd'hui, la proportion de pierres, de briques et d'ardoises d'origine ? Je m'amusais, naguère, à révéler aux visiteurs combien elle doit être faible ; ce qui avait pour immanquable effet de les décevoir… Je comprends mal cette réaction ; à mes yeux, l'authenticité d'un tel lieu est dans son esprit plus que dans sa matière, dans la magie de ses proportions plus que dans celle de ses vestiges… Car Versailles ne serait plus Versailles sans les chantiers qui sont une part de lui-même.

Chapelle

Pour un amoureux de Versailles, dîner chez Liliane de Rothschild, dans l'ancien hôtel parisien de la princesse Mathilde, rue de Courcelles, était naguère une expérience ineffable. La maîtresse de maison, habitée par le spectre de Marie-Antoinette, possédait une collection inouïe de souvenirs de la reine. Mais son trésor allait bien au-delà, et se composait de tous les *memorabilia* possibles, relatifs à la royauté. Parmi eux, je me rappelle avoir été ému par une grande clef de plus de trente centimètres en bronze doré, finement ouvragée mais pesant une bonne livre, et dont la baronne Élie priait ses nouveaux invités de deviner l'ancien usage. « Alors, m'avait-elle ainsi demandé, vous n'avez pas une petite idée ? » Et devant mon prudent mutisme : « C'est la clef de la chapelle de Versailles ! avait-elle lancé d'un air de mystère. Prenez-la, touchez-la, elle porte bonheur. »

Quelle ne fut pas ma surprise, six ans après la mort de cette grande dame, de voir ressurgir la fameuse clef lors d'un cocktail organisé, à Versailles, dans la salle des Croisades ! Le tout-Château célébrait ce soir-là le départ d'Olivier de Rohan, après plus de vingt ans de bons et loyaux services à la tête de la Société des Amis de Versailles. Respectant les dernières volontés de sa mère, les enfants de Liliane lui faisaient remettre en mains propres, afin qu'il puisse en faire le don lui-même à l'Établissement public, cette relique admirable, censée ouvrir les grandes portes de la chapelle royale !

Tournons-la dans la serrure ! Entrons…

Cette vaste chapelle palatine est en vérité la cinquième qu'ait connue le château – et même la sixième, si l'on compte un embryon d'oratoire décelé par Jean-Claude Le Guillou sur les plans du premier château de Louis XIII. Édifiée hors d'œuvre à l'extrémité méridionale de l'aile du Nord, et inaugurée seulement en 1710 – soit vingt-huit ans après l'installation de la Cour –, elle remplaçait une assez grande chapelle vaguement cubique, qui s'était trouvée peu à peu intégrée à l'architecture et occupait l'emplacement de l'actuel salon d'Hercule. Le quart de cette vaste salle – du côté de la toile de Véronèse, *Le Repas chez Simon le pharisien* – constituait la tribune royale et communiquait de plain-pied avec le Grand appartement. Le reste du sol n'existait pas, alors ; la chapelle s'élevait donc sur deux étages, comme le montre une toile de 1695, représentant *Louis XIV recevant le*

serment du marquis de Dangeau, devenu grand maître des Ordres réunis de Notre-Dame du Mont-Carmel et de Saint-Lazare.

Trois autres chapelles avaient donc précédé celle-ci : un premier oratoire dont on sait peu de chose, sinon qu'il se situait vers le nord, du côté de l'actuel appartement de Madame Adélaïde ; puis une chapelle aménagée au midi, en 1670, à l'emplacement de l'actuelle salle des gardes de la Reine. Enfin, entre 1672 et l'installation de la Cour, en 1682, une véritable chapelle édifiée dans ce qui avait été une cour, et dotée de pilastres et de colonnes, d'un grand retable, d'un buffet d'orgues et d'une voûte, peinte par Charles Le Brun sur le thème de *La Chute des Anges*. Sise à côté de la précédente, elle s'élevait là où se trouve exposée, aujourd'hui, la longue toile du *Sacre de l'empereur Napoléon Ier*, morceau de bravoure de David. Son emprise incluait l'escalier en stuc bâti par Louis-Philippe pour conduire à l'attique Chimay, et ce qui allait devenir alors l'appartement de Mme de Maintenon.

La chapelle dont on a brillamment fêté le tricentenaire en 2010 est bien plus ambitieuse à tout point de vue, bien plus aboutie que les précédentes. Elle est le fruit d'une lente maturation – près d'un quart de siècle entre le projet et son achèvement – et, paradoxalement, a bénéficié des embarras pécuniaires de la fin du Grand Règne, seuls capables de modérer la légendaire impatience de Louis XIV. Conçue entièrement par Hardouin-Mansart, la chapelle sera réalisée en partie après sa mort – surtout pour les décors – sous l'égide de son beau-frère, Robert de Cotte.

Il ne servirait à rien de détailler ici toutes les prouesses d'architecture, de sculpture et de peinture qui font de cet édifice la première grande réalisation française du XVIIIe siècle. Ses décors ont été reproduits à l'infini, et l'on trouve aujourd'hui, sur Internet, des visites virtuelles de la chapelle, à la fois complètes et détaillées. Je signalerai seulement, parce qu'on a tendance à les oublier d'ordinaire, les admirables reliefs de bronze ornant cinq des neuf autels secondaires, dédiés aux saints patrons de la famille royale : ils ont été réalisés tardivement, sous le règne de Louis XV, mais méritent au moins autant d'attention que les célèbres bas-reliefs ornant les piliers, il est vrai des plus délicat.

Davantage que le décor, ce qui m'a toujours fasciné, dans cette chapelle, c'est son histoire. Paroisse à domicile du souverain *Très-Chrétien*, elle a quotidiennement servi de cadre aux dévotions des trois derniers monarques de l'Ancien Régime. Combien de rois, de reines, de princes et de princesses ont-ils, par ailleurs, été baptisés, combien se sont-ils mariés dans cette nef où la famille royale ne descendait qu'à l'occasion des grandes cérémonies ? Qu'on se rappelle seulement, à la fin du règne de Louis XV, la brillante succession de cérémonies nuptiales qui vint égayer les années 1770 : unions du dauphin, futur Louis XVI, avec Marie-Antoinette (en mai 1770), de ses frères Provence (mai 1771) et Artois (novembre 1773) avec deux sœurs de la Maison de Savoie, et qui suivaient celle de leur cousin Orléans – futur Philippe Égalité – en avril 1769, avec Mlle de Penthièvre.

De grandes cérémonies, comme celle des chevaliers du Saint-Esprit, animaient par ailleurs cet épicentre de la vie religieuse du royaume. Mais elles restaient exceptionnelles, et ne doivent pas nous détourner de ce qu'étaient les messes quotidiennes. En temps normal, la famille royale se tenait à la tribune de face, entourée de loin, sur les tribunes latérales, par les dames de la Cour. En bas, debout dans la nef, se trouvaient les courtisans que l'étiquette obligeait à regarder en direction du roi ; ainsi, lorsque le souverain se trouvait à la tribune, tous les hommes présents au rez-de-chaussée tournaient-ils ostensiblement le dos au maître-autel et aux officiants… La moindre de ces messes versaillaises se déroulait dans une pompe à peu près inaccessible à nos esprits modernes : richesse inouïe des tenues et des parures, répondant à celle d'un mobilier sculpté et doré – démantelé à la Révolution – lui-même rehaussé d'ornements de brocart et de damas, de tapis aux teintes vives – dont la sublime savonnerie acquise, en 2009, et qu'il faut imaginer en cinq exemplaires. Qu'on se figure la belle chaire rocaille, les confessionnaux richissimes, et les stalles, et le lutrin avec son puissant aigle de bronze – on était loin, assurément, de l'actuel dépouillement.

À quelque cent vingt musiciens et chanteurs, sous la conduite des quatre *sous-maîtres de la Chapelle-musique*, appelés *maîtres* et servant par *quartier* – c'est-à-dire trois mois chacun, à tour de rôle –, s'ajoutait autrefois un nombreux personnel ecclésiastique dont la présence et les riches tenues contribuaient à l'éclat des offices. Le grand aumônier de France, toujours un cardinal, que suppléait un premier aumônier, évêque haut-titré, souvent remplacé lui-même par un des huit aumôniers *de quartier*, commandaient à un véritable bataillon de chapelains, clercs et sacristains… Et le déploiement des nombreux servants de la Chapelle du Roi, en chasuble et surplis de dentelle, devait faire songer aux anciennes représentations de la Jérusalem céleste.

Quant à la musique… Elle occupait constamment ces grands volumes. Les musiciens et les chanteurs de la Chapelle étaient réputés dans toute l'Europe, et Saint-Simon lui-même, pourtant peu suspect de complaisance, lui reconnaît une primauté absolue. Lully, puis Delalande devaient immortaliser un type de programme sacré, alliant des morceaux variés sur un texte liturgique en latin, et conçu pour huit voix, solistes, orchestre et basse continue : le *grand motet*, ou *motet à grand chœur* ; il était exécuté chaque jour à la Messe du Roi. Pour avoir eu la chance, parfois, d'entendre un organiste s'entraîner sur le merveilleux orgue de Clicquot, et pour avoir souvent assisté à des concerts donnés sous ces voûtes, je puis témoigner de l'acoustique admirable des lieux. Véritable caisse de résonance, la Chapelle magnifie les airs sacrés et, par la vertu de ses volumes ou de ses décors, leur confère une élévation particulière.

Ne l'oublions pas : davantage que les cérémonies civiles du lever, du dîner, du débotté, du souper et du coucher du roi, mieux que le jeu et le bal, et même plus que la chasse, ce qui rythme la vie de cour, à Versailles, ce sont les messes, les saluts, les bénédictions – tous ces rendez-vous liturgiques animant la chapelle royale, du matin au soir, presque chaque jour de l'année. La cour de Versailles n'est plus celle du Louvre et de Saint-Germain ; elle place très haut la piété. L'installation de mai 1682 a précédé de peu le remariage morganatique du roi avec Mme de Maintenon, à l'automne 1683 – et donc le grand virage du règne vers une dévotion affichée.

Le Grand Roi lui-même montre l'exemple. Tous les matins, à dix heures, il assiste à la messe. Et tous les soirs, sa chapelle accueille une prière publique, suivie, le dimanche et le jeudi, d'un salut avec bénédiction du saint sacrement. Ce salut a lieu, l'hiver, à six heures, l'été, à cinq, afin de ne pas gêner une éventuelle promenade vespérale… Louis XIV s'y montre assidu, surtout le dimanche. En temps utile, il est averti de la fin de la prière par un *garçon bleu* – c'est-à-dire un de ses valets – et fait en sorte de gagner la tribune un moment avant le salut.

Les dames de la Cour, surtout, sont très fidèles à ce pieux rendez-vous ; mais à l'évidence, c'est davantage pour se montrer à Sa Majesté que par dévotion. Saint-Simon conte le bon tour que leur joua, du temps de *l'ancienne chapelle* – entendez : la quatrième – le duc de Brissac, major des gardes. Las des simagrées de ces tartuffes en jupons, le vieux soldat se présente un soir, juste avant le salut, à la tribune royale, et clame bien haut cet ordre : « Gardes du roi, retirez-vous ; le roi ne vient point au salut ! » Aussitôt, de nombreuses dames soufflent les « petites bougies qu'elles avaient pour lire dans leurs livres et qui donnaient à plein sur leur visage », et disparaissent, « tant et si bien qu'il n'y demeura en tout que Mme de Dangeau et deux autres assez du commun ». On notera, au passage, le mépris inouï du *petit duc* pour tout ce qui ne relève pas au moins de la pairie…

De leur côté, les gardes avaient été retenus dans les escaliers de service par des officiers de Brissac, et repostés juste avant l'arrivée de Louis XIV. « Le roi, raconte Saint-Simon, qui faisait toujours des yeux le tour des tribunes et qui les trouvait toujours pleines et pressées, fut dans la plus grande surprise du monde de n'y trouver en tout et pour tout que Mme de Dangeau et ces deux autres femmes. Il en parla, dès en sortant de sa travée, avec un grand étonnement. Brissac, qui marchait toujours près de lui, se mit à rire et lui conta le tour qu'il avait fait à ces bonnes dévotes de cour, dont il s'était lassé de voir le roi la dupe. Le roi en rit beaucoup, et encore plus le courtisan. » On imagine la rage de ces dames, démasquées dans leur fausse piété et leurs véritables intentions ; et sans doute le désarroi du souverain, sous le rire de circonstance.

Chemin de fer (Versailles-Rive-Gauche)

La gare vient d'être rebaptisée « Versailles-Château », afin que les visiteurs venus de Paris trouvent plus facilement leur chemin vers cette destination : gare terminus, à quelques encablures des grilles du château par l'avenue de Sceaux. Mais l'Histoire la connaît sous le nom de « Versailles-Rive-Gauche ». Gare historique, pour une ligne de légende reliant depuis 1840 Paris à la cité royale. Contrairement à la ligne Paris-Saint-Germain, financée par les frères Pereire, il s'agit d'une initiative de l'État. L'empressement du ministre des Travaux publics de Louis-Philippe était tel que deux liaisons furent lancées simultanément, une sur chaque rive de la Seine : un an seulement après sa rivale de Versailles-Rive-Droite, reliée à la gare Saint-Lazare, la gare de Versailles-Rive-Gauche, connectée à la barrière du Maine, était inaugurée en septembre 1840.

Entre les deux lignes, la concurrence est vive ; dès l'origine, Versailles-Rive-Gauche est privilégiée par les visiteurs du château. Les jours de Grandes Eaux, notamment, l'on voit doubler le nombre de trains en circulation. Ce qui, en ces temps héroïques des pionniers du chemin de fer, ne va pas sans risques… Le dimanche 8 mai 1842, à dix-sept heures trente, un train bondé part de Versailles-Rive-Gauche, ramenant à Paris près de huit cents personnes. Un quart d'heure plus tard, au moment où le convoi entre dans Meudon, survient l'accident – la première catastrophe ferroviaire de l'Histoire ! L'un des essieux de la petite locomotive de tête s'est brisé, celle-ci déraille et se renverse. Aussitôt, le tender – ce petit wagon chargé de charbon – et la seconde locomotive viennent percuter l'épave, et se couchent à leur tour sur la voie. Les cinq premières voitures de voyageurs ne peuvent dès lors qu'escalader ces obstacles. Or, des morceaux de coke enflammés, échappés des fourneaux des machines à vapeur, embrasent bientôt ce gigantesque amoncellement de voitures en bois ! Les passagers vont s'y trouver pris au piège, car les portes, avant le départ, avaient été verrouillées de l'extérieur… Le brasier dévore les malheureux. Une cinquantaine de personnes sont ainsi brûlées vives, parmi lesquelles l'explorateur Dumont d'Urville, qui n'avait échappé aux glaces de l'Antarctique que pour mourir par le feu à Meudon…

L'émotion est vive dans l'opinion. Alfred de Vigny écrira : *L'or pleut sous les charbons de la vapeur qui passe. Tous se sont dit : « Allons ! ». Mais aucun n'est le maître Du dragon mugissant qu'un savant a fait naître.* Le dragon mugissant continuera de circuler entre Paris et Versailles-Rive-Gauche. Dans les années 1870, le Parlement siégeant à Versailles, il accueillera quotidiennement d'innombrables personnalités. Du reste, les sénateurs, venant chaque jour de Paris, envisageront de faire prolonger les voies jusqu'à l'aile du Nord du château ! Mais le tollé des Versaillais aura raison du projet.

Chiens et chats

Les versaillomanes sont friands des témoignages, si rares, où apparaissent des animaux – chiens et chats en particulier –, rehaussant le tableau compassé de la cour d'une touche pleine de vie. Le bestiaire de Mme de Montespan, le chat préféré de la duchesse du Maine, les épagneules naines de Mme de Pompadour et les barbets de Mesdames, le chiot même de Madame Royale – Coco – nous font paraître Versailles moins figé, plus vivant, plus accessible peut-être. Naturellement, les seuls chiens et chats tolérés au sein du palais furent ceux qui pouvaient arborer les lys de France à leur collier ; une simple dame ne se serait point hasardée à emmener à la chapelle son chien de manchon ; il ne serait venu à l'esprit d'aucun ministre de se faire accompagner au Conseil par son matou favori ! C'est ainsi : qu'il s'agît d'enfants ou d'animaux domestiques, les seuls êtres *à part* qui aient eu les honneurs de la Cour étaient ceux de la famille royale.

Dans un ouvrage récent, intitulé *La Princesse Palatine, protectrice des animaux*, Nicolas Milovanovic a fait l'inventaire des noms d'animaux versaillais parvenus à notre connaissance : Louis XIV eut ainsi des chiennes appelées Blonde, Bonne, Diane, Dorinde, Lise, Mite, Nonette, Ponne, Tane, Zette... Quant à Blanche, Brillant, Charlotte, Cocoq, Filou, Gredinet, Hermine, Jemite, Misse, Mouche, Petite Fille, Polydor, Sylvie, Turlu, ce furent des chiens et chiennes de Louis XV... Les peintres Desportes et Oudry, notamment, habiles portraitistes canins, ont inscrit ces noms en capitales sur leurs toiles – c'est ce qui a sauvé ceux-là de l'oubli.

Le duc de Saint-Simon nous montre un Grand Roi aux poches pleines de *biscotins* – des petits biscuits ronds et durs – qu'il se faisait une joie de donner à croquer à ses chiennes couchantes. Le comte Dufort de Cheverny raconte ceci à propos du chat angora de Louis XV : « Le roi avait un chat matou angora blanc, d'une grosseur prodigieuse, très doux et très familier : il couchait dans le cabinet du Conseil, sur un coussin de damas cramoisi, au milieu de la cheminée. Le roi rentrait toujours à minuit et demi des petits appartements. Il n'était pas minuit et Champcenetz nous dit : “Vous ne savez pas que je puis faire danser un chat pendant quelques minutes ?” Nous rions, nous parions. Champcenetz tire alors un flacon de sa poche, caresse le chat et fait couler abondamment dans ses quatre pattes de l'eau de mille-fleurs. Le chat se rendort et nous comptions avoir gagné. Tout à coup, sentant l'effet de l'esprit de vin, il saute à terre en faisant des pétarades, court sur la table du roi, jurant, cabriolant, faisant des jetés battus. Nous tous de rire aux éclats, lorsque le roi arrive comme une bombe ;

chacun reprend sa place, le ton de décence et le maintien grave. Le roi demande ce qui nous tenait en gaîté : “Rien, Sire, c’est un fait que nous racontions”, dit Champcenetz. À l’instant, le maudit chat reprend sa danse et court comme un enragé. Le roi regarde : “Messieurs, dit-il, qu’est-ce qui se passe ici ? Champcenetz, qu’a-t-on fait à mon chat ? Je veux le savoir.” L’interpellation était directe. Champcenetz hésite et conte succinctement le fait, tandis que le chat battait des entrechats. On sourit du récit pour voir dans les yeux du roi comment il prendrait la chose ; mais son visage se renfrogna : “Messieurs, reprit-il, je vous laisse ici, mais si vous voulez vous amuser, j’entends que cela ne soit pas aux dépens de mon chat.” Cela fut dit si sèchement que personne, depuis, n’a fait danser le chat. »

Quant à Louis XVI, Nicolas Milovanovic nous le montre cruel envers les animaux – spécialement les chats, mais également des chiens qu’il aurait fait arracher, les jours de chasse, des bras de leurs maîtresses pour les tirer comme des lapins ! Ce portrait de Louis XVI en homme insensible, quand je l’ai découvert, m’a beaucoup surpris ; il ne coïncidait en rien avec l’image pacifique et civilisée que je me faisais du dernier souverain versaillais. Et pour cause : de tels témoignages, tardifs et non étayés, sont dus à des révolutionnaires bon teint comme Desmoulins lui-même, Prudhomme ou le général Thiébault, ce qui donne une idée de leur crédibilité… On voudra bien me permettre de les tenir pour nuls et non avenus.

Chiffres (Versailles en)

Actuellement, le domaine national couvre une surface de 830 hectares si l'on y inclut le domaine de Marly, confié depuis 2009 à l'Établissement public. Les jardins du château représentent un peu plus du dixième de cette superficie, ce que l'on appelait le Petit Parc, 1 738 hectares, et le Grand Parc 6 614. Le domaine, ce sont aussi 45 kilomètres d'allées, 20 kilomètres d'enceintes maçonnées (sur les 40 d'autrefois), plus de 30 hectares de pelouses à entretenir, des bassins d'une surface globale de 41 410 mètres carrés, quelque 350 000 arbres dont près de 6 000 sont régulièrement taillés… Et 40 kilomètres de charmilles, 23 kilomètres de treillages, des centaines de topiaires aux formes parfois élaborées. Chaque année sont, de surcroît, plantées environ 250 000 fleurs.

Lc château lui-même occupe au sol une surface de 11 hectares – ce qui correspond à 13 hectares de toitures. Ses quelque 2 300 piècces – dont 800 environ ouvertes à la visite – éclairées par 2 143 fenêtres (soit une surface vitrée de 18 000 mètres carrés – l'équivalent de plus de 90 courts de tennis ! – en incluant les glaces et les miroirs) représentent une superficie de 67 121 mètres carrés, dont 36 671 occupés par le musée (12 181 l'étant par les galeries historiques). Un peu plus de 23 000 sont accessibles au public. Malgré les grands travaux de Louis-Philippe et tous les aménagements modernes, il subsiste à l'intérieur du château 67 escaliers, ainsi que 352 cheminées – soit un quart, à peu près, de ce qui existait sous l'Ancien Régime.

Mais la véritable fierté des conservateurs de Versailles réside dans les collections réunies, surtout depuis un demi-siècle pour ce qui est du mobilier et des objets d'art, et qui contribuent à faire aujourd'hui du château et des Trianons un incontournable conservatoire des arts décoratifs français. Au total, ce ne sont pas moins de 60 000 œuvres qui sont exposées ou conservées dans les réserves, dont près de 7 000 peintures et 35 000 gravures ; quelque 4 000 meubles ont réintégré les différents appartements, avec 2 500 objets d'art et 2 500 sculptures – 400 statues demeurant en outre à l'extérieur. Soulignons que, parmi toutes les œuvres exposées, un peu plus de 4 000 proviennent de dépôts effectués au château de Versailles par différentes institutions.

Les chiffres les plus intéressants restent sans doute ceux qui nous éclairent sur le coût de Versailles. Depuis les travaux de Jules Guiffrey, au XIXe siècle, on sait que la note globale s'élève à un peu plus de 80 millions de livres tournois, dont 9 pour les travaux de détournement de l'Eure, et 5 pour le domaine de Marly ; soit un coût du château et du Grand Trianon de 68 millions environ. Pendant longtemps, on a eu tendance à minimiser cette somme et à considérer que Louis XIV avait bien investi les fonds du Trésor, et qu'il avait bâti, somme toute, à moindres frais. Il me semble que ce deuxième point doit être nuancé : huit dizaines de millions de livres représentent en effet une somme très élevée. Pierre Verlet s'était amusé à calculer qu'en francs constants cela représentait environ cinq fois le prix de la tour Eiffel ! Certains seraient donc fondés à estimer qu'un tel tas d'or eût été mieux dépensé ailleurs. Si l'on rappelle qu'un vaisseau de première ligne coûte, dans les années 1670, un peu moins d'un million et demi de livres, et que la Couronne passe alors commande, chaque année, d'une petite dizaine de ces monstres flottants, Versailles représente un peu plus de cinq années d'investissements lourds dans l'armement naval, et donc une cinquantaine de grands navires – ce qui n'est tout de même pas rien ! *A contrario*, François Bluche a rapporté le coût de Versailles au déficit budgétaire de la dernière année du règne ; il était alors de 77 millions de livres, soit un montant sensiblement équivalent du prix de la huitième merveille du monde…

Cinéma

Il fut un temps – heureux, diront les nostalgiques – où tourner à Versailles, le plus souvent dans les jardins, était pour les cinéastes une solution de facilité. Les hautes frondaisons romantiques d'un parc plus ou moins livré à lui-même offraient, aux portes de Paris et à proximité du Trianon Palace, un cadre idéal aux romances filmées, de France ou d'Amérique… Durant toute la première moitié du XXe siècle, les réalisateurs se sont fort peu souciés de la galerie des Glaces ou des grandes façades de Hardouin-Mansart. Et c'est tout juste s'ils en ont mesuré les atouts depuis lors. Sur environ cent vingt fictions jamais tournées pour le cinéma au sein du Domaine, un quart seulement sont supposées se passer réellement à Versailles. Et parmi ces dernières, à peine plus de la moitié situent leur action à la cour des rois de France…

Plus étonnant encore : un film – un seul – aura eu pour sujet le château en tant que tel ; encore s'agit-il d'une fresque pour le moins fantaisiste, violemment contestée à sa sortie pour la somme de bourdes accumulées par son auteur. Peut-être sciemment… Troussé à la diable au cours du printemps 1953, le scénario de *Si Versailles m'était conté* est aux pochades de Sacha Guitry ce qu'*Horace* est aux tragédies de Corneille ou *Faust* aux opéras de Gounod : un sommet en même temps qu'un autopastiche. Le film est tourné en décors naturels, du 6 juillet au 6 septembre. Faut-il une fois de plus en vanter la distribution ? Gérard Philipe est d'Artagnan, Georges Marchal, Louis XIV jeune – le Maître s'étant réservé de camper le roi vieillissant –, Jean Marais incarne Louis XV, Orson Welles, Benjamin Franklin, Claudette Colbert, « la » Montespan, Micheline Presle, « la » Pompadour, Brigitte Bardot, une certaine Mlle de Rosille, Édith Piaf… « une fille qui sait chanter » !

Je me rappelle avoir pressé de questions, à propos de ce tournage historique, le conservateur Pierre Lemoine, alors jeune attaché au musée. Un matin, devait-il me raconter, Sacha Guitry le consulte à propos d'une scène galante entre Louis XIV et la duchesse de La Vallière, censée se dérouler dans la grande chambre de 1701. Le jeune érudit relève l'anachronisme : la favorite était au couvent depuis vingt-cinq ans lorsque cette pièce fut aménagée ! Le Maître grogne, se caresse le menton puis, dans un revers de manchette : « Personne ne s'en rendra compte ! » tranche-t-il. Et quand, une autre fois, Lemoine lui fait remarquer que Mme de Montespan n'a pas été exilée sous les combles, mais au rez-de-chaussée, il rétorque de sa voix suave : « Le roi n'avait-il pas le droit de changer d'avis ? »

Le triomphe du film, qui totalise d'emblée près de sept millions d'entrées, donne des idées aux producteurs. L'année suivante, Henri Jeanson prête sa langue affûtée et Martine Carol ses traits angéliques à *Madame Du Barry* qui, devant les caméras de Christian-Jaque, ressuscite un Versailles moins connu, moins souvent évoqué que celui du Grand Roi. Puis, en 1955, pour le bicentenaire de la naissance de *Marie-Antoinette*, c'est au tour de Michèle Morgan de confronter son port et sa démarche au plus célèbre des grands décors. Défi relevé haut la main. *Marie-Antoinette*, le film de Jean Delannoy, reste sans conteste, à ce jour, l'une des tentatives les plus abouties, au cinéma, de faire revivre l'atmosphère de la Cour sous l'Ancien Régime.

Quatre décennies vont passer là-dessus, sans qu'émerge vraiment de la production une œuvre à la hauteur du cadre versaillais. Enfin, au milieu des années 1990, sont coup sur coup réalisés trois longs métrages qui, sans ambition démesurée, présentent toutefois le château de Louis XVI sous son meilleur jour : en 1994, James Ivory traite avec sa sensibilité les décors de *Jefferson à Paris* ; l'année suivante, Patrice

Leconte et Édouard Molinaro redonnent vie à l'esprit de cour, respectivement dans *Ridicule* et *Beaumarchais, l'insolent.*

Oserai-je l'avouer pourtant ? Aucun de ces films – pour ne même pas mentionner les autres – ne me paraît offrir de Versailles une vision pleinement satisfaisante. Il y a, dans ces diverses transpositions à l'écran des marbres et des ors que nous aimons, de ces bassins et de ces feuillages, toujours quelque chose d'un peu gênant, d'un peu faux, et dont on peine à déceler la faille. Faut-il incriminer surtout le manque de figurants ? La dureté des lumières ? La pauvreté des perruques synthétiques ? La lassitude de décors déjà exploités à satiété ? Ou bien un peu tout cela à la fois ? Il semble en tout cas que les maîtres du septième art, dès lors qu'ils foulent les parquets versaillais, se trouvent subitement saisis d'un accès de conformisme asséchant, castrateur – quand ils ne sombrent pas carrément dans la caricature… Et l'on se prend à rêver d'un Versailles enfin crédible, c'est-à-dire peuplé, bruissant, saturé de couleurs et de matières, d'un Versailles plein de substance et d'où se dégagerait cette impression d'intime solennité vaguement intimidante et toujours délicieuse que produisent certains de ses grincements à l'oreille, à l'œil certaines de ses ombres mordorées. Mêlés à la cire d'abeille…

Moins guindé, à tout prendre, plus réussi fut, en 2005, le célèbre *Marie-Antoinette* de Sofia Coppola, avec Kirsten Dunst dans le rôle-titre. Pour une fois, le château, les Trianons, leurs escaliers, leurs cabinets paraissent comme dépoussiérés, comme rendus à une fraîcheur native. Hélas, le scénario, prétendument inspiré de la jolie biographie de Dame Antonia Fraser, veuve d'Harold Pinter, n'est pas à la hauteur de ces efforts esthétiques ! L'œuvre de Sofia Coppola est aussi décevante, au fond, qu'elle se voulait attrayante dans la forme. Pour un résultat pire, qui sait ?

De sorte que les cinéphiles amoureux de Versailles, ou les versaillomanes férus de cinéma, continuent d'attendre le film impossible… Ne désespérons pas : il viendra forcément. À son heure.

Collections de Louis XIV

C'est un aspect qui, largement, échappe à nos sensibilités modernes : un prince, en sa demeure, se doit depuis toujours d'accumuler un trésor. Richesses en métaux, en joyaux, en livres, en œuvres d'art… Il n'y a pas là, pour le souverain, seulement un plaisir d'esthète et une satisfaction d'amour-propre ; c'est une question de rang et de réputation, intimement liée à la puissance de l'État qu'il incarne. Ainsi Louis XIV, qui *travaillait toujours à sa gloire* – pour reprendre les termes du temps –, ne pouvait-il manquer de réunir, à Versailles, des objets précieux dignes d'un grand monarque.

Hormis ses devanciers – notamment François Ier dont on connaît la fièvre collectionneuse –, deux grands amateurs d'art lui avaient ouvert la voie, léguant à la Couronne de quoi former un solide fonds de collection : Richelieu et Mazarin. Ces cardinaux, tous deux avides de biens, tous deux passionnés d'art, avaient amassé un important ensemble d'orfèvrerie ancienne et moderne, de statues et de bustes antiques, de camées, d'intailles, de cristaux de roche – certains montés avec faste –, de vases et d'urnes de porphyre ou de pierre dure, de bronzes, de verrerie, de laques, de riches étoffes, de tapisseries, de toiles de maître… Louis XIV ne s'en est pas désintéressé – il s'en faut ; mais en dépit de ce qui se raconte, on chercherait en vain, chez lui, cette soif de posséder et cet amour du bel objet qui animaient son frère, *Monsieur*, et plus encore son fils, *Monseigneur*, chez qui la part de sang Médicis se faisait mieux sentir… Ceux-là étaient de vrais chineurs, des amoureux de la rareté ; tandis que dans le goût du roi pour les collections entraient plus largement, me semble-t-il, le devoir de tenir son rang et le plaisir d'étonner ses hôtes.

Les tableaux et les curiosités de la Couronne occupent, à partir de l'installation de la Cour à Versailles, tout ce défilé de salons richement décorés qui prend jour au midi, sur la face nord de la cour de Marbre et qui, plus tard, deviendra l'appartement intérieur du Roi. Va s'y déployer la version louis-quatorzienne du cabinet de curiosité, alors en vogue dans toute l'Europe… Au milieu des années 1680, Pierre Mignard – que Louvois poussait comme Colbert avait naguère protégé Le Brun – aménage ici la Petite galerie et ses deux salons ; cette pièce, en vérité, existait déjà ; jusqu'en 1683, elle avait servi de galerie à Mme de Montespan dont le somptueux appartement, prolongeant vers l'est celui du roi, avait atteint des sommets d'exotisme ; on sait que la favorite y avait élevé des singes, des perroquets – et même un ours ! L'affaire des Poisons, la mort de la reine et la faveur croissante de Mme de Maintenon avaient eu raison de la mère de quatre princes légitimés ; la favorite en déclin avait été relogée au rez-de-chaussée, dans le superbe appartement des Bains ; et le roi, prenant possession des lieux, avait tenu à les remanier.

En 1692, dans un petit édifice pris sur la cour du Roi, sont créés, dans la suite du cabinet aux Tableaux, un cabinet Ovale et un cabinet des Coquilles ; dans le premier sont exposés deux bronzes d'une virtuosité baroque extraordinaire, connus sous le nom de *chenets de l'Algarde* ; le groupe de Jupiter est aujourd'hui conservé au Louvre ; on ignore ce qu'est devenu le groupe de Junon…

Tout au bout vers l'orient, derrière la Petite galerie, vient le célèbre cabinet des Raretés, communiquant avec le Grand appartement par le salon de l'Abondance. De nos jours encore, il suffit de lever les yeux vers le plafond de celui-ci pour voir s'y déployer, peintes en trompe-l'œil, quelques-unes des plus belles pièces de la collection royale, dont la fameuse *nef* du Roi, objet totémique : il convenait de s'incliner en passant devant ce coffret en forme de navire démâté, placé sur la table royale en certaines occasions et où se trouvait conservée la serviette du souverain. Les amateurs de beaux objets peuvent aller voir, au Louvre, dans la galerie d'Apollon, quelques fleurons de cette collection – en attendant leur éventuelle exposition dans les salons d'honneur de l'ancien Garde-meuble, place de la Concorde… L'idéal, à mon humble avis, serait de les déposer, tout simplement, à Versailles ; tant il est vrai qu'il ne saurait exister, pour ces joyaux de rois, d'écrin plus indiqué que la demeure des rois…

Ce qui me touche, pour ma part, dans les collections du Grand Roi, c'est ce qu'elles nous disent de ses goûts. Au sein du premier Versailles, celui d'avant 1668, les cristaux brillamment montés, les gemmes étourdissantes et la résille d'argent s'étaient taillé la part du lion. Certes, on retrouvait encore de tels objets, richissimes, dans les cabinets du milieu du règne ;

Louis XIV y demeura même si longtemps fidèle qu'on serait en droit de se demander si, jusqu'au tournant de la guerre contre la Ligue d'Augsbourg (1688-1697), les achats de grands objets ordonnés par le souverain répondaient davantage à un attrait pour l'art ou à l'envie de meubler un trop somptueux appartement de collectionneur… Ensuite, la guerre se prolongeant au-dehors, la vieillesse s'installant au-dedans, se manifeste – ici comme ailleurs – la conversion de Louis XIV à plus de simplicité. Le cabinet des Coquilles devient en 1708 un *cabinet aux Livres* ; le cabinet des Raretés s'est déjà mué, alors, en un sobre *cabinet des Médailles*, pour la conservation desquelles sont livrés douze petits meubles à tiroirs, disposés le long des murs… Le temps de l'ébahissement n'est plus ; le crépuscule du règne veut des thèmes de collection plus austères.

Conférenciers

C'est la dernière scène du film *Si Versailles m'était conté*. Sacha Guitry, prêchant pour sa paroisse, y fait dire à Bourvil, costumé en gardien du musée : « Les omissions et les erreurs… et les anachronismes, on s'en fiche bien quand c'est le cœur qui les commet ! » À l'époque, en 1953, ce slogan rasséréna peut-être les nombreux agents qui, s'improvisant guides pour quelques francs, colportaient sur Versailles les assertions les plus fantaisistes… Un vieux conservateur citait le cas d'un régisseur qui jadis avait affirmé, sûr de lui, devant des ouailles un peu surprises tout de même : « Il y a des historiens qui disent *Du Guesclin*, d'autres *Duguay-Trouin*, c'est selon… » (En vérité j'ai relevé, dans des temps plus récents, des bourdes aussi cocasses chez des personnes moins excusables ; ainsi d'un ponte des années 1990 prenant, lors d'une visite privée, un buste de Louis XV enfant pour celui du jeune Mozart et justifiant sa présence – certes insolite – sur la cheminée du Cabinet doré par un concert qu'y avait donné, en son temps, le fameux prodige !)

Une fois de plus, c'est à l'énergique Van der Kemp qu'il faut savoir gré d'avoir mis fin à ce jeu de massacre. Au tournant des années 1960, le jeune conservateur en chef décida qu'il était temps de confier les visites à des personnes qualifiées. Il fonda tout exprès un « service éducatif » et recruta, pour le faire vivre, un escadron de jeunes diplômées de l'École du Louvre, rompues aux finasseries d'une historiographie retorse. Ces demoiselles n'en devaient pas moins, pour aller au bout de leur mission, se faire comprendre de tous.

Ainsi Rofina Hubert n'oubliera-t-elle jamais l'examen que le patron de Versailles lui fit passer, en 1966, dans le salon des Jeux de Louis XVI. Elle m'a raconté que, ce jour-là, pendant son exposé, « le patron » arborait un air absent ; il dessinait sur le sol, du bout de sa canne, toutes sortes de figures cabalistiques. « Ah, cette canne, dit-elle, je la reverrai toujours ; j'aurai toujours à l'oreille son grincement sinistre ! » À la fin, la sentence tomba : « C'est bien, vous dominez votre sujet ; mais maintenant, vous allez me redire tout cela comme si vous aviez affaire à quelqu'un qui ne connaîtrait rien aux lieux – par exemple, un employé de chez Renault qu'il vous faudrait intéresser à tout prix. » Quelque peu décontenancée, la jeune femme se lança dans un nouveau commentaire plus vivant, peut-être, plus imagé… Au bout de trois ou quatre phrases, le conservateur en chef l'interrompit gentiment : « Je vois que vous avez compris, mademoiselle. Dorénavant, c'est comme cela que je vous demande de présenter les choses… »

Il n'est donc pas exagéré de dire que le métier de *conférencier des Musées nationaux*, promis par la suite à l'expansion que l'on sait, est né à Versailles. Le château accueillit du reste, pendant un quart de siècle, un incomparable vivier de talents, habités par leur sujet. Je me souviens, par exemple, de telle dame très « Vieux Versailles », engagée dans la défense de Mme Du Barry comme s'il s'était agi d'une amie d'enfance malmenée par une injuste rumeur ; ou de tel cicérone assez grandiloquent, dispensant au pas de course de véritables leçons d'esthétique – « L'art, clamait-il, est comme la nature, il est en permanente évolution » ; ou encore, de tel pédagogue enragé, qui se plaisait à surprendre l'auditoire par des révélations forcées sur les arcanes du monument : chez lui, tout prenait sens, de la largeur des marches à la hauteur des paravents, de la distribution des appartements à l'usure des boiseries sur les points de passage les plus fréquentés. Versailles, pour lui, était une immense plaque sensible où s'était imprégné le souvenir des anciens occupants.

Puis on vit apparaître, vers la fin des années 1990, de nouveaux accompagnateurs formés à la méthode historique et rivalisant de prudence. Je me rappelle notamment une jeune femme employant le conditionnel pour énoncer des vérités établies : « Dans cette chambre, avançait-elle sans grande conviction, *serait* mort Louis XV » ; puis, traversant plus loin le cabinet d'Angle : « C'est depuis ce balcon que le monarque *aurait* suivi le départ de Mme de Pompadour pour sa dernière demeure. » On imagine le désarroi des visiteurs aussi fermement renseignés…

Dans un proche avenir, de telles bévues seront bannies par le triomphe d'audio-guides polyglotttes. Faut-il s'en réjouir ? Et si, à tout prendre, mille approximations, dans leur variété, étaient préférables au ressassement d'une seule vérité, toujours la même ? Au moins, les conférenciers de chair et d'os avaient ceci d'inappréciable que, dans leurs flottements, ils demeuraient humains. Trop humains ? Jamais !

Conservateurs

Dans les années 1830, lorsque Louis-Philippe transforme l'ancienne résidence royale en *galeries nationales*, il nomme naturellement un conservateur à la tête du nouveau musée. Celui-ci, d'entrée de jeu, va devoir défendre son pré carré contre les empiètements du fonctionnaire de l'État qui, depuis la Révolution, se trouve en charge du palais : le sacro-saint régisseur. S'ensuivent des décennies d'anicroches et de bisbilles… Ô joie : en 1889, la régie des palais nationaux est supprimée ! Le conservateur du musée va-t-il pouvoir, dès lors, prendre en main les destinées de Versailles ? Ce serait sans compter avec l'architecte du domaine, que ses compétences officielles, appuyées sur des moyens financiers, vont asseoir, durant encore un siècle, dans une position de concurrent, pour ne pas dire d'adversaire. En vérité, il faut attendre la création, en 1989, d'une direction d'ensemble, coiffant le domaine et le musée, pour que le conservateur ait enfin les mains libres – encore cela ne durera-t-il pas : dès 1995, la création de l'Établissement public le placera de nouveau en position de subordonné ; il dépendra désormais d'un administrateur civil…

Disons-le : les premiers conservateurs du musée de Versailles n'auront guère brillé par leur autorité. Le peintre aixois François Marius Granet, élève de David, et l'historien de l'art Eudore Soulié, beau-père de Victorien Sardou – tous deux transfuges du Louvre – ont de leur rôle une conception restrictive ; ils se contentent de conserver les peintures réunies par Louis-Philippe. C'est aussi ce que font, mais avec encore moins d'entrain, si possible, leurs successeurs : le critique d'art Louis Clément de Ris – petit-fils adopté du fameux sénateur enlevé, en 1800, par des agents de Fouché – et l'humble peintre Charles Gosselin, proche de Victor Hugo. De sorte qu'il reviendra au jeune Auvergnat Pierre de Nolhac, nommé en 1892, de donner à la fonction l'éclat qu'elle méritait.

J'ai retracé, le travail immense accompli par Nolhac, au cours des vingt-sept années de son magistère. Le prestige conquis par cet archiviste, poète à ses heures, est tel qu'après son départ, en 1919, ses successeurs, André Pératé puis Gaston Brière, fondateur de la *Revue d'histoire moderne et contemporaine*, ne font que s'inscrire dans son sillage et poursuivre son œuvre. Après l'intérim de Pierre Ladoué, bref, mais remarqué – Ladoué se trouve à la tête du musée en juin 1940 – c'est à l'ancien conservateur de Trianon, Charles Mauricheau-Beaupré, qu'il revient d'accompagner la campagne de sauvegarde, lancée en 1951. Hélas, cet homme entreprenant va se tuer au cours d'une tournée de conférences au Canada, sa voiture ayant dérapé sur une plaque de verglas… Contre toute attente, c'est le jeune Gérald Van der Kemp qui lui succède. Pendant vingt-sept années – la même durée que Nolhac – il aura tout le temps de marquer Versailles de son empreinte et de lancer d'innombrables chantiers, sur bien des fronts.

Pourtant ses successeurs héritent, comme ceux de Nolhac, d'une situation plus contrastée qu'il n'y paraissait peut-être. L'excellent Pierre Lemoine – que j'ai eu la chance de bien connaître et d'apprécier – ainsi qu'Yves Bottineau et que Jean-Pierre Babelon ont apporté chacun sa pierre, plus ou moins angulaire, à l'édifice. Par la suite, l'institution d'un Établissement public va offrir aux patrons du musée de nouveaux moyens d'action, mais au sein d'un environnement complexe. Dans ce cadre fort délicat, Pierre Arizzoli-Clémentel, avant Béatrix Saule, saura, non sans habileté, défendre ses prérogatives sans faire trop d'ombre aux présidents successifs. Mais alors, le responsable du musée perdra provisoirement le titre utile et salvateur de directeur général de l'Établissement public : fin d'une dynastie d'un siècle et demi…

Au final, trois grands noms auront marqué le poste : Pierre de Nolhac, Gérald Van der Kemp et Béatrix Saule. Tous trois auront eu le temps de s'imposer, et trouvé les moyens d'agir. Aux deux premiers l'on doit, respectivement, la redécouverte de la demeure royale et son *remeublement*. Pour Béatrix Saule, encore en fonctions, un bilan serait prématuré : après une carrière ininterrompue de trente-trois ans au sein de la Conservation, elle n'exerce en titre ses fonctions directoriales que depuis 2010. Mais il faut souligner, d'ores et déjà, l'importance de son rôle dans la réputation du musée ; ses liens privilégiés avec les responsables des grandes collections d'Europe ont rendu possibles, à Versailles, des expositions d'envergure internationale. Son prestige parmi les historiens renforce le Centre de recherche qu'elle a mis sur pied, contribuant à l'émergence d'une « science de la cour ».

Franche et directe, d'une rapidité d'esprit pouvant heurter les natures timorées, Béatrix Saule est une femme d'autorité qu'intéressent les avis contraires, une dirigeante pressée qui sait prendre son temps. On a beaucoup vanté son dynamisme, sa culture, son sens de l'amitié, sa finesse jamais dénuée d'humour ni de gaieté. À mon sens, sa plus grande qualité demeure une ouverture d'esprit étonnante. Dans un monde, celui des musées, où règne une forme rassie de snobisme intellectuel, elle considère les personnes, d'où qu'elles viennent, sans *a priori* – ce qui la met en position de tirer le meilleur de chacune.

Enfin, soulignons-le : Béatrix Saule aura, comme Nolhac et comme Van der Kemp avant elle, bénéficié de la durée ! Irremplaçable facteur temps… Ses successeurs, hélas, ne jouiront peut-être pas du même avantage – du moins, tant que seront maintenues les dispositions de 2010, cantonnant le directeur à trois mandats de trois ans… Neuf années au total : à peine le temps de se faire à l'étrange nature de *ce pays-ci*.

Coulisses

Que la métaphore du théâtre s'impose à Versailles, voilà qui n'étonnera personne. Reconnaissons, au risque du poncif, que ce palais est en effet la grande scène où s'accomplit, sous les trois Louis, la représentation royale ; il a ses *emplois* et ses *utilités*, son public et ses critiques, son répertoire… Ses superstitions aussi. Et, bien sûr, comme tout théâtre, Versailles possède ses coulisses. C'était vrai avant 1789 ; il semble que ce le soit toujours.

C'est en tout cas ce que semblent penser les médias actuels, qui ne cessent de vouloir nous vendre les « coulisses de Versailles », dans une course effrénée – somme toute vaine et même pathétique –, aux portes dérobées et aux recoins méconnus. Comme si, durant des siècles, on avait cherché à se moquer du public en ne lui présentant que la part officielle des appartements royaux et princiers – enfilades grandioses et galeries à voûtes peintes –, on essaie à présent d'émoustiller sa curiosité en tournant des clefs grinçantes dans des serrures oubliées… Que se passe-t-il « derrière », « à l'abri des regards », du côté de « la face cachée » ?

Rien, à la vérité. Ou vraiment pas grand-chose !

J'ai sous les yeux, en écrivant ces lignes, toute une pile de magazines et de numéros hors-série intitulés : « Versailles caché », « Versailles secret », « L'autre Versailles », « Versailles révélé », « Versailles de l'ombre » – et, bien sûr, inévitablement : « Versailles côté coulisses » et « Les coulisses de Versailles ». Outre ce que présentent de puéril ces tentatives de ranimer l'intérêt du public en lui laissant croire qu'il existerait, derrière le Versailles officiel, un Versailles officieux bien plus intéressant mais réservé aux initiés, je ne puis me défendre, devant une telle cascade de titres racoleurs, d'un certain écœurement.

Certes, les premières caméras de télévision à s'être aventurées au-dessus de la voûte de la galerie des Glaces, ou dans l'appartement intime du souverain, autour de la cour des Cerfs, ou encore dans les canalisations des fontaines, ont sans doute eu le mérite de renouveler une image archiconnue – « archiconsommée », aurait dit Roland Barthes. Est-ce une raison pour nous « refaire le coup » trois, cinq, dix fois ? Si Versailles recèle encore des aspects méconnus, il me semble que c'est davantage dans la façon d'envisager sa fonction et son histoire que dans la pseudo-découverte de lieux « jamais montrés », échouant inexorablement dans des escaliers de service et des dégagements sans issue. Ce qu'il reste, en effet, des petites pièces sans grâce sera toujours moins exaltant que les cabinets aux boiseries sculptées…

Demeure la satisfaction qu'un public curieux de nouveauté peut éprouver à découvrir, au sein d'un palais réputé fabuleux, des escaliers et des couloirs qui ne détonneraient pas dans la maison du voisin… L'historienne Hélène Himelfarb, pour avoir été conférencière au château, a pu mesurer l'attrait des groupes de visiteurs pour le dédale « des appartements intérieurs les plus intimes, et plus encore des cabinets entresolés ou perchés à l'attique, avec leur plan labyrinthique, la bonhomie de leurs marches de guingois, leurs escaliers au parfum provincial, leurs ateliers de travail manuel et leurs corridors à placards, leur exiguïté et leurs plafonds bas, les vues insolites qu'ils ménagent sur les toits ou au revers des façades d'apparat ».

Est-ce là, pour autant, ce que Versailles a de plus passionnant à montrer ? Il me semble que le rôle des journalistes et des *passeurs d'histoire* que nous sommes est, si possible, de ranimer l'intérêt du public pour les grandes choses, non de flatter sa propension éventuelle aux petites… Faisons revivre les beaux débats d'architecture qui présidèrent aux campagnes de construction et de transformation du château ; cherchons, dans les vestiges existants, les traces encore visibles de ce qui fut et n'est plus ; renouons avec l'intelligence des lieux, en mettant en perspective ce qu'il reste de la demeure royale et en restituant à chaque pièce sa logique et sa cohérence, dans un ensemble unique en son genre ; tentons de percer les significations successives, parfois concomitantes, de cet ensemble palatial – autrement dit : renouvelons le sujet autant que faire se peut ! Mais, de grâce, cessons de prendre pour des enfants les lecteurs et les spectateurs, en leur promettant un accès inédit, privilégié, à je ne sais quelles coulisses cachées.

Cour des Cerfs

Les fameuses *coulisses* de Versailles se déploient autour d'un certain nombre de cours, plus ou moins vastes, plus ou moins encaissées. Les cours externes ouvrant sur la ville – cour des Princes, cour d'Honneur, cour Royale, cour de Marbre au cœur de l'ensemble et cour de la Chapelle – sont visibles au premier regard ; mais les cours intérieures, elles, réservent leur part de mystère… Celles-ci sont au nombre de huit : deux dans l'aile du Midi (la cour de l'Apothicaire et celle de la Bouche, devenue par la suite cour *de Provence* ou *de la Surintendance*) ; quatre dans le corps central (la cour du Dauphin, celle de la Reine, celle des Cerfs et celle du Roi) ; enfin deux dans l'aile du Nord (la cour basse de la Chapelle, dite *de la Smalah*, et la cour basse de l'Opéra, dite *du Maroc* ou encore *du Sénat*).

Les cours intérieures des édifices très vastes sont un peu comme les envers d'un décor, ou comme les entrepôts d'un grand magasin : on y voit ce que l'architecte a voulu tenir le plus possible à l'abri des regards… « Dans cet immense château, a écrit Pierre Verlet, les cours intérieures forment des espaces vides bien tentants, qui se réduisent progressivement, comme mangés par les bâtiments. » Du reste, les quatre cours du corps central sont issues de deux espaces plus grands, nés de la construction, autour du château primitif, de l'enveloppe de 1669 : la cour de la Reine au midi, au nord la cour du Roi. Trente ans après, cette dernière donnait naissance à deux cours distinctes, dont la plus grande, en 1723, devait prendre le nom de *cour des Cerfs*. Pourquoi ce vocable ? La question, naguère encore, pouvait se poser ; depuis les récentes restaurations et la réimplantation, entre les fenêtres, de grandes têtes de cerf moulées, peintes au naturel et ornées de bois véritables, il n'est guère besoin de s'y appesantir…

« Tout autour de sa cour des Cerfs, Louis XV se sent véritablement chez lui, nous dit Verlet. Au premier étage, il conserve en partie ou détruit avec lenteur les décorations de Louis XIV ; la richesse, la dorure continuent de régner. Aux second et troisième étages, où tout est récent et lui est personnel, un goût plus fantasque et plus nouveau, des couleurs fraîches où triomphe l'art des Martin, témoignent des préférences du Roi, lorsqu'il se croit libre. » La Varende a joliment parlé de « ce puisard étrange qui devint le cœur de Versailles, son cœur vivant, battant, et qui vous donne toujours des surprises ». Sans déranger le roi dans son intimité, laissez-moi vous faire les honneurs de ces lieux insolites : la plupart des fenêtres ouvrant sur la cour des Cerfs appartiennent aux appartements du monarque – nous sommes là dans le saint des saints, au cœur de son domaine privé !

Depuis le petit Cabinet doré, orné de charmantes têtes de chien, et qui donne par un passage dérobé dans le coin du salon d'Apollon, nous grimpons jusqu'au deuxième étage par un modeste escalier semi-circulaire, dont on s'étonnera qu'il ait pu servir à des rois. Au deuxième étage, un cabinet et plusieurs groupes de marches mènent, sur la droite, à ce qu'on appelle aujourd'hui l'appartement de Mme Du Barry – mais qui fut, avant cela, la petite galerie du roi sous les combles. Encore un étage, et nous voici, à main gauche, dans un tout petit cabinet menant au pourtour de la rotonde du salon de la Guerre, à main droite dans l'antichambre de ce qui fut la salle à manger d'été des années 1740.

Tout en écrivant, je feuillette un bel in-4° broché de 1950, publié chez Henri Lefebvre par Henry Racinais, alors rédacteur à l'agence d'architecture. Son ouvrage, connu et recherché des amoureux de Versailles, s'intitule *Un Versailles inconnu : les petits appartements des roys Louis XV et Louis XVI au château de Versailles*. On y raconte l'histoire de ce petit monde à part, presque entièrement voué à l'intimité des deux derniers souverains versaillais, un monde où s'étageaient des salles de bains, des ateliers – ou cabinets du tour –, des laboratoires, des cuisines, des bibliothèques et leurs suppléments, des garde-robes et même une galerie de géographie… « Au temps de Louis XV, écrit Henry Racinais, il existait sur le bâtiment séparant les deux courettes, perpendiculairement à la cour de Marbre, un étage pour les cuisines qui fut même surélevé d'un second pour les offices.

« Toutes ces surélévations, grâce à l'habileté des architectes, ne se voyaient pour ainsi dire pas de la cour de Marbre ni de la cour Royale et ne gênaient nullement l'esthétique générale du château. » C'est donc ici, dans ce dédale tout en hauteur, que se trouvent aujourd'hui les appartements dits de Mme Du Barry et du comte de Maurepas. On y accède aussi bien, et même mieux, par le sobre et magnifique degré du Roi. Deux siècles et demi après, on est toujours saisi par le sentiment de perturber ici une vie personnelle, dérobée aux regards. Des pièces basses de plafond, des dégagements et des corridors pavés de simples tomettes, des boiseries fleuries, émaillées de vernis Martin aux teintes vives, confèrent à ce pourtour de la cour une atmosphère incomparable, aussi poignante par grand soleil que dans la lumière de plomb précédant un orage…

« De ces différentes constructions, poursuit Henry Racinais, il nous reste encore l'étage du comble donnant sur la cour de Marbre et la cour Royale, qui se développe sur les quatre côtés de la cour des Cerfs et contient les pièces les plus nobles, ainsi que les étages supérieurs de la façade orientale de cette dernière cour. » La place que le souverain ne pouvait trouver en superficie, c'est en hauteur qu'il tenta de la gagner, élevant ainsi jusqu'à cinq étages de petites pièces ouvertes sur la cour des Cerfs. Tout à fait au sommet, il faut imaginer des jardins suspendus en terrasse, des rocailles, des fontaines et des fleurs entourant des volières et même un petit *cabinet des Oiseaux* délicieusement décoré. C'était là un merveilleux séjour, propre à distraire un jeune roi des contraintes écrasantes de la Cour, et à lui faire oublier que Versailles – ce grand palais où il est né, où il mourra – n'était pour lui qu'une prison dorée. « Les toits de Versailles sont devenus un monde presque irréel, conclut Verlet. Un lieu de délices aussi. Louis XV l'entend bien ainsi : petits soupers et secrètes amours »…

Courtisans

La légende veut que Monsieur, frère unique de Louis XIV, ayant rougi les talons de ses souliers trop clairs lors d'une escapade inavouable du côté du marché des Innocents, où se trouvaient les abattoirs parisiens, la mode se répandit de porter, à la Cour, des talons rouges. Ce qui est certain, c'est qu'en effet les talons écarlates ont longtemps fait fureur à Versailles, et que l'expression est restée : un *talon rouge*, c'est un habitué de la Cour, un pilier d'antichambre, en un mot un *courtisan*.

En ce pays-ci – c'est ainsi que la Cour se désigne elle-même – rien n'est vraiment comme ailleurs. L'air qu'on respire à Versailles, auprès du roi, n'est ni des villes, ni des champs ; tout s'y veut différent, de la façon de marcher – vos pas devront glisser sur les parquets – à celle de frapper aux portes – vous vous contenterez, s'il vous plaît, de gratter le panneau à l'aide d'un ongle demeuré long exprès : distinction de cour ! Le microcosme versaillais, qui connaît son apogée sous le règne de Louis XV, possède ainsi ses coutumes, ses manières bien à lui et jusqu'à son langage. On y prononce étrangement les noms propres ; et qui se hasarderait à ne pas dire « Breuil » pour Broglie, « Beuz'val » pour Bésenval ou « Casselane » pour Castellane s'exposerait à la pire des sanctions auliques : le ridicule.

Laissez-moi vous « enversailler » un peu, c'est-à-dire vous initier aux mœurs locales ! Qu'au moins, je n'aie pas en vain consacré à leur étude plusieurs années de ma jeunesse… *En ce pays-ci*, vous laisserez les « contentieux » et autres « problèmes » aux *gens du commun*, et ne connaîtrez guère, dans le pire des cas, que des *difficultés*. Vous apprendrez qu'à proximité de l'Œil-de-Bœuf, tous les officiers ne sont point militaires – il s'en faut – et que si certains sont *grands*, aucun n'est petit. Parmi les premiers, vous saurez bientôt qu'il convient de flatter surtout ceux qui sont *de quartier* – c'est-à-dire en fonctions. Je laisse pour une autre fois la question des *survivances*... Vous tâcherez de vous inscrire sur la *petite liste* des grands officiers de quartier, tenant *table ouverte* : cela vous donnera le droit de souper chez eux, les *petits jours*, sans invitation... La vie de cour est ainsi tissée d'astuces qui vous rendront le quotidien plus facile... Ainsi, lorsque vous suivrez Sa Majesté dans ses déplacements, si vous-même n'êtes pas *logeant* – c'est-à-dire invité – vous éviterez de jouer les *polissons*, autant dire les pique-assiettes.

Quand vous maîtriserez le vocabulaire, je vous livrerai quelques conseils moraux. À commencer par celui de n'être jamais dupe, à la Cour, de ce que vous voyez ; rien n'y est évident, rien n'y est sûr et surtout rien, jamais, n'y est gratuit ; les plus beaux gestes dissimulent à Versailles un fond de calcul et d'arrière-pensées. Par exemple, un courtisan généreux est un homme qui pratique l'ostentation utile. Mme de Genlis, experte absolue sur ces chapitres, racontait l'anecdote suivante : « Mme de Rouget, une veille de Longchamp, fit demander une calèche à M. de Valence, sachant qu'il en avait deux ; il avait disposé de l'une et de l'autre, sur-le-champ, il en fit acheter une très belle, uniquement pour la prêter trois heures à Mme de Rouget. » Faut-il préciser que l'anecdote fut contée, dès le lendemain, au Lever du roi ?

Dès le XVIe siècle, le diplomate Baldassare Castiglione avait consigné, dans *Le Livre du courtisan*, les qualités requises d'un homme de cour : maîtrise des passions, politesse orientée, primauté du verbe sur l'action et du regard sur la parole. Le regard, à la Cour, est ce qu'il y a d'essentiel. À commencer par le regard du roi ! Jean-Marie Apostolidès a parlé d'*impérialisme oculaire* pour souligner le caractère central de l'attention du souverain, considérée comme le baromètre de la faveur, donc de l'importance. « Un souris, deux paroles, le chapeau soulevé à demi pour les seigneurs et tiré pour les dames, mais de plus ou moins loin selon leur condition, un tapis de pied à la chapelle, un tabouret au cercle de la reine, une chaise à bras, des franges à un fauteuil, une invitation à Marly, un justaucorps bleu et or pour suivre les promenades, le bougeoir que le roi fait tenir chaque soir à son coucher par un courtisan, on n'en finirait pas d'énumérer ces menues préférences, ces puériles distinctions si enviées, si pleines d'espérances », raconte Pierre Gaxotte.

« Un homme qui sait la Cour est maître de son geste, de ses yeux et de son visage, écrit Jean de La

Bruyère dans ses *Caractères*. Il est profond, impénétrable ; il dissimule les mauvais offices, sourit à ses ennemis, contraint son humeur, déguise ses passions, dément son cœur, parle, agit contre ses sentiments. » Et l'on songe aux traits acérés du géographe et historien révolutionnaire Soulavie à l'encontre de Mme de Pompadour : « Cette femme avait si bien étudié sa figure qu'elle lui donnait les modalités et le physique que lui dictaient les circonstances. Elle se composait à volonté telle ou telle figure. »

Puisque « se dérober à la Cour un seul moment, c'est y renoncer », il faut, pour réussir *en ce pays-ci*, savoir sacrifier tout le reste… Quand on pense que le plus modeste, parmi ces gens d'office, possède à la campagne un château magnifique ! « N'importe, soupire le satiriste Pierre-Jacques Brillon, il n'y viendra jamais ; son emploi le rend nécessaire à la Cour, où il est trop heureux d'avoir un entresol. » Se *maintenir en cour* exige du postulant une constance, une discipline, une maîtrise de soi, dignes d'un militaire ; d'ailleurs, selon Castiglione, le parfait homme de cour serait avant tout stratège. La Bruyère ne dit pas le contraire, qui dépeint la vie de cour en termes on ne peut plus martiaux. Selon lui, elle constitue « un jeu sérieux, mélancolique, qui applique ; il faut arranger ses pièces et ses batteries, avoir un dessein, le suivre, parer celui de son adversaire, hasarder quelquefois et jouer de caprice ; et après toutes ses rêveries et toutes ses mesures on est échec, quelquefois mat ». Toujours observer, toujours parer, toujours esquiver…

Ces métaphores militaires parlent à notre époque avide de comparaisons faciles. Mais ce serait une erreur, sans doute, que de réduire la vie de cour à ses seuls aspects efficaces. La réalité est autrement subtile, comme l'a magistralement démontré un expert de ce milieu, le sociologue allemand Norbert Elias. Son maître-ouvrage, *La Société de Cour*, était naguère la bible des étudiants qui, comme moi, tentaient de pénétrer les arcanes d'un univers singulier entre tous – pour ne pas dire exotique. « Sous le règne de Louis XV, a-t-il écrit, la cour royale ne perdit rien de son rôle de centre. Car c'est là qu'aboutissaient tous les fils de la société, c'est là que se décidaient le rang, le prestige et, jusqu'à un certain point, les revenus des hommes de cour. »

L'attrait quasi magnétique des hommes pour la puissance, la richesse et la gloire est commun, plus ou moins, à toutes les sociétés ; et le phénomène de cour, « chose complexe, protéenne, aux incarnations aussi nombreuses que celles du dieu Brahma », selon un chroniqueur oublié de la Belle Époque, « existe chez les peuplades sauvages comme chez les nations civilisées » et « date presque du commencement du monde, du jour où il y eut des hommes puissants, et auprès d'eux des hommes faibles, disposés à leur obéir, à leur prodiguer l'encens ». Qu'espérer, dès lors, d'un tel microcosme ? Et comment n'y point relever sans cesse un mélange délicat et triste de bassesse polie, inquiète, et de vain raffinement ?

Montesquieu dépeint sans aménité le fond du caractère des talons rouges ; il n'y voit que « l'ambition dans l'oisiveté, la bassesse dans l'orgueil, le désir de s'enrichir sans travail, l'aversion pour la vérité, [...] la crainte de la vertu du Prince et l'espérance de ses faiblesses ». Et son ami Toussaint de compléter plus durement encore cet édifiant portrait des esclaves royaux de Versailles : « Humiliés en présence du souverain, rampants devant les favoris et les gens en place, ils sont partout ailleurs d'une arrogance brutale. Leur grandeur n'est que bassesse, leur supériorité que tyrannie, leur pouvoir qu'injustice, leur générosité qu'ostentation. Leurs caresses sont intéressées, leur politesse affectée, leur bienveillance méprisante, leur amitié fausse, leur familiarité outrageante, leur compassion insultante… » Ce que Chamfort, plus tard, résumerait dans une maxime appelée à faire florès : « Amitié de cour, foi de renards et société de loups. »

Et La Fontaine de pérorer :

Je définis la Cour un pays où les gens
Tristes, gais, prêts à tout, à tout indifférents,
Sont ce qu'il plaît au Prince, ou, s'ils ne peuvent l'être,
Tâchent au moins de le paraître.

D

Dangeau (marquis de)

C'est d'abord en tant que joueur de cartes – un joueur de grand talent : ne disait-on pas « jouer à la Dangeau » – que Philippe de Courcillon de Dangeau s'est fait remarquer et apprécier de Louis XIV. On dit qu'il gagna plus de deux millions de livres aux tables de bassette et de lansquenet, ce qui l'aida sans doute à acquérir terres, titres et charges – en trois mots, de quoi *soutenir son rang*. Ses dons de plume à la Cour, passant pour non moins remarquables, le roi lui confia, nous dit l'abbé de Choisy, le soin de rédiger les mots doux qu'il adressait à Mlle de La Vallière. Circonstance comique : ingénument, la favorite, de son côté, en faisait autant ! De sorte que, si l'on en croit le truculent abbé, « il faisait les lettres et les réponses, et cela dura un an, jusqu'à ce que La Vallière, dans une effusion de cœur », finît par révéler au roi le nom de son *mentor*.

Capitaine de cavalerie, puis colonel du régiment du Roi, gouverneur de la Touraine, Dangeau était surtout doté de la charge enviée d'aide de camp de Sa

Majesté, qu'il ne quittera plus d'un pouce. En campagne, certes, mais aussi et surtout à la Cour ! Son assiduité, son entregent, sa complaisance – osons le mot – ne lui firent évidemment pas que des amis au sein de l'impitoyable microcosme. À preuve, cette épigramme acerbe :

Être des plaisirs de son Roi,
Du jeu, du bal et de la chasse,
Faire exercice en bel arroi,
Monter quelquefois au Parnasse [...]
Se voir cordon bleu d'espérance ;
Dangeau, par des hasards si grands,
Si la paix dure encore dix ans,
Tu seras maréchal de France...

Une si plate carrière de courtisan aurait pu ranger notre homme au rang des piliers oubliés de *ce pays-ci* – de ceux qu'on nommait *releveurs* parce qu'ils savaient « relever la conversation » lorsqu'elle venait à languir au cercle du monarque. Il n'en fut rien ; car sans en mesurer les conséquences probablement, M. de Dangeau eut l'heur d'ajouter à son arc une corde qui devait assurer sa postérité.

« Le soir du samedi 1er avril 1684, écrit l'éditeur et historien Jacques Jourquin, un certain Philippe de Courcillon prit un petit registre sur lequel il consignait depuis quelque temps des faits intéressants pour son service auprès du roi, le retourna et, sur la dernière page devenue la première, écrivit sous la date de ce jour : “Le roi fit ses dévotions et donna plusieurs abbayes.” Le marquis de Dangeau venait ainsi de commencer son célèbre *Journal*. Il ne devait s'arrêter de le tenir que trente-six ans plus tard, le 16 août 1720, quelques jours avant sa mort. »

Précisons que le *Journal* de Dangeau continue de fournir aux chercheurs et aux curieux le *corpus* d'informations le plus sûr, de loin, et le plus détaillé sur le Versailles de Louis XIV. A-t-on besoin d'une précision sur la présence du roi au château, ou bien à Marly, tel ou tel jour précis, ou sur l'usage qu'il a fait de son temps à n'importe quel moment de son règne ? Le réflexe s'impose : « Voyons ce que dit Dangeau ! » Tant il est vrai qu'à défaut de savoir conter les événements ce bon courtisan n'en a jamais omis un seul. Saint-Simon, bien plus brillant mais bien moins fiable, ne sera pas tendre avec le *Journal.* « Dangeau, persifle-t-il, écrivait depuis plus de trente ans tous les soirs jusqu'aux plus fades nouvelles de la journée. Il les dictait toutes sèches, plus encore qu'on ne les trouve dans la *Gazette de France.* Il ne s'en cachait point, et le roi l'en plaisantait quelquefois. C'était un honnête homme et un très bon homme, mais qui ne connaissait que le feu roi et Madame de Maintenon dont il faisait ses dieux, et s'incrustait de leurs goûts et de leurs façons de penser quelles qu'elles pussent être. La fadeur et l'adulation de ses *Mémoires* sont encore plus dégoûtantes que leur sécheresse, quoiqu'il fût bien à souhaiter que, tels qu'ils sont, on en eût de pareils de tous les règnes. »

Il est vrai que Dangeau vénérait le roi, Mme de Maintenon et leur petite société, alors que Saint-Simon n'aura eu de cesse de fréquenter et de soutenir, en sous-main, tout ce qui s'en éloignait, au contraire, et s'en défiait. C'est sans doute où réside le génie du second ; mais l'irrémédiable bienveillance du premier confère bien du charme à son *Journal.* Car

M. de Dangeau, à défaut d'avoir fait une œuvre, au sens littéraire, aura du moins sécrété le plus délicieux des agendas louis-quatorziens. Je sais qu'il est de bon ton de s'en moquer ; mais je ne crains pas d'avouer que, pour ma part, je tiens trois pages de Dangeau, prises au hasard, pour un des calmants les plus sûrs qui soient ; elles agissent sur moi plus sûrement que la valériane ou la passiflore…

Et qu'importe, pour nous, que le marquis ait été infatué de lui-même, et cassant, et, parfois, brutal ? La Bruyère, qui l'a peint dans ses *Caractères* sous les traits de Pamphile, n'a-t-il pas déjà vengé ses victimes ? « Un Pamphile est plein de lui-même, ne se perd pas de vue, ne sort point de l'idée de sa grandeur, de ses alliances, de sa charge, de sa dignité ; il ramasse, pour ainsi dire, toutes ses pièces, s'en enveloppe pour se faire valoir ; il dit : Mon ordre, mon cordon bleu ; il l'étale ou il le cache par ostentation. Un Pamphile en un mot veut être grand, il croit l'être ; il ne l'est pas, il est d'après un grand. […] Tantôt il vous quitte brusquement pour joindre un seigneur ou un premier commis ; et tantôt s'il les trouve avec vous en conversation, il vous coupe et vous les enlève. Vous l'abordez une autre fois, et il ne s'arrête pas ; il se fait suivre, vous parle si haut que c'est une scène pour ceux qui passent. » Pauvre Dangeau : immortalisé sous les traits d'un fat !

De Gaulle (Charles)

L'anecdote m'a été vingt fois racontée, jamais exactement de la même manière. Je livre ici celle qui me semble la moins improbable : quelque temps après le remariage, en 1963, du conservateur en chef Gérald Van der Kemp avec Florence Harris, d'origine américaine, celle-ci accueille au château, pour une occasion officielle, le chef de l'État. « Général, lui dit-elle pour être aimable, vous êtes ici chez vous. » À quoi son hôte répond, plus gaullien que nature : « Mais, Madame, je le sais bien ! »

Vraie ou fausse, l'historiette me paraît traduire assez justement le rapport exclusif qu'entretenait Charles de Gaulle avec le patrimoine national – spécialement avec Versailles. Il y avait reçu, dès 1961, le roi des Belges, Baudouin Ier, et la reine Fabiola, le shah d'Iran et la future impératrice Farah Diba, ainsi que le couple mythique formé par John et Jackie Kennedy… Soucieux, par la suite, de disposer sur place d'appartements dignes d'accueillir les hôtes d'État de la France, il entreprend, sur les conseils d'André Malraux – résident au pavillon de la Lanterne –, de faire aménager l'aile en retour du Grand Trianon, que l'on appelle *Trianon-sous-bois*. C'est l'ensemblier Serge Royaux qui en assurera la décoration, dans un goût très daté « années 1960 ». Il est question, actuellement, de les restaurer, à condition de trouver un mécène pour financer l'opération… et un public pour la justifier !

Disons-le clairement : les aménagements ordonnés par le Général ont eu un effet bénéfique sur le Grand Trianon, puisqu'ils se sont accompagnés d'une ambitieuse campagne de restauration des salons historiques, tendant à les rapprocher de ce qu'ils pouvaient être dans la première moitié du XIXe siècle. Ce tardif état, souvent contesté et imputé à tort à une lubie du décorateur Henri Samuel, avait été retenu sur les conseils d'une amie de Van der Kemp, Denise Ledoux-Lebard. Connaissant à fond les inventaires, elle savait en effet qu'existait encore, dans les collections publiques, la plupart du mobilier envoyé au Grand Trianon sous l'Empire, puis sous la monarchie de Juillet. C'est ce qui nous vaut, aujourd'hui, le plaisir de retrouver des reconstitutions à peu près complètes au sein des deux enfilades, de part et d'autre du péristyle central – au point que l'on imagine aisément Marie-Louise jouant aux dames dans le salon des Glaces, ou Marie-Amélie occupée à broder dans le salon de Famille de Louis-Philippe. Il est vrai que l'on y situerait tout aussi volontiers Tante Yvonne !

« Quel style, quelle époque choisir ? écrivit Jean Couvreur dans *Le Monde*, au printemps 1966. Tant de maîtres se sont succédé, depuis bientôt trois siècles, dans ces mêmes murs ! Trianon 1966 ? Non. Trianon 1809, plutôt, tel qu'il était, ou à peu près, dans ses pièces officielles… » Gageons que le président de la République d'alors avait souscrit bien volontiers à ce choix, lui qui ne répugnait pas à se frotter à la mémoire de quelques grands devanciers. Louis XIV, en aucune façon ; mais Napoléon… Napoléon, pourquoi pas ?

Du Barry (Comtesse)

D'abord, cette question des plus grave : faut-il écrire *Mme Du Barry*, comme je l'ai toujours lu, ou bien *Mme du Barry* – comme le voudrait notre époque, hostile aux majuscules ? « Mme *Du* Barry, avec un grand D ! » répondent les puristes, arguant qu'autrefois ce nom s'écrivait même en un seul mot : *Dubarry* ; « Mme *du* Barry, puisqu'elle était devenue comtesse », répliquent ceux qui croient percevoir, derrière le refus de la particule, une volonté de stigmatiser la favorite… Pour ma part – et tout en proclamant d'emblée ma sympathie pour cette dame – je m'en tiendrai à la logique et opterai pour le grand D.

C'est en m'intéressant de près au destin de Zamor, son fameux serviteur noir – en fait, originaire du Bengale –, que j'en suis venu, il y a une douzaine d'années, à rencontrer vraiment le personnage. Presque par hasard… Or, cette approche, quoique livresque, m'a laissé un souvenir en tout point délicieux : la grâce, la finesse, la beauté, la naïveté feinte et la vraie gentillesse de cette femme m'ont séduit ; elles me semblent faire de sa personne un cas à part, dans la galerie si desséchée des figures de la Cour. En quoi, une fois de plus, je ne partage pas l'opinion admise depuis deux cents ans…

Car aux yeux des historiens du XIXe siècle, engoncés dans leur moralisme, *la* Du Barry, comme on disait alors, incarnait la déchéance de Louis XV. Que ce monarque vieillissant, après avoir dérogé – en choisissant Mme de Pompadour hors du sérail – puis déchu – en fréquentant les demoiselles faciles du Parc aux Cerfs – se soit abaissé jusqu'à aimer une femme de petite vertu, voilà qui ne pouvait qu'être condamné. Les frères Goncourt, en particulier, contribuèrent à accréditer les pires ragots d'un Pidansat de Mairobert, ennemi déclaré de la favorite et de son parti. Ils ont même voulu faire de Jeanne Bécu de Vaubernier une habituée de la maison de prostitution d'une maquerelle bien connue, la Gourdan… En vérité, si les mœurs de la jeune femme furent lestes, sans aucun doute – cela n'était pas rare au temps des *Liaisons dangereuses* –, elles ne relevaient en rien de la police des mœurs. Du reste, le souverain, aveuglé par la beauté de sa conquête, fut le dernier au fait de la réalité… Ayant appris de Jeanne qu'elle avait entretenu quelque liaison avec un littérateur à la mode, le prétendu *comte* de Sainte-Foy, il dit un matin au duc d'Ayen, capitaine des Gardes du Corps : « Il paraît que je succède à Sainte-Foy… » À quoi le duc répondit, avec un furieux à-propos : « Oui, Sire, comme Votre Majesté succède à Pharamond ! »

Introduite auprès du roi par le Premier valet Lebel – rabatteur du Maître et son âme damnée –, soutenue dans ses premiers pas à la Cour par le pendable duc de Richelieu, roi des libertins et, comme don Juan, « grand seigneur méchant homme », Jeanne a vite su s'imposer à l'esprit du roi autant qu'à ses sens ; à la fois simple et bien élevée, ravissante et un tantinet gouailleuse, elle manifestait un bon cœur inhabituel *en ce pays-ci*. Elle n'en eut pas moins des exigences et des susceptibilités à la mesure de ses *complexes* – pour employer un terme anachronique. On a glosé à l'infini sur son désir d'être considérée par la jeune dauphine Marie-Antoinette, que son éducation autrichienne et ses préventions de caste ne disposaient guère, de son côté, à la complaisance… Le bras de fer opposant l'archiduchesse à la maîtresse royale constitue même l'argument central du film de Christian-Jaque (1954), avec une Martine Carol idéale dans le rôle-titre.

À la fin d'une conférence, il y a quelques années, une dame se leva pour me demander, avec intensité, si l'on n'avait « pas eu tendance à diminuer, *a posteriori*, le rôle politique *majeur* de Mme Du Barry » ; j'avais dû nuancer ce point de vue. Certes, lors de son arrivée à Versailles, Jeanne fut jetée malgré elle au fort de la mêlée. En 1770, elle joua même un rôle avéré dans le renvoi du duc de Choiseul et le succès du triumvirat Maupeou-Terray-d'Aiguillon. Les ennemis de Choiseul célébrèrent, sur le coup, la nouvelle Esther ayant chassé Aman du palais d'Assuérus… Mais la vérité est plus nuancée ; et le rôle de la Belle, dans cette révolution de palais mûrie de longue date, n'a guère passé le stade de l'influence. Je ne jurerais pas, d'ailleurs, qu'en cette circonstance elle ait pris toute la mesure des enjeux !

Si l'on cherche un domaine où son ascendant s'exprima plus nettement, c'est du côté des ébénistes, des peintres, des brodeurs, des céramistes et des marchands-merciers qu'il faut aller flâner. Mon ami Jacques Garcia, connaisseur éminent des arts décoratifs, a forgé une expression parfaite, pour décrire le magistère de Mme Du Barry sur les beaux-arts de son temps ; elle est, selon lui, la plus grande des *faiseuses de goût*. Et, de fait, ce qu'il reste des décors de son appartement, sur la cour des Cerfs, au deuxième étage, témoigne en faveur de ses choix très sûrs. À la suite de la tempête de décembre 1999, hélas, ces délicieux vestiges ont beaucoup souffert ; et l'on attend, non sans une pointe d'anxiété, qu'ils soient enfin réparés.

Les quatre années de la faveur de Mme Du Barry correspondent à l'efflorescence, à Versailles et ailleurs, de ce qu'on appelait alors le *goût grec* – et qui deviendra le néoclassicisme. À la pointe de la mode, Jeanne sut, mieux sans doute qu'un Louis XV vieillissant, « prendre le virage » du style nouveau, au point de refuser ce qui s'attardait par trop dans le goût *rocaille*. On connaît l'anecdote du pauvre Fragonard, présentant à la favorite, en 1771, quatre grands panneaux destinés à son nouveau pavillon de Louveciennes – chef-d'œuvre *à la grecque* d'un certain Ledoux… Mme Du Barry voulut bien concéder que le pinceau du maître grassois avait fait merveille, notamment dans l'envolée agreste de *L'Escarpolette* –, mais elle n'en jugea pas moins ces œuvres démodées, et elle eut le cran de les refuser tout net, pour passer commande à Joseph-Marie Vien de motifs plus antiques…

Louveciennes – la maison comme le pavillon – sera le cadre de la longue et paisible retraite de Mme Du Barry, après la mort subite de Louis XV, en mai 1774, et la brutale disgrâce qui devait en résulter pour elle. La nouvelle reine, Marie-Antoinette, la poursuivait d'une haine tenace ; Louis XVI aussi, plus lointainement, qui lui reprochait notamment d'avoir naguère installé sa salle à manger dans la chambre même où sa mère, Marie-Josèphe de Saxe, avait trépassé… Pendant toute la fin de l'Ancien Régime et jusqu'au début de la Révolution, l'amie du feu roi se tint donc à distance de Versailles ; cela lui permit de s'accomplir avec décence, et de vivre pleinement, quoique sans scandale. Les nostalgiques de l'*Ancienne Cour* venaient discrètement lui rendre visite, tandis qu'elle se consacrait à des œuvres de bienfaisance et filait le parfait amour avec son nouveau compagnon, le duc de Brissac.

On connaît la violence du dernier chapitre de cette existence, par ailleurs exquise, baignée des douceurs de l'ancienne France… Brissac sera écharpé vif, dans une charrette de prisonniers – à Versailles même, au carrefour des Quatre-Fontaines – lors des massacres de Septembre 1792 ; et sa tête, dit-on, jetée dans le parc de sa maîtresse… De mauvais génies, comme l'Anglais George Greive, mais aussi le traître Zamor, persécuteront l'ancienne favorite. Ses bijoux seront dérobés, elle fera le voyage de Londres pour les récupérer en partie et, quoique déclarée *suspecte* à Paris, dans un ultime accès de candeur, rentrera se jeter dans la gueule du loup révolutionnaire… Fouquier-Tinville n'aura nulle peine à la précipiter vers le *rasoir national…*

Ses détracteurs, toujours les mêmes, ont insisté sur son manque de dignité aux marches de l'échafaud, sur sa prière pathétique à l'exécuteur – « Encore un instant, monsieur le bourreau ! » –, sur ses pleurs et ses cris, peu dignes d'une grande dame. Mais qui a dit que Mme Du Barry avait jamais prétendu au statut de *grande dame* ? Elle s'en moquait assez, je crois, et démontra, tout au long de sa vie charmante, qu'elle était plutôt une femme bonne, aimante. Et naturellement très émotive.

E

Éclairage

Si je devais exprimer un regret, en tant que vulgarisateur – je préfère d'ailleurs le terme de *passeur d'histoire* –, ce serait de ne pas souligner assez les conditions de vie de nos ancêtres et les contraintes inouïes qui pesaient sur leur quotidien. Le plus souvent possible, je m'efforce d'instiller dans mes romans, conférences ou émissions quelques notions pratiques sur le logement, l'hygiène, l'habillement ou la nourriture ; mais c'est presque toujours, hélas, de manière incidente. Je suis pourtant plus conscient que d'autres de l'importance extrême de ces considérations ; et j'ai très souvent réfléchi au poids des modes de vie sur l'événement. Ainsi, les freins multiples au déplacement des gens et des nouvelles dessinait-il un monde sensiblement différent du nôtre…

Dans ces conditions, je ne pense pas qu'on puisse appréhender honnêtement le Versailles royal sans avoir pris conscience, une fois pour toutes, de la difficulté de vivre autrefois – spécialement à la mauvaise saison – entre ses murs mal chauffés, mal aérés, mal éclairés… Les efforts quotidiens déployés par chacun pour lutter contre le froid et contre l'air vicié feraient l'objet d'utiles développements ; j'ai choisi de traiter ici, à titre d'exemple, le cas primordial de l'éclairage.

La lumière électrique, depuis plus d'un siècle, a eu tendance à nous le faire oublier : les contemporains des « trois Louis » – maîtres comme valets – passaient dans l'obscurité une part importante de leur existence. Les soirs d'hiver, notamment, ils se mouvaient tant bien que mal d'un halo de lumière à un autre, traversant partout des zones d'ombre, et trouvaient extraordinaire de déboucher sur une grande salle entièrement illuminée. Il n'est que de se rappeler le ravissement de Mme de Sévigné devant le Grand appartement, éclairé *a giorno*.

De nuit, à Versailles, les sources possibles de lumière étaient au nombre de six : outre la torche de chiffe et d'étoupe, réservée aux extérieurs et aux vestibules, et la lampe à huile, d'un usage très spécifique, et si l'on met aussi de côté le foyer des cheminées, principale source de luminosité, on s'éclairait avec des chandelles et des bougies jaunes et blanches. Les chandelles, bon marché, étaient fabriquées à partir de suif animal – de bœuf ou de mouton –, ce qui générait une odeur peu agréable et une fumée assez noire. Les coulures de suif étaient par ailleurs tenaces et salissantes. On réservait donc les chandelles aux cuisines, aux dégagements, aux salles de garde et aux pièces de service ; quant aux salons, aux chambres, aux tables élégantes, elles avaient droit aux bougies. Celles-ci, constituées de cire d'abeille, sentaient bon, coulaient peu et ne faisaient presque pas de fumée. On prenait toutefois le soin de poudrer les perruques, afin de limiter les conséquences des coulures…

Les bougies les moins raffinées gardaient à peu près la couleur de la cire ; c'étaient les *bougies jaunes*, destinées à l'usage ordinaire des personnes fortunées. Plus raffinées encore, les *bougies blanches* étaient surtout réservées aux appartements royaux et princiers, dont elles étaient – avec les marbres, les parquets, les miroirs, les dorures – un attribut symbolique. Lorsque nous lisons que l'on dépensait chaque année, chez le roi ou la reine, plusieurs dizaines de milliers de livres en bougie, il faut prendre la mesure des sommes faramineuses que cela représente. Mais cette dépense ne tient pas seulement à la quantité de bougies effectivement consumées dans les appartements de parade ; en vérité, une part non négligeable des budgets en luminaire tenait à l'espèce de commerce qui, peu à peu, s'était mis en place, les officiers des différentes Maisons ayant droit de revendre, chaque jour, les bougies inutilisées de la veille ; à la Cour, on appelait cela les *restants bons*…

Les bougies étaient fichées, soit sur des supports fixes, comme les lustres – qui devaient pouvoir descendre à hauteur d'homme – et les appliques ou *bras de lumière*, soit sur des supports mobiles, les chandeliers, qui prenaient différents noms en fonction du nombre des bougies sur l'objet, et de leur disposition : bougeoir, flambeau, candélabre, girandole… Cette dernière, très présente à Versailles, est d'autant plus décorative que les bougies y sont disposées en pyramide ; on peut poser la girandole sur un meuble d'appui ou sur un guéridon spécialement conçu.

Naturellement, plus le destinataire était haut placé à la Cour, plus le chandelier dont il faisait usage était précieux dans sa matière et son traitement ; cela pouvait aller du bougeoir tout simple, en cuivre, au candélabre d'argent mouluré et à la girandole de bronze doré, artistement sculptée – des pendeloques en cristal de roche pouvant ajouter un surcroît de richesse. Finalement, à Versailles, qu'il s'agît de lumière ou d'autre chose, tout obéissait toujours à cette fine gradation qui, par échelons, soulignait constamment les rangs et magnifiait la hiérarchie. L'on comprend mieux la propension des actuels collectionneurs à supposer la provenance royale d'objets non signés, pour peu qu'ils présentent une très grande qualité.

En dépit de toutes ces sources de lumière, disons bien que la luminosité d'ensemble demeurait faible, même dans les grands salons, les *soirées d'appartement*. Je ne m'en suis vraiment rendu compte qu'à l'automne 2007, lorsque j'ai eu la chance de pouvoir assister à la mise en place de l'exposition *Quand Versailles était meublé d'argent*. Pour la première fois dans l'histoire du château, l'événement prenait place au sein du Grand appartement et de la Grande galerie. Et puisque Béatrix Saule, pour présenter les trésors argentés des cours d'Europe, voulait mettre l'accent sur les atmosphères, elle opta pour une ambiance nocturne et fit régler les lumières à un niveau proche de celui obtenu par un éclairage aux bougies – quoique légèrement supérieur tout de même. Quelle ne fut pas, alors, notre surprise : les feux qui avaient fait l'admiration de Mme de Sévigné tenaient, selon nos critères modernes, de l'éclairage de veille ! Pourtant, passé la première déception, je laissai mes yeux s'habituer à ce faible niveau de lumière ; et c'est alors que je pus m'extasier de l'importance revêtue soudain, dans cette relative pénombre, par les miroirs, les cristaux, les éclats d'or et d'argent disséminés dans les boiseries, les tentures et le mobilier.

L'expérience nous apportait, à tous, une indication capitale : toutes ces choses si rutilantes avaient été conçues, avant tout, pour égayer au mieux de longues soirées d'hiver ! Peut-être aussi les journées d'été, du reste, si l'on songe à la qualité très médiocre des vitres, jusque vers la fin du XVIIIe siècle. Dans son ouvrage *Derrière la façade*, William R. Newton insiste sur la révolution qu'a pu constituer, dans les années 1760 et 1770, le remplacement progressif, aux fenêtres, de petits carreaux plus ou moins transparents, que tenaient des armatures de plomb, par de grandes glaces modernes en verre de Bohême, qui assuraient la transparence et augmentaient considérablement la luminosité. Il est possible que cette révolution ait joué un rôle dans la conception même des décors : les intérieurs devenant soudain plus clairs, incomparablement, on avait moins besoin de marbres, de bronzes dorés et de cristaux pour les illuminer.

Écuries

L'anecdote est savoureuse, et je l'ai souvent contée, en conférence et même à la radio : pendant la Révolution, Pierre-Marie d'Abzac, écuyer du roi, se trouvant à Berlin en tant qu'émigré, s'occupe à visiter, *incognito*, les écuries du roi de Prusse. On tente, sous ses yeux, de dresser un cheval singulièrement rétif ; en vain. Le visiteur observe, puis il propose discrètement ses services aux Prussiens. Il monte alors l'animal sans trop de peine et le calme en quelques instants.

Effarement général. « Mais… Vous êtes le diable ! s'écrie le maître de manège. À moins… À moins que vous ne soyez M. d'Abzac ! »

C'est ainsi : à cette époque, le prestige des maîtres parisiens de l'art équestre est universel. Depuis deux siècles, *L'Instruction du Roy en l'exercice de monter à cheval*, de Pluvinel (1625), puis *L'École de cavalerie* de La Guérinière (1733) ont partout assis la réputation des écuyers français. Or, de la fin du XVIIe siècle à celle du XVIIIe, le temple de cette haute école, le palais où s'entretient et se peaufine ce crédit d'excellence, ce sont les Écuries de Versailles. L'Europe entière les admire.

Les bâtiments conçus par Jules Hardouin-Mansart se devaient d'être à la hauteur d'une telle renommée. Deux immenses façades, celle de la Grande Écurie et celle de la Petite, entourent des cours oblongues, comme de gigantesques fers à cheval que fermaient autrefois des grilles très riches, hélas disparues. Deux manèges, dont un couvert, à la Petite Écurie ; un grand manège en rotonde à la Grande… Les deux constructions se terminent par quatre pavillons à trois fenêtres, qui ferment, à l'est, la vaste place d'armes, en avant des cours du château. Ainsi posées, elles se situent sans peine à l'échelle de la demeure, dont elles complètent l'ensemble et dessinent les perspectives orientales. Leurs murs d'enceinte fixent en effet la largeur et l'axe des trois avenues de la patte d'oie – du nord au sud : Saint-Cloud, Paris et Sceaux. Une originale *Vue perspective*, signée de Jean-Baptiste Martin et datée de 1688 – aujourd'hui exposée dans les salles d'histoire du château –, souligne l'importance des Écuries, alors flambant neuves, dans la structuration du paysage, vers l'est et la ville. Elle nous offre, sur les cours encombrées de soldats, de carrosses et de chaises à porteurs, la vision que l'on pourrait avoir, à peu près, depuis l'horloge de la cour de Marbre.

Un observateur attentif relèvera de nombreux défauts dans ces constructions : alignements douteux, fenêtres mal calibrées, murs inclinés… Pour comprendre de telles bévues, *a priori* impensables à Versailles, il faut savoir que la construction de ces Écuries s'est faite en un temps record – à peine plus de deux ans – et dans des conditions de précipitation et de course contre la montre à peine croyables. Et c'est toute l'ironie de la restauration magnifique menée, au début des années 1970, par Pierre Lablaude – père de Pierre-André – que d'avoir rendu ces défauts plus sensibles à l'œil…

Paradoxe bien versaillais : sur plans, ce qu'on appelle la *Grande* Écurie, à gauche en venant du château, se révèle moins étendue que la dénommée *Petite* Écurie, sur la droite. C'est qu'en vérité ces épithètes regardent moins la superficie des deux bâtiments que le titre de leurs chefs respectifs. Depuis le règne d'Henri II, les chevaux de selle étaient placés en effet sous la responsabilité du Grand Écuyer de France – *M. le Grand* à la Cour – et constituaient dès lors la Grande Écurie ; les chevaux de trait, quant à eux, avec les voitures, relevaient du Premier Écuyer, subordonné au précédent – à la Cour, *M. le Premier* – et formaient la Petite Écurie. La première de ces charges appartenait à la Maison de Lorraine, la seconde, à la famille de Beringhen. Il faut imaginer, à la Grande Écurie, sous la houlette d'un écuyer-commandant secondé par des écuyers ordinaires, les dizaines de palefreniers, de valets divers, de maréchaux, de selliers qui s'activaient, dès l'aube, à nourrir, panser, étrier, entraîner et préparer les chevaux les plus soignés de la chrétienté. En dehors de chevaux étrangers, présents des différents monarques, la plupart des chevaux de selle provenaient du fameux haras du Pin, près d'Alençon, où un capitaine des haras du roi dirigeait plusieurs dizaines d'officiers.

À la Petite Écurie, M. le Premier commande à vingt écuyers servant par quartier, vingt-quatre valets de pied, autant de cochers – sans oublier les postillons et les coureurs, chargés de cheminer en avant des convois pour leur dégager la voie… N'oublions pas, dans les deux Écuries, les Pages de Sa Majesté, avec leurs gouverneur, aumônier, précepteurs, maîtres d'escrime, de danse, etc. Car un honneur très recherché, pour les familles nobles, était de faire admettre un de ses cadets parmi les Pages de la Grande ou de la Petite Écurie – près de deux cents jeunes gens en tout, de quatorze à dix-sept ans, qui recevaient, aux frais du roi, une éducation formellement rigoureuse mais, en fait, plutôt relâchée. Le temps de se forger, pour la vie, de puissantes relations… L'historien de ces Pages, François Jacob, écrivait au début des années 1930 : « On sortait bon cavalier, bon danseur et bon courtisan des Pages de Versailles. Mais on compterait difficilement des noms de grands capitaines, exclusivement formés à cette école. Cependant elle donna d'excellents officiers subalternes qui, à défaut de grand savoir, eurent du cran, de l'honneur et de l'héroïsme. Et l'on peut aussi affirmer que les belles manières, le bon ton, la gentilhommerie qui caractérisent encore la vieille noblesse procèdent directement de ces Pages de Versailles qui, au XVIIe et au XVIIIe siècle, propagèrent dans les manoirs des provinces les usages mondains, l'urbanité, le beau langage… » Ce qu'on appelle le *chic*, en un mot, et qui s'acquérait, comme nulle part ailleurs, dans le cadre grandiose imaginé par Hardouin-Mansart. « La Cour eût vraiment souffert de l'ennui, aurait pris son visage grincheux, sans les Pages, qui, dispersés partout, montraient leurs frimousses heureuses, sans ambition ni fiel », écrit Jean de La Varende, qui ajoute : « Ils jouissaient d'une espèce d'immunité dont ils tiraient profit pour leurs esbaudissements et farces de toutes sortes. On dit encore "effronté comme un Page", et c'est un proverbe né dans les Grande et Petite Écuries. »

Cependant, les principaux occupants des lieux ne sont alors ni les Pages, ni les garçons d'écurie : ce sont les chevaux eux-mêmes, étalons et juments de toutes races et de toutes provenances. Félibien, auteur du premier guide imprimé de Versailles, écrit déjà : « Il n'y a personne qui ne sache qu'en cela la magnificence de Sa Majesté surpasse infiniment celle des autres monarques. Les princes étrangers se font gloire même d'envoyer de tous côtés au roi les chevaux les plus estimés qu'ils aient chez eux ; de sorte qu'on voit dans les seules Écuries de Versailles ce qu'on ne pourrait rencontrer ailleurs que par de longs voyages ; je veux dire une élite admirable de chevaux d'Angleterre, de Pologne, de Danemark, de Prusse, d'Espagne, d'Afrique, de Perse et de divers autres pays éloignés, sans parler de ceux de France. »

Pendant le siècle de Versailles, le nombre de ces animaux ne cessera de croître. Si l'on en croit Pierre Verlet, d'un peu plus de 300 au moment de l'installation de la Cour, en 1682, on passe, à la mort du Grand Roi en 1715, à près de 700, dont les deux tiers à la Grande Écurie. Au milieu du règne de Louis XV, ce chiffre aura doublé : l'on compte alors quelque 700 chevaux dans chacune des deux Écuries. Les fraudes, les exagérations, les mises à disposition abusives sont une explication de cette expansion incontrôlée ; et l'on ne compte plus les grands seigneurs qui, sous un prétexte ou un autre, font entretenir leurs montures aux frais du roi... À ce rythme de croissance, la Grande Écurie, plusieurs fois agrandie, se trouve surpeuplée. Sous Louis XVI, en 1777, on y dénombre 1 300 chevaux – dont encore une centaine à l'usage exclusif de M. le Grand ! Quant à la Petite Écurie, elle compte alors 1 083 têtes – un record... Encore ne parle-t-on ici que des Écuries du roi ; mais il conviendrait d'y ajouter, pour prendre la mesure des excès « cavaliers » de la Cour, toutes les écuries entretenues, en ville, pour le compte de la reine, des princes et princesses, et de différents services de la Cour. Cette immense circulation de chevaux, raconte Verlet, continue « de donner à Versailles une physionomie, un parfum particulier. La ville entière sent le crottin ; pas de rue où l'on ne respire la forte odeur du cheval ».

Louis XVI, dans sa volonté de réforme et d'économie, va bien tenter d'apporter un peu d'ordre à cette gabegie ; à l'été 1787, conseillé par Loménie de Brienne, il rattachera, sur un plan administratif, la Petite Écurie à la Grande, et ramènera le nombre total des chevaux à 1 125 – avec un personnel réduit à moins de mille. Ses Écuries n'en resteront pas moins les mieux fournies du monde... Car il ne faudrait pas oublier, à côté des chevaux eux-mêmes, l'incroyable déploiement de fastes recelé par la Petite Écurie : harnachements d'un luxe inouï, nombreux carrosses d'apparat, en bois sculpté, laqué, doré ; collections innombrables de voitures plus ou moins rapides – pour ne rien dire des traîneaux aux décors étonnants. Tout cela sera vendu, dispersé par les ventes révolutionnaires – de sorte qu'en dehors des traîneaux il n'en reste rien. Combien de fois, me promenant au milieu des merveilles de carrosserie conservées au Kremlin ou à Lisbonne, n'ai-je pas rêvé de ce qu'aurait pu être, à Versailles, le plus extravagant des musées de carrosses !

Les voitures que l'on peut voir, depuis 1997, au musée des carrosses de Versailles datent seulement du XIXe siècle. C'est la collection qui, d'abord exposée dans un petit bâtiment édifié par Questel en 1850 dans le parc de Trianon, avait été transférée dans la Grande Écurie – et non dans la Petite, hélas – en 1978. Il est vrai que ces bâtiments ont accueilli, depuis deux siècles, toutes sortes d'institutions : successivement le ministère de la Guerre, l'Institut national d'agronomie, l'armée de l'air, l'École nationale d'administration installaient ici des annexes – pour ne pas parler des bibliothèques et des archives, ni de l'École nationale d'architecture qui s'y trouve encore aujourd'hui.

En 1984, l'École d'architecture libérait, il est vrai, une partie importante de la Petite Écurie. Quant aux archives départementales, elles ont quitté la Grande en 2003, cédant la place à divers services de l'Établissement public, notamment le service des fêtes et celui des archives. La même année, l'ouverture d'une Académie équestre, dirigée par l'écuyer Bartabas, voyait enfin revenir quelques chevaux sur les traces de leurs ancêtres. On n'en avait plus vu, dans ces murs, depuis la Révolution.

Élections présidentielles

Au tournant du XXe siècle, sous l'impulsion du jeune conservateur Pierre de Nolhac, la bonne société parisienne redécouvre le chemin du domaine royal. Versailles redevient un point de ralliement des gens en vue, surtout lors des fameux jours d'élection réunissant le Parlement dans l'hémicycle construit, en 1875, par Edmond de Joly. Faut-il le préciser ? Il s'agit alors d'élire le président de la République ! On appelle cela « la journée du Congrès ».

En janvier 1913, pour l'élection de Raymond Poincaré, Colette – qui est alors Mme Henry de Jouvenel –, envoyée spéciale du quotidien *Le Matin*, décrit l'affluence considérable dans Versailles. Non sans une pointe de misogynie, elle souligne l'agitation de ces dames, accourues depuis Paris. « Que de femmes, que de femmes ! feint de s'étonner la chroniqueuse. Mon voisin, tout à l'heure, aux *Réservoirs*, nommait chaque nouvelle venue ; le monde de la finance, de la politique, des lettres, le monde tout court, fournissaient à cette énumération des noms célèbres ; le théâtre et même le music-hall avaient délégué à Versailles ce qu'ils ont de mieux comme vedettes… […] Elles sont vraiment beaucoup – elles sont trop. Au restaurant, elles ont été tout à l'heure le spectacle – et le charme – d'une heure de bousculade. Il y a eu, en travers des tables nappées de blanc, sur les mains chargées de bagues, les aigrettes en fusée et les cheveux d'or neuf, sur les profondes fourrures, l'oblique et rose soleil de janvier, qui rend bavards les femmes et les oiseaux encagés… »

Au château, Pierre de Nolhac voit son fameux salon blanc pris d'assaut par une foule de curieux privilégiés. « Ce sont des poètes et des ambassadeurs, dira-t-il, l'Europe et l'Amérique, le Faubourg et la Comédie-Française. Des toilettes élégantes envahissent mon escalier. Mes devoirs remplis, je leur abandonne mes fauteuils pour gagner moi-même le Congrès par les intérieurs. » Or, comme aux temps pas si lointains où la Chambre siégeait ici, c'est une animation considérable qui s'empare de l'aile du Midi aux beaux jours du Congrès.

Cette atmosphère particulière, un moraliste l'a bien dépeinte : c'est Eugène-Melchior de Vogüé. Il consacre un chapitre entier de son roman *Les morts qui parlent*, paru en 1899, à l'étrange cérémonie du vote – avec l'interminable défilé des électeurs à la tribune, et ces négociations d'entre-deux-tours agitant la « galerie des Tombeaux ». « Religieuse galerie de cloître, écrit-il, avec son pavé de pierre de liais, sa longue perspective d'arcades retombantes sur des cénotaphes et des statues. Sous ces voûtes austères, l'imagination appelait des moines, rassemblés pour l'élection d'un prieur ; et c'était une mascarade saugrenue que celle de la cohue politique, agitée et surchauffée, qui promenait là son sans-gêne, ses intrigues, ses curiosités fébriles. Des chapeaux à haute forme coiffaient les chefs héroïques de Lannes et de Kléber […] ; des brassées de palctots drapaient les tombeaux de Ferdinand le Catholique et d'Isabelle de Castille. Dans le vestibule des Poètes, les corbeilles de bulletins offraient leur marchandise […] entre Molière et Corneille, aux pieds du sardonique Voltaire de Houdon. Sénateurs, députés, journalistes de toute nuance fraternisaient, avec des effusions de bonhomie et de jovialité que l'on n'avait jamais vues au Palais-Bourbon. »

Dans la salle des séances, le public est las de l'appel monotone des noms, que vient seulement égayer, de temps à autre, l'interjection partisane d'un électeur moins conformiste. Depuis son poste d'observation, la chère Colette n'en finit pas de s'étonner de l'apparente fébrilité qui anime le public féminin – alors privé de vote. « Ce sont des femmes – dirai-je ordinaires ? – que je retrouverai dans des loges de répétition générale, à une fête de charité, au vernissage. Mais ici, si elles me semblent plus averties, plus convaincues et plus frémissantes qu'ailleurs, je ne suis pas loin de croire que c'est parce qu'elles s'ennuient davantage. L'ennui leur donne l'illusion d'une fonction grave, qui les hausse presque au niveau de cet homme funèbre, là-bas, à la tribune, en train de secouer une cloche… »

Sous la IIIe République et sous la IVe, ce ne sont pas moins de quatorze présidents, de Jules Grévy, en 1879, à René Coty, en 1954, qui recevront dans la salle du Congrès l'onction que représente le suffrage de leurs pairs. En 1873, Patrice de Mac-Mahon avait été élu dans la salle de l'Opéra.

Le résultat enfin proclamé, parfois à l'issue de bien des tours de scrutin, l'heureux élu prête serment dans le bureau dit « de l'Investiture », tout au bout de l'aile du Midi. Les sceaux de la République entérinent son élection ; après quoi, le nouveau chef de l'État peut monter dans la voiture de la présidence attelée « à la Daumont » – c'est-à-dire avec des piqueurs montés sur les chevaux de trait – et repartir, sous brillante escorte et par la grille d'honneur, vers son Élysée parisien.

Enchères publiques

Pour avoir beaucoup fréquenté les salles de ventes, j'ai souvent tenté de me figurer ce qu'avait dû être la plus formidable, la plus gigantesque dispersion de tous les temps : cette mise aux enchères, pendant une année pleine, des innombrables richesses laissées par la Cour derrière elle, et arrachées par la Révolution au giron de Versailles. C'est un décret de la Convention qui, le 10 juin 1793, a fixé les modalités de la vacation du « mobilier somptueux des derniers tyrans de la France ». Se trouvera mis à l'encan l'intégralité de ce qui, à cette date, se trouve encore dans le château. La première session s'ouvre le dimanche 25 août à dix heures du matin, dans l'ancien appartement de la princesse de Lamballe, sur la cour des Princes ; la dernière se tiendra plus d'un an plus tard au sein de la Petite Écurie, le 11 août 1794 – après des centaines de sessions et la mise aux enchères de quelque 17 000 lots ! Autant dire que cette vente faramineuse demeure sans équivalent dans les annales.

À raison, souvent, de deux sessions par jour, des sergents priseurs adjugent à tour de bras une infinité de meubles souvent précieux, mais aussi d'objets de décoration : literie, tentures, coussins, draps, tapis, ustensiles, voitures, harnais, instruments divers… Chacun peut y trouver son bonheur, écrira Michel Beurdeley, « depuis des “chemises de toile de Hollande à usage de femme” vendues 200 livres, des armes, armures, ornements d'église jusqu'à des séparations de loges de théâtre et des traîneaux de jardin. On trouve même des vins de Madère, Malvoisie, Tokay, Malaga, et sous les numéros 4730 et 4731, vingt-quatre livres de café baptisé pour l'occasion "Café Capet" ! »

Ce qui défile, à la cadence du marteau d'ivoire, sous le regard morne de clients impavides, ce sont les vestiges d'un mode de vie sans équivalent dans l'histoire, les restes dérisoires d'une puissante royauté, jetée au feu d'une adjudication publique… Nombreux sont les articles ornés de fleurs de lys et autres emblèmes abhorrés pour l'heure ; les actes de vente portent la mention suivante : « À charge de faire disparaître les signes de féodalité ».

Si l'on en croit le baron Davillier, premier historien de ces ventes, les vacations se sont déroulées dans une ambiance de foire. Il a fallu faire preuve de vaillance, et même parfois de violence, pour s'y faire entendre. Il est vrai qu'en dehors de rares particuliers, de quelques ébénistes soucieux de récupérer leurs productions et de certains marchands risque-tout, la plupart des participants appartenaient aux couches les plus grossières de la brocante et de la friperie. Tous les moyens leur furent bons pour retenir les enchères, et notamment l'éparpillement volontaire des séries et collections en quantité de lots. Sous leur influence, la « graffinade » – un autre nom pour la *révise* – devait atteindre des sommets. La plupart de ces aigrefins étaient des prête-noms agissant, sur commission, pour le compte d'acheteurs soucieux de leur anonymat ; car les ventes de Versailles se situent, ne l'oublions pas, en pleine Terreur, dans une époque où le moindre comportement jugé suspect peut conduire un innocent à la guillotine. Les amateurs d'art s'y risquent donc peu ; et les mieux au fait – notamment hors des frontières – font plutôt appel aux services de courtiers discrets, comme le marchand Rocheux qui achète pour le compte des Strasbourgeois Treuttel, ou comme les frères Eberts, eux aussi repliés en Alsace, et qui se font les pourvoyeurs attitrés des petites cours germaniques. En 1928, un érudit de Rambouillet devait ainsi retrouver, dans un journal de modes allemand daté d'octobre 1792, une offre de services du citoyen Eberts, en prévision de la vente annoncée du mobilier de Versailles : « On a l'honneur d'inviter Messieurs les Étrangers de réfléchir sur cette circonstance unique dans son genre, peut-on lire, et qui de la vie ne se reproduira d'autant moins que jamais ils n'oseront espérer de gagner encore sur le change 30 à 36 pour cent, qui, sur les acquisitions qu'ils feront, rendra [*sic*] les objets d'autant moins chers. » Il est vrai qu'un taux de change avantageux et l'exemption de tout droit de douane font de ces transactions une aubaine pour les chalands extérieurs.

Gardons-nous, pour autant, de joindre nos lamentations à celles de tous ces versaillomanes qui, depuis deux siècles et plus, accusent les adjudicateurs de 1793 et 1794 d'avoir bradé à vil prix des trésors d'art et d'histoire ! L'objectivité oblige à rappeler que les prix de vente n'ont pas été aussi dérisoires que l'on a bien voulu le prétendre. Par exemple, le bureau de Louis XVI par Hauré – aujourd'hui à Waddesdon Manor – a été cédé, certes avec deux encoignures – de nos jours à Buckingham – pour 5 000 livres en juillet 1794 (messidor an II) ; or, ce bureau n'avait pas coûté plus de 5 716 livres au roi sept ans plus tôt.

On a dit aussi que ces ventes avaient fait surtout la joie des Anglais ; c'est oublier que la guerre, à cette époque, retient loin de Versailles la plupart des marchands d'outre-Manche. C'est plus tard, notamment avec la paix d'Amiens en 1802, que les Anglais afflueront en France pour y dévaliser les antiquaires de France… et d'Allemagne ! Enfin, il est faux, tout simplement, d'affirmer que les grandes vacations de 1793-1794 auraient vidé Versailles de tous ses trésors. Sauf exceptions, en effet, ce qui s'est vendu pendant cette première année relevait davantage de l'équipement et des fournitures que de l'art et du grand mobilier. Ne figuraient là ni tableaux, ni sculptures, ni objets d'art très importants, ni horloges de valeur, ni même le mobilier le plus somptueux, qu'on avait pris soin de retrancher des lots. De sorte que ces ventes, quoique regrettables, n'ont pas été la catastrophe que l'on a dite.

Le scandale véritable est venu par la suite ; il allait être l'apanage du Directoire qui, vivant d'expédients, en viendra en son temps à troquer de très grands meubles, des vases de Sèvres, des tentures des Gobelins et des tapis de la Savonnerie « contre des harengs, du chanvre, des canons, du suif, du salpêtre, de la potasse », pour reprendre les termes de Beurdeley. Ces marchandages indignes soulèvent le cœur des amoureux de l'art français ; mais il semble bien qu'ils ne doivent pas être confondus avec les ventes de la Convention – dont acte.

Enfants de France

Les fils et petits-fils, filles et petites-filles du roi occupaient à Versailles cette immense aile en retrait qui, côté jardins, domine le parterre du Midi et s'étire en surplomb de l'Orangerie. Sortie de terre entre 1678 et 1682, elle allait devenir *l'aile des Princes* – mais on l'avait d'abord appelée *l'aile de Monseigneur*, car on y avait installé, dans un premier temps, le Grand Dauphin et sa jeune épouse, la dauphine Marie-Anne-Victoire de Bavière. Pas pour longtemps : dès 1683, la mort de la reine Marie-Thérèse propulsait la dauphine au rang de première dame du royaume ; elle s'installerait bientôt dans l'appartement de la Reine, tandis que son mari réintégrait, juste au-dessous, l'enfilade qui avait naguère été la sienne, au rez-de-chaussée du corps central – plein sud.

Sous Louis XIV

Très vite, l'appartement de Monseigneur devient ce qu'aujourd'hui l'on appellerait un *must*. Tous les visiteurs de Versailles rêvent d'y être admis. Il faut dire que cette suite de beaux salons, décorée avec un goût exquis dans des harmonies bleu et or – et qui se prolongeait en retour, sur la terrasse du parterre d'Eau, jusqu'à la galerie basse – renferme alors une collection de tableaux, d'antiques, de porcelaines, de cristaux, de pierres dures et d'objets de grande curiosité, dont on prétend à voix basse qu'elle égale au moins celle du roi. Et pour cause : le Grand Dauphin, esthète et chineur, dispose, pour courir les marchands de Paris, de loisirs défendus à son père… Avec l'âge, il éprouvera, du reste, le besoin de se retirer plus souvent dans les cabinets intimes, sis à l'arrière de ces appartements et prenant un maigre jour sur la cour intérieure ; il les appellera, non sans ironie, son *caveau*.

Les fils de Monseigneur – donc les petit-fils de Louis XIV – habitaient cette aile des Princes que nous appelons plus communément l'aile du Midi. Ils y sont peut-être un peu trop couvés. Madame Palatine, en novembre 1699 : « Il n'y a pas de demoiselles qu'on n'élève d'une manière plus retirée que les trois princes. L'aîné est intelligent, mais il n'est pas aussi gai que le duc de Berry ; on dit qu'il a du chagrin d'être si mal conformé. Le duc d'Anjou a le meilleur caractère du monde, mais il n'est pas très agréable de sa personne. Je crois qu'il deviendra fort comme le roi de Pologne car, à son âge, un homme, fût-il le plus robuste, ne peut lui faire plier le poing ni le bras. »

La princesse eût été chagrine d'apprendre que son préféré, le plus jeune, Charles, duc de Berry, n'aurait aucun destin ; pour paraphraser le malheureux fils de Napoléon, l'on pourrait dire que toute son histoire se résume à sa naissance – bien malaisée – en 1686, et à sa mort – des suites d'un accident de chasse – en 1714. Le cadet, Philippe, duc d'Anjou, devait connaître, au contraire, une singulière fortune : en novembre 1700, à la mort sans postérité du Habsbourg Charles II, il allait devenir roi d'Espagne et régner à Madrid sous le nom de Philippe V. Les deux semaines qui précédèrent son départ de Versailles, le 4 décembre 1700, restent dans les annales de la Cour comme une période étrange et piquante où, sous le même toit, auront coexisté deux souverains régnants, le grand-père et le petit-fils ! Pour l'occasion, Louis XIV a dévolu à Philippe V le Grand appartement, devenu *appartement du roi d'Espagne* ; les cérémonies du Lever et du Coucher du jeune monarque se tiennent dans le salon de Mercure, rendu pour quelques jours à sa vocation première.

Quant à l'aîné des trois fils du Grand Dauphin, Louis, duc de Bourgogne, il devait laisser le souvenir d'un prince farouche, intelligent et d'une grande dévotion. Élève doué de Fénelon, espoir d'un duc de Saint-Simon auquel il devrait une part de sa réputation, le duc de Bourgogne serait moins d'un an dauphin de France : de la mort de son père, en avril 1711, à sa propre disparition, dix jours avant son épouse, en février 1712… Les deux frères, Bourgogne et Anjou, avaient épousé les deux sœurs, filles de Victor-Amédée II de Savoie qui, pour autant, n'allait pas se priver de tourner le dos à la France afin de rallier l'alliance autrichienne…

La duchesse de Bourgogne, née Marie-Adélaïde de Savoie, fut le rayon de soleil de la cour déclinante du vieux monarque. Il faut dire qu'à son arrivée à Versailles, en 1697, elle n'est encore qu'une fillette de douze ans. Son mari n'a que trois ans de plus qu'elle. La gaieté, la douceur et l'espièglerie toujours respectueuse de la princesse enchantent Louis XIV – qui la prend volontiers sur ses genoux – ainsi que Mme de Maintenon, dont elle devient vite l'enfant gâtée. Le roi ne s'étant remarié qu'en secret et le Grand Dauphin restant veuf, Marie-Adélaïde est d'emblée première dame ; on lui a réservé l'appartement de la Reine, intimidant pour une si jeune personne…

Or, ce petit couple n'est pas tout à fait en âge de faire chambre commune. À Versailles, le prince dispose d'un appartement assez vaste, au premier étage sur la cour des Princes, à portée de vue de Mme de Maintenon. En 1699, au retour de Fontainebleau, il se verra attribuer au surplus un petit logement, aménagé dans un bâtiment pris sur l'ancienne cour de la Reine : le fameux *appartement de nuit*, donnant accès directement aux cabinets de Marie-Adélaïde. Il faudra néanmoins attendre la fin de 1703 pour que la duchesse de Bourgogne soit déclarée enceinte d'un petit duc de Bretagne, venu au monde en juin 1704. Le nourrisson ne vivra pas un an, et comme pour faire oublier sa trop courte existence, le même titre sera donné à son frère, né en janvier 1707. Viendra par la suite, en février 1710, un petit duc d'Anjou : le futur roi Louis XV.

C'est le second duc de Bretagne qui figure sur le célèbre tableau de 1710, intitulé *Louis XIV et sa famille*, et attribué à Nicolas de Largillière. C'est une des toiles que je préfère ; quoique de dimensions modestes, elle est devenue l'un des fleurons de la Wallace Collection, à Londres. On y voit, dans un décor évoquant Marly, le Grand Roi trônant, au centre, sur un majestueux fauteuil au dossier duquel s'appuie le Grand Dauphin ; à sa gauche, pose le duc de Bourgogne, en tenue écarlate ; à sa droite, la gouvernante des Enfants de France, Mme de Ventadour, tient en lisière le petit prince de trois ans. Symbole de transmission : le doigt de l'aïeul et celui de l'enfant se rejoignent presque, comme dans la *Création* peinte par Michel-Ange au plafond de la Sixtine… Cinq ans avant son trépas, le vieux monarque peut ainsi présenter fièrement à l'Europe trois générations d'héritiers directs. Qui aurait pu prédire que, deux ans plus tard, ces princes auraient tous trois disparu, emportés par la maladie ? Ne survécut – outre Berry qui mourrait néanmoins avant son grand-père – que le duc d'Anjou, arraché de justesse aux médecins par le bon sens de *Maman Ventadour*, elle-même conseillée par Mme de Maintenon.

Sous Louis XV

Louis XV devenu roi, en 1715, il va falloir attendre douze ans pour revoir des Enfants de France à Versailles. C'est en août 1727, en effet, que la reine Marie Leszczyńska met au monde deux jumelles, Élisabeth et Henriette. Les premières d'une longue série de filles – six autres viendront au monde, dont cinq vivront : Adélaïde, Victoire, Sophie, Thérèse et Louise. Pour s'y repérer parmi cette kyrielle de princesses, la Cour prend, assez tôt, l'habitude de les désigner par leur quantième, de *Madame Première* à *Madame Septième*.

Avant de parler de ces princesses, signalons que deux garçons naquirent de l'union de Louis XV et de la reine Marie : le dauphin Louis, en 1729 et, l'année suivante, son petit frère Philippe, duc d'Anjou, qui n'atteindrait jamais les trois ans. Comme tous les princes, le jour de son septième anniversaire, le dauphin Louis passa des mains de ses gouvernantes à celles d'un gouverneur et de précepteurs ; ce rite rigoureux était appelé le *passage aux hommes*. Si Louis ne fut jamais un brillant élève, du moins fit-il de son mieux ; sur ses épaules – il ne le savait que trop – reposait l'avenir de la dynastie. D'où son union précoce, dès 1745, avec l'infante Marie-Thérèse d'Espagne – fille de Philippe V ! C'est à l'occasion de ce mariage que fut organisé le fameux *bal des Ifs*. La malheureuse dauphine, timide et peu sociable, était de faible constitution ; elle devait donner une fille malingre à son jeune époux, avant de s'éteindre elle-même, épuisée par une grossesse interminable et des couches difficiles. Inconsolable, Louis n'en restait pas moins fils unique ; il n'eut donc pas le choix, et dut se remarier, cette fois avec une princesse allemande : la fille de l'électeur de Saxe Auguste III, naguère élu roi de Pologne au détriment du beau-père de Louis XV ! C'est dire si Versailles attendait la nouvelle dauphine avec méfiance…

En vérité, Marie-Josèphe de Saxe n'aura guère de peine à conquérir le cœur de son mari et l'esprit de la famille royale. Elle est gracieuse et discrète, pleine de gentillesse, d'un tact infini. Le ménage qu'elle va former avec le dauphin Louis sera sans doute le plus uni et le plus heureux de toute l'histoire versaillaise ; et les mémorialistes nous offrent l'image d'un couple harmonieux. Ils nous les décrivent, lisant quant à lui, brodant quant à elle, dans le petit cabinet ensoleillé, dont le dauphin a fait sa bibliothèque… L'humble Marie-Josèphe n'en mettra pas moins au monde trois rois et une reine : après un nouveau duc de Bourgogne – petit-fils préféré de Louis XV et qui va mourir avant ses dix ans – viendront en effet le duc de Berry, futur Louis XVI, le comte de Provence, futur Louis XVIII et le comte d'Artois, futur Charles X, ainsi que deux princesses : Madame Clotilde, dite *Gros-Madame*, future reine de Sardaigne, et la pure Madame Élisabeth.

Louis Ferdinand et Marie-Josèphe occupaient, au rez-de-chaussée sud-ouest du corps central, la suite des salons dévolus jadis à Monseigneur. Le dauphin avait pris ses quartiers dans les anciens cabinets de raretés de son arrière-grand-père ; quant à son épouse, elle occupait ce qui avait, jadis, été l'appartement du Grand Dauphin. Ces belles enfilades – massacrées sous Louis-Philippe, comme tant d'autres intérieurs du château – ne devaient retrouver leur rythme et leurs volumes qu'à la faveur de restaurations récentes, menées dans le courant des années 1980. Mais elles ont perdu l'essentiel de leurs décors. Restent de belles boiseries sculptées, dans les petites pièces par où communiquaient les deux appartements : le *cabinet de retraite* du dauphin, mué sur le tard en bibliothèque, et le *cabinet à niche* de la dauphine, revêtus désormais – pour l'un à tort, à juste titre pour l'autre – de vernis Martin *au naturel.* En arrière, sur la cour de la Reine, subsistent les petits cabinets de l'ancien *caveau.*

Si le logement du dauphin et de son épouse ne cause aucun problème à l'administration des Bâtiments du Roi, il n'en est pas de même pour celui de ses sœurs ; un véritable casse-tête, que l'installation des sept filles de Louis XV et Marie Leszczyńska. Tranchant dans le vif, le cardinal de Fleury, principal ministre du jeune roi, avait décidé que les quatre plus jeunes seraient élevées à quatre-vingts lieues de Versailles, en l'abbaye de Fontevraud. Au moment du départ, Madame Adélaïde s'effondra, en larmes, aux genoux de son père, qui n'eut dès lors pas le cœur de la laisser partir ; elle fut donc élevée à la Cour avec ses deux aînées, les jumelles : Élisabeth et Henriette. Les autres : Victoire, Thérèse, Sophie et Louise partiront donc pour l'Anjou, où mourra d'ailleurs Madame Thérèse. Madame Élisabeth fut mariée, en 1739, à l'infant de Parme ; quant à Madame Henriette, elle devait mourir à Versailles en février 1752. Restèrent tout de même quatre princesses à loger : Mesdames Adélaïde, Victoire, Sophie et Louise.

On a raconté à quel point l'étiquette s'était insinuée jusque dans la vie familiale de Mesdames. Le matin, l'aînée des quatre, Adélaïde, recevait la visite de son père. Après un moment, Madame Adélaïde tirait un cordon pour prévenir Madame Victoire, qui sonnait Madame Sophie qui sonnait Madame Louise – dans cet ordre, forcément. Le roi – peut-être influencé par les manières bourgeoises de Mme de Pompadour – affublait ses filles, affectueusement, des surnoms respectifs de *Loque, Coche*, *Graille* et *Chiffe.* Cette dernière, prévenue des visites paternelles après ses sœurs, et logée plus loin, arrivait parfois au moment où le roi achevait sa visite. La vie de Mesdames passait en visites, en leçons de musique, en obligations – le débotté du roi, le jeu de la reine… – et elle ne leur ménageait guère qu'un plaisir : les petits repas qu'elles s'accordaient, en ouvrant leurs placards, pleins de jambons, de mortadelle et de vin d'Espagne…

Madame Louise entrera au Carmel en 1770 ; quant à Madame Sophie, tellement effacée qu'on ne la cite jamais pour elle-même, elle disparaîtra en 1782 ; resteront à la Cour, sous le règne de leur neveu Louis XVI, Mesdames Adélaïde et Victoire – *Mesdames Tantes* pour la Cour – qui, exilées à Rome, survivront même à la Révolution. Leurs cercueils seront rapatriés sous la Restauration – on peut les voir, aujourd'hui, dans la crypte de la basilique de Saint-Denis, nécropole des rois et de leur famille.

Sous Louis XVI

Les frères du futur Louis XVI, les comtes de Provence et d'Artois, mariés respectivement en 1771 et 1773, vont manifester des exigences bien supérieures à celles de leurs parents. Comme sept décennies plus tôt, les deux frères, fils de France, ont épousé deux sœurs, princesses de Savoie. Mariages sans joie… Les nouvelles princesses manifesteront en vérité moins d'attraits que d'exigences ; et l'on n'en finirait pas de recenser les doléances des comtesses de Provence et d'Artois, constamment jalouses de leur belle-sœur, Marie-Antoinette.

Le comte de Provence porte à la Cour, après l'avènement de son frère, en 1774, le titre de *Monsieur*. Jusqu'au *passage aux hommes* du nouveau dauphin, en 1787, il habite avec son épouse l'ancien appartement de son père, au-dessous de l'appartement de la Reine. Cela tombe bien : le prince est, comme son aïeul, collectionneur dans l'âme. Il mène un train de vie effréné, peut-être pour oublier sa position de second – pénible pour un jeune prince ambitieux – et ses déboires conjugaux : il semble qu'il soit impuissant ; quant à son épouse, *Madame*, elle préfère les dames… Charles Dupêchez avait consacré à la comtesse de Provence, en 1993, une biographie intitulée *La Reine velue*, où il ne fait pas mystère de ses passions féminines, notamment pour Mme de Gourbillon. Pour n'être pas en reste, Monsieur prend d'ailleurs une amie de cœur, qu'on hésite à appeler sa maîtresse : la pétillante comtesse de Balbi. Des années durant, il ne cessera de la couvrir de présents – dont un somptueux parc anglo-chinois, peuplé de jolies fabriques : le futur parc Balbi, joyau méconnu de Versailles… Ainsi va le frère cadet de Louis XVI, mené plus ou moins par deux femmes de grand caractère.

Cela ne risque pas d'arriver au benjamin, le comte d'Artois, véritable bourreau des cœurs ! Le futur Charles X incarne à la quintessence ce type d'aristocrate arrogant et futile que devaient bientôt prendre en grippe les révolutionnaires. Grand et charmant de visage, ne songeant qu'à s'amuser, il deviendra en quelque sorte le mauvais génie d'une reine qu'il pousse et entretient dans ses pires penchants ; dois-je rappeler le pari insensé qu'il avait pris de bâtir, décorer et meubler sa folie de Bagatelle en un mois seulement ? Officiellement colonel-général des gardes suisses, entiché d'armes et d'uniformes, le jeune prince va promouvoir, à Versailles comme dans ses autres résidences – notamment son luxueux château du Temple –, un goût faussement martial *à la romaine*, qui préfigure singulièrement le style Empire, avec draperies et faisceaux de licteurs… Son appartement de l'aile du Midi – dont mon ami Jean-Jacques Gautier a si bien étudié les boiseries – n'en est pas moins considéré, jusqu'à la Révolution, comme le plus raffiné du château. Et la reine seule peut alors prétendre rivaliser avec tant de munificence.

À Versailles, les derniers Enfants de France seront les enfants de Louis XVI et de Marie-Antoinette ; et comme chacun sait, ils vont se faire attendre… Huit années d'une stérilité angoissante pour la reine. Après quoi ils viendront au monde, comme tant d'autres princes avant eux, dans la grande chambre de la Reine, décorée jadis pour Marie Leszczyńska. Toujours en public… Marie-Thérèse de France, appelée *Madame Royale* à la Cour – et plus tard surnommée *Mousseline la sérieuse* par sa mère –, naît le 19 décembre 1778. Et il faudra patienter encore deux ans pour que la reine donne enfin le jour à un dauphin, le fragile Louis Joseph qui, peu après ses quatre ans, manifestera les premiers symptômes d'une tuberculose osseuse. Cet enfant, un exemple d'intelligence et de sensibilité, mourra un peu plus de trois ans plus tard, le 4 juin 1789 – en pleine réunion des états généraux – non à Versailles, mais à Meudon. C'est alors son frère, Louis Charles, qui deviendra le dauphin, en attendant d'entrer dans l'Histoire comme l'Enfant du Temple – sinistre destin…

Ces trois bambins auront été la grande fierté de leur mère, comme le prouve la toile que peint Mme Vigée-Lebrun, en 1787, et où la reine pose en robe de velours écarlate, bordée de fourrure. Ce tableau célèbre, exposé dans l'antichambre du Grand couvert, n'en présente pas moins un berceau vide. Or, sur l'ébauche, il ne l'était pas ; simplement, la quatrième enfant du couple royal, la petite Sophie, s'était éteinte, âgée de moins d'un an, au tournant de l'été 1787. Et c'est la reine qui avait demandé que l'artiste maintînt, au cœur de la composition, ce berceau déserté. Marie-Antoinette avait-elle un mauvais pressentiment ? Devinait-elle que, très bientôt, Versailles serait vidé, à jamais, de ses princes et de ses princesses ?

Enveloppe neuve

La pleine conscience m'en est venue, il y a quelques années, lors d'une conversation avec Béatrix Saule : le destin de Versailles s'est vraiment noué à l'été de 1668, lorsque Louis XIV, grisé par la paix d'Aix-la-Chapelle, a décidé – contre l'avis de Colbert – d'étoffer considérablement sa demeure d'agrément. Il est difficile de savoir ce que méditait le jeune souverain dans le secret de sa conscience ; avait-il déjà le dessein d'installer un jour à Versailles la Cour et le gouvernement ? Ce qui est certain, c'est qu'il souhaite alors y disposer de bâtiments suffisants « pour y pouvoir loger commodément avec son Conseil pour quelques jours ». Ainsi donc, au moment même où l'on croyait Versailles achevé, le roi se lance-t-il dans un nouveau chantier de grande ampleur.

Louis XIV place alors les architectes devant un défi : développer un château de style nouveau, mais en conservant les bâtiments existants, hérités de son père ! Comme l'écrira Charles Perrault – l'auteur des *Contes* –, en charge, sous Colbert, du contrôle général des Bâtiments, le problème était difficile, « puisqu'il s'agissait de souder ensemble deux constructions de genre différent, tout en les laissant indépendantes l'une de l'autre ». Sont consultés de solides architectes : Antoine Lepautre, qui vient d'achever la grande cascade de Saint-Cloud pour Monsieur, Thomas Gobert et même l'ingénieur Carlo Vigarani. Mais le marché ne se dispute vraiment qu'entre le frère de Charles Perrault, Claude – qui œuvre alors à la colonnade du Louvre –, et Louis Le Vau, déjà « chez lui » à Versailles. C'est vers ce dernier que va naturellement pencher le choix du roi ; et ce, par la grâce d'une idée tout simplement géniale.

Pour relever le défi lancé par Louis XIV, Le Vau propose en effet de laisser en l'état le château déjà bâti, et de l'envelopper, sur trois côtés, d'une structure nouvelle, propre à accueillir des appartements vastes et rationnels. Cette *enveloppe neuve* de 1669 aurait pu s'adapter à ce qui existait déjà ; ses concepteurs choisirent au contraire de s'y opposer frontalement dans la couleur, dans les matériaux, dans les formes, dans l'esprit même. Ils vont ériger cette enveloppe en rupture, et poser son architecture – ultramoderne pour l'époque – en véritable matrice d'un nouveau style versaillais. En un an, l'architecture française venait de prendre un coup de jeune ; Maisons, Vaux, même le très élégant Chantilly : d'un coup, à l'aune du nouveau Versailles, tout était dépassé, irrémédiablement démodé.

Côté ville, l'architecte maintient donc, selon le vœu du roi, les anciennes façades brique et pierre, quoique en accentuant encore leur ornementation baroque : dans les angles concaves de la cour, d'anciens cabinets en échauguettes sont remplacés par de hautes volières très ouvragées, reposant sur de fastueux piètements de marbre sculpté, d'où jaillissent même des fontaines ; et cette cour – qui devient la cour de Marbre – est revêtue d'un délicat pavage blanc et noir, rehaussé de bandes rouges. Voilà pour l'ancien… Entre les deux architectures, l'ancienne et la neuve, naîtront les cours intérieures autour desquelles s'organisera plus tard la vie du château. Enfin, côté jardin, place à la nouveauté radicale ! On a parlé, pour décrire l'enveloppe neuve, de « style italianisant » : ce n'est rendre justice ni aux palais de la péninsule, ni aux formes inédites, imaginées ici pour l'occasion. Sur un fort soubassement à refends, l'étage noble aligne de hautes fenêtres rectangulaires, séparées par des pilastres ioniques très purs, et surmontées de sobres bas-reliefs ; au-dessus, un étage d'attique à fenêtres carrées est simplement couronné d'une balustrade ornée de trophées et de pots-à-feu. Vu d'en bas, cela donne l'illusion d'une terrasse à l'italienne ; mais on est en Île-de-France, et c'est bien entendu un toit – certes peu pentu – que dissimulent les balustres…

Saint-Simon, attaché aux traditions, devait écrire : « On croit voir un palais qui a été brûlé, dont le dernier étage manque encore. » C'était passer sans doute à côté d'un décor en tout point équilibré, idéalement conçu pour s'harmoniser, sous le ciel infini, avec les jardins ouverts de Le Nôtre. Mais comment un parti pris à ce point affirmé n'aurait-il pas fait naître de violentes critiques ? « L'esprit n'arrivait point à relier la partie française à cette construction classique, écrit La Varende. Il y eut un grave instant d'incertitude où l'on dut invoquer la mode, ce que nous appelons le "snobisme", pour applaudir encore.

« Il est d'ailleurs probable que le gigantesque, que le colossal de l'intervention aida le commun des mortels à l'admettre. Il y eut stupeur. L'ancien château y disparaissait, ne se révélait plus que par les étroites verticales de la cour de Marbre. En volume, faisait-il le dixième de la soufflure nouvelle ? Au centre de l'adjonction, la maison de Louis XIII, le premier château de Louis XIV, donne l'impression extra-réduite du noyau dans la pulpe. » La nouvelle façade, sans toit visible, toute de pierre et de colonnes, avait sans doute quelque chose d'inhabituellement austère. Afin d'en rompre la possible monotonie, Le Vau l'orna d'élégants avant-corps à quatre colonnes jumelées, sommés de statues immenses ; surtout il installa, au beau milieu de l'ensemble, une grande terrasse de marbre rose et blanc.

Plus tard, Hardouin-Mansart gâchera partiellement cet équilibre en comblant la terrasse par une Grande galerie – connue sous le nom de galerie des Glaces – et en substituant aux fenêtres rectangulaires, d'un effet grandiose, des croisées cintrées, sans doute plus ordinaires. Surtout, il accentuera l'effet rectiligne de la longue façade en la développant hors de proportion par ces ailes démesurées qu'il fera bâtir au midi, puis au nord. Cela n'enlève rien à la force du parti pris de 1668 ; et n'en déplût au maréchal de Créquy, lançant à Louis XIV que son Versailles ne serait « jamais qu'un favori sans mérite », on peut admettre que, dans sa version primitive, le *nouveau Versailles* est une fabuleuse réussite.

Ici se pose une question propre à émoustiller en moi l'amateur d'énigmes historiques.

Cette question, c'est Bernard Champigneulle qui l'a formulée, au milieu des années 1950, dans un bref ouvrage publié chez Larousse sous le titre : *Versailles dans l'art et l'histoire*. L'historien et critique d'art commence par souligner la place essentielle occupée, au sein de l'agence de Le Vau, par celui qui était son premier dessinateur et principal collaborateur, en même temps que son gendre : François d'Orbay ; il signale aussi qu'entre la mort de Le Vau, harassé de travail et peut-être tétanisé de sa propre audace, en 1670, et la prise en main du chantier versaillais par Hardouin-Mansart, en 1676, c'est d'Orbay qui n'aura eu de cesse d'assurer la jonction ; enfin il prend le soin de rappeler qu'aux yeux d'Albert Laprade, ce François d'Orbay serait le véritable auteur de la colonnade du Louvre, attribuée à tort, selon lui, à Claude Perrault. Voici donc la réflexion de Champigneulle : « La façade du Louvre et la façade des jardins de Versailles sont à peu près contemporaines. Dans les deux cas, c'est une véritable révolution architecturale. Comment Le Vau, dont tous les ouvrages, malgré leur robuste carrure, avaient quelques complications voisines de la préciosité, comment Le Vau aurait-il conçu ces décors de parade d'une si étonnante pureté ? Comment le grave architecte pesant de l'hôtel Lambert, de Vaux, des projets du collège des Quatre-Nations, toujours soumis aux principes de l'ordre colossal, des grands toits et des dômes un peu écrasants, se serait-il mis subitement à élever ces décors de fête, ces façades allègrement rythmées, décorées de tableaux en bas reliefs et découpant sur le ciel le dessin aérien de leurs balustrades ? Ne devons-nous pas reconnaître là l'esprit romain de D'Orbay ? N'est-ce pas lui qui, à côté de Le Vau, dont seul il va compléter l'œuvre, est responsable de cette *enveloppe* du château neuf ? »

Judicieuse hypothèse, dont je m'empresse de dire qu'il ne faut sans doute pas tirer de conclusion hâtive, ou tranchée… Car l'architecture de l'enveloppe neuve, plutôt qu'une vision exclusive et personnelle du seul Louis Le Vau ou du seul François d'Orbay, pourrait fort bien être le dernier fruit, sublime, de l'étroite et vieille complicité qui unissait les deux hommes.

Admirons le résultat, tel que nous le donne à voir une huile anonyme conservée au château de Sceaux, et représentant le nouveau château, côté jardins, en 1673. Alexandre Gady publie ce véritable document à la page 48 de son bel album, *Versailles, la fabrique d'un chef-d'œuvre*. Si l'on fait abstraction du pendant de la Grotte de Téthys, inventé par l'artiste sur la droite afin de respecter la symétrie, le tableau nous offre un instantané saisissant de l'état du château après l'intervention décisive de Le Vau et d'Orbay. Les masques au sommet des arcades, dont parle Félibien dès 1674, ne sont pas encore en place ; mais les hautes fenêtres droites, surmontées de bas-reliefs, les fortes colonnes, les pots de la balustrade, remplis d'arbustes nains, nous montrent un visage aimable et grandiose à la fois, que les transformations de la fin de la décennie feront disparaître.

Quant au parterre d'Eau, il n'a jamais accueilli – et c'est peut-être dommage – le grand bassin angulaire et les quatre ronds d'eau que nous montre le tableau de Sceaux ; Louis XIV opta d'abord pour des formes baroques en diable, « d'un dessin compliqué de quatre-feuilles avec quatre bassins secondaires », raconte Verlet, avant de se rabattre, en 1684, sur les deux sobres et splendides bassins qu'orneront si bien les bronzes des Fleuves et des Rivières de France.

Escalier des Ambassadeurs

Le *grand degré* ou *escalier du Roi*, connu sous le nom d'*escalier des Ambassadeurs*, fut le chef-d'œuvre de François d'Orbay. C'était un fleuron d'architecture et d'art, mais dont il faut, hélas, parler au passé. Construit de 1672 à 1679, il a été détruit, de façon très précoce – en 1752 –, pour faire un peu de place aux filles de Louis XV... Cette perte majeure devait susciter tant de nostalgie que, cent vingt ans plus tard, plusieurs riches esthètes s'inspireront de gravures anciennes de Surugue et Chevotet pour en concevoir des restitutions : celle de Dollmann et Hoffmann, en 1878, au château de Herrenchiemsee, ultime fantaisie du roi Louis II de Bavière ; celle de Destailleur, en 1879, au palais Albert Rothschild de Vienne ; celle de Sanson et Sergent, en 1895, au Palais Rose de Boni de Castellane, avenue du Bois – future avenue Foch – à Paris ; enfin celle de Flanneau, en 1906, au palais d'Egmont d'Arenberg, à Bruxelles – c'est l'actuelle résidence du ministre belge des Affaires étrangères.

Cette dernière copie est la seule qui, de nos jours, soit encore utilisée pour des réceptions officielles ; elle est plus réussie que sa sœur bavaroise, dont la platitude et la pacotille ont eu toujours tendance à me faire grimacer. Quant aux deux autres, elles n'ont pas survécu… Celle du Palais Rose, à Paris, était peut-être la plus réussie, si l'on en juge du moins par les photographies. Pierre de Nolhac, dans les *Souvenirs d'un conservateur*, en parle au présent : l'hôtel particulier de l'avenue Foch ne sera détruit, il est vrai, qu'en 1969. « Les dimensions et la reproduction architecturale sont d'une heureuse réussite, écrit-il, bien qu'il manque à la copie la splendeur des bas-reliefs et des peintures. Le Tout-Paris d'alors a assisté à la brillante fête d'inauguration de cet immense vaisseau de marbre que le Paris d'aujourd'hui ne connaît plus. Mais le singulier de l'histoire, c'est que Boni était arrivé à croire qu'il réalisait un puissant projet de Louis XIV, que celui-ci, faute d'argent, n'avait pu exécuter » – alors que l'escalier des Ambassadeurs avait bel et bien, jadis, fait l'admiration de l'Europe pendant sept décennies !

Pierre Verlet a rappelé les tâtonnements et les hésitations qui, à l'origine, ont présidé à l'édification de ce vaste morceau de bravoure – la cage de l'escalier mesurait vingt et un de nos mètres sur dix. Pour la première fois en France, on utilisait, pour éclairer des lieux presque entièrement enclavés, une verrière zénithale ; il faut imaginer l'étonnement des contemporains qui, chose inédite pour eux, pouvaient déambuler au grand jour sans le truchement de la moindre fenêtre !

Plutôt que de paraphraser la description du *Mercure Galant* célébrant l'achèvement des travaux, je me résous à la citer. « On y accédait par trois arcades donnant sur un vestibule tout en marbre [...] ; elles étaient ornées de grilles en fer doré forgé par Delobel. On passait ensuite trois autres arcades, pour aboutir à l'escalier. Onze marches amenaient au premier palier, au fond duquel était une niche avec une fontaine ornée de statues en bronze doré. À droite et à gauche étaient deux rampes de vingt et une marches conduisant aux appartements du roi. » Trois ans après l'inauguration, le monarque prendrait ses quartiers au Midi et abandonnerait à la Cour cette enfilade grandiose, devenue le Grand appartement.

Le gazetier poursuit : « Un buste du roi, placé au milieu de trophées, ayant en face les armes de France, décorait, au-dessus de la fontaine, les quatre faces du vaisseau de l'escalier, où étaient de splendides portes en bois sculpté et doré, œuvre de Caffieri, et quatre pièces de tapisserie feinte, œuvre de Van der Meulen, et placées dans de riches bordures. [...] Toutes les sculptures, ornements, trophées, vases, etc., avaient été exécutés par Tuby, Coysevox, Caffieri et Lespagnandel. » Il faut insister un peu, me semble-t-il, sur la fontaine, inattendue dans ces intérieurs : sa vasque, de marbre rouge et blanc, est taillée en coquille, que portent deux dauphins de bronze doré. Trois nappes d'eau sont surmontées par des tritons de bronze et un antique centaure de marbre – une splendeur.

Il est un nom qu'oublie cette description, et c'est celui de Charles Le Brun, véritable inspirateur de l'ensemble. Je parle de lui par ailleurs ; mais c'est ici, à propos de l'escalier des Ambassadeurs, qu'il faut rappeler le génie décoratif du Premier peintre. Mieux que quiconque, Le Brun savait comment donner de l'ouverture et de l'élévation à un espace confiné ; il maîtrisait tous les arts, dominait tous les savoir-faire, savait tirer le maximum du métier de chacun. Cet audacieux maître d'œuvre pouvait ainsi, comme personne, allier sculpture véritable et peinture en trompe-l'œil, fausse tapisserie et bordure vraie ; il jouait en virtuose des demi-pilastres, des portes factices, des arcades aveugles et des effets d'ors et de marbres, au service d'un double projet : l'équilibre du décor en même temps que son éclat.

Petit conseil d'ami : la prochaine fois que vous serez à Versailles, arrangez-vous pour passer du temps – dans l'ancien vestibule de l'escalier – devant la belle maquette au 1/15 qu'on y expose. Elle a été réalisée, dans les années 1950, par le chef des ateliers techniques de Versailles. La minutie et l'exactitude de son travail méritent tous les éloges ; et je défie quiconque d'y laisser flotter le regard sans se mettre à rêver au Versailles d'autrefois : on imagine si bien les traînes des robes balayer les degrés à pans coupés, les chapeaux à petites plumes descendre bas, le long des balustres d'or, les accents de tambours et de fifres, aux grandes fêtes, résonner sous les stucs ouvragés.

Assez tôt, la majesté de l'ensemble imposa cet escalier comme un atout pour les grandes réceptions – notamment les réceptions d'ambassadeurs, auxquelles il allait devoir son nom définitif… Bien au-delà de sa fonction utile, il devint alors le décor incontournable des solennités de la cour – avant de trouver, au milieu du règne de Louis XV, une affectation plus originale.

Dans les premières années de sa faveur, Mme de Pompadour se piquait de théâtre ; elle jouait elle-même et chantait, devant le roi et une petite société choisie. Constatant à quel point ses talents de comédienne émoustillaient le monarque, elle multiplia les représentations privées, en 1746 et 1747, notamment à Fontainebleau et à Choisy. Quand la Cour était à Versailles, elle prit aussi l'habitude de monter des opéras, toujours en comité restreint, dans la Petite Galerie de l'appartement intérieur du roi. Le succès aidant, les représentations devinrent fréquentes et régulières – elles auraient bientôt lieu, l'hiver, tous les lundis – et l'on se soucia de l'aisance des amateurs et du confort des spectateurs… La reine en personne étant souvent conviée, la Cour ravala ses aigreurs ; chacun voulut bientôt en être ; et il fallut trouver une salle plus grande.

C'est alors que la favorite, peut-être conseillée par le machiniste Arnoult, jette son dévolu sur le grand escalier un peu décati. Étrange idée *a priori*, mais qui s'explique assez bien, pour peu qu'on étudie de près les aménagements opérés. Une gouache de Charles-Nicolas Cochin, datée de 1749, et représentant *Mme de Pompadour jouant « Acis et Galathée »*, permet de visualiser la coupure en deux de l'espace disponible, dans le sens de la largeur : à l'ouest (du côté de la volée gauche de l'escalier) a été installée une salle d'une centaine de places, avec parterre de banquettes et balcon à l'italienne ; à l'est (du côté de la volée droite) se trouve la cage de scène, assez profonde, avec ses décors. Ces aménagements, fort coûteux au demeurant, ont été conçus pour se démonter en quelques heures, ce qui permet de libérer l'escalier pour les fêtes ou cérémonies éventuelles. Le fait est qu'ils seront peu durables : pour calmer les critiques, Mme de Pompadour va devoir, dès l'automne 1750, renoncer à sa vocation.

Cela étant, le roi a-t-il profité de l'abandon de ce théâtre éphémère pour ordonner, dans la foulée, la démolition du grand escalier ? Ou bien a-t-il fait détruire le chef-d'œuvre de François d'Orbay pour atténuer l'amertume à peine cachée de celle qui, de maîtresse, devenait par ailleurs sa conseillère ? Je me pose la question. Ce qui est certain, c'est que l'on sacrifia, en 1752, l'un des plus beaux décors du château de Versailles – peut-être en vérité le plus accompli de tous – à des aménagements de simple confort : il s'agissait seulement d'agrandir, au premier étage, l'appartement de Madame Adélaïde et, au rez-de-chaussée, l'espace réservé au service de cette princesse et de ses sœurs. Un tel décalage m'a toujours paru suspect – même si l'on tient compte, en ce milieu du XVIIIe siècle, du très mauvais état de la verrière zénithale. M'avancerais-je trop, en imaginant Louis XV soucieux de ménager l'amour-propre de la favorite, bien plus que de loger ses filles au large ?

Établissement public

Longtemps, je me suis posé des questions sur les circonstances de la création, en 1995, de l'Établissement public versaillais. J'avais réuni sur le sujet, en 2001, une documentation touffue, où j'avoue m'être un peu perdu… La lumière ne m'est venue qu'assez récemment, lors d'une longue et sérieuse conversation avec mon ami Marc Simonet-Lenglart, jadis chargé de mission au ministère de la Culture. Certains échanges de vues et de souvenirs ont ainsi la vertu, mieux que les textes englués dans le jargon bureaucratique, d'éclairer ce qui semblait condamné à demeurer abscons.

Je n'ai pas l'honneur de connaître, personnellement, Jean-Pierre Babelon, académicien et chartiste, grand spécialiste de la Renaissance, et n'ai donc pu recueillir son témoignage. Mais je sais qu'il fut l'homme clef de cette affaire. Dernier conservateur en chef nommé, seul, à la tête de Versailles, il avait bénéficié de l'excellente initiative du ministre Jack Lang, consistant à réunir, sous une même autorité, et le musée, et le domaine. C'était accomplir le vieux rêve de Nolhac et de Van der Kemp et – après plus d'un siècle de difficultés – donner enfin au capitaine la possibilité de piloter sereinement le grand vaisseau.

Issu d'une longue carrière aux Archives nationales, Jean-Pierre Babelon disposait de tout le prestige requis ; mais il manquait sans doute un peu d'expérience. Il n'en dirigea pas moins Versailles avec bonheur, et sut notamment le doter d'un duo d'architectes hautement efficace. Dans la gestion courante, il souffrit cependant, comme ses devanciers, de devoir rendre compte de ses décisions à une bonne dizaine d'autorités différentes, cramponnées à leurs morceaux de tutelle. Au fil des mois, il avait aussi compris – comme d'autres avant lui – qu'un des rôles principaux de Versailles se résumait, en fin de compte, par le biais de guichets et de boutiques, à collecter des fonds pour la Réunion des musées nationaux et la Caisse nationale des Monuments historiques !

C'est alors que le Louvre, en décembre 1992, acquit le statut d'établissement public. Galvanisé par cet exemple, M. Babelon crut trouver là une solution concrète à ses difficultés. Encore fallait-il arracher la décision à des administrations pour le moins réticentes. C'est ici qu'intervient la politique – ou, pour parler plus justement, *le* politique.

Depuis sa prise de fonctions, le directeur avait su conserver, en effet, la haute main sur les relations avec le Pavillon de la Lanterne, alors dévolu à l'usage des Premiers ministres qui venaient volontiers s'y installer en fin de semaine… C'est ainsi qu'entre les deux tours de l'élection présidentielle de 1995, le candidat Édouard Balladur, mis hors course, voulut bien donner une preuve d'amitié au directeur de Versailles. Ainsi vint au monde un établissement public dont l'État, se détournant du berceau, exigea qu'il assumât l'entière charge de son fonctionnement. Terrible restriction, en vérité, et qui ne cesserait de peser, par la suite, sur le destin du nouveau-né.

Par une de ces ironies dont est tissée la vie de la haute fonction publique, la présidence de la nouvelle institution devait échapper à Jean-Pierre Babelon pour échoir à Hubert Astier, un administrateur civil proche du nouveau pouvoir. L'homme ne manquait ni d'énergie ni d'entregent ; mais il eut d'emblée l'ambition de faire entrer le vieux musée dans les cadres de pensée d'une entreprise privée… Tout au long de son mandat, qui dura sept ans, il s'efforça ainsi – eu égard aux contraintes pesant sur le fonctionnement de l'Établissement public – de rentabiliser une institution jusqu'alors étrangère aux logiques de profit. Ce qui créa bien des frictions et bien des malentendus.

Heureusement pour le domaine national, l'État allait avoir à cœur de compenser en partie cette douloureuse discipline par un cadeau inespéré fait à Versailles : en 2003, le ministre de la Culture, Jean-Jacques Aillagon, faisait voter en effet un *schéma directeur du Grand Versailles*, prévoyant un effort considérable de cinq cents millions d'euros, sur dix-sept ans. Il allait revenir à Christine Albanel, proche du président Chirac et nommée à Versailles en juillet 2003, de mettre en œuvre une première tranche dont l'encours, sur sept ans, devait s'élever à 159 millions. Les quatre années de sa présidence furent aussi marquées par la rétrocession au château de quelque vingt-cinq mille mètres carrés, occupés, depuis la fin du XIXe siècle, par les assemblées parlementaires. Voulu personnellement par le président de l'Assemblée nationale, Jean-Louis Debré, et comme imposé au Sénat par la force des choses, ce retour n'alla pas sans donner des vertiges à la conservation, quelque peu décontenancée par un tel afflux d'espace libre…

Christine Albanel avait été nommée sur avis du ministre de la Culture, Jean-Jacques Aillagon ; devenue ministre à son tour, en mai 2007, elle appuya la candidature de ce dernier à la présidence de Versailles… Faut-il expliciter ce qu'un tel jeu de chaises musicales peut présenter, à tort ou à raison, de suspect aux yeux du public, et de gênant pour la crédibilité des présidents successifs ? À cet égard, la nomination de la journaliste Catherine Pégard, en octobre 2011, n'a pas rompu avec les habitudes : elle-même était chargée, depuis mars 2008, du *pôle politique* de l'Élysée… Cela ne l'a pas empêchée de s'imposer par le sérieux et par l'humilité – sans négliger une forme de séduction qui fait partie intégrante de la fonction. L'actuelle présidente sera-t-elle garante de l'arrivée à maturité de la nouvelle institution ? Il ne paraît pas illusoire de l'espérer. « Jusqu'ici, me confiait récemment Béatrix Saule, l'Établissement public se débattait dans les affres de l'immaturité ; mais en ce moment, il prend ses marques, et comprend comment il pourrait fonctionner. Cette structure sort de l'adolescence pour devenir jeune adulte. »

Étiquette

La douce Mme de Genlis avait été la maîtresse du duc d'Orléans, futur Philippe Égalité, et avait fait – avec le titre de *gouverneur* – l'éducation de ses enfants, à commencer par celle de Louis-Philippe. Elle publia sous la Restauration un *Dictionnaire critique et raisonné des étiquettes de la Cour*, qui devait beaucoup aux réponses que, sous l'Empire, elle avait faites aux lettres de la princesse Élisa Bonaparte, sœur de Napoléon. La substance de cet enseignement épistolaire, publiée à la fin du XIXe siècle, a été rééditée au Mercure de France sous le titre : *De l'Esprit des étiquettes de l'ancienne cour et des usages du monde de ce temps*. Délicieux petit ouvrage, où la comtesse se fait l'avocat d'un certain art de vivre à Versailles, sous l'Ancien Régime. Elle y présente l'ensemble des convenances réunies sous le nom d'*étiquette* comme un catéchisme de la politesse. « L'esprit social du temps où j'ai vécu dans le monde, écrit-elle, n'était nullement de confondre dans la société les rangs et les personnes, mais de ne faire ces distinctions que par des nuances délicates et des moyens ingénieux, qui, par conséquent, n'eussent rien de tranchant et de choquant pour qui que ce fût. » Sans doute édulcorée par la nostalgie, cette conception aimable de l'étiquette a du moins le mérite de compenser l'image caricaturale, volontiers ridicule, qu'en ont souvent donnée les historiens.

Mais qu'est-ce, au fond, que cette fameuse étiquette ? Un ensemble plus ou moins codifié de prescriptions ancrées par l'usage, en vigueur à la Cour exclusivement, et visant à régler les questions de protocole et de cérémonial, les saluts, les préséances – le comportement des gens de cour en général. L'étiquette connaît de ce qui se fait et de ce qui ne se fait pas, en fonction de la circonstance, de l'heure et de l'endroit, de la présence éventuelle du roi ou d'un membre de la famille royale. Science infinie, empirique, subtile et même retorse bien souvent, où devaient exceller des esprits crispés sur les positions sociales, comme pouvaient l'être ceux de Saint-Simon ou de Luynes. « Si les ratiocinations de M. de Saint-Simon sur les préséances finissent par lasser, reconnaît Jean-François Solnon dans son bel ouvrage sur la *Cour de France*, si son respect du cérémonial agace même ses pairs, l'étiquette reste le centre de la mécanique de la Cour, l'influx nerveux autorisant tel geste, réprimant telle attitude. Elle marque les rangs, souligne la place de chacun. »

Les usages en vigueur à la cour de France sont issus de cérémonials parfois anciens, hérités successivement de la cour de Bourgogne, de celle de Pologne – où régna brièvement le futur Henri III –, de celle des Habsbourg d'Espagne, aussi, dont s'inspira largement Louis XIII. Dans l'entre-deux-guerres, Henri Brocher fit paraître la première étude sérieuse sur le sujet, résumée dans un ouvrage plein de vie : *Le Rang et l'Étiquette sous l'Ancien Régime*. Selon cet auteur, les questions de préséances à la Cour sont sans doute moins futiles qu'elles pourraient le paraître : « De terribles luttes d'intérêt s'y cachent, écrit-il. Elles sont la conséquence logique de tout le système social d'alors, fondé sur la hiérarchie. » Ce que le sociologue allemand Norbert Elias devait préciser trente ans plus tard : « Dans la société de cour de l'Ancien Régime, la précision de la mise en place de chaque cérémonie, de chaque action soumise à l'étiquette, le soin avec lequel la valeur de prestige de chaque démarche est cernée et calculée, sont à la mesure de l'importance vitale qu'on attache à l'étiquette et, d'une manière plus générale, à la manière de se traiter réciproquement. »

Éric Mension-Rigau écrit : « Loi d'airain, le protocole architecture le temps comme l'espace et détermine tous les actes de la relation à autrui. Seuls les nobles bénéficiant des *honneurs du Louvre* ont le droit d'entrer en carrosse dans la cour de la résidence du roi, celui d'être transportés jusque dans les galeries en chaises à porteurs, avec des porteurs à leur livrée, et celui d'avoir un *carreau* (c'est-à-dire un coussin) à l'église.

« Les princes du sang ont le privilège des honneurs du Louvre, mais à l'église, seuls les fils de France ont droit à ce qui était appelé le *drap de pied*, pièce d'étoffe jetée sur le prie-Dieu. […] Seules les personnes titrées, de sexe féminin exclusivement, ont le droit d'être assises en présence du roi et de la reine : les duchesses sont assises devant les souverains sur un tabouret (source de jalousies, d'intrigues et de disputes dont tous les mémoires sont truffés) et elles ont droit à un siège à dossier devant les autres membres de la famille royale. »

Lors des années que j'ai passées à l'École des hautes études en sciences sociales, au début de la décennie 1990, ces questions occupaient une place non négligeable dans les travaux menés sur l'histoire des élites, au sein des séminaires de Jacques Revel, Daniel Roche ou Roger Chartier. Mon directeur d'études, Guy Chaussinand-Nogaret, étudiait lui aussi ces jeux feutrés de pouvoir, d'influence et de vanité. C'est dans les *Mémoires* de Saint-Simon qu'Emmanuel Le Roy Ladurie a pu discerner un véritable *système de la Cour* fondé sur « une vision intériorisée de l'inégalité », fort étrangère à nos consciences contemporaines. Cette « percolation descendante des symboles » s'applique notamment au droit de s'asseoir, selon le rang, en présence de telle ou telle personne royale, et sur des sièges allant du fauteuil et de la chaise au tabouret, pour ne pas mentionner le simple coussin, appelé *carreau* en *ce pays-ci*. À mesure qu'entrent dans une pièce un prince du sang, un enfant de France, la dauphine, le dauphin, la reine ou le roi lui-même, les prérogatives se déplacent par subtile gradation, pouvant donner lieu à un jeu de chaises musicales, tempéré seulement par le bon sens et la crainte du ridicule.

Jean-François Solnon rappelle avec humour à quelles aberrations pouvait conduire le scrupuleux respect de l'étiquette versaillaise. Il raconte, par exemple, cette historiette mettant en scène le Grand Dauphin – *Monseigneur* à la Cour. Rentrant un jour d'une chasse au loup, Monseigneur, accompagné d'un aide de camp et d'un officier de ses gardes, manque de verser au fossé : le train de son carrosse vient de rompre. Par chance, le prince de Condé – appelé *Monsieur le Duc* – le suivait de peu, en compagnie de son premier écuyer et d'un commensal du prince de Conti. Monsieur le Duc propose évidemment à Monseigneur de le conduire à bon port, ce que le Grand Dauphin accepte. Mais, ce faisant – et bien qu'il y ait largement six places assises dans le carrosse –, il contraint les compagnons de Condé à rentrer à pied ! Car le simple fait, pour un fils de France, de monter dans la moindre voiture transforme *de facto* celle-ci en *carrosse du roi* – or l'étiquette prescrit que la suite d'un prince du sang ne saurait monter dans les carrosses du roi…

Un autre exemple met en scène Monsieur le Duc : à la mort de son père, en 1709, ce prince du sang exige que les courtisans viennent lui présenter leurs condoléances en grand manteau pour les seigneurs, en mante de deuil pour les dames – privilège normalement réservé par l'étiquette aux fils et petits-fils de France. Refus offusqué de toute la Cour ! Saint-Simon affirme que Monsieur le Duc va passer la journée entière, qui est un vendredi, sans recevoir une seule visite. Pour lui éviter de perdre la face, le roi ordonne alors aux courtisans de satisfaire – pour cette fois – à la prétention du prince. « Tous y allèrent donc le samedi après-midi, raconte, fielleux, le *petit duc,* mais tous, comme de concert, hommes et femmes, d'une manière si indécente qu'elle tint fort de l'insulte. On affecta généralement des cravates de dentelle au lieu des rabats de deuil, et des collerettes de même sous les mantes, et des rubans de couleur dans la tête ; les hommes, des bas de couleur blancs ou rouges, peu même de bruns, des perruques nouées, et poudrés blanc ; en un mot, une franche mascarade. »

Le cas fait sourire, mais il n'efface pas la violence sous-jacente et rappelle à quel point, derrière ces frivolités vestimentaires, bouillonnent de puissants germes d'indépendance, voire de révolte, au sein de la haute noblesse. Saint-Simon, encore lui, n'est pas dupe de l'étiquette ; il établit clairement la distinction entre les vrais privilèges, assis selon lui sur une implacable légitimité, et les *sottes faveurs* au nombre desquelles il range le fait, lors des déplacements royaux, d'*avoir le Pour,* c'est-à-dire l'honneur stérile de voir votre nom inscrit à la craie sur la porte de votre logis – sans présager en rien de la qualité dudit logis…

N'oublions pas, enfin, le rôle de la politesse comme élément modérateur. Mme de Genlis nous le dit encore : « L'esprit de l'étiquette française paraît d'avoir toujours été de ménager avec un art infini et d'accorder les droits les plus étendus de la souveraineté avec la dignité de l'homme, accord délicat et difficile, mais qui peut seul donner au trône la majesté et tout l'éclat qu'il peut avoir. »

Expositions

Les invitations me parviennent par la Poste, bien ponctuellement, en provenance de la présidence de l'Établissement public, de la direction du musée ou du service de la communication. Il s'agit généralement de très beaux cartons illustrés aux couleurs de l'exposition, annonçant – selon qu'ils visent l'ami de Versailles ou l'homme de médias – une matinée de visite libre, un vernissage d'après-midi ou un cocktail d'inauguration… Les expositions de Versailles sont aujourd'hui considérables par le nombre et par la qualité ; elles évoquent tantôt un personnage – *Mme de Pompadour*, *Louis XIV*, *Le Nôtre* –, tantôt un thème – *Versailles, tables royales*, *Versailles et les Sciences*, *Versailles et l'Antique* –, tantôt une grande collection – *Topkapi*, *Splendeurs de la Cour de Saxe*… De plus en plus souvent, il y est question d'art contemporain ; de temps en temps, d'œuvres présentées dans des salons historiques du château – *François Lemoyne* chez Mme de Maintenon, *Nattier* chez Mesdames –, voire le Grand appartement : *Quand Versailles était meublé d'argent*, *Meubles du Pouvoir*...

Déformation personnelle : les expositions qui aiguisent le plus ma curiosité sont cependant celles du passé – autant dire des événements auxquels je n'ai plus aucune chance d'être invité…

La plus ancienne dont Versailles ait conservé la mémoire – si l'on excepte les traditionnels déballages annuels, en fin d'année, des trésors de la Manufacture royale de Sèvres – est la rétrospective consacrée par l'impératrice Eugénie au souvenir de la reine Marie-Antoinette. C'était au Petit Trianon, à l'occasion de l'Exposition universelle de 1867. Cette année-là, donc, le 21 mai précisément, au lendemain d'un feu d'artifice gâché par la pluie, l'impératrice a eu la joie de découvrir le petit château de la reine, rendu partiellement à ses grâces d'antan. On avait placé dans le bel escalier de Gabriel la lanterne installée jusque-là dans le salon de compagnie… L'ancien billard de Marie-Antoinette avait, quant à lui, retrouvé sa vraie place, et voisinait avec le magnifique serre-bijoux de Schwerdfeger, extrait – ordre de l'impératrice – du musée des Souverains, récemment ouvert au Louvre.

Lorsque l'exposition ferma ses portes, le 11 novembre 1867, la souveraine prit une décision marquante : les trésors en provenance du Garde-meuble resteraient à Versailles. C'était indiquer la voie à toute une cohorte de généreux successeurs… Eugénie, qui s'identifiait si volontiers à Marie-Antoinette, pouvait se déclarer satisfaite : grâce à elle, le souvenir de « l'infortunée reine de France » avait un peu revécu… Moins d'un siècle plus tard, en 1955, une autre amoureuse de la reine, la baronne Élie de Rothschild, devait beaucoup contribuer, à son tour, au succès fulgurant de l'exposition du bicentenaire : *Marie-Antoinette, archiduchesse, dauphine et reine*. L'événement recevrait plus de deux cent cinquante mille visiteurs, et donnerait le coup d'envoi d'une très longue liste de grandes expositions populaires à Versailles.

Une parenthèse à propos de l'aimable baronne Élie : elle résidait rue de Courcelles, au sein du bel hôtel particulier qu'avait habité, jadis, la princesse Mathilde… Liliane de Rothschild y vivait au milieu des *memorabilia* de Marie-Antoinette, dont elle prétendait connaître les moindres faits et gestes, depuis son arrivée à Compiègne, le 14 mai 1770, jusqu'à sa mort sur l'échafaud, après un petit quart de siècle, le 16 octobre 1793. « Les antiquaires du monde entier savent que j'achète les souvenirs de la reine à n'importe quel prix », disait-elle – ajoutant aussitôt, non sans humour : « C'est d'ailleurs celui auquel ils me le vendent... » Je me souviens de l'émotion du passionné que j'étais, devant les trésors réunis rue de Courcelles : une très longue carte couturée, tout annotée, du voyage de l'archiduchesse entre l'Autriche et la France ; le nécessaire de couture de la dauphine, entièrement en vermeil ; une esquisse de Kucharski représentant la messe aux Tuileries... Admirant longuement le portrait de *La Reine Marie-Antoinette en grand costume de cour, une rose à la main*, par Mme Vigée-Lebrun, trônant au-dessus d'un canapé, j'avais dit à la baronne que la copie m'en paraissait plus belle encore que l'original. « Et pour cause, répondit-elle : c'est l'original que vous voyez ici ; la copie est à Versailles... »

Si l'on fait une place à part aux aménagements de Louis-Philippe, la première exposition artistique au château fut le fait – on s'en serait douté – de Pierre de Nolhac. Faisant un tri dans le fatras des galeries historiques, il en avait extrait tout un florilège de beaux portraits de Nattier, propre à exciter la curiosité d'un public élégant, initié par les Goncourt aux grâces des Lumières. Les frères incorrigibles avaient oublié Jean-Marc Nattier dans leur réhabilitation des artistes du règne de Louis XV ; c'est à ce maître que Nolhac dédie sa première rétrospective, dès 1892 – avec succès : les Parisiens accourent en masse, et s'extasient, et en redemandent. « À partir de ce moment, écrira le conservateur, le nouveau musée était *lancé* ; nous prîmes l'habitude d'offrir chaque année à la curiosité sympathique qui se formait autour de nous des présentations nouvelles ; et le public répondit avec un empressement croissant à cette entreprise dont le sens peu à peu se dévoilait. »

Mais c'est quarante ans plus tard que Versailles deviendra, en tant que tel, un sujet d'exposition. Quitte à se déplacer jusqu'à Paris… Au printemps 1932, l'un des successeurs de Nolhac, Gaston Brière, organise au musée de l'Orangerie une exposition majeure : *L'Art de Versailles*. Comme l'expliquera son commissaire : « Le programme de l'exposition était double : prouver l'activité de ceux qui ont la charge de veiller sur ce trésor d'art, altéré sans cesse par l'inévitable usure du temps, et expliquer, à l'aide de dessins, d'esquisses, les transformations du décor intérieur, les projets inventés par les artistes appelés, pendant un siècle et demi, à orner la demeure royale. » Motivés par le projet, les Archives nationales, mais aussi le cabinet des dessins du Louvre, la bibliothèque de l'école des Beaux-Arts, celle de l'Opéra, ou les archives de Stockholm, fournissent des documents inédits, que rejoignent certaines pièces rares, prêtées par des collectionneurs privés comme les David-Weill…

Gaston Brière, encouragé par le succès de l'exposition parisienne, se lancera bientôt dans l'organisation, *in situ*, d'événements de taille. En 1937, une exposition géante vient fêter le centenaire des galeries de Louis-Philippe : *Deux siècles d'histoire de France. 1589-1789*. Elle préfigure, d'une certaine façon, l'exposition du printemps 1939, organisée à l'occasion du cent cinquantenaire de la Révolution : *À Versailles en 1789*. Son catalogue manque à ma collection ; je le regrette vivement.

F

Fantômes

Voici deux expériences paranormales, qui ont eu le Petit Trianon pour cadre. La seconde me concerne. Mais, d'abord, voyons celle dont tout le monde parle depuis un siècle.

En 1910, à Londres, paraît le récit de la visite – pour le moins étrange – effectuée à Trianon, neuf ans plus tôt, par deux demoiselles fort convenables. *An Adventure* présente les récits croisés de l'expérience que miss Moberly et miss Jourdain, deux sages enseignantes anglaises, affirment avoir vécue le samedi 10 août 1901. Disons d'emblée que les deux visiteuses, à l'issue d'une journée de promenade par temps chaud et orageux, auraient, dans les jardins de Trianon, entrevu des décors et croisé des personnages, tous disparus depuis au moins cent vingt ans !

Je résume leur histoire : quelques jours après une visite à Versailles, miss Moberly et miss Jourdain, de retour à Paris, évoquent leur promenade à Trianon, et tombent d'accord sur l'impression de grand malaise qu'elles en ont conservée. Elles décident alors, chacune de son côté, de noter en détail les souvenirs de cet étrange après-midi – puis elles échangent leurs notes : les souvenirs y concordent pour l'essentiel. En substance, disons qu'elles ont marché un long moment dans les allées du Petit Trianon, et se sentaient presque perdues, quand elles ont aperçu deux hommes portant de longs manteaux et des tricornes ; comme ils tenaient des bêches, elle ont songé à des jardiniers curieusement vêtus ; ces messieurs leur ont indiqué le chemin à suivre. Parvenues, un peu plus loin, aux abords d'une fabrique de jardin, la plus jeune des deux, miss Jourdain, a cru y voir une femme et une petite fille de douze ou treize ans, dans des robes singulièrement démodées. Les deux Anglaises ont fini par déboucher sur un pavillon chinois, qu'elles ont d'abord pris pour le temple de l'Amour… Puis un homme de haute taille, aux cheveux bouclés sous un grand chapeau, et portant une cape, leur a parlé dans un jargon qu'elles ne comprenaient pas, avant de leur faire comprendre qu'elles devaient rattraper un chemin sur la droite. Passant alors par la pelouse à l'arrière du Petit Trianon, la plus âgée, miss Moberly, y aperçut une femme occupée à dessiner, étrangement vêtue, avec un fichu vert et un chapeau blanc…

Tout émoustillées par cette aventure, les deux Anglaises ne tardèrent pas à se convaincre qu'elles avaient fait un saut dans le temps jusqu'aux débuts de la Révolution française, et peut-être croisé le fantôme de Marie-Antoinette en personne ! Des recherches menées plus tard par les deux témoins, sur les lieux et dans les archives, devaient les conduire à défendre assez maladroitement des hypothèses qui, par la suite, allaient contredire et desservir leur premier témoignage. Pour autant, ce n'est pas parce qu'elles n'ont pas su interpréter leur expérience de manière convaincante qu'il faut balayer du revers de la main le témoignage des deux demoiselles ; car leurs visions, reprises et analysées par des esprits mieux équipés, se révèlent étrangement justes : les Anglaises semblent avoir visité un état antérieur, totalement disparu, des jardins de Trianon – apparemment tels qu'ils étaient, non pas au moment de la Révolution, mais vers la fin du règne de Louis XV. Ainsi, le plan et les dessins du fameux pavillon chinois seront exhumés des archives plusieurs décennies *après* la publication d'*An Adventure* !

Un siècle plus tard, quasiment jour pour jour – par un après-midi pluvieux d'août 2001 –, j'ai proposé au plus célèbre des grands médiums français, ma chère Yaguel Didier, d'aller voir du côté du Petit Trianon si elle y ressentait quelque chose… Allions-nous croiser le fantôme de Marie-Antoinette ou bien celui des deux Anglaises ? Nous avions obtenu la permission discrète de nous installer, seuls, dans la salle de l'exquis petit théâtre bâti par Mique pour Marie-Antoinette, dix ans avant la Révolution. D'importants travaux de restauration, menés grâce au concours du *World Monument Fund*, étaient alors en cours d'achèvement ; mais la salle était à peu près finie. Doreurs et tapissiers venaient de rendre sa fraîcheur à ce joyau d'architecture éphémère, dont les fastueux ornements – par un souci d'économie dérisoire au regard des dépenses de la reine – avaient été réalisés en carton-pâte. Ce qui n'ôte rien, du reste, à la finesse des arabesques, ni à la grâce des cariatides émergeant, au-dessus de la scène, de leurs draperies de riche pacotille… C'est peu dire que, dans la pénombre, nous ouvrions de grands yeux.

Précisons peut-être que, depuis une trentaine d'années, Yaguel a pris l'habitude de se pencher autant sur le passé que sur l'avenir, et de mettre le don qu'elle possède au service des historiens ouverts d'esprit. C'est dire notre excitation, cet après-midi-là, quand nous nous sommes assis sur une des banquettes de l'orchestre laquée blanche et couverte de velours bleu ciel. Côté jardin. Par les portes des loges ouvertes sur le balcon, filtrait un jour bien chiche. Soudain, Yaguel s'est sentie gagnée par une émotion si forte qu'elle en perdit un moment la parole. Des larmes coulaient sur ses joues. Quand elle se reprit, les mots qu'elle prononça me donnèrent des frissons.

« Elle est là, dit-elle à mi-voix ; oh, c'est incroyable, je sens sa présence ! » Yaguel voulait parler, on l'aura compris, de la reine. Elle évoqua bientôt l'image – très nette pour elle – d'un musicien de cour plutôt jeune, et que, à la description qu'elle m'en donna, je crus pouvoir identifier à Grétry. Les figures d'autres compositeurs, décorateurs, architectes, paraissaient surgir de l'ombre et y rentrer aussi vite… C'est ici, pensais-je, que Marie-Antoinette a joué les comédiennes, comme elle jouait les musiciennes au pavillon tout proche, ou les bergères au Hameau, à l'autre bout du domaine… C'est sur ces planches que la reine de France n'a pas hésité à incarner les servantes dans des pièces de Rousseau et de Beaumarchais…

Soudain, la voix de Yaguel se fit plus sombre. Chose toujours sidérante : elle se mit à parler à la première personne !

« Que n'ai-je écouté les voix de la raison ? Je n'étais que dans les plaisirs… Je devinais des changements, mais je ne voulais rien voir, rien entendre. Plus j'étais poursuivie par les grondements du dehors, et plus je cherchais à m'y dérober. Il fallait emmagasiner, et prendre, prendre… Mais je savais bien, au fond, que cela touchait à sa fin. »

Je notai fébrilement ces mots qui, par la voix de mon amie, semblaient provenir d'une autre âme et d'un autre temps. Fallait-il les comparer à des lettres de la jeune souveraine ? « Ici l'on se croit à cent lieues de la Cour », écrivait-elle, à propos de Trianon, à l'une de ses amies de Vienne. À l'encontre de la tradition d'ouverture de toutes les maisons royales, la reine entendait demeurer *chez elle* à Trianon ; et les rares visiteurs admis à s'y promener étaient priés de se dissimuler, sitôt qu'elle paraissait. Rien ne devait venir gâcher son intimité.

Forcément, de telles cachotteries donnaient prise à la médisance. Pourquoi donc, se demanda l'opinion, la reine tenait-elle à préserver ainsi sa vie privée ? Aurait-elle eu des choses à cacher ? Des rumeurs de galanterie, puis des ragots de la pire espèce, se mirent à entacher sa réputation. Sur la scène du petit théâtre, les spectacles avaient dû cesser dès 1785 : l'impopularité de *l'Autrichienne* devenait inquiétante, l'opinion ne tolérait plus d'écarts. Yaguel semble bien avoir ressenti ce climat d'hostilité diffuse. Elle me dit combien ses émotions passaient sans cesse du blanc au noir : de la joie la plus naïve au plus terrible des remords. « Je voulais me convaincre que le peuple n'était pas différent de tous ces braves gens de Trianon, qui concouraient si bien à mon service. Comment ceux-là pouvaient-ils m'en vouloir, puisque tout se passait à merveille avec ceux-ci ? » avait demandé Yaguel – ou bien la reine.

À notre sortie, de grosses gouttes de pluie tombaient des berceaux de roses, entre le vestibule du théâtre et le Petit Trianon. Faut-il dire qu'en ce jour de l'été 2001, à l'instar de nos amies anglaises, nous n'avions pas croisé des fantômes ?

Fermé le lundi

Entrer à Versailles un lundi, jour de fermeture au public, est une aubaine pour les professionnels, un privilège pour les habitués et, pour beaucoup d'autres, une espérance. Les salons, les galeries, les escaliers habituellement noirs de monde sont presque vides ce jour-là ; et sous réserve d'y être autorisé, l'on peut donc se promener presque sans contrainte, flâner dans l'alcôve de la Reine, rêver autour de la cour des Cerfs, admirer les reflets du couchant dans les glaces de la Grande galerie pour une fois déserte… L'accessoire indispensable à ce genre de visite est le fameux *trousseau* : un gros paquet de clefs de toutes tailles, de toutes époques, reliées ensemble par un anneau. Même les occupants les plus familiers du château se battent sans cesse avec ce trousseau, et sont généralement, devant une poste close, contraints d'essayer plusieurs sésames avant de trouver le bon.

Les restaurateurs qui ont à déplacer un décor ; les hôtes de marque en visite privée ; les gens de télévision ou les photographes en quête d'angles renouvelés ; les conservateurs d'autres musées appelés à Versailles pour une collaboration, un échange, une exposition ; d'une façon générale, tous ceux qui viennent dans un but autre que touristique choisissent, autant que possible, un lundi. C'est, en quelque sorte, l'unique parenthèse de calme que s'octroie la demeure des rois, dans une semaine par ailleurs vouée à la foule – paradoxe : c'est la journée la plus chargée sur l'agenda des responsables du château.

J'y étais encore l'autre lundi et, bien qu'assez habitué, n'ai pu m'empêcher de soupirer d'aise devant la bonne atmosphère de ruche qui régnait là. « Je vais vous conduire auprès de Mme Saule ! » me proposa, dès l'entrée, un attaché à la Conservation, visiblement missionné… À travers une suite de salons offerts à l'abattage des cireuses électriques – car à Versailles, le lundi est aussi, est surtout, la journée des cireuses – donc au long de parquets encaustiqués de frais, brillants, délicieusement odorants, nous gagnâmes la chambre du roi Louis XV, en retour sur la cour de Marbre. Le directeur du musée, le terme « directrice » est proscrit, entouré de hauts fonctionnaires du Mobilier national et d'une petite troupe d'employés était en train de procéder à la présentation d'un vaste tapis, touche indispensable au *remeublement* de la pièce.

« Et dans l'autre sens, pour voir ? » Docilement, les agents de notre moderne garde-meuble, déchaussés pour ne pas abîmer la savonnerie, roulèrent, déplacèrent, re-déroulèrent le chef-d'œuvre. Je ne tardai pas à comprendre l'objet du questionnement général. Le tapis, d'époque Louis XV, était des plus magnifique ; mais il avait dû être retissé ultérieurement sur un tiers environ de sa longueur – or, cette partie refaite avait moins bien résisté au temps que les deux tiers plus anciens ; les teintes, de ce côté, étaient singulièrement fanées – comme diluées.

« Un petit *potomage* ? » demanda Béatrix Saule. Approbation dans les rangs. Le *potomage*, dans le jargon du métier, est l'opération qui consiste à raviver un tapis ou une tenture par simple application de couleurs sur les parties ternies. « Alors, c'est entendu ! » conclut le directeur, en mettant fin, d'un sourire énergique, au énième rendez-vous de la journée.

Dans quelque temps, le tapis rafraîchi prendra place au pied du lit royal… Et vous ferez partie de ceux qui en connaîtront le secret.

Fêtes

« Une fête à Versailles, écrivait André Maurois, ce fut souvent un chef-d'œuvre de plus pour notre théâtre et, pour la France, une industrie nouvelle. Il ne faut pas oublier que l'esprit de fête est un esprit de générosité. "Ce qui fait qu'on est un peuple, disait Renan, c'est qu'on a fait de grandes choses ensemble." Versailles est parmi les grandes choses que les Français ont faites ensemble. »

La mémoire commune de notre peuple conserve – la lucidité devrait peut-être m'amener à écrire, au passé, *conservait* – le souvenir inaltérable des grandes fêtes de septembre 1663, mai 1664, juillet 1668 et juillet 1674 notamment, immortalisées par le ciseau précis, puissamment évocateur, d'un Israël Silvestre et d'un Jean Lepautre. Les premières, dédiées aux deux reines – Anne et Marie-Thérèse d'Autriche – n'avaient en vérité pour objet que d'en célébrer une troisième : celle qui régnait sur le cœur du jeune roi, Louise de La Vallière. Certains auteurs ont voulu voir dans les *Plaisirs de l'Île enchantée*, en 1664, l'apogée du règne et le point d'orgue des temps baroques ; ces trois journées comptèrent sans doute, en tout cas, parmi les plus heureuses qu'ait vécues Louis XIV. Quatre ans après, le *Grand divertissement royal* de 1668, donné pour célébrer la paix d'Aix-la-Chapelle, tournera de même autour de la maîtresse en titre ; mais elle aura changé de nom... Mme de Montespan sera lors la reine de festivités sans exemple, réunissant plus de trois mille privilégiés.

Nous les avons à l'esprit, ces gravures figurant des ballets nautiques, des théâtres de verdure, d'incroyables feux d'artifice et des festins si fabuleux qu'on peine à s'en faire un idée. Le film de Roland Joffé, *Vatel*, a permis à notre génération d'en découvrir les raffinements inouïs... Ces fastes, en leur temps, ont à ce point marqué la Cour et la ville, l'époque et l'éternité, qu'ils accolèrent à jamais le mot fête au nom de Versailles et que, pour des générations de Français, l'un n'irait désormais plus sans l'autre. « C'est Versailles ! » dit-on toujours à propos de la moindre réjouissance d'envergure.

Les siècles suivants n'ont eu de cesse de vouloir égaler les machinistes, les fontainiers, les artificiers du Grand Roi, de prétendre copier ses buffets de glace et de sucre, ses feuillées grandioses et ses infinies guirlandes de fleurs... Éclat des cuivres, splendeur des équipages, étourdissement des tenues de scène et des atours de bal... Louis XV embrasera le parterre d'Eau pour la naissance de son premier petit-fils ; Napoléon III en fera autant pour la réception de la reine Victoria ; la IIIe République illuminera le grand axe à l'électricité pour l'Exposition internationale de 1878 ; la Ve prétendra éblouir le monde à l'occasion du Sommet des chefs d'État et de gouvernement de 1982... Plus que la persistance de ces pompes d'État – dont il semble d'ailleurs, depuis trente ans, qu'elles aient tendance à disparaître –, c'est leur pouvoir intact de fascination sur la foule qui m'étonne.

Depuis toujours, le spectacle des Grandes Eaux et celui des illuminations ont réjoui les populations ; les gens de tous les siècles ont accouru au rendez-vous des aigrettes, des panaches, des gerbes de feu et d'eau. Les Fêtes de Nuit d'avant-hier au bassin de Neptune, les Son et Lumière d'hier, les soirées pyrotechniques d'aujourd'hui se sont coulés tour à tour dans cette notion festive d'un Versailles tonitruant.

Mais ce qui signe, plus que tout, la fête versaillaise, ce sont les feux d'artifice, dont Jean-Eric Ougier rappelle les liens avec le feu sacré des temps immémoriaux : torches, brasiers, bûchers illuminant la nuit des temps... Le grand artificier contemporain me rappelait encore récemment que les feux de Versailles étaient monochromes – couleur d'or – thématisés – ils *racontaient une histoire* – et surtout indissociables de grands décors éphémères que l'on illuminait. « Les fusées se conservaient mal, explique-t-il. Il fallait les fabriquer au tout dernier moment, dans une certaine précipitation, et les tirer manuellement. Tout cela augmentait le risque d'accidents. D'ailleurs, la famille royale assistait au spectacle depuis des fenêtres que l'on grillageait pour la garantir des éventuelles retombées. » Signalons enfin le coût vertigineux des grands feux d'autrefois. L'on sait que Louis XV, demandant à l'abbé Terray, contrôleur général des Finances, comment il trouvait les fêtes de 1770 pour le mariage du dauphin, s'attira cette réponse ironique : « Sire, je les trouve… impayables. »

S'il fallait emprunter quelque chose aux *Plaisirs* de 1664, je choisirais quelques vers cornéliens de *La princesse d'Elide*, attribués à Molière – on sait bien ce qu'il faut en penser –, et qui peuvent être vus comme un premier hommage public à Versailles : *Oui, j'aime à demeurer dans ces paisibles lieux, on n'y découvre rien qui n'enchante les yeux, [...] ces arbres, ces rochers, cette eau, ces gazons frais ont pour moi des appas à ne lasser jamais.* Corneille l'avait compris : l'embrasement du palais d'Alcine ne trouvera jamais d'attraits comparables à ceux d'un discret estompage, dans la brume des petits matins.

Flottille

Aujourd'hui, *la Flottille* est le nom d'un restaurant-brasserie, sis dans une guinguette édifiée, en 1895, à quelques pas de l'extrémité orientale du Grand Canal – non loin de la grille, dite *des Matelots*. À la belle saison, l'établissement est pris d'assaut, salles vitrées et terrasse couverte, par une foule de promeneurs venus se reposer à l'ombre, déjeuner, boire un verre… Près de l'entrée, un kiosque délivre aux plus pressés des boissons fraîches, des crêpes et des glaces en cornet. J'ai toujours aimé *la Flottille* pour son décor Belle Époque – dont un ravissant carrelage –, son atmosphère de véranda au bord de l'eau et l'effervescence qu'y font régner des chefs de rang sanglés dans leur long tablier à la parisienne. Même en plein hiver, même à peu près vides, par temps de givre ou de pluie, ces salles demeurent gaies, accueillantes, délicieusement *old fashioned.*

Autrefois, la Flottille était une tout autre chose. Ce mot désignait l'ensemble des embarcations que, dans ce coin du parc, on entretenait à l'usage de la Cour. Dès le printemps de 1669, précise Pierre Verlet, sont mises à flot « neuf embarcations, dont les noms et les couleurs sont, à eux seuls, pleins de charme : – trois chaloupes garnies chacune d'un damas d'une couleur différente, la chaloupe verte, la chaloupe jaune, la chaloupe bleue ; la felouque napolitaine, en damas violet ; – la chaloupe biscayenne, en damas rouge ; – une petite chaloupe vert et blanc, en brocart à fond d'argent ; – une petite chaloupe rouge, en damas rouge broché d'or ; – enfin une petite barge, plus spécialement destinée Monsieur et à Madame [frère et belle-sœur du roi] dont elle porte les chiffres brodés sur le velours de ses garnitures ». Ajoutons une galiote, de taille réduite par rapport aux vaisseaux marins, et acheminée depuis Saint-Germain, ainsi qu'une autre, construite sur place en même temps qu'un vaisseau de guerre plus vrai que nature, mais lui aussi à échelle réduite.

En 1671, Louis XIV avait tenu à faire les honneurs de Versailles à l'ambassadeur de la république de Venise, Son Excellence Francesco Michieli. Le souverain s'était appesanti sur les mérites comparés des différents types de vaisseaux… « Voulant découvrir l'intention du roi, raconterait l'avisé diplomate, je crus bon d'affirmer que, pour fendre l'eau des canaux, il n'y avait rien de mieux approprié que les gondoles de notre ville, ce qu'admit le roi avec un gracieux et courtois sourire. » Message reçu à mi-mots : deux ans plus tard, en décembre 1673, deux magnifiques gondoles rehaussées d'or arriveraient à Rouen par bateau ; Colbert les ferait acheminer jusqu'au Grand Canal de Versailles...

Encore quatre ans après, six nouvelles chaloupes seront acheminées par des barges, de Rouen au port de Louveciennes – on disait *Luciennes* à l'époque – puis, par chariots spéciaux, jusqu'au Grand Canal. Par ailleurs, deux petits yachts, fabriqués en Angleterre, compléteront cette flotte en réduction, à l'entretien de laquelle s'activent matelots et mariniers. Ces derniers ont d'abord été appelés à l'occasion de Saint-Cloud, du Pecq et de Poissy, en fonction des séjours à Versailles de Sa Majesté. Puis, la Cour s'étant fixée, va se constituer un personnel attitré, comprenant onze matelots, six gondoliers – quatre Vénitiens, deux Toulonnais –, huit charpentiers et deux calfats, dirigés par un contremaître, un maître, un lieutenant et même un capitaine. Ce petit monde est logé dans des bâtiments tout en longueur, édifiés pour eux en 1684, et appelés *Petite Venise*.

La Flottille connaît son apogée au moment de l'installation de la Cour. Une nouvelle galiote dorée est arrivée de Rouen en 1679, une autre de Dunkerque en 1682... S'y ajoutent deux petites galères construites sur place, en 1685 et 1686. Le roi assiste notamment à la mise à l'eau de l'une d'elles, construite par le marquis de Langeron, avec l'aide de charpentiers de marine, dépêchés du Havre. Or, tous ces vaisseaux nécessitent la mise à disposition de rameurs. Comme il ne serait pas convenable d'embarquer la Cour sur des bâtiments mus par des galériens, on ira jusqu'à faire venir spécialement de Flandre trois compagnies de fantassins, soit 240 hommes, toujours disponibles par équipes de 60. L'histoire ne dit pas si tous ont eu le pied marin…

Ces fastes iront diminuant avec le temps, à mesure que vieillira Louis XIV et que son règne s'enfoncera dans une morne rigueur. Mais si la Flottille se réduit, elle ne disparaît pas pour autant ; et la Petite Venise hébergera encore vingt-deux personnes au milieu du règne de Louis XV – généralement des petits-fils et descendants des matelots et gondoliers de la grande époque : on y trouvera des Mazzagatti, des Palmarini, encore sous Louis XVI… Et jusqu'à la Révolution, deux chaloupes et une gondole au moins auront conservé leurs ornements du temps de Louis XIV. Cependant, les grandes embarcations ont alors déserté le Grand Canal ; et pour les fêtes du mariage du dauphin avec l'archiduchesse Marie-Antoinette, au printemps 1770, l'administration des Menus-Plaisirs sera contrainte de faire venir de Sèvres une trentaine de bateaux que feront évoluer une centaine de mariniers appointés.

Aujourd'hui, le Grand Canal continue de se hérisser d'une foule d'embarcations minuscules. Pendant la semaine, il accueille souvent l'entraînement d'équipes d'aviron. Le week-end, ce sont plutôt les barques de tourisme qui l'envahissent, pour la joie – et la suée – des canotiers du dimanche… Mais pourquoi n'essaie-t-on pas de reconstituer l'une ou l'autre des galiotes qui, à la grande époque, donnaient au Grand Canal, depuis les terrasses du château, des airs de rade militaire ? Il y aurait là de quoi, tout à la fois, égayer les touristes et ravir les amoureux d'histoire.

Frimas

Le siècle de Versailles s'inscrit au sein de ce que les historiens du climat appellent le *Petit âge glaciaire*, qui s'étend environ du milieu du XIVe siècle au milieu du XIXe. On sait que, vers la fin du règne de Louis XIV, certains hivers – notamment celui de 1709, qui devait faire plus d'un demi-million de morts – furent plus que rigoureux, avec des températures descendant en deçà de –25°C. On l'a souvent dit : le vin, dans ces moments-là, gelait à Versailles, dans les carafes, jusque sur la table du roi ! C'est dire le froid glacial, presque inimaginable pour nous, qui devait régner alors au milieu des lambris dorés et sous les plafonds peints.

On sait – pour ne citer que cet exemple bien connu – quel combat incessant Mme de Maintenon a mené pendant plus de trente ans contre les courants d'air versaillais, les fenêtres mal calfeutrées, les longues stations dans une chapelle glaciale. On s'y est arrêté parce qu'elle-même y consacre de nombreuses lettres, et que son éminente position lui permettait de faire valoir un certain nombre d'exigences – mais il serait faux d'imaginer qu'elle fût particulièrement frileuse. En vérité, d'octobre à mai, la lutte contre le froid finissait par devenir la préoccupation première des habitants du château.

Braseros, bassinoires et chaufferettes, oreillettes de fauteuils, portières et paravents, mantelets, manchons et capuchons, peaux et fourrures de toute sorte, multiplication des foyers : toute source de chaleur, toute protection contre le frimas était bonne à prendre. Audelà d'un certain seuil, l'élégance – et même la simple dignité – s'effaçait devant la nécessité. Et l'on vit, en plein Versailles, la maréchale de Luxembourg passer un hiver entier sans sortir de sa chaise à porteurs, ou le médecin Delorme coucher sur un four en briques, la tête couverte de huit bonnets et les jambes, d'autant de paires de bas ! Ce n'étaient là que des remèdes de fortune…

On vit des fumistes – au sens propre – proposer au Grand Roi de drôles d'installations censées améliorer le tirage des cheminées ; des ingénieurs lui vendre, sur le papier, un ancêtre du calorifère… G. Lenotre, le *pape de la Petite histoire*, ne pouvait certes passer à côté de leur pittoresque charlatanerie… « L'un des nombreux inventeurs proposa l'emploi d'une machine "propre à donner de la chaleur dans les appartements de Sa Majesté, en y introduisant, préalablement chauffé, le grand air du dehors, incessamment renouvelé et purifié de toute sorte de mauvaise qualité [*sic*]" ; il ajoutait que l'emploi de ce procédé serait plus justifié à Versailles que partout ailleurs, "car l'air extraordinairement froid qu'on y respire est d'autant plus nuisible qu'il est renfermé et contient en lui toutes les odeurs méphitiques et les haleines d'un nombre infini de personnes". Par malheur, l'ingénieux précurseur prétendait établir ses chaudières sur le toit du palais, et doutait lui-même que l'air chaud consentît à descendre de si haut jusqu'aux appartements du roi. Le projet fut donc abandonné, et la cour de Versailles dut se résigner, non seulement à grelotter, mais à vivre durant tout l'hiver dans un brouillard de fumée si dense et si tenace qu'on ne distinguait rien que de vagues ombres quand on circulait, aux jours d'affluence, dans les galeries, les salons et les antichambres, imprégnés d'une âcre odeur de suie qui persistait jusqu'au plus fort de l'été. »

Le fait est que les cheminées tiraient mal, que les enfilades étaient propices aux vents coulis, que les grands volumes conservaient l'air froid, et qu'aucune notion d'isolation n'existait encore. Il faudra, sous le règne suivant, toute la force de la notion bourgeoise de confort pour que soient conçus des appartements un peu moins glacials – encore les cheminées continueront-elles, jusqu'à la Révolution, à tirer très mal ; on verra même Benjamin Franklin se permettre de conseiller Louis XVI sur la question ! Sans grand succès du reste…

G

Galeries historiques

Château de Versailles, *musée* de Versailles, *palais* de Versailles, *domaine* de Versailles… Ces appellations, à première vue équivalentes, recouvrent en vérité des entités distinctes ; ainsi, au sein du *domaine*, le *palais* a-t-il peu ou prou cessé d'être à la Révolution. Quant au *musée*, constitué des tableaux, des meubles, des objets accumulés depuis deux siècles, mais aussi de décors anciens ou plus récents, il a d'abord été conçu et fondé par Louis-Philippe, roi des Français, dans un sens très différent de ce qu'il est devenu. À l'origine, il s'agissait de créer, en lieu et place des anciens appartements, de modernes galeries sans lien direct avec l'histoire des lieux, et dédiées par la monarchie de Juillet « à toutes les gloires – civiles et surtout militaires – de la France ». Il était donc question, moins d'un conservatoire d'œuvres authentiques que d'une évocation par la peinture, la sculpture et le décor, de tout le passé glorieux de la Nation – Monarchie, République et Empire réunis.

À la fin des années 1830, l'éditeur Charles Gavard, inventeur du pantographe et amateur de gravures, devait publier treize volumes de planches composées par diagraphie, et figurant l'immense suite de salles dédiées par Louis-Philippe aux croisades, aux maréchaux et à leurs victoires, aux états généraux et aux campagnes révolutionnaires, à l'épopée napoléonienne et même à la conquête de l'Algérie et à la révolution de 1830, alors très récentes. « Ce fut une grande, une glorieuse pensée, que de créer un Panthéon historique où se développeraient aux regards comme à l'imagination l'histoire entière de la France, les portraits des hommes qui l'ont illustrée dans tous les temps et dans toutes les carrières », écrivait en 1841, dans la préface à son *Versailles ancien et moderne*, un certain comte Alexandre de Laborde qui n'était autre que le propre aide de camp du roi-citoyen !

J'ai moi-même, dans un ouvrage intitulé *Ils ont sauvé Versailles* – réédité dans une version de poche sous le titre *Versailles après les rois* –, étudié en détail la création des galeries historiques, alors considérées comme le legs suprême du régime. J'ai rappelé que cette idée était alors dans l'air et que Louis-Philippe, dès le début de son règne, avait manifesté l'envie « que Versailles présentât à la France la réunion des souvenirs de son histoire, et que les monuments de toutes les gloires nationales y fussent déposés et environnés ainsi de la magnificence de Louis XIV… ». C'est à Cherbourg, le 1er septembre 1833, que le roi entérina la création, à Versailles, de ces fameuses galeries d'un genre nouveau. Dans la foulée, les grands décors princiers de l'aile du Midi furent détruits pour laisser place à un chantier titanesque, sous l'égide de l'architecte Frédéric Nepveu.

Une immense galerie des Batailles est d'abord conçue au premier étage, pendant que les treize salles du rez-de-chaussée, après quelque flottement, accueillent de grandes peintures conçues, sous l'Empire, pour évoquer des batailles napoléoniennes. Le pli est pris : désormais, comme un collectionneur de timbres, le roi des Français va vouloir présenter des séries plus ou moins homogènes de tableaux et de portraits, enchâssés le plus souvent dans les boiseries, selon la mode du temps. Certaines toiles doivent être agrandies, au risque de déséquilibrer leur composition ; d'autres sont impitoyablement réduites… « On peut sourire, écrira Gabriel de Broglie, au système de classement de milliers de figures comme un jeu des familles, à l'idée de rassembler, non pas les souvenirs de l'histoire de France, mais l'image des souvenirs, comme un panorama ou un musée de cire. Le XIXe siècle croyait à l'intérêt des collections, des galeries, des magasins, des dictionnaires, à la nécessité de rassembler toutes les connaissances sur un sujet. Il est vrai que, en dehors de quelques créations originales comme la galerie des Batailles, c'est une œuvre de surface qui a été réalisée, et, à l'échelle des grands chefs-d'œuvre de l'humanité, une œuvre médiocre. Il y a du flaubertisme dans l'entreprise de Louis-Philippe. Qui s'en étonnerait ? »

Les aménagements gagnent ensuite le rez-de-chaussée du corps central, où les anciens appartements du dauphin, de la dauphine et de Mesdames vont se couvrir de portraits en rangs d'oignons. D'où proviennent ces milliers de peintures ? De fonds publics épars, mais aussi de commandes destinées à combler tous les manques ; ainsi Delacroix, Gérard, Horace Vernet ou Ary Scheffer, mais aussi Couder, Gudin, Langlois,

Philippoteaux et autres barbouilleurs se voient enrôlés dans l'aventure… On se gausse aujourd'hui de ces commandes de peinture « au mètre carré », en oubliant peut-être un peu vite l'ambition pédagogique du roi-citoyen. « Mes successeurs remplaceront des toiles, admet Louis-Philippe, mais j'ai d'abord voulu remplir des cadres. »

Le centre et le gros morceau de cette tranche initiale, c'est assurément la galerie des Batailles, aux dimensions pharaoniques : cent vingt mètres de long pour treize de large ; sa conception d'ensemble, avec une verrière au zénith et une armature de métal soigneusement dissimulée, se veut du dernier cri et doit réunir trente-trois tableaux immenses, représentant des victoires militaires françaises, de Tolbiac à Wagram. Ils pourront, dès l'automne de 1836, être installés dans leur écrin or et ivoire, en *carton-pierre*. La galerie est encadrée, au sud, par une vaste salle terminale consacrée aux « glorieux événements » de 1830 – ce doit être le clou du parcours –, au nord, par un escalier des Princes réaménagé. Depuis le palier, on gagne, à gauche, la salle de 1792, ornée principalement des copies de deux toiles représentant les victoires républicaines de Valmy et de Jemmapes, auxquelles a participé le jeune duc de Chartres, futur Louis-Philippe ; à droite, la salle dite *du Sacre*, présentant deux des plus grandes compositions picturales de l'Empire, et notamment une copie du fameux *Sacre* de 1804, par David.

Les galeries, en l'état, sont alors assez avancées pour être inaugurées. Les samedi 10 et dimanche 11 juin 1837, le roi dévoile son grand œuvre. À dix heures précises le samedi matin, les galeries ouvrent leurs portes aux premiers visiteurs – invités de Sa Majesté. Sur le coup de deux heures et demie, la famille royale quitte

Trianon pour le palais, sous les acclamations d'une foule enthousiaste. À seize heures, un grand dîner est servi, pour mille cinq cents convives, dans la galerie des Glaces et le Grand appartement. Puis on se rend à la salle de l'Opéra, entièrement badigeonnée de rouge à croisillons dorés pour une représentation du *Misanthrope* par les comédiens-français – représentation en costumes, une première pour la scène française !

« Ce que le roi Louis-Philippe a fait à Versailles est bien, va pérorer Victor Hugo. Avoir accompli cette œuvre, c'est avoir été grand comme roi et impartial comme philosophe ; c'est avoir fait un monument national d'un monument monarchique ; c'est avoir mis une idée immense dans le passé, 1789 vis-à-vis de 1688, l'empereur chez le roi, Napoléon chez Louis XIV ; en un mot, c'est avoir donné à ce livre magnifique qu'on appelle l'histoire de France cette magnifique reliure qu'on appelle Versailles. » Quant au correspondant du *Constitutionnel*, il en cherche ses mots : « Je suis encore tellement ému de toutes les magnificences dont je viens d'être le témoin, écrit-il, mes souvenirs se pressent dans ma mémoire et s'y accumulent avec une telle rapidité, que j'éprouve un certain embarras, en commençant ma lettre, et que j'ai tout au plus assez de sang-froid pour me recueillir. » Les critiques ne manquent pas non plus, dont celles, acerbes, de la duchesse de Maillé : « En accordant à Louis-Philippe que ce musée est une belle idée, je ne puis m'empêcher de remarquer avec quelle lésinerie c'est exécuté. Partout on voit l'intention de l'économie, ainsi que les embellissements du château. La galerie décorée en carton-pierre sert merveilleusement à faire ressortir la magnificence consciencieuse de tout ce qui a été décoré par Louis XIV. »

Au-delà des éloges et des coups de griffe, Louis-Philippe va poursuivre, inlassablement, l'aménagement de ses galeries historiques. S'attaquant à l'aile du Nord, il y développe le thème des croisades et peaufine son hommage aux plus vieilles familles, dont le blason sera reproduit en bonne place. C'est à qui, dès lors, va vouloir faire la preuve de son ascendance chevaleresque. Quant aux nostalgiques de la Révolution, ils ne sont pas oubliés ; le cinquantenaire de la réunion des états généraux, en mai 1839, leur offre l'occasion d'une belle célébration, dans une salle décorée tout exprès, à deux pas du salon d'Hercule. En 1842, le roi des Français imagine enfin de vouer à la récente conquête algérienne plusieurs grandes salles, au premier étage de l'aile du Nord. C'est Horace Vernet qui se voit confier la plupart des commandes nécessaires ; ses quatorze tableaux couvriront plus de trois cents mètres carrés ! Le plus remarquable est sans doute *La Prise de la Smalah d'Abd-El-Kader par le duc d'Aumale, à Taguin, 16 mai 1843*, toile panoramique de plus de vingt et un mètres, exposée d'abord au Salon de 1845 ; le fils de Louis-Philippe y domine la mêlée, dans une pose qui n'est pas sans rappeler la geste impériale.

Les derniers travaux versaillais de Louis-Philippe concerneront les attiques de l'aile du Nord, côté jardins, et ceux de l'aile du Midi, le long du comble oriental de la galerie des Batailles, jusqu'au sommet du corps central, où deux ensembles de salles, l'attique Chimay au sud, l'attique Richelieu au nord, jointes par un corridor sur le pourtour de la cour de Marbre, doivent créer la circulation ininterrompue dont a toujours rêvé le roi. Seul l'attique Chimay verra vraiment le jour, avec des verrières zénithales visibles, hélas, depuis le parterre du Midi…

Au début de 1848, la nouvelle révolution et la chute de régime interrompent un projet qui, s'il était allé à son terme, aurait probablement eu raison, plus ou moins, des ultimes grands vestiges de l'ancien Versailles. Ironie de l'histoire : les galeries historiques de Louis-Philippe ne vont pas tarder à tomber dans l'oubli… Poliment entretenues par le second Empire, elles vont être remaniées, sous la IIIe République, de fond en comble. Après bien des transformations destinées à distinguer, dans leur contenu, le bon grain de l'ivraie, ce qu'il en reste de nos jours – de la galerie des Batailles aux salles des Croisades – n'est qu'un tribut à la muséographie du XIXe siècle. C'est dire mon étonnement lorsque, à l'occasion, j'entends tel ou tel responsable regretter que, par manque de personnel, on ne puisse les ouvrir davantage au public. Est-on certain que la compréhension de Versailles gagnerait grand-chose à cette ouverture ?

Girardon (François)

Je me revois, à l'école primaire, copiant d'une plume appliquée les noms des grands sculpteurs du règne de Louis XIV : Tuby, les frères Marsy, Le Hongre, et Le Gros, et Puget – que je mets à part – et forcément Coysevox dont le nom se prononce « coizevau » ; on lui doit, notamment, le bas-relief ovale du salon de la Guerre, qui n'est que le modèle en plâtre d'une œuvre jamais immortalisée dans le marbre. Aucun d'eux, me semble-t-il – si ce n'est Puget, dans son genre si personnel –, ne supporte jusqu'au bout la comparaison avec le maître du ciseau, le Praxitèle du Grand Siècle : François Girardon.

Les hasards de l'existence ont voulu que le grand sculpteur ait rendu son âme le même jour que Louis XIV, le 1er septembre 1715, ce qui éclipsa notablement sa disparition. Né dix ans avant le Grand Roi, il avait atteint l'âge – vénérable pour l'époque – de quatre-vingt-sept ans ! Girardon était originaire de Troyes, où son père était fondeur. Un temps protégé du fameux chancelier Séguier – grande figure de la régence d'Anne d'Autriche – il avait eu la chance de pouvoir parfaire ses dons exceptionnels à Rome, à la grande école des Antiques. La Fontaine ne le surnommait-il pas « votre Phidias et le mien » ?

À qui voudrait se faire une idée du génie de Girardon, je proposerais volontiers le parcours suivant – comme un jeu de piste à travers le domaine national. Vous avez rendez-vous d'abord, au nord du parterre du Nord, avec *L'Hiver*, admirable vieillard à longue barbe, tors et encapuchonné, cherchant à se réchauffer à la chaleur fumante d'un brasero. La draperie défaite qui présente au frimas son flanc dénudé est une des plus magistrales que je connaisse, d'une virtuosité baroque inespérée sur une composition à ce point classique. Tout près de là, au sommet de l'allée des Marmousets, vous attend l'un des plus ravissants bas-reliefs jamais sculptés, peut-être le plus réussi de Versailles : la plaque de bronze représentant *Le Bain des nymphes*, qu'un rideau aquatique dévoile avec délicatesse. Ce groupe a bénéficié du concours d'un grand aîné de Girardon, Nicolas Legendre, ce qui était habituel à l'époque, et spécialement fréquent chez notre génie, que des commandes trop nombreuses amenaient à recourir aux services d'excellents assistants.

L'un des chefs-d'œuvre du Maître se situe bien plus bas dans le Parc, au centre du bosquet de la *Colonnade* :

c'est l'*Enlèvement de Proserpine par Pluton*. Il s'agit aujourd'hui d'un moulage, l'original étant conservé dans l'Orangerie, près de la statue équestre de Louis XIV par Le Bernin, transformée en Marcus Curtius par les soins de Girardon, toujours lui… *L'Enlèvement* est une prouesse assez unique dans la sculpture française, un groupe de très grande taille qui, lors de son transfert de Paris à Versailles, à l'été 1694, nécessita le concours de cinquante chevaux, dont deux moururent à la tâche !

La composition, inspirée de celle qu'avait imaginée le maniériste florentin Jean de Bologne pour son *Enlèvement des Sabines* – Girardon en possédait une belle copie en bronze –, est d'une hardiesse extrême : dans une spirale dynamique, ascensionnelle, les trois personnages : Proserpine, Pluton et la nymphe Cyranée, paraissent lutter en équilibre instable. Leurs trois visages présentent des angles différents et complémentaires, ce qui interdit au spectateur d'envisager l'ensemble du groupe sans en faire le tour complet – occasion de découvrir, sur le socle en cylindre, trois admirables scènes en haut relief. J'ai le souvenir d'avoir, à ma grande surprise, retrouvé ce chef-d'œuvre, un beau soir de 2005, en plein vignoble bordelais, au milieu des belles graves vallonnées de Château d'Yquem : l'Établissement public l'avait loué en effet, le temps d'une grande soirée, à l'homme d'affaires Bernard Arnault qui, par voie aérienne, l'avait fait transporter jusqu'en Sauternais… Loin d'y paraître dépaysé, il donnait au contraire, plus qu'à Versailles même, le sentiment de dominer le paysage.

Mais la plus grande réussite de Girardon, en même temps qu'un des sommets de la statuaire française, demeure le groupe idéal, presque irréel dans son équilibre parfait, d'*Apollon servi par les nymphes*. Conçu comme le morceau de bravoure de la richissime Grotte de Téthys, première fabrique du premier Versailles, ce groupe a bénéficié du concours du Moulinois Thomas Regnaudin ; il est encadré par deux autres, plus modestes, représentant *Les Chevaux du Soleil*, signés des frères Marsy pour l'un, pour l'autre de Gilles Guérin. Sur le thème du repos du guerrier, François Girardon, au sommet de son art, propose une vision inattendue : celle de l'antique Apollon du Belvédère, archétype attribué à Léocharès, pour une fois saisi dans un moment de relâchement vespéral – non plus debout, mais assis au milieu de jolies nymphes, tout empressées de le choyer. Et certains ont vu, sans doute à juste titre, dans les traits impérieux du jeune dieu, une évocation transparente de ceux de Louis XIV lui-même.

Lors de la destruction de la Grotte, en 1684, les trois groupes furent installés au *bosquet de la Renommée*, avant d'être transférés, en 1704, dans un *bosquet des Bains d'Apollon* qui, pour Marie-Antoinette, devait prendre en 1781 la forme d'un grand rocher artificiel à cavités. C'est au sein de cette composition romantique avant l'heure, née de l'imagination d'Hubert Robert, qu'ils continuent de rayonner de nos jours. Cet écrin, quoique des plus intéressant, n'est certes pas à la hauteur du joyau ; et j'ai toujours rêvé, pour ma part, de voir ces groupes présentés, le temps d'une exposition, dans un décor plus conforme à leur destination première. Ce rêve fut presque exaucé, en 2009, lorsque le groupe central, enfin restauré, fut présenté en préambule de l'exposition *Louis XIV, l'homme et le roi.* Pouvoir approcher enfin de la Merveille, et la contempler sans recourir à des jumelles, fut l'une de mes grandes joies versaillaises.

Pour achever ce parcours-hommage, j'aimerais signaler une œuvre méconnue du grand Girardon, exécutée, semble-t-il, par Jean Dedieu : il s'agit du somptueux relief ornant le fronton du manège de la Petite Écurie, au revers de la cour d'honneur, et représentant *Alexandre domptant Bucéphale*. Le jeune conquérant, aidé d'un cavalier – qui pourrait être son grand ami Héphaestion –, s'y rend maître du fougueux étalon, appelé à devenir sa monture… La tête du cheval, sculptée en ronde-bosse et tournée vers les spectateurs, émerge de la pierre de Saint-Leu. La maîtrise est totale, l'effet, puissant. Quelle qu'ait pu être, ici, la part de Girardon, c'est bien sa patte que l'on perçoit. C'est son souffle qu'on ne peut s'empêcher d'admirer encore.

Grand Canal

Plus j'avance dans l'écriture de ce *Dictionnaire amoureux*, plus je prends conscience du caractère intime, pour ne pas dire égotique, de l'exercice. À rechercher le souvenir personnel, à cultiver le point de vue subjectif, j'en viens à observer Versailles comme on fixerait un miroir ; et c'est un peu de ma vie qui, par touches, transparaît dans ces libres articles.

Ainsi, à propos du Grand Canal, je vois bien que je ne puis me contenter des données habituelles. Lorsque je vous aurai dit que le plus long bras de ce crucifix mesure 1 800 mètres, sur 60 de large, et le bras transversal un kilomètre et demi ; quand j'aurai converti 1 800 mètres en 550 pieds et rappelé que la surface globale couvre tout de même 231 300 mètres carrés ; quand j'aurai rappelé que le creusement de cette pièce d'eau, au point le moins élevé du site, s'est fait en deux fois, de 1667 à 1669 et de 1671 à l'année suivante, et précisé qu'à l'origine il était question d'en fermer la perspective par un monument auquel le génie de Le Nôtre convainquit tout le monde de renoncer ; quand enfin j'aurai signalé que le Canal fut nettoyé en 1790, puis asséché sous la Terreur pour être mis en culture, enfin rendu à sa vocation sous l'Empire et restauré par la suite, vous serez en droit de me dire, comme dans le sketch absurde de Raymond Devos : *Et alors ?*

— Et alors ?

Eh bien… Je pourrais prendre un chemin de traverse, et vous parler des galiotes ouvragées qui, jadis, transformaient cette vaste nappe étale en mini-rade de guerre. Seulement je viens, imprévoyant que je suis, d'en disserter à l'entrée *Flottille*… Il est vrai que tout n'a pas été dit, dans cet article, et qu'on pourrait développer par exemple l'étonnant sujet de la petite colonie vénitienne de Versailles… Mais je vois bien que cela ne vous suffira pas. Parlons un peu d'actualité, peut-être ? Saviez-vous que cette admirable pièce d'eau est aujourd'hui le lieu d'entraînement d'un des plus anciens clubs d'aviron de France, le CNV, *Cercle nautique de Versailles*, qui réunit quelque trois cent quatre-vingts membres ? On a célébré, en 2008, les cent ans de sa fondation par un certain Jean Calmettes !

— Et alors ?

C'est bon, je capitule. Je vais donc vous raconter *mon* Grand Canal… Non sans plaisir, du reste ; car je n'ai cessé d'accrocher à son reflet des souvenirs magnifiques.

Étudiant, j'y venais tôt, dès l'ouverture des grilles, et marchais dans l'herbe pleine de rosée pour ressasser à l'envi des leçons de droit public et de macroéconomie qui m'assommaient. Il me semblait, le plus sûrement du monde, que les eaux du Grand Siècle me donneraient la force d'aller au bout du pensum – et, de fait, je crois bien qu'elles m'y ont aidé… Un peu plus tard, à l'heure des amourettes, je venais pique-niquer en bonne compagnie sur ces rives, aux jours les plus chauds du printemps. Le samedi midi, notamment, les bas-côtés ressemblaient plus à des plages qu'au déploiement d'une garden-party ; nous prenions le soleil ; c'était l'heure des baisers dérobés et des promenades, pieds nus, sur les dalles chaudes de la bordure… Je vous fais grâce des promenades en barque ! Plus tard encore, le Grand Canal est devenu le but favori de nos courses à vélo. Presque tous les soirs, à la belle saison, nous dévalions l'allée des Matelots, virions sec par celle des Paons, grimpions jusqu'à l'ancienne Ménagerie, avant de rejoindre, à l'ombre, le tracé normal de la bordure. Parfois, touchant l'extrémité du bassin de manœuvre, près de l'Étoile royale, au Val-de-Gally, nous jetions les bécanes dans l'herbe et prenions tout le temps de contempler la perspective inversée : le château y apparaît dans toute sa folle démesure, et c'est peut-être, en fin de compte, le meilleur point de vue pour l'envisager.

Puis c'était à nouveau la course jusqu'à la croisée, le passage par l'allée de Bailly, en contrebas de Trianon, et vite, toujours plus vite, en *sprint*, debout sur le pédalier, la dernière ligne droite jusqu'à la Flottille, où nous autorisions parfois une halte à nos muscles brûlants et nos cœurs affolés. Il fallait mettre pied à terre pour franchir la grille de la Petite Venise, puis celle des Matelots, avant de reprendre, rompus mais heureux, le chemin de la maison… Il est même arrivé que nous fassions ainsi deux fois le tour, soit tout de même douze kilomètres.

Et alors ? Alors, je ne sais plus quoi vous raconter… Ah si : de la manière la plus illégale – honte sur moi – j'ai répandu dans l'herbe, près du rond d'eau de la Ménagerie, les cendres de notre petite chienne Phébé, qui avait si souvent couru, couru en avant des vélos, couru sur le pourtour de cette immense croix. Tout en filant comme un bolide, parvenue à ce point précis, invariablement elle tournait la tête pour s'assurer que nous allions la suivre, et non bifurquer en direction de la Lanterne… Elle paraissait, dans ces moments, parfaitement heureuse.

Et alors ?

Alors, rien.

Grand Dessein

Quand on a beaucoup lu, presque tout vu, longtemps médité d'un lieu ; quand on en a bien retracé la genèse et bien percé les mystères ; une fois revu les dates, repassé les plans, scruté les comptes et potassé les différents états successifs, que reste-t-il à faire au passionné ?

Il lui reste à étudier les projets non réalisés.

C'est la raison majeure, me semble-t-il, de l'espèce d'obsession des amoureux de Versailles pour ce que l'on appelle le *Grand Dessein*, c'est-à-dire l'ambition nourrie par les architectes du XVIIIe siècle de revoir entièrement l'aspect du château, côté ville. L'on se souvient du parti pris très fort de 1669, consistant à doubler, côté jardins, le vieux château brique et pierre *à la française* par une construction d'un style nouveau, sans toit apparent. Hardouin-Mansart poursuivit et développa cette option ; les ailes des Ministres et le Grand Commun, notamment, furent, du côté oriental, construits en trois tons : toits d'ardoise, parements de brique et chaînages de pierre. Est-ce à dire que cette dichotomie native avait fini par entrer dans les mœurs ? Pas vraiment, puisque – depuis le début – certains ne devaient plus rêver que de rendre son unité au château, et de refaire en pierre les *vieilles* façades.

Dans son bel album *Versailles, la fabrique d'un chef-d'œuvre*, Alexandre Gady publie (page 103) un dessin à l'encre d'Israël Silvestre, daté de 1682 et conservé au Louvre, sur lequel ont été ajoutés, discrètement à la mine de plomb – et à une date impossible à déterminer –, un dôme central et des combles à l'aplomb des avant-corps. Ces toitures à la française sont destinées, à l'évidence, à casser la monotonie de la trop longue façade, côté jardins. Aurait-on, en réalisant ce que l'auteur appelle « un rêve inabouti des architectes versaillais », cassé du même coup la personnalité de l'immense palais à l'italienne ? C'est plus que probable ; mais l'idée, indubitablement, fut émise, comme le prouve un dessin de Jules Hardouin-Mansart pour la cour de Marbre, daté de 1684, où figure très clairement une proposition de dôme quadrangulaire, dans l'esprit de celui de Lemercier, au Louvre. L'histoire ne dit pas ce qui s'opposa à sa réalisation… M'est idée que Louis XIV était lui-même trop fier du nouveau style inventé à Versailles pour accepter la moindre concession à une sécheresse qui, pour peu qu'on l'ait admise et adoptée, fait toute la force, toute la singularité de cette architecture.

Le Grand Roi mort et enterré, les propositions de normalisation n'allaient cependant pas manquer de fleurir. Elles se concentrèrent toutefois sur les façades du côté ville, qui devenaient vétustes et paraissaient démodées, par contraste avec la puissance architecturale de l'enveloppe. Voici ce qu'écrit Alexandre Gady dans son album : « Dès la fin du règne de Louis XIV, les critiques récurrentes sur le château en général, et les façades côté cours en particulier, avaient abouti à imaginer ce que l'on a baptisé par commodité le Grand Dessein. Il s'agissait de détruire la cour de Marbre et la cour Royale, afin de recomposer tout le château de ce côté, et de lui donner un aspect plus monumental et mieux en conformité avec les façades sur le jardin. Au soir de son règne, ne souhaitant sans doute plus vivre dans les travaux, Louis XIV avait repoussé un tel chantier, que Louis XV accepta de guerre lasse en 1771. » Au risque, pour une fois, de n'être pas tout à fait d'accord avec mon ami Alexandre, je soutiendrais volontiers, pour ma part, que ce n'est pas par crainte des travaux que Louis XIV repoussa de tels projets, mais par souci de cohérence avec toute sa démarche ; et que si Louis XV finit par y sacrifier, ce fut moins *de guerre lasse* que par adhésion au projet de ses architectes, et désir sincère de rationaliser des bâtiments devenus franchement obsolètes. Passons…

En 1771, donc, Gabriel abat, au nord de la cour Royale, tout le corps de bâtiment de brique et de pierre que l'on appelait l'aile du Gouvernement et le remplace par un bâtiment moderne, d'un classicisme à faire bâiller d'ennui – assez proche de ce qu'il réalisait simultanément à Compiègne. Après que Versailles avait donné le ton à l'Europe entière, voilà que lui revenait, des cours étrangères, un style impersonnel et banal dont les grandes lignes s'inspiraient encore vaguement des canons posés par Le Vau, puis Hardouin-Mansart : soubassement à bossage, étage noble avec des croisées à fronton, étage d'attique à fenêtres carrées sous une balustrade – sans oublier les avant-corps à colonnes. Mais ce nouveau style international était au modèle d'origine ce que le saumon d'élevage, sous vide, est au saumon sauvage fumé, découpé tranche à tranche : un *ersatz* insipide. La mort du roi, en mai 1774, dans un contexte financier désastreux, mit heureusement fin à l'expérience ; mais il n'est que d'examiner les projets soumis à Louis XVI en 1783 – signés Boullée, Peyre, Pâris et Durameau, ou encore Heurtier, pour prendre la mesure du désastre auquel a réchappé Versailles. Et ce n'est pas le moindre des paradoxes que de voir dans la Révolution, qui gela tout, la chance ultime de l'œuvre de Louis XIV.

La Varende : « Nous avons failli souffrir d'un Versailles à colonnades, à coupoles ; d'un Versailles type Bourse ou Panthéon d'Agrippa. Les architectes, depuis un siècle, caressaient ce navet sans nom que l'heureuse misère fit avorter ; depuis Perrault jusqu'à Gabriel, nous devions connaître l'assommante procession des fûts à tambour dans une réédification complète, absolue, de la façade d'accès, car ça devait atteindre au plus terrible néo-grec. [...] On pensait que bientôt, toute la façade d'arrivée suivrait avec la même intransigeance dogmatique. » Vous avez dit *dogmatisme* ? N'a-t-on pas nommé là, en fin de compte, le pire ennemi de la beauté ?

Grande galerie

J'avais parcouru mille fois la Grande galerie de Versailles avant de la voir – j'entends : de la voir vraiment. Il faut dire que la restauration de 2007 aura été, plus qu'une rénovation, une véritable renaissance. En lui rendant ses couleurs natives, et ses reliefs, et ses dorures, en ravivant la polychromie de ses marbres et l'éclat de ses miroirs – pour ne rien dire de la lumière naturelle éclairant la voûte à travers des lucarnes occultées depuis longtemps –, cette admirable entreprise nous l'a donnée à contempler enfin, comme pour la première fois. Un dévoilement : voilà ce que nous avons vécu alors.

Pour le public, la *galerie des Glaces* – comme on l'appelle, non sans une certaine naïveté, depuis le XIXe siècle – est, avec ses soixante-treize mètres de long et ses dix-sept fenêtres faisant face à autant d'arcatures de miroirs, en quelque sorte le clou de la visite. Elle est à Versailles ce que la chapelle Sixtine est au Vatican : un ensemble architectural majeur et spectaculaire, doublé d'un lieu d'histoire exceptionnel. Aussi bien, à la différence de maints habitués, ne condamné-je pas les touristes qui courent – au sens propre – à la rencontre de ce haut lieu, et le photographient en rafale, brandissant à bout de bras leurs smartphones ; je m'en réjouis plutôt, ou m'en amuse, selon l'humeur…

L'architecture, tout d'abord. On a dit et redit que cette galerie était venue combler, après la paix de 1678, une terrasse agrémentée d'une fontaine en son centre, bel espace à ciel ouvert, aménagé par François d'Orbay au cœur de la première enveloppe. Ce n'est pas faux, mais cela mérite d'être nuancé. Car la terrasse originelle était en vérité de moitié moins longue ; il a fallu, pour faire place à cette immense galerie couverte, détruire six grands salons, sur huit travées en ligne, et modifier entièrement l'aspect de la façade. De surcroît, la galerie en soi est inséparable des deux vestibules qui lui servent d'antichambres, aux extrémités ; de sorte que l'ensemble artistique élaboré, du salon de la Guerre, au nord chez le roi, au salon de la Paix, au midi chez la reine, se déploie, au premier étage, sur la façade du corps central dans toute sa longueur.

Ce qui me frappe le plus, dans la conception de ce vaisseau de marbres, de bronzes, de stucs et de glaces, c'est moins la richesse de son décor que la sobriété de sa base. Oubliez les couleurs et les reflets, le tourbillon des cristaux et des peintures : vous êtes dans une nef cistercienne, voûtée en berceau, aussi dépouillée dans ses grandes lignes, aussi pure dans son volume que la galerie de l'Orangerie – autre chef-d'œuvre de Hardouin-Mansart. Cette simplicité foncière était du reste bien plus visible lors de mes toutes premières visites, avant que Van der Kemp, en 1980, n'habille la galerie d'énormes lustres – jadis installés seulement le temps des fêtes – et ne la remeuble en grande partie. Cette profusion de luminaires est à mon avis la pire erreur du grand conservateur en chef, et la seule dont je ne puisse m'empêcher de lui tenir quelque grief.

Quelle était, s'est-on demandé souvent, la finalité de cette construction ? Chacun y est allé de sa théorie : les plus négatifs ont invoqué des infiltrations dans l'ancienne terrasse ; les pragmatiques ont rappelé qu'avant la galerie Versailles ne possédait pas, en propre, de salle assez vaste pour accueillir un bal paré de grande envergure ; les historiens purs et durs ont rappelé le rôle majeur de cette commande de quatre cents grands miroirs dans le développement de la Manufacture royale des Glaces, créée par Colbert ; les amateurs de symboles ont souligné le rôle de trait d'union de cette galerie entre l'appartement du Roi – qui allait devenir le Grand appartement – et celui de la Reine ; quant aux esthètes, ils ont mentionné, pour leur part, un jeu de reflets encore tout baroque, et donnant au visiteur de la galerie le sentiment d'être environné de frondaisons et de parterres… Tout cela est vrai, sans aucun doute, de même que l'argument plus politique d'une galerie d'apparat, destinée à impressionner l'Europe et le monde – ce que les peintures de la voûte semblent confirmer amplement.

À ces diverses motivations, je me permettrai simplement d'ajouter celle qui m'a sauté aux yeux, il y a une quinzaine d'années, lors d'une promenade dans les jardins. Nous remontions, ce soir-là, du Grand Canal vers le château, quand tout à coup, le souffle coupé, j'eus l'impression de distinguer le ciel à travers les baies du premier étage. C'étaient naturellement les glaces de la Grande galerie qui remplissaient leur office et reflétaient le jour déclinant, conférant à l'architecture cet effet de transparence auquel les architectes du Grand Siècle attachaient tant de prix. Je me souviens de n'avoir pu retenir un éclat de rire devant tant de perfection, au pied de tant de réussite ! Versailles n'est pas tout entier dans de tels tours de force, mais il n'aurait pas, sans eux, marqué si fortement les siècles.

Venons-en à l'Histoire. Comment passer devant ces miroirs, sans songer aux illustres visages que les trois quarts d'entre eux – qui sont d'origine – ont reflétés ? L'ambassadeur de Gênes s'est aperçu de loin dans celui-ci, et s'en est dit le premier étonné ; dans celui-là, Mme de Pompadour a vérifié la position de sa mouche, la fameuse nuit du *Bal des Ifs* ; quant à cet autre, il a fait l'objet d'un examen très attentif de la part du roi de Bavière, Louis II, soucieux de le reproduire à l'identique dans son île du lac Chiemsee… Et le sourire vaguement las de Jackie Kennedy, savez-vous quelle glace en aura eu l'exclusivité ?

Dans un petit ouvrage édité chez Perrin, *La Galerie des Glaces de Louis XIV à nos jours*, Bruno Cortequisse a retracé la chronique de ces lieux historiques, à nul autre pareils. Il a raconté les ambassades, les bals, les processions, les deuils, les esclandres… De cette longue saga sans véritable relief, deux épisodes émergent par leur gravité, par leurs conséquences. Ils sont, hélas, contemporains.

Le premier s'est déroulé lors de l'occupation prussienne, un certain mercredi 18 janvier 1871. Ce matin-là, en présence des souverains allemands ou de leurs représentants, le roi Guillaume Ier fut proclamé empereur d'Allemagne ! La date n'était pas le fruit d'une coincidence : le 18 janvier est le jour anniversaire de la monarchie prussienne… Les solennités avaient été voulues discrètes ; toutefois, ce ne fut pas un hasard si le *chancelier de fer* leur donna pour cadre cette galerie des Glaces qu'il appelait *galerie de Verre* – ce chef-d'œuvre du règne de Louis XIV, incendiaire du Palatinat, où le monarque français s'était fait représenter dans tout l'éclat de sa puissance. « J'ai éprouvé à plusieurs reprises, écrirait Bismarck à son épouse, le désir de me transformer en bombe et d'éclater rien que pour voir l'édifice s'écrouler en morceaux. » La galerie avait été sobrement aménagée pour la solennité. Au centre, adossé aux fenêtres : un autel ; au fond, devant l'arcade du salon de la Guerre – c'est-à-dire à l'opposé du dispositif traditionnel –, une estrade garnie de porte-drapeaux et couverte d'altesses germaines… Après le service divin, le roi Guillaume adressa une courte allocution à ses hôtes ; puis le chancelier donna lecture de la proclamation au nouveau peuple allemand… Un roi était entré dans la Galerie, c'est un empereur qui en sortait, pour la plus grande honte d'une France jadis hégémonique, d'une France bientôt amputée de l'Alsace et d'une partie de la Lorraine.

Clemenceau – le teigneux, le patriote Clemenceau – n'allait certainement pas laisser passer, en 1919, l'occasion d'effacer cette tache énorme sur l'album ; j'y reviendrai en détail, à l'article *Traité de Versailles*.

Grandes Eaux

S'il me fallait retenir un tour de force, parmi toutes les prouesses accumulées dans Versailles, ce serait l'incroyable complexe hydraulique imaginé par les ingénieurs du Grand Roi. Tout un monde étudié, dès 1847, par le conservateur de la bibliothèque municipale d'alors, premier historien des lieux : Jules-Adrien Leroi. Ce fin connaisseur du domaine avait mesuré l'importance déterminante de ce chapitre dans l'histoire versaillaise.

Osons le mot : Louis XIV et ses architectes ont, dès le premier jour, été *obsédés* par le problème de l'alimentation en eau des bassins de Le Nôtre et des fontaines de Francine. On a d'abord tiré parti de l'étang de Clagny ; puis surélevé un réservoir qui devint la Grotte de Téthys, avant d'édifier, en 1665, une Tour d'eau dont la présence, au sein du paysage, n'était pas heureuse… Les plus grands spécialistes furent consultés, dont le célèbre Paul Riquet, créateur du canal du Midi. Celui-ci envisagea un temps l'adduction de la Loire, avant de se rabattre sur la Juine ! « Après les rivières, raconte La Varende, vint la politique des étangs. L'abbé Picard obtint le niveau des nappes qui dominaient Saint-Cyr au sud-ouest de Versailles et qui sont à peu près parallèles au Val de Galie ; l'étang de Trappes, celui d'Arcy, l'étang de Villarois, près de Buc, l'étang de Saclé, celui de Villiers. »

Au tournant des années 1680, fut franchie une étape : ce fut la machine de Marly. Quatorze roues de douze mètres de diamètre actionnaient soixante-quatre pompes afin de propulser l'eau à mi-côte, là où soixante-douze autres la renvoyaient jusqu'à l'aqueduc de Marly ! Une mécanique monstrueuse et démesurée, dont le grondement et les grinçants rouages feraient longtemps trembler les riverains, et qui, du fait de l'absorption et des déperditions en chemin, n'alimenta pas efficacement le formidable réseau de réservoirs, édifié à destination. Alors, Louvois pensa faire sa cour en méditant des réalisations plus titanesques encore. Mobilisant la puissance d'invention de Vauban et la force d'armées entières, il envisagea l'adduction de l'Eure et se lança dans l'entreprise démente de l'aqueduc de Maintenon ! Les vestiges de cette folie se maintiendraient des siècles dans le paysage beauceron, et nous rappellent, en leur dérision, la volonté désespérée du Grand Roi de faire des jardins de Versailles une féerie aquatique.

On imagine, à ce prix, sa joie personnelle et la surprise de ses hôtes devant le jaillissement des bouquets alignés en trombes, en aigrettes. En panaches… Les Grandes Eaux, vitrine et appât de Versailles… Lorsque j'étais étudiant, j'entraînais mes camarades à ce spectacle dominical, avec le secret désir de susciter des conversions dans leurs rangs. En vain ; le seul auquel j'aurai jamais transmis la vocation reste mon cousin germain, Guillaume. À mes yeux, ces dimanches après-midi étaient la grand-messe versaillaise, le rite supérieur où se livrait l'essence du phénomène, comme si tout le reste – toute la somme d'efforts des jardiniers, des agents, des ouvriers, des employés du Château aussi bien que des cadres –, comme si tout leur dévouement quotidien ne devait concourir, quelques fois seulement dans l'année, qu'au spectacle des fon taines en éruption.

Je prêtais alors un pouvoir envoûtant au bruissement croissant de l'eau prête à jaillir, au poudroiement des fines gouttelettes dans le soleil, à l'odeur terreuse, parfois déplaisante, qui les accompagne en début de saison – et qui pourrait passer pour le parfum déchu, altéré, des fêtes de jadis… Mais il m'a fallu bien des fois constater que l'envoûtement n'était pas le même pour tous.

Autrefois, ce divertissement de roi, conçu pour Louis XIV et obtenu de haute lutte, relevait donc de l'exploit. On le réservait aux visites de marque et aux fêtes solennelles. De nos jours, c'est un spectacle qui se fait moins rare ; à la belle saison, les fontaines *jouent*, pour employer le terme consacré, deux fois la semaine, parfois trois – et le samedi soir en nocturne ! Il est vrai que, depuis les années 1970, les eaux sont recyclées ; celles qui, en fin de parcours, se déversent dans le Grand Canal peuvent être remontées jusqu'aux réservoirs, grâce à des pompes électriques… Mais ni la fréquence, ni la technique n'ont cependant pu entamer leur étrange pouvoir d'hypnose collective.

La seule véritable interruption qu'aient connue les Grandes Eaux de Versailles est due à la Révolution. Encore y a-t-il eu certaines exceptions ; et l'on a vu le conventionnel Crassous mettre en eau la grande perspective pour amuser ses amis, ou Talleyrand faire donner les fontaines, à l'été 1797, pour impressionner l'ambassadeur ottoman, Morali Seyyid Ali Efendi… Il n'est pas indifférent, d'ailleurs, que Bonaparte en ait ordonné la reprise officielle le dimanche 19 juillet 1801 (décadi 30 messidor an IX) : cela revenait, de sa part, à clore la période révolutionnaire.

Par la suite, on voit l'Empereur assister aux Grandes Eaux en 1811, aux côtés de Marie-Louise, puis Louis XVIII en profiter en 1818, avant Charles X, en 1830. Sous le régime assez paisible de la monarchie de Juillet, ce divertissement dominical se met à drainer les foules parisiennes, et d'autant plus qu'on a tout fait pour en faciliter l'accès : de la création d'un service public de diligences à la construction de la première ligne de chemin de fer, celle dite « de la Rive-Gauche ». Ainsi, le dimanche 8 mai 1842, parmi les quarante-trois victimes de la première catastrophe ferroviaire de l'Histoire, relève-t-on surtout les noms de promeneurs revenant des Grandes Eaux…

Bientôt, les fontaines de Versailles s'imposeront comme l'un des pôles d'attraction du tourisme naissant – le mot vient d'entrer dans le vocabulaire… Amplement vantées dans les brochures de l'agence Cook, par exemple, elles font partie des « choses à voir » pour les nombreux visiteurs accourus de l'Europe et du monde à la faveur des Expositions universelles – spécialement celle de 1867. Huit ans plus tôt, des négociants de Paris et de Versailles ont fondé la *Société des Fêtes de Versailles*, avec pour objet social d'organiser des bals, des joutes sur le Grand Canal, et même, à partir de 1862, la toute première des « Fêtes de Nuit » au bassin de Neptune.

Une mode est lancée, dès lors, qu'aucune guerre, aucune insurrection n'arrêtera plus ; il est dit que la Belle Époque serait celle des réjouissances versaillaises – Grandes Eaux et Fêtes de Nuit – à mi-chemin du délassement familial et du pèlerinage historique, de la corvée du dimanche et de l'immersion salutaire dans les splendeurs immortelles du Grand Siècle. Pierre de Nolhac, conservateur de Versailles mais avant tout poète et admirateur du Parnasse, a exprimé en peu de mots ce qui, finalement, se trouve au cœur même de toute versaillomanie bien comprise :

L'Eté resplendissait au miroir des fontaines,
Le triomphe des eaux chantait dans les conduits ;
Aux degrés du palais, le parterre et le buis
Unissaient les parfums qu'avaient aimés les Reines…

Grandeur

Grande galerie, Grand appartement, Grand Canal, Grand Dessein, Grandes Eaux… Ne nous abusons pas sur le sens à donner à cette épithète récurrente. *Grand*, à la Cour, signifie *important*, *principal*. C'est le *main* des Anglais, le *hoch* des Allemands. *Grand appartement* veut donc dire qu'il s'agit de l'appartement principal du palais – ou, pour mieux dire, d'un appartement ouvert à tous. De même, le nom de la Grande galerie fait moins référence à sa taille, certes appréciable, qu'à son caractère central et incontournable.

Le grand règne voit aussi abonder les grands officiers, du Grand chambellan à M. le Grand, en passant par le Grand Aumônier, le Grand Pannetier, le Grand Maître, etc. Même les cuisines et offices prennent à Versailles le nom de Grand Commun ! N'y voyons nulle boursouflure ; n'en déplaise à la légende, et malgré ce que pourrait laisser entendre cette avalanche de « grandeurs », Louis XIV et ses contemporains n'étaient pas frappés de mégalomanie. Encore une fois, l'adjectif fait chez eux référence au caractère éminent de la fonction ; dans un système ultra-hiérarchisé, il était simplement nécessaire de désigner clairement des têtes de file ; or, plutôt que de *pannetier en chef*, mieux qu'*aumônier principal*, on préférait, à la Cour, parler de Grand Pannetier, de Grand Aumônier. Ce qui, à tout prendre, n'était pas moins élégant…

Cela posé, le choix d'un tel vocable me paraît tout sauf indifférent. Les gens du Grand Siècle, admettons-le, n'aiment pas le médiocre, encore moins le petit. *Small is beautiful* n'est en rien leur devise, et lorsqu'ils en ont le choix, ils préfèrent toujours faire « un peu trop grand » qu'« un peu trop petit ». Les élans oratoires d'un Bossuet, les dispositifs de défense d'un Vauban, sans démesure aucune, visent haut et conçoivent large.

Or le Grand Siècle ne s'est pas fait uniquement à Versailles ; on pourrait même démontrer qu'il s'est forgé pour l'essentiel avant la construction du grand château. Le peintre Nicolas Poussin, l'architecte François Mansart, le dramaturge Pierre Corneille n'ont guère eu de lien avec un palais venu largement après eux, dans un temps propice au perfectionnement de ce dont eux-mêmes avaient tracé la voie. Et, somme toute, Le Brun, Hardouin-Mansart et Racine peuvent apparaître comme les épigones de ces grands-là…

Versailles nous paraît vaste, certes… Et à présent que le gouvernement a déserté l'aile des Ministres, la famille royale l'aile des Princes les courtisans, l'aile du Nord, sa profusion de salons et l'étendue de ses enfilades nous paraissent nettement démesurées. Mais ce n'est là, si j'ose dire, qu'un effet d'optique ; et plutôt qu'une prétendue folie des grandeurs, j'aurais tendance, pour ma part, à plutôt admirer l'art consommé des architectes, des jardiniers, des artistes du siècle dit *Grand* pour maintenir à taille humaine des commandes qui, traitées aujourd'hui, prendraient un tour pharaonique.

Comme l'explique souvent mon ami Jacques Garcia, détenteur d'une connaissance intime des anciennes valeurs, le XVIIe siècle et le XVIIIe réunis sont *grands*, certes ; mais ils le sont moins par la taille que par la force ; ils sont grands comme on pourrait le dire d'un Lilliputien plein de sagesse ou d'un instant des plus fugace : grands par le souffle, la vigueur, la noblesse. À propos de Versailles, a écrit Pierre Gaxotte, auteur chez Flammarion d'un *Louis XIV* illustré qui a, lui aussi, bercé ma jeunesse, « qu'on dise : ordre, mesure, discipline, politesse, on ne se trompera pas. Qu'on dise : force, vie, rusticité, grandeur, on aura raison encore. Et peut-être davantage. Le secret de sa prodigieuse fortune gît dans les grandes et multiples différences qu'il combine en soi ».

« D'où vient l'Âge d'Or, cette sorte de vague qui soudain hisse tous les arts d'un pays jusqu'à l'excellence ? s'est demandé Erik Orsenna. Il y faut la richesse, sans doute. Mais tant d'époques opulentes amassent et bâtissent sans rien produire d'immortel. Il y faut des mécènes qui rêvent et commandent. Mais que peuvent leurs folies si personne, ou trop peu, n'y sait répondre ? Comment expliquer cette mobilisation générale venue du tréfonds d'un peuple pour faire d'un siècle – ou d'un morceau de siècle – un chef-d'œuvre collectif ? Le génie de quelques-uns n'y suffit pas. Il doit reposer sur le talent et le savoir d'innombrables. Des hommes et des femmes, nés dans les mêmes années. Au lieu de s'ignorer, ils se voient, ils se parlent, ils s'apprécient ou se détestent, ils projettent ensemble ou se défient. Bref, un âge d'or, c'est l'enfant commun de toute une génération. »

Grotte de Téthys

Mon premier achat d'esthète – je devais avoir quinze ou seize ans – fut une série de trois gravures anciennes – le marchand me les avait garanties d'époque – où Jean Lepautre a représenté les piliers, ornés de coquillages naturels, de la célèbre Grotte de Téthys. La série complète comporte une vue d'ensemble avec les groupes de Girardon et Regnaudin, de Guérin et des frères Marsy, ainsi qu'un aperçu de l'extérieur de l'édifice ; mais il faut bien commencer par quelque chose… Pour ma part, je n'avais que les piliers, et cela suffisait à ma jubilation. Ces grandes feuilles ont disparu, depuis, dans un essai malheureux de décoration ; mais je crois toujours avoir, au bout des doigts, l'épaisseur tendre et pelucheuse de leur papier. Je revois, comme si c'était hier, l'incroyable netteté de la gravure aux traits fins comme des pattes de moustique.

Tous les jeunes amoureux de Versailles sont tombés, un jour ou l'autre, en arrêt devant ce trésor disparu, conçu à l'origine, en 1664, pour supporter un réservoir, et détruit vingt ans plus tard pour faire place nette à l'aile du Nord. En vérité, cette folie de rocaille n'avait jamais vraiment eu sa place à Versailles ; elle était la transposition, en plus riche encore, des fameuses grottes de fraîcheur ouvrant sur la terrasse de Saint-Germain, et ressemblait à ces décors de fêtes que l'on admire comme des mirages le temps d'une soirée, en espérant ne pas les retrouver au matin…

Avec le Trianon de porcelaine et les volières dorées, aux angles de la cour de Marbre, la pauvre Grotte reste dans les mémoires comme un sommet du baroque, à l'endroit même où ce mouvement devait périr. Si l'on en retire les groupes sculptés, d'une perfection éternelle, son décor très profus, en mosaïque de coquillages, est plus proche toutefois du nymphée d'Auvers-sur-Oise que des chefs-d'œuvre tout voisins de Le Brun ; il est vrai que le Premier peintre n'y a sans doute pas eu les coudées franches et que l'influence, encore très prégnante, de Charles Perrault – l'auteur des *Contes* – est ici manifeste.

Je ne voudrais pas brûler ce que j'ai adoré ; mais encore une fois, je ne puis que partager le jugement de Jean de La Varende sur ce « morceau d'immaturité ». « D'invention exaltée, écrit-il, enfantine et pédante, une véritable œuvre de jeunesse, la Grotte de Téthys était décorée en rocailles, en coquillages naturels et en stalactites de porcelaine tigrées et de grosses nacres. [...] Des girandoles de cristal, au lieu de cierges, faisaient saillir des jets d'eau de leurs bobèches. Des filets d'eau à haute pression pouvaient sortir du dallage et un peu trop rafraîchir les visiteurs naïfs, ce à quoi d'ailleurs on renonça très vite, considérant ces farces comme inconvenantes pour la gloire du Roi et “bonnes pour des Allemands”. »

Guides imprimés

Sans avoir l’âme d’un collectionneur, j’ai accumulé, au fil des années, les plaquettes et les brochures concernant Versailles. Sitôt que j’en déniche une à l’éventaire d’un bouquiniste, ou dans une foire aux livres, je ne puis m’empêcher de l’acquérir, presque malgré moi. Évidemment, je ne parle pas ici des six manuscrits précieux de la Bibliothèque nationale de France, où Louis XIV indique sa *Manière de montrer les jardins de Versailles*, ni même de documents rares et anciens, comme la *Description sommaire* d’André Félibien, qui remonte à 1674, ou l’*Explication historique* du sieur Combes, datant de 1681. Les guides dont il est question dans cet article sont de simples guides pratiques, issus de l’édition moderne. Le plus ancien que je possède, en cette catégorie, est celui d’Adolphe Joanne, publié en 1877 par la librairie Hachette.

Il s’ouvre sur un cahier publicitaire vantant les mérites du *Grand Hôtel des Réservoirs* et de son restaurant, ainsi que la « tenue confortable », les « prix modérés » et le « service très-soigné » du *Restaurant de Londres*, place du Château. Le plus amusant, dans ce genre de document, ce sont les renseignements pratiques dont ils fourmillent, éminemment périssables et d’autant plus chers à notre curiosité. On apprend ainsi qu’en ces tout débuts de la IIIe République, « le Musée est ouvert tous les jours, excepté le lundi, depuis 11 heures du matin jusqu'à 4 heures ». Il fallait donc pour le visiter, si j'ose l'expression, *viser juste*. Des guides « autorisés par l'administration » sont par ailleurs disponibles, dans la cour d'honneur du château et sur la terrasse du parterre d'Eau, mais ils ne sont pas admis à l'intérieur du musée. On les reconnaît « à une plaque qu'ils portent sur la poitrine, avec un numéro et l'indication du tarif, 1 franc par heure ». Dans l'intérêt des visiteurs, il faut espérer que les cicérones en question aient puisé à d'autres sources qu'au *Guide Joanne*, tant y figurent d'inexactitudes. Le plus étonnant peut-être est la place qu'on y accorde aux tableaux, de toutes origines, installés dans les *galeries* depuis Louis-Philippe : à croire que la demeure royale avait disparu des mémoires !

Une quarantaine d'années plus tard, le *Guide de la Paix*, par exemple, édité par le Syndicat d'initiative à l'occasion de la signature du traité de 1919, est autrement précis. Outre les plans détaillés dont il regorge, il présente le mérite de dater un grand nombre d'épisodes, anciens ou plus récents, de l'histoire du château. Et si le principal intérêt de cet opuscule réside dans ses itinéraires de promenades aux environs de Versailles, en automobile, à cheval, à bicyclette et même… en aéroplane, force est d'admettre qu'il offre une base solide à la visite des lieux. À l'évidence, les travaux de Pierre de Nolhac et ses *Études sur la Cour de France* ont porté leurs fruits.

Pas chez tout le monde, hélas : quelques années plus tard, les éditions Albin Michel devaient proposer un guide épais, dans la collection « Acropole ». La lecture en est divertissante, tant le texte accumule d'erreurs historiques, de naïvetés et d'approximations – pour ne rien dire des fautes de langage. Mêmes insuffisances dans la brochure de Jacques Combe, ancien attaché au musée, publiée en 1933 et intitulée : *Pour bien visiter Versailles*. Au moins propose-t-il une vingtaine de dessins à la plume, permettant d'identifier clairement les statues du parc…

Rien à voir avec ces ouvrages remarquables de justesse et de concision que sont les guides de Nolhac et Pératé, en 1896, et de Mauricheau-Beaupré et Hennet de Goutel, en 1924. Le grand conservateur et les deux attachés ont mis dans ces petits ouvrages la quintessence de leur vaste savoir, et l'on peut affirmer, un siècle environ plus tard, que ces deux références constituent encore la meilleure et la plus efficace des introductions à la découverte du domaine royal. J'y ajouterais volontiers le charmant volume de Gérald Van der Kemp, paru en 1957 dans la collection « Les Beaux Pays », chez Arthaud, avec une belle couverture automnale de Chapelain-Midy. Les dernières lignes en traduisent toute la saveur : « C'est dans cette atmosphère paisible que l'Ancien Régime agonise sans le savoir et c'est à Trianon que la révolution vient surprendre Marie-Antoinette. Elle le quitte précipitamment pour n'y plus revenir, dans l'après-midi du 5 octobre 1789, et rentre au château où va commencer son calvaire. Plus tard, d'autres princesses passeront à Trianon, mais c'est son souvenir mélancolique que l'on vient toujours y chercher et l'image fugitive de sa robe blanche à travers les arbres. »

À ce stade, une question, j'en suis sûr, vous brûle les lèvres : existait-il des guides imprimés du temps de Louis XIV, de Louis XV, de Napoléon ? Je ne puis pas vous laisser dans l'ignorance… Alors, oui, sachez que très tôt des esprits avisés comprirent quel profit on pourrait tirer de l'affluence à Versailles. Le tout premier guide officiel remonte à 1674 – c'est-à-dire l'année de l'achèvement de l'*enveloppe neuve*. Son auteur, André Félibien, historiographe des Bâtiments du Roi, s'y montrait à la fois précis, concis et directif : « Comme il y a une infinité d'objets qui attirent les yeux de toutes parts, et que l'on se trouve souvent embarrassé de quel côté on doit aller, il est bon de suivre l'ordre que je vais marquer, afin de voir chaque chose de suite plus commodément, et sans se fatiguer. » N'est-ce pas là ce que l'on attend avant tout d'un bon guide ? Trente ans plus tard, en 1703 exactement, le fils de Félibien actualisera le guide de son père, pour donner une *Description sommaire de Versailles, ancienne et nouvelle*. Cette édition ne put rivaliser avec le vade-mecum de l'époque, la *Nouvelle Description des chasteaux et parcs de Versailles et de Marly*, de Jean-Aimar Piganiol de La Force, si abondamment utilisée par les historiens du XXe siècle. Ce guide très bien fait sera constamment réédité jusqu'en 1764, le plus souvent sous une forme illustrée, au point d'éclipser une éventuelle concurrence.

Ultime ouvrage incontournable : après la Révolution paraîtra *Le Cicérone de Versailles*, d'une précision et d'une efficacité assez remarquables. Ce guide date de 1804, ce qui n'est pas un hasard : on était là peu de temps après la paix de Lunéville avec l'Autriche, et celle d'Amiens avec l'Angleterre. De quoi stimuler ce qu'on n'appelait pas encore le tourisme.

H

Hardouin-Mansart (Jules)

« Toute ma vie, je me suis fait une certaine idée de Mansart. » C'est par ce douteux clin d'œil aux *Mémoires de guerre* que commençait, il y a quelques années, la conférence que je consacrais alors, non à François Mansart, génial architecte de Maisons et du Val-de-Grâce, mais à son petit-neveu Jules Hardouin. Cet ambitieux avait adjoint, comme un trophée – ou, pour mieux dire, comme un sésame –, le nom de Mansart à son patronyme, « pour se faire connaître et se donner du relief ». Je m'empresse d'ajouter que ma *certaine idée* était sans doute fausse, et je désigne d'emblée le responsable de la méprise : Saint-Simon, bien sûr, toujours Saint-Simon, à l'origine de tant de réputations.

Voici ce qu'écrit le grand mémorialiste : « L'art de Mansart était d'engager le roi, par des riens en apparence, en des entreprises fortes ou longues, et de lui montrer des plans imparfaits qui tout seuls lui missent le doigt sur la lettre. Alors Mansart s'écriait qu'il n'aurait jamais trouvé ce que le roi proposait ; il éclatait en admirations, protestait qu'auprès de lui, il n'était qu'un écolier, et le faisait tomber de la sorte où il voulait, sans que le roi s'en doutât le moins du monde. Il connaissait le roi en perfection, et ne se méprenait point à se familiariser ou à se tenir sur la réserve. » Qui estimerait un tel Tartuffe ? Et comment, après cela, ne pas se méfier de Hardouin-Mansart comme de la pire espèce de ces gens de cour dont Versailles était plein ?

Avait-il au moins du talent ? Saint-Simon répond à notre place : « Comme il n'avait point de goût, écrit-il, ni le roi non plus, jamais il ne s'est rien exécuté de beau, ni même de commode, avec des dépenses immenses. » Et le mémorialiste d'enfoncer le clou : « Il était ignorant de son métier. De Cotte, son beau-frère, qu'il fit premier architecte, n'en savait pas plus que lui. Ils tiraient leurs plans, leurs dessins, leurs lumières, d'un dessinateur nommé Lassurance qu'ils tenaient tant qu'ils pouvaient sous clé. » Renseignements pris, ce Lassurance, de son vrai nom Pierre Cailleteau, œuvrait bel et bien dans les bureaux de Jules Hardouin-Mansart et de Robert de Cotte… Saint-Simon aurait-il dit la vérité ?

Je dois avouer que je l'ai pensé fort longtemps, et que revoyant Versailles à travers les yeux du *petit duc* j'en étais venu à regretter le caractère répétitif et plat de ces ailes démesurées, côté jardins. Près de sept cents mètres d'un uniforme rideau de pierre… J'en venais aussi à déplorer l'évident dépassement du toit de la chapelle, les vices de construction criants des Écuries royales, ou encore l'aspect minéral de certains bosquets dont Le Nôtre estimait qu'ils étaient *œuvre de maçon*… Trouvais-je quelque grâce aux fenêtres en plein cintre *à la Mansart* ? « Merci, Le Brun ! » me soufflait une bonne âme. Admirais-je la fabuleuse voûte en berceau de l'Orangerie, sommet de l'art stéréotomique ? « C'est Pierre Lemaistre qui a tout fait », m'assurait un autre contempteur. De sorte qu'avec le temps j'en étais venu à regarder le principal architecte de Versailles, au mieux comme un imposteur, au pire comme un être malfaisant.

Un homme habile à pousser ses affaires, à tout le moins ! « Avec ses plans, insiste Saint-Simon non sans une pointe d'envie, il s'était frayé l'entrée des cabinets, et peu à peu de tous, et partout, et à toutes les heures, même sans plans et sans avoir rien à dire de son emploi… Il gagnait infiniment aux ouvrages, aux marchés, et à tout ce qui se faisait dans les bâtiments, desquels il était absolument le maître… » Tout de même, je ne pouvais reprocher à Mansart ni son entregent, ni son sens des affaires ! Je regrettais seulement que l'un et l'autre aient pu se déployer au détriment des lieux… Versailles n'avait-il pas été plus beau du temps de Le Vau et de François d'Orbay ? N'aurait-il pas gagné à demeurer un château de taille moyenne plutôt que de croître à l'infini, dans les proportions que l'on sait ?

Paradoxe : c'est en m'éloignant de Versailles, c'est en m'enivrant sur le tard des proportions du dôme des Invalides, en débordant de ravissement devant les tableaux représentant Marly, en vouant finalement un culte au péristyle de Trianon, que j'en suis venu à reconnaître que le point commun de tous ces miracles de pierre et de marbre – pour ne pas dire, simplement, leur auteur – s'appelait Jules Hardouin-Mansart… Un créateur à la source de tant de merveilles pouvait-il avoir été si détestable, à l'image du portrait brossé par Saint-Simon ? Du reste, même ce dernier le concédait : « C'était un grand homme bien fait, d'un visage agréable, de beaucoup d'esprit naturel, tout tourné à l'adresse de plaire. » Alors ?

Restait à savoir quelle fut, en vérité, la part réelle et personnelle de Mansart à la perfection du dôme des Invalides, à la perfection des pavillons de Marly, à la perfection du Grand Trianon… On pourrait trouver la question tendancieuse – après tout, la même signature ne se retrouve-t-elle pas au bas de tous ces chefs-d'œuvre ? Mentionnons, quoi qu'il en soit, les premiers violons d'excellence ayant œuvré sous la conduite de ce chef d'orchestre : Lassurance, certes, mais aussi Oppenord et Boffrand, parmi d'autres encore… Et n'oublions surtout pas la part, essentielle, de Louis XIV en personne ! Cet ultime conseil est dû à Pierre Verlet : « Si le talent de Hardouin-Mansart fut d'amener le Roi à préciser ses propres idées sur l'architecture, puis de le pousser vers des dépenses considérables et d'aboutir aux résultats que l'on admire, il faut lui en avoir de la reconnaissance », a-t-il écrit.

Le roi, il est vrai, se lassa lui-même, sur le tard, de Jules Hardouin-Mansart… Avait-il fini par entrevoir les basses manœuvres du courtisan ? Avait-on fini, dans son entourage, par les lui faire percer à jour ? Le monarque n'en aura pas moins eu pour son architecte une grande estime. L'abbé Lambert – à qui reviendra l'éloge du maître – raconte que, par un jour de grande chaleur, Louis XIV se promenait dans les jardins de Versailles, « la main appuyée sur l'épaule de Mansart ». Le soleil étant ardent, le monarque alla jusqu'à prier l'architecte « de se couvrir pour qu'il ne fût pas incommodé, et, comme ce prince, à qui rien n'échappait, s'aperçut d'un étonnement marqué sur le visage des seigneurs qui l'accompagnaient, “Messieurs, leur dit-il en se tournant de leur côté, c'est ici un homme que je dois conserver ; je puis en un quart d'heure faire vingt ducs et pairs ; et dans bien des siècles, je ne pourrais faire un Mansart” ».

Himelfarb (Hélène)

En 2006, les éditions Perrin ont publié, avec l'Établissement public et la Société Saint-Simon, un précieux recueil où figurent, rassemblés sous le titre *Saint-Simon, Versailles et les arts de cour*, les principaux articles écrits, durant trois décennies, par Hélène Himelfarb. J'ai forcément applaudi à cette initiative, mais, *in petto*, j'ai regretté l'époque bénie où l'on pouvait encore espérer découvrir, inédit, au hasard de lectures dispersées, l'un de ces petits chefs-d'œuvre d'intelligence et de clarté que sont toujours les textes de cette dame. Personne sans doute, en aucun temps, n'aura compris Versailles mieux qu'elle ; personne n'en aura parlé plus justement.

Maître de conférences à la Sorbonne nouvelle, Hélène Himelfarb est amenée à Versailles par sa passion pour Saint-Simon et ses *Mémoires – amenée* au sens propre, puisqu'elle ira jusqu'à devenir conférencière au château. Quelle chance ce devait être, dans les années 1980, de pérégriner dans la Chapelle ou l'Opéra royal, sur les pas d'un guide à ce point inspiré ! Je me suis dit, parfois, que lors de mes nombreuses visites, à l'époque, j'ai peut-être fait partie, sans le savoir, de ces privilégiés peu conscients de leur chance…

Son plus célèbre article – « Versailles, fonctions et légendes » – lui a été commandé par Pierre Nora, pour le chapitre dévolu à l'État de sa célèbre trilogie sur les *Lieux de Mémoire*. Elle y répertorie les représentations mentales accumulées sur Versailles au fil des siècles, en traque les lieux communs, les faux sens, les erreurs voulues ou subies. Elle interroge les rapports complexes entretenus par le pays avec la mémoire de Versailles, et ce, bien au-delà de la Révolution. Elle propose enfin – et peut-être surtout – une lecture claire de la topographie versaillaise. « Il y a les grands appartements de réception, ouverts tout le jour à tout venant, et dont les vastes volumes, le mobilier peu abondant et repoussé contre les murs, les portes alignées, le décor mythologique ou politique sont si bien dictés par leur usage que les rois se les transmettront sans changement de fond, se contentant de les rafraîchir, de les retendre, d'y exposer par roulement les grands tableaux vénitiens, bolonais ou français, les portraits d'apparat et les sculptures antiques qui en font une préfiguration du Louvre, et d'y renouveler très lentement meubles et luminaire. […] Il y a les appartements des souverains et des princes, où l'intimité va croissant et la taille des pièces décroissant à mesure que l'on progresse du vestibule aux cabinets intérieurs, où la succession des pièces principales est à peu près fixe (vestibule, gardes si le rang y ouvre droit, première antichambre – celle du commun –, antichambre des Seigneurs, chambre, grand cabinet, cabinet intérieur), mais dont la distribution, l'éclairage, les dimensions, le décor varient à l'infini, et que double toujours, à l'arrière, un dédale de garde-robes, bains, bibliothèques, oratoires, laboratoires, boudoirs, escaliers privés, corridors et pièces de service, dont naguère on soupçonnait si peu l'existence qu'on allait jusqu'à la nier. »

D'autres articles d'Hélène Himelfarb, tout aussi lumineux, ont analysé le modèle versaillais en profondeur – à commencer par une contribution intitulée « Versailles en notre temps », parue d'abord au sein de l'ouvrage collectif *Destins et enjeux du XVII*e *siècle*. L'auteur y livre notamment le fruit de son expérience personnelle au château. Elle y commente aussi les travaux de ses confrères, et regrette l'absence de grandes synthèses versaillaises à jour, « appuyées sur les travaux modernes les plus précis et sur les résultats de première main obtenus par l'auteur même ». Elle ne recule pas devant les questions gênantes : « Si l'histoire, et avec quel succès, s'est approprié la mort, la fête, la sexualité, la démographie, la lecture, la peur, la maladie, les domestiques, que sais-je encore, pourquoi met-elle tant de prudence à contourner Versailles ? » demande-t-elle ainsi. À croire, laisse-t-elle entendre – et c'est un paradoxe –, que la matière n'est pas assez *noble* pour nos universitaires… Et Mme Himelfarb d'opposer, en passant, à une recherche universitaire volontiers « portée vers la bibliothèque et le fichier, le caractère quasi ménager de toute étude sur un palais, où la disposition des salles de bains, le métrage des rideaux, le passage des conduits de fumée et le dégagement des antichambres importent exactement autant (ni plus, ni moins) que l'histoire, l'iconographie et l'emplacement d'un Véronèse ». Ce n'est pas William Newton qui dirait le contraire – il est vrai qu'il est américain…

À mon tour de poser une question audacieuse : comment expliquer qu'Hélène Himelfarb, avec tant de talent et tant de qualités, demeure à peu près inconnue du public – y compris d'un public exigeant et curieux ? La réponse a été donnée, clairement, par Philippe Hourcade, lui aussi expert ès *Mémoires de Saint-Simon* : « Les autoroutes des carrières d'aujourd'hui, explique-t-il, ne favorisent guère la curiosité patiente, et, entre autres causes de lacunes, dérobent à l'œil distrait ou pressé les chemins de traverse, et Dieu sait si notre amie en a emprunté. » Elle a bien fait, quoi qu'il en soit. Et je veux croire qu'elle n'en regrette rien.

Horloges et pendules

Pourquoi sommes-nous donc tous, à des degrés divers, fascinés par les horloges et les pendules du château ? Parce que, souvent anciennes, elles continuent, imperturbables, à décompter le temps, comme elles le faisaient déjà bien avant notre naissance, comme elles le feront encore bien après notre mort ? Parce que, malgré leur âge, elles semblent toujours aussi précises, et sont si bien réglées qu'elles persistent à sonner les heures et les demies, à peu près toutes en même temps ? Parce que leurs mécanismes, fleurons de l'horlogerie ancienne, sont aussi parfaits que leurs habillages, joyaux de l'orfèvrerie, de la bronzerie, de la marqueterie ? Toutes ces raisons doivent compter ; mais il en est une autre – probablement inconsciente – qui, me semble-t-il, expliquerait encore mieux notre commune révérence.

C'est que les pendules de Versailles ont été celles de l'Histoire !

Oui : elles ont égrené, avec la même indifférente netteté, l'attente anxieuse du duc de Bourgogne, impatient d'épouser sa petite Savoie ; le compte à rebours interminable de l'agonie du Grand Roi ; le retard de Beaumarchais à tel rendez-vous secret avec le Bien-Aimé ; l'insomnie de Louis XVI, un soir où la reine jouait encore trop et trop tard ; les heures qui séparaient Louis-Philippe de sa grande et triomphale inauguration… Je vous le dis : ces cadrans, ces aiguilles, ces contrepoids ont mesuré un temps moins anodin, apparemment, que le nôtre.

Un grand instrument illustre cette idée : c'est l'horloge la plus visible du château, sise au-dessus de la chambre du Roi, au beau milieu du fronton de la cour de Marbre. Initialement, ses aiguilles ne tournaient pas, et ne servaient qu'à indiquer – admirable *memento mori* – l'heure de la mort du dernier roi. Hélas, Louis-Philippe, qui se méfiait du plus petit symbole, choisit de l'équiper d'un mécanisme et de la mettre en marche ! Une chance : elle avait fini par tomber en panne, mais – deux fois hélas – un esprit bien intentionné voulut la réparer, de sorte qu'elle fonctionne à nouveau et donne maintenant l'heure aussi bien qu'une horloge de gare…

On ne comprendrait pas que j'achève cet article sur les pendules sans nommer deux des sommets de l'horlogerie mondiale, réunis à l'étage noble du corps central. D'abord, mentionnons la pendule dite *de Morand*, car réalisée par Antoine Morand et offerte à Louis XIV, en 1706, dans un fastueux écrin de Boulle. J'ai longtemps espéré voir fonctionner ses automates : le coq qui chante en battant des ailes, la Victoire couronnant un buste du roi… Eh bien, je les ai vus, finalement, pour l'inauguration du salon de Mercure restauré ; avouerai-je ma petite déception ?

L'autre pendule, encore plus extraordinaire, a carrément donné son nom au cabinet de la Pendule. Le cartel lui-même, haut de deux mètres et couronné de sphères mouvantes, est une des plus grandes réalisations connues dans le style rocaille : le chef-d'œuvre absolu des frères Caffieri. Cela devrait suffire à la réputation de l'objet, mais il n'en est rien. Car si la pendule dite *de Passemant* est aussi célèbre, c'est qu'elle constitue l'une des prouesses technologiques du XVIIIe siècle. Conçue par l'horloger Claude-Siméon Passemant, non seulement elle indique la date et l'heure réelle avec une précision extrême, mais encore l'heure moyenne, les phases de la Lune et le mouvement des principales planètes, et ce, sans erreur, potentiellement jusqu'en 9999 !

Louis XV fut impressionné par cette preuve de la suprématie des horlogers français ; il acquit la pendule, la fit monter de la merveilleuse façon que l'on sait, installer au cœur de ses appartements ; et de 1750 à 1792, c'est elle qui donna l'heure officielle à tout le royaume.

Puisque je vous dis que les pendules de Versailles ont été celles de l'Histoire !

Hôtes de marque

Au risque de paraître *vieux jeu* – mais je prends ce risque-là très souvent –, je dois avouer ma tristesse devant la position timorée des autorités françaises qui, depuis le président Chirac, ont décidé de privilégier le consensus et de reléguer Versailles au rayon des musées. Dans leur course funeste à la démagogie, nos gouvernants et leurs services de communication craindraient sans doute, en utilisant le château et ses dépendances pour des solennités d'État, qu'on ne les accuse de chausser les bottes de la monarchie… Il est vrai que notre régime, chaque jour plus prudent – pour ne pas dire pusillanime – n'a guère de bénéfices à attendre d'une confrontation, même fugace, à l'étalon suprême de la grandeur ! Nos présidents préfèrent donc le confort discret – pour ne pas dire secret – du pavillon de la Lanterne aux pompes affichées de la galerie des Glaces et de l'Opéra royal.

En résulte, depuis vingt ans, un oubli pur et simple du statut officiel de Versailles, demeuré – qu'on le veuille ou non – un palais de gouvernement où, pour reprendre la phrase du président Mitterrand, « la République est dans ses meubles ». Tout a baissé d'un cran ; et cette illustre galerie qui, jusqu'au tournant du XXIe siècle, était scrupuleusement réservée aux réceptions du chef de l'État, accueille aujourd'hui de simples expositions – quand elle n'est pas mise en location pour des soirées privées ou des opérations promotionnelles ! « C'est à leur façon d'éternuer ou d'éculer leurs talons que se reconnaissent les peuples condamnés », écrivait Giraudoux ; je serais tenté d'ajouter : « ainsi qu'à leur manière de brader les faveurs et les distinctions les plus sacrées ». Jusqu'où descendrons-nous dans l'universel nivellement ? La question est posée.

Il n'en fut pas toujours ainsi. Sous l'Ancien Régime, alors que les souverains voyageaient peu, c'est surtout à leurs ambassades que la Couronne réservait un accueil digne d'entrer dans les annales. Versailles, succédant au Louvre et à Fontainebleau, a conservé le souvenir ébloui des réceptions de la délégation de Siam, en 1686, de l'envoyé du Maroc, en 1699, de l'ambassade de Perse, en 1715 – quelques jours seulement avant la mort de Louis XIV –, sans omettre celles de la Sublime Porte, en 1742, et du sultan de Mysore, en 1788. Parmi les chefs d'État assez rares qui ont été reçus en fonctions à la cour de France, avant la Révolution, figurent le doge de Gênes et Pierre le Grand. Pour le premier, en mai 1685, il s'agissait surtout d'un acte de réparation publique, à l'issue d'un contentieux ; du reste, quand on demanda à Francesco Maria Imperiale Lercari ce qui l'avait le plus étonné à Versailles, il déclara : « Mi Chi ! », ce qui veut dire en substance :

de m'y voir ! Une grande toile de Claude Guy Hallé, commandée vingt ans après les événements et qui a malheureusement subi une restauration trop poussée, commémore l'étrange scène. Quant au tsar Pierre, il fit son voyage officiel en 1717, donc après la mort du Grand Roi, sous la minorité de Louis XV. Le Versailles dont on lui fit les honneurs était un palais déserté, auquel il préféra du reste un monument plus vivant : la vieille Mme de Maintenon en personne, qu'il alla déranger sans scrupule dans sa retraite de Saint-Cyr !

Plus tard dans le XVIIIe siècle, lorsque la mode se répandit des voyages incognito, deux souverains importants firent à Versailles des visites paradoxales ; tout le monde savait en effet, en 1777 et 1781, que le comte de Falkenstein était en vérité l'empereur Joseph II, frère de Marie-Antoinette ; de même qu'en 1782 personne n'ignorait à la Cour le nom véritable du comte du Nord : en fait, le tsarévitch Paul Pétrovitch, futur tsar Paul Ier ; mais ce procédé permettait de limiter à l'extrême un protocole qui, sans cet artifice, aurait pu devenir paralysant. Signe des temps, Louis XVI recevra bien plus de têtes couronnées que ses devanciers : le prince et la princesse de Hesse-Darmstadt, le frère de Gustave III de Suède, le frère de Frédéric II de Prusse, ou encore son propre beau-frère, l'archiduc Ferdinand de Habsbourg…

Les réceptions d'État les plus marquantes auront lieu, naturellement, après la Révolution, dans un palais en grande partie désaffecté où leur éclat tranchera désormais sur la monotonie ordinaire. Dans les premiers jours de 1805, la réception du pape Pie VII, qui venait d'assister au couronnement de Napoléon, marqua durablement la mémoire des habitants de Versailles. Dorénavant, ceux-ci furent d'ailleurs les spectateurs privilégiés des grandes réceptions au palais ; en juin 1830, lorsque Charles X y reçut le père et la belle-mère de la duchesse de Berry ; en août 1855, quand Napoléon III et l'impératrice Eugénie organisèrent, à l'occasion de l'Exposition universelle, une fête mémorable en l'honneur de la reine Victoria et du prince consort Albert. Le soir du 25 août, leur landau franchit la grille du château un peu après dix heures. Les ailes des Ministres et les Écuries avaient été illuminées de centaines de lampions ; des rampes à gaz soulignaient l'architecture des façades. Côté jardins, de majestueux portiques, barrant la perspective au bout du parterre d'eau, étincelaient de verres de couleur, auxquels répondaient, sur les bassins eux-mêmes, trente-deux *putti* montés sur des dauphins dorés, et portant des torchères et des guirlandes vénitiennes. Le feu d'artifice, tiré par les Ruggieri – en fonctions depuis deux siècles –, embrasa tout un côté du ciel, tandis que retentissaient deux cents coups de canon. La population s'était massée sur les volées des Cent-Marches et sur le parterre du Midi. Le spectacle, éblouissant, fut couronné par l'embrasement d'une architecture de lumière, représentant le château de Windsor – tandis que, du fond de l'Orangerie, montaient les accents de deux orchestres entonnant *God Save the Queen*…

Neuf ans plus tard, en août 1864, une autre grande fête nocturne fut donnée en l'honneur de Don François d'Assise, époux de la reine Isabelle II d'Espagne, venu inaugurer la ligne ferroviaire reliant

Madrid à Paris. La presse madrilène, par la voix du *Contemporaneo*, mettra l'accent sur l'enthousiasme populaire : « L'empereur resta au balcon avec le prince à cause de la grande humidité qu'il y avait dans les jardins, mais l'impératrice, appuyée au bras du roi, se perdit dans la foule et alla assister aux feux d'artifice de l'autre côté des bassins. Il est difficile de rendre l'impression que produisaient les feux de Bengale, la lumière électrique, les jets d'eau dans le vent ainsi que les jolis ballons et fusées basses ou hautes qui s'élançaient de toute part. La foule applaudissait sans cesse ; les vivats à l'empereur et à l'impératrice remplissaient constamment l'espace. »

Le second Empire balayé par le vent de l'histoire, la République – troisième du nom – ne sera pas bien longue à comprendre quel parti l'on peut tirer de Versailles. Le vendredi 8 octobre 1896, sur le coup de six heures du soir, les Versaillais sont fidèles au rendez-vous sur le parcours du cortège du jeune couple impérial russe, le tsar Nicolas II et l'impératrice Alexandra, invités du président Félix Faure. Au bassin de Neptune, la suite impériale et présidentielle descend de voiture pour admirer le jeu des quelque cent jets restaurés. « Ce spectacle, écrira Nolhac, dont quelques-uns d'entre nous sont blasés, parut si grandiose aux souverains, qu'ils l'admirèrent longuement, sans parler, et que chacun put voir un étonnement dans les yeux du jeune empereur, qui avait cependant parcouru le monde et possédait chez lui tant d'autres merveilles. » Puis on entre au château par l'escalier de Marbre couvert de tapis somptueux, et relevé d'arbustes en caisses et… de gendarmes, sabre au clair !

Après deux heures de repos pris dans l'appartement privé du roi, brillamment meublé pour la circonstance et fleuri à profusion – le président de la République patiente, quant à lui, dans l'ancien appartement de Mme de Maintenon –, le couple impérial gagne la galerie des Batailles pour un grand dîner. La vaste nef de Louis-Philippe a été séparée à mi-course par un tableau, *Patrie*, lui-même encadré de Gobelins. La première partie, entièrement tendue des plus belles tapisseries de la suite de l'*Histoire du Roy*, sert de salon d'accueil ; pour le dîner lui-même, on passe dans la partie du fond, maintenue dans son décor militaire – le tsar et le président sont assis sous la *Bataille de Fontenoy*, d'Horace Vernet. Dix ans plus tard, les somptueux Gobelins iront avantageusement remplacer leurs cartons bien mornes aux cimaises du Grand appartement. Lors du spectacle final, dans le salon d'Hercule, la noble assistance entend la déclamation d'une ode à la *Nymphe des Bois de Versailles*, par Sarah Bernhardt en personne – elle a dit ses premiers vers à Versailles, dans un pensionnat religieux de la rue Royale –, puis les ballerines de l'Opéra, accompagnant Cléo de Mérode, danseront sur des airs de Lully et de Rameau…

Nolhac aimait ces moments de réjouissance, secouant la torpeur du musée pour redonner vie au palais : « Presque tous les souverains de l'Europe m'ont eu nécessairement pour guide dans ces visites officielles dont le programme était généralement le même. Un déjeuner de cinquante ou soixante couverts, dans la galerie des Batailles tendue en partie de Gobelins, la visite générale du premier étage du château. […] Je conduisais le cortège auprès de la reine, le président étant avec le roi. Nous nous arrêtions sur le balcon de la Galerie, pour voir commencer le jeu des eaux. On suivait les grands appartements jusqu'à la chapelle, qu'on regardait de la tribune, et l'on sortait par la galerie basse sur la terrasse devant laquelle étaient rangées les voitures. [...] Seuls les souverains d'Angleterre échappèrent à ce protocole et firent leur visite dans une intimité plus agréable. »

Bien plus tard, le général de Gaulle fut heureux de trouver en Versailles un cadre à sa mesure. Sa première solennité versaillaise fut, au printemps 1961, pour le roi des Belges, Baudouin Ier, et la reine Fabiola. Grand déjeuner dans la galerie des Glaces, le 26 mai ; or, une semaine plus tard, le samedi 3 juin, le couvert est remis – si j'ose ainsi m'exprimer. En effet, Jackie Kennedy, ayant appris ce qui se préparait pour les souverains belges, émit le souhait de jouir elle aussi du *privilège de la Galerie,* lors du déplacement officiel qui devait la conduire en Europe, aux côtés de son mari. Problème : le seul moment possible, sur l'agenda, correspondait à un dîner. Or, à l'époque, en dehors d'un décor léger pour le *Son et Lumière*, la Grande galerie n'était pas dotée de l'électricité ! Il fallut donc œuvrer d'arrache-pied pour équiper, en quelques semaines, non seulement la galerie, mais toute l'enfilade des salons du Grand appartement ! De sorte qu'à la somptuosité de la réception et à l'attrait particulier de ses hôtes s'ajoutèrent, ce soir-là, les charmes d'une fête nocturne brillamment illuminée. Plus d'un siècle après la soirée donnée en l'honneur de la reine Victoria, Versailles renouait avec ses plus grands souvenirs...

Par la suite, et jusque dans les années 1980, les réceptions à Versailles de chefs d'État et de gouvernement se succéderont à un rythme soutenu. On verra la galerie des Glaces accueillir de nouvelles soirées en l'honneur d'hôtes illustres, comme le shah d'Iran, en juin 1974, ou le président Jimmy Carter, en janvier 1978. Le président Giscard d'Estaing aimait le château de Versailles, ce n'est pas un secret. Plus étonnant peut-être : le président Mitterrand l'aima aussi. Il devait le prouver, en 1982, en insistant – contre l'avis conjugué de nombreux services – pour que le Sommet de ce qu'on n'appelait pas encore le *G7* ait lieu chez Louis XIV.

Le conservateur en chef de l'époque était Pierre Lemoine ; je me souviens de son amusement lorsque, des années plus tard, il me racontait les petites avanies qu'il avait pu vivre en marge du Sommet. « Nous avions prévu, se souvenait-il, pour meubler une pause dans la soirée du samedi, une promenade en bateau sur le Grand Canal. Seulement vous connaissez les Services de sécurité américains : ils n'ont rien voulu savoir. Nous avons donc renoncé. Mais le jour J, à l'heure de la fameuse pause, le président Reagan annonça qu'il allait se retirer dans ses appartements pour faire une petite sieste. Aussitôt, Mme Thatcher et le chancelier Schmidt sautèrent sur l'occasion : "Et si nous la faisions, cette promenade en bateau ?" suggéra la Dame de fer. Je vis verdir les responsables de la sécurité qui, du coup, n'avaient rien prévu… Le président Mitterrand tira tout le monde d'embarras en proposant "une petite marche bienvenue". »

À la réflexion, il me paraît piquant que Versailles ait servi de cadre aux plus grandes solennités jusqu'à une date récente. Et – encore une fois – je ne puis que regretter que les successeurs de Charles de Gaulle et François Mitterrand n'aient pas compris tout le parti que l'image de la France pouvait tirer de cette vitrine enviée du monde entier…

I

Influence de Versailles

Idée pour quelques voyages : aller visiter, dans toute l'Europe, les grands châteaux inspirés de Versailles. Je l'ai fait – cela m'a demandé plusieurs années – et dois avouer m'être bien amusé. Mettons de côté les copies pures et simples, pâles imitations d'un modèle suivi à la lettre : c'est le cas, évidemment, de Herrenchiemsee, le *Versailles bavarois* du roi Louis II, commencé sur le lac de Chiemsee en 1878, et jamais vraiment achevé. La ressemblance avec l'original est si complète qu'elle ne peut que dérouter, et ferait songer pour un peu à ces pastiches en vogue à Las Vegas, pour ne rien dire de la Chine, où le milliardaire Zhang Yuchen vient de faire bâtir, dans les règles de l'art, une réplique du château de Maisons… D'autres copies existent, à peine moins assumées ; c'est notamment le cas de la petite partie subsistant du palais de Charles de Lorraine, à Bruxelles, dont la façade d'entrée – bien que concave – plagie littéralement les décors de Versailles et du Grand Trianon.

Plus intéressantes sont les vastes demeures bâties sur le schéma de Versailles, dans un style inspiré de

Versailles, avec un effet versaillais, mais dont les architectes n'ont pas abdiqué pour autant leur personnalité. Elles forment tout un chapelet de résidences princières ; je les avais appelées, naguère, les *Sept merveilles d'Europe* – soit, du sud au nord : le palais royal de Caserte, au-dessus de Naples ; La Granja de San Ildefonso, près de Ségovie ; le château de Schönbrunn, à Hietzing aux portes de Vienne ; Blenheim Palace, à Woodstock dans l'Oxfordshire ; le palais de Sanssouci, à Potsdam dans la banlieue de Berlin ; le château royal de Drottningholm, sur le lac Mälar, non loin de Stockholm ; enfin la perle du golfe de Finlande : Peterhof, à proximité de Saint-Pétersbourg. Puis-je vous en proposer un aperçu ?

Caserte, le Versailles napolitain. C'est tout simplement, en volume, la plus grande résidence royale du monde : un ensemble pharaonique, à l'échelle des réalisations inouïes des Bourbon-Siciles en général et de Charles III en particulier. L'ambition de ce roi était de faire de Caserte le palais des palais ; et l'on peut dire que son architecte, Luigi Vanvitelli, formé au gigantisme de Saint-Pierre de Rome, sut amplement le contenter. Les jardins sont le digne prolongement de la demeure ; en surface, ils dépassent de plus de la moitié ceux de Versailles… Il faut aller à Caserte et y retourner, pour mieux saisir ce que Pierre Chaunu appelait *la civilisation de l'Europe classique*, et prendre la mesure – ou la démesure – des forces libérées, partout en Europe, par un modèle versaillais regardé comme un aiguillon, peut-être aussi comme un défi.

La Granja, le Versailles de Castille. En dépit de son nom qui, en espagnol, signifie *La Ferme*, la résidence d'été des rois d'Espagne n'a rien d'une gentilhommière campagnarde. Sur le site d'un ancien pavillon de chasse de la sierra du Guadarrama, le petit-fils de Louis XIV, devenu le roi Philippe V d'Espagne, exigea de ses architectes – et notamment de Filippo Juvarra, auteur du très versaillais Palais Madame de Turin – une évocation libre du Versailles de son enfance. Les entresols, les balcons, les toitures à dôme sont certes d'inspiration espagnole ; mais le château se veut monumental, horizontal comme Versailles ; et pour les jardins, René Carlier et Étienne Boutelou, associés à l'ingénieur militaire Étienne Marchand, se sont directement inspirés de ceux de Le Nôtre. « Tout le terrain de ces jardins n'était que roche vive et dure », écrit Saint-Simon qui avait visité La Granja lors de son ambassade, « de manière qu'il fallut employer le pic, et très ordinairement le secours de la poudre, pour excaver tous les bassins et pièces d'eau, les trous de tous les arbres, les tranchées des palissades, et tous les terrains des massifs… »

Schönbrunn, le Versailles viennois. C'est depuis la gloriette de Ferdinand de Hohenberg, au milieu du parc, qu'il faut admirer le long rideau classique de la façade de Schönbrunn, assumée par l'architecte Fischer von Erlach comme la sœur de celle de Hardouin-Mansart. Pour compléter l'effet et asseoir la référence, les jardins ont été commandés, du vivant même de Le Nôtre, à l'un de ses élèves les plus doués, Jean Tréhet, qui n'eut visiblement, dans leur tracé, que Versailles en tête. À Schönbrunn, les souvenirs mêlés de l'impératrice Marie-Thérèse, de Marie-Antoinette enfant et de Joseph II, de notre pauvre Aiglon par la suite, et plus près de nous de François-Joseph et de Sissi, ont eu tendance à faire oublier le modèle, et à ancrer ces décors dans tout le folklore autrichien ; un clignement d'yeux, un simple retour sur le déploiement de cette architecture tout en pilastres et en arcades, suffira pour remettre les choses à leur place.

Blenheim, le pseudo-Versailles anglais. La grand et somptueux palais – c'est son titre – des ducs de Marlborough, accessoirement maison natale de Winston Churchill, s'est paré, sous les ciels tourmentés de l'Angleterre, d'une majesté si intimidante qu'en comparaison Versailles paraîtrait familier. Il n'est pas indifférent que cet incroyable quadrilatère ait été offert au grand chef militaire – celui de la chanson *Malbrough s'en va-t-en guerre* – par la nation anglaise, en remerciement de toutes ses victoires sur la France… Du reste, Versailles n'est présent, à l'esprit du visiteur, ni à travers les jardins, essentiellement *à l'anglaise*, ni à travers les pavillons à tourelles et autres extravagances… Le principal architecte, John Vanbrugh, un autodidacte, pensait fonder ici un nouveau style qui, hélas pour lui, ne sut pas trouver ses défenseurs ; dès lors, Blenheim demeura un *hapax*, une chose unique dans son genre. Et les Anglais se consolèrent en le comparant à Versailles – ce qui reste, me semble-t-il, pour le moins discutable.

Sanssouci, le Versailles prussien. Disons-le honnêtement : plus qu'à Versailles, c'est à Trianon ou, pour mieux dire encore, à Marly, que ferait songer la création de Frédéric le Grand et de son architecte, Knobelsdorff. Ici, le style, original au point de faire école à travers le genre appelé *rococo frédéricien*, ne doit pas à Versailles un bien gros tribut. Ce qui a fait surnommer ainsi la résidence d'été du monarque prussien, c'est plutôt l'échelle adoptée et, probablement, l'ampleur de jardins conçus dans l'esprit de ceux de Marly. Ajoutons que le séjour – houleux – de Voltaire à Sanssouci n'a pas été pour rien dans la réputation des lieux auprès du public français.

Drottningholm, le Versailles suédois. Belle réussite que cette demeure privée des souverains suédois… Son architecte n'est autre que le père du fameux Nicodème Tessin qui, dans les années 1670, fit le Grand Tour de l'Europe à la recherche de modèles architecturaux. Il a été considérablement remanié dans les siècles suivants, et présente aujourd'hui une austérité qu'il n'avait pas – du moins dans ces proportions – à l'origine.

Peterhof, le Versailles de la Baltique. Louis le Grand aurait envié Pierre le Grand, s'il avait pu voir, sur les bords de la mer Baltique, jaillir les eaux de Peterhof. La grande cascade, tellement magnifique, est visiblement copiée sur celle de Marly, la façade se veut une interprétation de celle de Versailles. Ce palais fut l'obsession du tsar Pierre qui, fortement marqué par son séjour en France, voulut – si près du cercle polaire – un Versailles nordique qui surpassât le modèle. Pour être tout à fait sincère, je n'irai pas jusqu'à prétendre qu'il y soit parvenu ; il y a, dans ce bel endroit, quelque chose d'un peu forcé, d'un peu factice, qui dérange ; et si Peterhof fait inévitablement songer à Versailles, il semble loin de pouvoir le faire oublier.

Bien d'autres architectes se sont inspirés du grand modèle versaillais, pour bâtir des châteaux en Europe et ailleurs – n'oublions pas la côte Est des États-Unis, avec ses grandes résidences *façon Versailles*… Il m'est arrivé, au hasard de mes déplacements, d'en découvrir de magnifiques ; je pense au palais de Queluz, à côté de Lisbonne, au palais de Wilhelmshöhe, à Cassel, au Zwinger de Dresde, entièrement reconstruit, ou encore au palais d'Eisenstadt, non loin de Vienne, que m'a fait découvrir le jeune conservateur de la Fondation Esterházy, Stefan Koerner. Je sais qu'il en existe ailleurs encore, et de fabuleux : l'étonnant pavillon de chasse de Stupinigi, près de Turin, le phénoménal palais de Ludwigsbourg, aux rives du Neckar, résidence d'été des rois de Wurtemberg – il y aurait du reste bien des châteaux allemands à inclure dans la catégorie –, ou encore le spectaculaire palais de Wilanów, à Varsovie, bâti pour le roi Jean III Sobieski. De quoi nous donner l'embarras du choix.

J

Journées d'Octobre (1789)

J'ai raconté naguère par le menu, le déroulement des journées historiques des 5 et 6 octobre 1789, à l'issue desquelles Versailles cessa d'être la résidence des rois de France. Auparavant, pendant exactement un siècle – de mai 1682 à septembre 1715 ct de juin 1722 à octobre 1789, ce grand château avait accueilli la Cour à demeure, ainsi que le gouvernement du royaume. Je ne vais pas ressasser – à quoi bon ? – la chronologie de ces mémorables journées ; il me paraît plus intéressant de relever un certain nombre de questions, susceptibles de nourrir le débat et d'éclairer autrement l'histoire de ces vingt-quatre heures fatidiques.

S'il est aussi facile, avec le recul, d'entrer dans le détail d'événements pourtant confus sur le moment, c'est qu'un procès sur les journées d'Octobre a été instruit par le Châtelet de Paris, offrant à l'historien quantité de pièces et de témoignages. La première question qui se pose coule de source :

— *Pourquoi cette marche sur Versailles des femmes de Paris ?*

Parce qu'elles manquaient de pain et voulaient en appeler au roi ! répond généralement l'histoire officielle. La réalité, comme toujours, est plus subtile. En fait, cela faisait longtemps que la pénurie de nourriture – et notamment de pain – agitait les faubourgs parisiens. Plusieurs marches sur Versailles avaient déjà eu lieu dans les semaines précédentes. En ce le matin du 5 octobre, quantité de femmes avaient occupé l'Hôtel de Ville, siège de la Garde nationale commandée par La Fayette ; et c'est pour libérer les lieux qu'on leur avait suggéré de se rendre à Versailles, non pour y déranger le roi et la reine, mais parce que c'est là que, depuis dix semaines, siégeaient les députés de l'Assemblée nationale.

— *Le gros de l'émeute était-il composé de femmes ?*

Les femmes étaient sans doute majoritaires au sein des sept mille émeutiers, mais bien des hommes avaient infiltré leurs rangs. En fait, la troupe était menée par le sulfureux Maillard – déjà très actif au moment de la prise de la Bastille – et comprenait toutes sortes d'artisans, d'ouvriers et de laissés-pour-compte qui portaient fourches et fusils, et traînaient derrière eux des canons pris au Châtelet.

— *N'est-il pas donc vrai que les « femmes de Paris » soient venues à Versailles pour venger la cocarde tricolore, insultée lors d'un banquet des gardes du corps à l'Opéra royal ?*

Ces considérations politiques existaient sans doute, et ce sont elles qui seront mises en avant, par la suite, afin de conférer plus de portée à l'événement. Mais, à l'origine, le mouvement de foule a eu des motifs bien plus terre à terre.

— *Pourquoi le département de la Maison du Roi et son secrétaire d'État, le comte de Saint-Priest, ont-ils été surpris ?*

Parce que en ces premiers jours d'octobre le domaine de Versailles était parfaitement paisible. Certes, les rapports entre la Cour et l'Assemblée étaient tendus, à propos notamment de la signature par le roi de la Déclaration des droits de l'homme et du citoyen. Mais on était loin d'imaginer pareille insurrection. Du reste, au moment où la troupe d'émeutiers s'est mise en marche, le roi était en train de chasser du côté de Meudon ; quant à Marie-Antoinette, on ne sait pas exactement si elle se trouvait à Trianon, comme le prétendra Mme Campan – qui n'était pas de service auprès de la reine ce jour-là –, ou bien au château, dans son nouvel appartement, comme l'affirmera Madame Royale. C'est elle, en tout cas, qui a donné l'ordre de fermer les grilles au cadenas, et de poster les troupes disponibles en avant des cours.

— *La famille royale se sent donc visée d'emblée…*

Pas vraiment. Encore une fois, le but des émeutiers, c'est l'Assemblée nationale, où une délégation de quinze femmes est admise, à la suite de Maillard. La vérité, c'est que le président Mounier, qui peine à maintenir l'ordre, va proposer lui-même de conduire les émeutiers au château, aux côtés de la délégation attendue par le roi pour évoquer la Déclaration. Ainsi vont se trouver confrontés, sous une pluie battante, les forces postées en avant des grilles et la masse des Parisiens épuisés. Cela crée quelques échauffourées. Une délégation de quatre femmes est chaleureusement reçue par le roi qui leur promet tout ce qu'elles veulent et les renvoie, munies d'un ordre de sa main pour l'approvisionnement de Paris.

— *Pourquoi Louis XVI est-il resté à Versailles ?*
C'est la question cruciale de cette affaire. Certains, à commencer par Saint-Priest, lui avaient conseillé de s'éloigner avec la famille royale et d'aller s'installer pour quelque temps à Rambouillet. D'autres, menés par Necker, ont tenté de l'en dissuader, en agitant le spectre d'une guerre civile. Il a hésité, jusqu'à ce que le blocage des issues par la foule rende impossible tout départ.

— *Qu'est-ce qui, finalement, a mis le feu aux poudres ?*
La décision du marquis de La Fayette de rejoindre Versailles à son tour, à la tête de quinze à vingt mille gardes nationaux. Sans ce coup de théâtre, il est plus que probable que les choses se seraient calmées d'elles-mêmes.

— *Pour quelle raison La Fayette a-t-il décidé de rejoindre les émeutiers à Versailles ?*
La réponse n'est pas évidente. Sans doute faut-il faire la part de l'échauffement des esprits ; la part aussi de l'effet d'entraînement, de l'orgueil parisien,

de l'honneur des gardes nationaux… La part enfin de l'ambition démesurée d'un La Fayette obsédé par le besoin de figurer au cœur de l'événement ! Toujours est-il que, les heures passant, l'idée s'est imposée comme un défi au commandant général et que, cédant sans états d'âme à la pression des troupes, il a, vers cinq heures du soir, mis ses gens en ordre de marche.

— *Comment La Fayette a-t-il justifié sa décision ?*

Au président Mounier qui, devant tous les députés, lui demandait : « Que veut votre armée ? », il répond : « Quel que soit le motif qui a dirigé sa marche, puisqu'elle a promis d'obéir au roi et à l'Assemblée, elle n'imposera aucune loi. » Mais il ajoute : « Toutefois, pour contribuer à calmer le mécontentement du peuple, il serait peut-être utile d'éloigner le régiment de Flandre, et de faire dire par le roi quelques mots en faveur de la cocarde nationale. » Après quoi il se rend à son tour au château et s'empresse de rassurer le roi en répondant de l'affection des Parisiens pour sa personne sacrée.

— *Peut-on parler, à propos de la nuit du 5 au 6 octobre, d'une veillée d'armes ?*

La situation paraît sous contrôle. Les hommes de La Fayette remplacent, un peu partout, des régiments épuisés par la tension des dernières heures. Le général lui-même inspecte tous les points sensibles, puis, juste avant l'aube, il décide de prendre ce moment de repos qui lui vaudra, par la suite, le surnom de « général Morphée ». Car c'est moins d'une heure plus tard que la foule investit les cours du château.

— *Comment expliquer cette invasion des cours par les émeutiers ?*

Le plus simplement du monde ! Les gardes nationaux de faction dans la cour des princes, anciens des gardes françaises, ont appliqué la consigne ordinaire : ils ont ouvert les grilles à cinq heures et demie tapantes, sans se préoccuper d'un afflux matinal de curieux dépenaillés… Ils ne les ont même pas dissuadés de s'engouffrer sous le petit portique au bout de la Vieille aile. Si bien que les cours du château n'ont pas tardé à se remplir d'une foule encore hésitante, mais par-dessus tout irascible.

— *Est-ce qu'un événement particulier a mis le feu aux poudres ?*

Forcément : un peu avant six heures, un certain Lhéritier, ouvrier ébéniste, s'est mis en tête d'aller escalader les colonnes du grand balcon de la cour de Marbre – celui de la chambre du Roi ! Depuis une fenêtre du premier étage, un garde du corps met en joue et tire ; le garçon lâche prise et vient se briser le crâne sur le dallage en contrebas. Aussitôt, c'est l'alerte. Ivre de fureur, la foule se rue dans l'escalier donnant accès aux appartements du Roi et de la Reine. Un habitué des lieux aurait-il orienté leur colère ?

— *On a dit que le duc d'Orléans en personne avait guidé la foule dans le dédale versaillais…*

Cela paraît très improbable. Ce jour-là, à cette heure précise, le futur Philippe Égalité était, semble-t-il, bien loin de Versailles.

— *On sait que la foule a d'abord envahi l'appartement de la Reine. Marie-Antoinette était-elle visée en priorité ?*

Sûrement pas. C'est la topographie qui en a décidé ainsi. Les émeutiers se sont engouffrés d'abord par l'escalier de Marbre. Les gardes du corps n'ayant pu résister à la première pression des assaillants, ils sont allés se barricader derrière les trois portes ouvrant alors sur ce palier : celle de la grande salle des gardes face à la volée, celle de l'appartement du Roi, à gauche au fond de la loggia, celle de l'appartement de la Reine, tout de suite à droite. Cette dernière porte étant la plus proche, elle a été enfoncée d'abord, voilà tout. Un garde du corps a juste eu le temps de prévenir une des femmes de chambre de la reine, qui a verrouillé derrière elle la porte de l'antichambre du Grand couvert. Or, contrairement à la légende, les émeutiers ne l'ont pas poursuivie plus avant dans l'appartement de la Reine. Ils avaient déjà fait demi-tour et forcé, de l'autre côté du palier, la porte de la salle des gardes du Roi, dont ils se sont mis à jeter le mobilier par les fenêtres. C'est précisément ce qui les a fait remarquer d'un bataillon de gardes nationaux parisiens, alerté par le tocsin et accouru du couvent voisin des Récollets. Ces hommes ont alors volé au secours des gardes du corps réfugiés dans les antichambres du Roi. Dans le même temps, un autre bataillon en alerte arrivait de l'ouest par la Grande galerie. De sorte que l'ordre est assez vite rétabli.

— *La Fayette était donc absent...*

On l'a réveillé, mais trop tard.

— *Peut-on dire qu'à ce stade la famille royale est prise au piège ?*

Disons en tout cas que Louis XVI n'est guère libre de ses mouvements. C'est La Fayette qui suggère au roi de paraître au balcon de la grande chambre et de parler. Puis c'est la reine qui, faisant taire ses pires craintes, affronte à son tour la cohue massée dans la petite cour. Elle en impose tant au peuple que, bientôt, l'on se met à crier à tue-tête : « Vive la reine ! » Enfin La Fayette conduit sur le balcon un représentant des gardes du corps et lui fait prêter en public un serment de fidélité à la Nation, à la loi et au roi.

— *Pourquoi avoir quitté Versailles pour les Tuileries ?*

Parce que c'est devenu, peu à peu, la revendication principale de la foule. Le roi, une fois encore, va beaucoup hésiter ; mais vers onze heures, acculé, il finira par acquiescer. « Mes amis, concédera le souverain, mes amis, j'irai à Paris avec ma femme, avec mes enfants. C'est à l'amour de nos bons et fidèles sujets que je confie ce que j'ai de plus précieux. »

— *N'avait-il pas d'autre choix ?*

Au moment où il accepte de partir, c'est la seule décision possible. Mais il aurait pu, la veille, faire le choix de prendre du recul. Surtout – et on ne le dit pas assez –, il aurait certainement pu, dans les mois qui ont suivi, négocier son retour à Versailles. Or, il ne l'a pas fait…

K

Koons (Jeff)

À la fin de l'année 2008, la France ne parlait que de Versailles, ou plutôt d'un événement organisé au château : l'exposition d'une bonne quinzaine de créations, parmi les plus connues, du plasticien américain Jeff Koons. « Les œuvres, disait le communiqué de presse, ont été spécialement choisies pour s'harmoniser avec le cadre dans lequel elles sont présentées, en l'occurrence les Grands appartements de l'étage noble, [...] véritables chefs-d'œuvre de l'art et de l'architecture. » Autant dire que c'est en pleine conscience que le cœur du monument avait été confié aux bons soins de l'artiste.

Le battage médiatique fut considérable, à la mesure de l'enthousiasme suscité par des productions faciles, accessibles à tous. Non sans habileté, les promoteurs de la manifestation mirent d'ailleurs en avant certains chocs visuels – assez réussis, j'en conviens – créés par l'installation, dans les décors les plus historiques, d'œuvres ludiques et même enfantines, en rupture – et non « en harmonie » – avec la pompe du cadre. Ainsi l'immense *Balloon Dog (Magenta)*, inspiré des sculptures de ballons et placé au centre d'Hercule, *Lobster,* homard en aluminium évoquant une bouée de plage et suspendu dans Mars, ou encore *Hanging Heart*, reproduisant un pendentif en forme de cœur, et qui dominait l'escalier de Marbre.

C'était, en soulignant l'accessoire, glisser sur l'essentiel, à savoir une démarche transgressive, heurtant, sous couvert d'humour, l'esprit même des lieux. Ainsi vit-on un Michael Jackson grandeur nature, en porcelaine polychrome et dorée, étalé avec son chimpanzé Bubbles au centre du salon de Vénus ; ainsi fallut-il subir un drôle d'autoportrait en marbre de Koons lui-même, sis à la place du trône, dans le salon d'Apollon – et reléguant au second plan un buste raté de Louis XIV, délibérément réalisé en acier inoxydable. On a parlé de pied de nez à la tradition, de revanche du *pop art*, de manifeste kitsch et d'autodérision… La vérité est bien au-delà, et je n'ose imaginer ce que penseront les esthètes du futur, dans trois, quatre ou cinq siècles, lorsqu'ils observeront le mépris violent de notre génération pour des grandeurs passées qui, dans leur perfection, lui donnent peut-être mauvaise conscience…

L'écrivain Marc Lambron n'est, si j'ose dire, pas tombé dans le panneau. Cité par Adrien Goetz, son inventaire absurde des œuvres exposées m'a réjoui. « Un cochon gardé par deux anges. Une panthère rose. Un ours. Un petit train argenté. Des aspirateurs (de marque Hoover). Un miroir convexe. Deux bouées-tortues sous le *Sacrifice à Jupite*r de Coypel. Bon. Dans le salon de Mars, de grands mondains regardaient au plafond le homard qu'ils ont l'habitude d'avoir dans leur assiette. Dans la chambre de Marie-Antoinette, on expose près du lit de la reine une sculpture représentant un bouquet de fleurs en bois. Il semble que les chèques que l'on signe à l'ordre de Jeff Koons ne soient pas de la même matière. »

Une telle ironie prouve que je ne suis pas le seul à m'être senti dérouté, pour le moins, par cet irrévérencieux bric-à-brac. Mais la plupart des amoureux de Versailles, quoique choqués, ont sagement fait le choix du silence. De toute façon, le mal était fait… « C'est provisoire ! » lâchaient les uns, pour se rassurer – comme si la gifle était moins grave, sous prétexte qu'elle ne laisse pas de séquelles. « Cela fait parler de nous ! » soupiraient les autres, espérant que l'art contemporain attirerait à Versailles un nouveau public – alors que le nombre annuel de visiteurs atteint déjà des sommets alarmants. La plus fausse des excuses est aussi celle qui, malheureusement, rencontra le plus d'échos : « À Versailles, en son temps, Louis XIV favorisait bien l'art contemporain ! » Comme si l'on pouvait un instant comparer l'esprit et la démarche d'un Le Brun ou d'un Girardon avec ceux – irréductiblement opposés – de Jeff Koons !

S'il fallait avancer un argument en faveur de cette manifestation, ce serait celui du choc esthétique, du heurt culturel qui, d'évidence, devait donner à Versailles *un coup de jeune*, et attirer sur lui les regards de tout ce que la planète peut compter d'esprits entés sur l'air du temps. Hommes d'affaires et investisseurs s'intéressèrent soudain au chef-d'œuvre de Louis XIV, et les offres de mécénat se multiplièrent.

La seule polémique reprise par la presse tourna autour d'un éventuel conflit d'intérêts. Le président Aillagon avait, peu de temps auparavant, travaillé pour François Pinault ; or six des dix-sept œuvres présentées à Versailles provenaient des collections de l'homme d'affaires – du reste, l'un des commissaires de l'exposition était sa collaboratrice. À mon avis, c'était se tromper d'indignation. Que des personnes fortunées s'amusent à spéculer sur un phénomène d'engouement collectif, c'est leur droit ; qu'elles jouent à l'occasion de leurs puissantes relations, c'est aussi vieux que le monde… Mais que le vestige éminent d'une vieille culture à son apogée accueille avec complaisance la contestation la plus radicale de cette culture même, là résidait un vrai problème.

En 2009, je tenais à peu près ce discours lors d'un dîner privé, chez des amis versaillais. Soudain, la jeune fille de la maison se leva et, quittant la table : « Je ne dîne pas avec un réac ! » lança-t-elle, courroucée. Sur le coup, je fus trop surpris pour réagir utilement. Mais avec le recul, j'aimerais lui dire la chose suivante : si c'est être *réac* que de dénoncer un système pervers, qui fait primer l'audace sur le talent et le concept sur l'effet, alors oui, je suis *réac* et vais devoir me faire à cette idée… Je refuse en tout cas de mêler ma voix au concert du conformisme ambiant. Et je me sens proche du petit garçon qui, dans le conte d'Andersen, réalise que l'empereur est nu et s'écrie : « Mais il n'a pas d'habit du tout ! » Sa franchise est peut-être naïve, mais elle me convient.

L

Le Brun (Charles)

« Imaginons – à Dieu ne plaise – que le château de Louis XIV vienne un jour à disparaître, que la furie des éléments ou la folie des hommes ait raison de ses fortes assises, et que le site versaillais, à l'image de celui de Marly, ne soit plus… […] Imaginons ce désastre effroyable. À ceux qui […] chercheraient à se faire l'idée la plus juste du style et de l'esprit versaillais, je donnerais d'abord ce conseil : étudiez Le Brun » (Claude Nivelon).

Charles Le Brun possède en effet, comme gravée en lui-même, la quintessence du génie versaillais – j'emploie ici le mot *génie* au sens propre.

Le décor de l'escalier des Ambassadeurs, réalisé de 1675 à 1679, constitue peut-être le chef-d'œuvre absolu de Le Brun, son legs à la postérité. Hélas, le siècle suivant, peu conscient de la valeur incomparable de ce grand décor, détruira l'ensemble et dispersera les œuvres… Irréparable perte ! Car c'est ici, dans les volumes parfaits créés par François d'Orbay, que le Premier peintre va donner la plénitude de son grand art. À l'habituel Olympe (Apollon, Hercule et Minerve, les Muses et les atlantes), aux allégories classiques de la France et de quelques vertus, Le Brun mêle, en camaïeux de bleu lapis sur fond d'or, plusieurs épisodes de l'histoire de Louis XIV. Il agrémente les parois de l'escalier des victoires du roi et de son frère, Monsieur – autrement dit : il fait entrer le réel dans la légende, ose enfin figurer son maître sans aucun recours aux symboles iconologiques. Cinq ans plus tard, pour la Grande galerie, il ira plus loin encore, et n'hésitera plus à faire du monarque, en quelque sorte divinisé, le centre et le sujet des compositions principales. Au centre de la voûte, il créera personnellement deux compositions en regard : *Le Roi gouverne par lui-même* et *Faste des puissances voisines de la France*, d'où disparaît toute allusion historique et mythologique, pour assumer pleinement la glorification d'une politique, d'une histoire en train de s'écrire.

Ici réside peut-être le plus grand apport de Charles Le Brun : dans une assimilation, dans une digestion – si j'ose dire – des canons fondamentaux de la Rome antique et moderne, transcendés, dans une forme ample et vivace, pour devenir ce qu'on appellera, plus tard, *l'art français*.

Après les ordres dorique, ionique – très présent à Versailles –, corinthien et toscan, Le Brun impose en quelque sorte un ordre royal français, qui allie les quatre premiers pour les subordonner à un nouveau répertoire de lys, de couronnes, de palmes et de monogrammes.

Ample, riche et même fastueux, le style de Le Brun ne pouvait mieux s'allier qu'au précieux dont il avait rempli le Grand appartement, jusqu'à la galerie : cet argent massif qui, dans la somptueuse enfilade, avait pris la forme de guéridons, de girandoles, de candélabres, de suspensions diverses, et de tables, et de sièges, et d'encadrements de miroirs… Spectaculaire, l'exposition *Quand Versailles était meublé d'argent*, en 2007, a évoqué ces splendeurs ; mais seulement *évoqué* grâce à des pièces venues de Copenhague, de Hanovre, de Knole, de Forchtenstein… Des meubles en métal argenté pour la plupart, et non en argent massif… Des meubles, surtout, qui n'avaient pas été conçu par le crayon génial de M. Le Brun…

Car, en 1689, pour subvenir aux besoins de la nouvelle guerre, Louis XIV avait tout envoyé à la fonte : les formidables girandoles comme les aiguières géantes. Pour le maître, ce fut un choc. Car en dépit de tous les prétextes, Charles Le Brun connaissait trop le roi pour savoir que jamais, en aucune circonstance, il n'aurait accepté de se séparer de sa grande argenterie, si celle-ci n'avait en vérité cessé de lui plaire. Jugés lourds et difficiles à entretenir, les meubles d'argent massif présentaient de surcroît un caractère monumental peu conforme à l'évolution du goût. Le bois sculpté, doré, marqueté, convenait aux grâces de Pierre Mignard… Or, depuis la mort de Colbert, son protecteur, le Premier peintre voyait chaque jour le nouveau surintendant, Louvois, pousser l'élève de Vouet, jusqu'à le faire anoblir à sa barbe ! Autrefois, l'épithète *mignard* signifiait gracieux, délicat, mais dans une acception mièvre. Aux yeux de Le Brun, Mignard était mignard, c'est-à-dire affété, sans force.

Voir ses chef-d'œuvre de grande orfèvrerie disparaître dans les fours de la Monnaie était plus que Le Brun ne pouvait supporter ; il rendit l'âme alors même que l'on frappait de nouvelles pièces, fondues dans l'argent des trésors du maître.

Le Guillou (Jean-Claude)

Et si les travaux de recherche les plus neufs, les plus utiles jamais publiés sur Versailles étaient le fait, non d'un historien ni d'un chartiste, mais d'un architecte ? D'année en année, à la faveur de parutions parfois confidentielles, Jean-Claude Le Guillou a su imposer aux spécialistes la fraîcheur de son approche et la pertinence de son regard de praticien. Ses travaux ont porté sur le château des origines aussi bien que sur certains points très précis d'architecture de la ville ; ils auront mis en évidence, par exemple, l'existence, chez Louis XIV, de pièces consacrées à la vie intime.

Le paradoxe, c'est que, pendant longtemps, le seul ouvrage publié sous le nom de Jean-Claude Le Guillou ait été un album destiné à la jeunesse, paru en 1988 sous le titre : *Versailles, histoire du château des rois*. On y voit les bâtiments sortir de terre, se développer et prendre leur forme définitive, au fil de belles planches à l'encre de Chine qui, en leur temps, se révélèrent stimulantes pour bien des amateurs en herbe. Mais c'est seulement en 2010 que devait paraître son premier vrai livre, *Versailles avant Versailles*, synthèse des études menées sur les origines du château, pendant le règne de Louis XIII.

L'apport de Le Guillou à la connaissance de Versailles, c'est pour le reste dans des articles épars qu'il faut aller le chercher. La belle revue *Versalia*, éditée annuellement par la Société des Amis de Versailles, propose notamment, dans ses numéros datés de 2007, 2008, 2010 et 2011, une série d'articles extrêmement détaillés sur les appartements privés de Louis XIV, de Louis XV et de Louis XVI. Articles d'une qualité telle qu'ils mériteraient cent fois d'être réunis dans un livre – à condition toutefois de dénicher l'éditeur dévoué qui accepterait de prendre en charge un si grand nombre de plans et d'illustrations.

Jean-Claude Le Guillou se montre peu, n'intervient dans aucun débat public et ne publie que des études accomplies, tout empreintes de la psychologie des lieux. J'ai passé quelques heures avec lui, il y a quelques années, à la terrasse d'un café de la place Sainte-Catherine, dans le Marais – non loin de son cabinet. Le rencontrer était pour moi plus qu'un désir, une sorte de nécessité. Disons-le : je m'attendais à trouver un homme bourru, un ours plus ou moins bien léché, dont le tempérament rogue et la misanthropie auraient expliqué la discrétion mondaine et le silence médiatique. Quelle ne fut pas ma surprise de découvrir un personnage affable, ouvert à bien des questions et parfaitement au courant des moindres développements de l'historiographie. Sa passion m'a semblé palpable, de celles qui peuvent dévorer un homme mais qui, lorsqu'elles sont domptées, le conduisent plus loin que d'autres et lui réservent les vraies découvertes. Formons le vœu que Jean-Claude Le Guillou se lance à l'avenir dans certains pans insuffisamment explorés de l'histoire versaillaise : l'histoire des orangeries, par exemple, ou bien celle du Grand Trianon…

Lemoyne (François)

Le dernier chef-d'œuvre d'Antoine Watteau est l'enseigne qu'il peignit, en 1720, pour le marchand de tableaux Gersaint qui tenait boutique à Paris, pont Notre-Dame. Cette toile offre une limpide allégorie de la Régence, considérée du point de vue des sensibilités : l'on y voit, à gauche, des grouillots faisant disparaître, dans de grandes caisses, les portraits figés et les compositions roides du temps de Louis XIV, tandis que, sur la droite, une clientèle élégante se pâme déjà devant des scènes légères, plus détendues, promesses d'un nouveau règne, tout en grâces.

Le peintre François Lemoyne peut être considéré comme un émule de Watteau : né une génération plus tard, en 1688, il n'était pas, lui non plus, issu d'une famille de peintres ; son père était un simple postillon – mais le second mari de sa mère était portraitiste… Formé essentiellement en France – il ne fera que sur le tard le sacro-saint voyage d'Italie –, influencé lui aussi par les Rubens de la galerie du Luxembourg, il montrait cependant plus de respect que son prédécesseur envers la grande école, et s'inscrivait dans un équilibre inespéré entre la haute tradition d'un Jouvenet – dont il hérita les tonalités chaudes – et la facture plus fluide du nouveau siècle.

Au moral, c'est toutefois un artiste fragile. Moins protégé peut-être, moins soutenu que d'autres, Lemoyne semble s'être, peu à peu, enfermé dans les pièges de la méfiance et de la jalousie ; il s'épuisera notamment dans une rivalité stérile avec l'académicien de Troy. L'histoire de ses dernières années est une des plus poignantes que je connaisse. Elle commence par un conte de fées et s'achève en mélodrame. Peignant, seul ou presque, l'immense plafond, peuplé de quatre-vingt-quinze figures, du salon d'Hercule, ce n'est pas sa carrière qu'aura jouée cet artiste ; ce n'est même pas sa réputation : c'est sa vie.

Tout avait commencé lors d'une visite au Louvre du jeune Louis XV – il n'avait pas seize ans alors. Pour le distraire ou l'instruire, on lui avait montré une toile de très grandes dimensions, jadis offerte à Louis XIV par la Sérénissime république de Venise. Il faut croire que le jeune monarque n'avait pas mauvais goût ; il sut déceler dans ce *Repas chez Simon*, de Véronèse, un sommet de la peinture, et insista pour que l'immense tableau fût exposé à Versailles. Pourquoi pas dans le nouveau salon d'Hercule, alors en cours de finition, et dont les dimensions permettaient l'accueil d'un tel monument ? On pourrait même, suggéra Robert de Cotte, installer en face, au dessus de la superbe cheminée de marbre et de bronze, un autre Véronèse des collections royales : *Eliezer et Rebecca*… Il en fut décidé ainsi. Restait à imaginer, pour le plafond, une composition qui pût s'accorder avec ces deux chefs-d'œuvre – en taille, mais aussi en teintes.

À cette époque – au tournant des années 1730 –, on venait d'installer, au-dessus de la cheminée du salon de la Paix, un grand portrait ovale du roi par un certain François Lemoyne, peintre en pleine possession de son art, extérieur au sérail, certes, mais recommandé par ses travaux pour la nouvelle église Saint-Louis, dans la ville de Versailles… Le roi, séduit par ce portrait de Lemoyne et convaincu par le projet de son auteur pour le plafond d'Hercule, lui confia le chantier. Peut-on se faire une idée de la chance inouïe d'une telle commande pour un artiste torturé, persuadé de toujours faire les frais de cabales contre lui ? Lemoyne se lança, se jeta même dans l'aventure. Il devait bientôt passer sa vie sur l'échafaudage installé pour lui dans le nouveau salon.

S'autorisant de l'exemple de Mignard au Val-de-Grâce et dans la Petite Galerie de Versailles, Lemoyne opta pour une composition unique, d'un seul tenant, sans bordures, sans écoinçons, sans compartiments : rien qu'un ciel en trompe-l'œil, grand ouvert, peuplé de la foule des divinités assistant à l'apothéose du demi-dieu Hercule. Jupiter et Junon présentant au héros sa récompense, en la personne de la déesse de la jeunesse, Hébé… Ce serait – de loin – le plus grand plafond peint de l'époque.

Un labeur inouï, peut-être sans précédent depuis Michel-Ange, auquel François va sacrifier tout le reste : sa santé, sa famille, le peu qu'il lui restait d'équilibre… Il est vrai que le jeu en valait la chandelle : à plusieurs reprises, l'artiste reçut la visite, sur son échafaudage, de princes et de princesses, de la reine Marie, du roi lui-même ! Louis XV fit en effet le déplacement pour lui annoncer, de sa bouche, sa nomination au poste suprême de Premier peintre !

Lemoyne dut penser étouffer d'orgueil et de gratitude. Néanmoins son grand œuvre l'épuisait… Peindre seul – à peine soutenu par quelques aides – une œuvre aussi vaste ; certes, il n'était pas le premier à s'attaquer ainsi à quelque grand plafond ; mais habituellement, les peintres qui travaillent en hauteur utilisent – même sur toile – les vieux artifices de la peinture à fresque : il s'agit de créer, depuis le sol, un effet visuel acceptable – en rien de s'embarrasser, à cette échelle, de détails invisibles d'en bas !

Mais cela, il eût peut-être fallu que quelqu'un l'expliquât à M. Lemoyne…

Voilà quelques années, au moment de la restauration de cette *Apothéose d'Hercule*, j'ai eu la chance de pouvoir grimper sur l'échafaudage et d'aller, là-haut sous la voûte, tutoyer les divinités peintes… Or, ce que j'y ai vu m'a donné des sueurs froides : observé de près, le travail de François Lemoyne apparaît dans toute son exigence, que dis-je ? dans toute sa démence ! Croyez-moi, je l'ai vu : le peintre est allé jusqu'à représenter des ombres fines ou des reflets menus sur la bordure des étoffes, il a peint – pour près de cent personnages ! – les ongles de chaque main, la prunelle de chaque œil et, dans chaque prunelle, un reflet de lumière… Ce n'est plus de l'application, c'est du fignolage. Là résiderait donc le secret stupéfiant, presque gênant, du plus beau plafond de Versailles : cette immense, cette gigantesque composition a été peinte avec des scrupules de miniaturiste.

L'issue fut radicale : quelque temps après l'inauguration de son chef-d'œuvre, Lemoyne perdit la tête, plus ou moins, et dans un accès de furie délirante finit par se donner la mort.

Certains ont voulu voir, dans cet acte désespéré, l'effet d'un trop long surmenage : le peintre, à bout de forces, aurait retourné contre lui-même l'agressivité qu'il éprouvait envers la terre entière… Les historiens de l'art ont trouvé une explication plus aimable : parvenu au sommet de son art, ayant produit un chef-d'œuvre sans équivalent dans le siècle, M. Lemoyne aurait durement ressenti la vacuité qui succède, inévitablement, aux grands accouchements ; conscient de ne rien pouvoir donner de plus fort, il aurait préféré tirer sa révérence… D'autres interprétations du geste désespéré de l'artiste, couvert d'honneurs et d'hommages, ont circulé : il n'aurait pas supporté les critiques formulées contre la quantité de nuées envahissant le plafond ; aurait voulu, par ce geste irréparable, mettre dans l'embarras ses vieux ennemis, dont Jean-François de Troy ; n'aurait pas supporté le décès de son épouse, qu'il avait laissée sombrer sans secours, obsédé qu'il était par son beau plafond… Tout cela dut bien contribuer pour partie… Personne, à ma connaissance, n'a relevé la façon dont l'acte fut commis : neuf coups d'épée – neuf coups ! – sauvagement portés par le pauvre homme dans son propre corps exténué. Quelle que fût la raison principale, fallait-il qu'il eût acquis, pour en arriver là, le plus grand dégoût de lui-même !

Le Nôtre (André)

« Plus on tente de dessiner, en assemblant les bribes qu'on sait de lui, l'être que fut vraiment Le Nôtre, plus se brise l'image d'Epinal, écrit Erik Orsenna. En lui coexistent les contradictions les plus extrêmes. Ce modeste est un démiurge. Ce respectueux (des hiérarchies sociales) est dictatorial (avec les sites). Sa franchise est hautement madrée, son naturel infiniment sophistiqué. » Et l'auteur de l'admirable *Portrait d'un homme heureux* ajoute : « La simplicité supposée du personnage ressemble à celle des jardins qu'il crée : un piège. Auquel ne se laissent prendre que les visiteurs paresseux. Les autres exploreront ; ils ont déjà compris que la bonhomie est un univers démodé qui mérite le voyage. » Ils ont compris, ajouterais-je, que ce terme de *bonhomme*, accolé constamment au nom de Le Nôtre, est aussi trompeur en notre temps que la qualification de *jardinier* dont on l'affuble. Car en guise de *jardinier bonhomme*, c'est un architecte-paysagiste au naturel complexe qui se présente à nous.

En somme, personne n'aura plus mal compris Le Nôtre, le jardinier, que Lenotre, le pape de la petite histoire – le second descendant du premier et, pour cette raison même, demeurant prisonnier des traditions familiales. À l'en croire, le bonhomme était « un brave homme de jardinier tout simple, tout rond, tout franc et tout rustique, né parmi les légumes et les fleurs ; le grand-père, maraîcher, entretenait de fumier et de semences les parcs de Marie de Médicis ; le père fut sous Louis XIII jardinier aux Tuileries [...]. Toute la famille est dans le jardinage : on sarcle, chez ces gens, on taille, on sème, on repique, on arrose de l'aube à la nuit. » Et plus loin : « Les victoires remportées sur la nature par Le Nôtre [...] ne sont pas de simples noms, glorieux pour les uns et douloureux pour d'autres ; elles s'appellent Versailles, Vaux, Chantilly, Meudon, Saint-Cloud, Fontainebleau, Trianon, mots radieux, universellement célèbres, dont chacun évoque les plus beaux paysages artistiques du monde. Leur charme a résisté à deux siècles de caprices et de révolutions chez le peuple le plus changeant de la terre ; il ne s'est jamais démodé, quelles que fussent, en toute autre chose, les variations du goût et la rapide lassitude de la vogue. Et ce qui émerveille, c'est le contraste de cette œuvre si noble et si hautaine – qu'on peut dire immortelle puisque chaque printemps la rajeunit – avec la simplicité d'âme et de façons de celui qui l'a conçue. » Voilà bien fixée à jamais, dans la lignée de Lucien Corpechot et de son livre, *Les Jardins de l'intelligence*, l'image d'Epinal dont parlait tout à l'heure Erik Orsenna.

On sait par ailleurs le jugement très favorable de Saint-Simon sur celui que Lister, l'auteur du *Voyage à Paris en 1698*, appelait « le vieux monsieur de beaucoup de talents » : « Le Nôtre avait une probité, une exactitude, une droiture qui le faisaient estimer et aimer de tout le monde. Jamais il ne sortit de son état ni ne se méconnut, et fut toujours parfaitement désintéressé. Il travaillait pour les particuliers comme pour le roi, avec la même application ; ne cherchait qu'à aider la nature, et à réduire le vrai beau aux moins de frais qu'il pouvait ; il avait une naïveté et une vérité charmantes. »

La vérité, disent les experts actuels, ne ressemble pas entièrement à ce portrait irénique. En 2013, à l'occasion du quatrième centenaire de la naissance du grand paysagiste, une exposition et une biographie, importantes l'une et l'autre, permettent à mon amie Patricia Bouchenot-Déchin de donner du grand homme le portrait en relief qu'on attendait depuis longtemps. Y sont enfin fouillés et détaillés, archives à l'appui, les origines, la formation, les influences, la singularité, les moyens, la personnalité, les réalisations et la postérité d'André Le Nôtre. Au-delà du jardinier, c'est le contrôleur général des Bâtiments, l'infatigable directeur d'agence, le grand collectionneur, l'ami du roi – peut-être le seul ami que Louis XIV ait jamais eu vraiment – qui se dessine au fil des pages.

« Dans notre société hiérarchisant depuis toujours, et en dépit de ce qui est affirmé, les uns par la naissance ou la fortune, les autres par le mérite ou le statut, Le Nôtre échappe à tout classement, séduisant et déroutant, écrit Patricia Bouchenot-Déchin. Jardinier, jardiniste, il est également étiqueté en tant qu'architecte-jardinier, dessinateur de jardins, architecte des jardins ou encore paysagiste. Les qualificatifs abondent sous les plumes sans qu'aucun arrive à le cerner. L'image actuelle que l'on se fait du jardinier ne correspond ni à ce qu'était un jardinier du roi, ni à l'ampleur des réalisations de Le Nôtre, ni à l'homme proche du roi qu'il a été. Quant à l'association des deux noms, Louis XIV et Le Nôtre, elle ne cesse de fasciner, de déranger, d'interroger. » Peut-être simplement parce qu'elle est fascinante, dérangeante et sujette à interrogations…

Je souscris d'autant mieux aux réserves de Patricia que j'ai, moi-même, pu assister à la gestation, à la naissance et au développement d'un très grand jardin à la française. Cette expérience va rester, peut-être, comme la grande chance de ma vie. Il se trouve en effet qu'en 1996 j'ai été amené à faire la connaissance de Jacques Garcia, et de devenir – en partie grâce à notre passion commune pour Versailles – son ami intime et son confident. À cette époque, le grand décorateur venait de faire l'acquisition du château du Champ-de-Bataille, dans l'Eure. Après avoir rendu à sa splendeur native l'architecture du grand château, attribué à Le Vau, et tout en remaniant ses décors intérieurs qu'il remplissait d'une incroyable collection de mobilier royal, Jacques entreprit de s'attaquer au plus difficile – et pour lui au plus inédit : la reconstitution de quelque trente hectares de parc, abandonnés par ses prédécesseurs au bocage et aux sapinières…

Il fallut donc, semaine après semaine, de saison en saison, créer des perspectives, des terrasses, des rampes, des pièces d'eau, des bosquets. Je vis travailler le maître, je le suivis partout, à chaque étape d'un chantier gigantesque. J'ai partagé ses joies et ses angoisses, vibré à ses desseins grandioses, tremblé lorsqu'une erreur, ou une tentative malheureuse, l'obligeait à tout reprendre. Car c'est où réside le secret d'une telle entreprise : dans la primauté du coup d'œil *in situ*, dans la capacité du créateur à s'émanciper des plans et des croquis, pour décider, sur place, de la bonne hauteur d'un remblai, de la bonne largeur d'un canal, du bon espacement d'un rideau de charmes… Je suis certain, pour avoir vu œuvrer Garcia et les siens, que Le Nôtre ne procédait pas tout autrement, et que le fascinant et progressif accomplissement de ses jardins relevait, à trois siècles d'écart, de méthodes, d'initiatives et de tâtonnements aussi empiriques et aussi courageux.

C'est pourquoi il m'est arrivé de dire – en souriant, mais avec le sentiment d'énoncer une certaine forme de vérité : « Le Nôtre ? Je l'ai vu à l'œuvre ! »

Littérature

Grand air. Urbanité des façons anciennes.
Haut cérémonial. Révérences sans fin.
Créqui, Fronsac, beaux noms chatoyants de satin.
Mains ducales dans les vieilles valenciennes,

Mains royales sur les épinettes. Antiennes
Des évêques devant Monseigneur le Dauphin.
Gestes de menuet et cœurs de biscuit fin ;
Et ces grâces que l'on disait Autrichiennes...

Les vers d'Albert Samain, dans le *Chariot d'or*, en 1901, sont peut-être mes préférés, parmi tous ceux qu'a pu inspirer Versailles à des poètes magnétisés par son univers de signes fanés et de symboles vivaces. Robert Pageard, publié par Hervas dès 1989, puis mon ami Adrien Goetz, aux éditions d'art Lys, devaient proposer l'un et l'autre des florilèges de pages inspirées par ces verdures de féerie baroque, ces portiques néoclassiques, ces frondaisons pleines de romantisme, ces flaques plutôt modernes – je fais allusion ici à la belle expression de Julien Gracq : « ... on a le sentiment que l'art classique français des jardins, et même Versailles, malgré les grandes eaux (aussi retranchées de la vie courante que peut l'être un feu d'artifice), n'ont voulu connaître que le pouvoir agrandissant des flaques de ciel... »

« Versailles donne envie d'écrire, soutient le facétieux auteur d'*Intrigue à Versailles*, dans son recueil *Versailles le château-livre*. Même Louis XIV, dans son vaste parc, n'a pu résister et s'est transformé en écrivain, puisqu'il a laissé à la postérité un petit guide très soigneusement composé, *Manière de montrer les jardins de Versailles*. Si Versailles appartient à l'histoire de la littérature, c'est parce que sa naissance ressemble à celle d'un texte : son panorama renvoie n'importe quel auteur au mystère de la page blanche devenue "ouvrage", au papier fait littérature, au marécage transformé en architecture, à cette question métaphysique : pourquoi y a-t-il ici quelque chose plutôt que rien ? Versailles défie la nature, le néant, le vide. »

Versailles donnerait donc envie d'écrire… Et les productions qu'il a inspirées, envie de constituer un sous-genre littéraire, ou tout au moins un très long rayon de bibliothèque, dont les trésors portent le nom de *Versaliana*… Je les ai, pour ma part, longtemps collectionnés, à l'instar de Pierre Breillat, autrefois conservateur de la bibliothèque municipale, et qui avait su dénicher la moindre référence versaillaise au tréfonds d'un roman social du XIXe siècle… Repérer partout le nom de Versailles ! Marcel Proust : « Je ne voudrais pas vous prononcer ici après tant d'autres, Versailles, grand nom rouillé et doux, royal cimetière de feuillages, de vastes eaux et de marbres, lieu véritablement aristocratique et démoralisant, où ne nous trouble même pas le remords que la vie de tant d'ouvriers n'y ait servi qu'à affiner et qu'à élargir moins les joies d'un autre temps que la mélancolie du nôtre »…

Certaines mentions sont courtes comme des haïkus ; d'autres s'étendent complaisamment sur plusieurs volumes. Certains livres sont même conçus comme des odes ; je pense au bel album carré des éditions Sun, paru en 1958 dans une collection bien connue : « Versailles que j'aime ». Brillante affiche : des photos de Robert Descharnes – l'ami de Dalí –, une préface de l'académicien Pierre Gaxotte, un texte du chef de file des Hussards, Roger Nimier, des légendes de Jacques Perret en personne… Autant de perles, ces légendes ! Voici par exemple ce qu'on peut lire en regard de trois clichés tout en hauteur, montrant en noir et blanc un parc hivernal à peine fréquenté, dont les statues de dieux et de déesses peinent à émerger du brouillard : « On n'en parlait pas, mais l'automne existait déjà au Grand Siècle et la mélancolie aussi, probablement. – Déplacée en Île-de-France pour raison d'État, la mythologie s'est montrée enchantée du climat et la brume arrangeait très bien ses affaires. L'Olympe, au demeurant, fut pris en main par la Cour, il y gagna beaucoup. Les dieux nus et les rhingraves aberraient de compagnie dans l'ordre classique et Diane, devenue dame de qualité, se confessait au père La Chaise. – Dans le parc solitaire et glacé, deux ombres tout à l'heure ont passé tandis que la nymphe, abusée par la brume, s'émeut en croyant voir Le Corbusier percer sous Mansart. »

À l'humour chuchoté de Perret, Goetz a préféré la belle prose *nimière*, bien charpentée : « Le palais de l'ogre s'étend sur huit cents hectares. Avec un os, Cuvier reconstituait un univers disparu. Ici il nous reste une coquille, désertée par ses habitants, grandes salles déguisées de marbre et d'or : ambassadeur occidental dont le voyage a duré trois siècles et qui nous apporte ses présents ; ambassadeur qui ne s'agenouille pas, qui ne se fait pas à nos mœurs, nous juge de petite condition, se tait, respire, écoute. » Je vois bien, en recopiant ces mots, la figure du palais, drapée dans son immense manteau de pierre, et se raclant patiemment la gorge en contemplant notre maladroite petitesse… L'image est juste, elle est forte, elle m'emplit d'admiration.

C'est ainsi, Versailles inspire les poètes : La Fontaine, Perrault, Montesquieu, Casanova, Chénier puis Chateaubriand, Musset, Barbey, et Michelet, et Banville :

> […]
> *Mais voici qu'au bout d'une allée de charmille, vert corridor,*
> *Il voit, doré jusqu'à la nuque,*
> *Un fantôme ruisselant d'or*
> *Coiffé d'un spectre de perruque*

… a écrit le dernier des romantiques. On ne peut pas dire que ses coreligionnaires aient tellement chanté les lieux… Plusieurs d'entre eux sont même allés jusqu'à faire du palais et des jardins une sorte de repoussoir. N'a-t-on pas longtemps appris aux écoliers le grand classique de Musset : *Sur trois marches de marbre rose* – un marbre que l'on chercherait en vain, du reste ?

> *En allant à la pièce d'eau*
> *Du côté de l'Orangerie*

D'emblée, le poète s'y montre sévère envers les jardins.

Je ne crois pas que sur la terre
Il soit un lieu d'arbres planté
Plus célébré, plus visité,
[...]
Plus décrit, plus lu, plus chanté,
Que l'ennuyeux parc de Versailles.

Sur quoi Théophile Gautier, moins amène encore, enchérit à propos de la ville désertée :

Versailles, tu n'es plus qu'un spectre de cité.
Comme Venise au fond de son Adriatique,
Tu traînes lentement ton corps paralytique,
Chancelant sous le poids de ton manteau sculpté.

Aux yeux des romantiques comme à ceux de leurs continuateurs, Versailles est demeuré figé dans une gangue de splendeur et d'apparat. De récentes analyses informatiques confirment ce parti pris et nous apprennent que les vocables auxquels le nom de Versailles se trouve le plus souvent accolés sont : *classique, magnificence, ordre, pompe, prestige et somptueux* – registre univoque s'il en fut ! Il y a une quinzaine d'années, le linguiste Gérard Gorcy, collaborateur du *Trésor de la langue française*, avait ainsi étudié les occurrences du terme *Versailles* dans les quelque trois mille cinq cents ouvrages dépouillés par l'Institut national de la langue française et disponibles au sein de la base *Frantext*. Il en concluait que Versailles, avec 1 286 occurrences, était le deuxième lieu le plus cité après Paris, loin devant Lyon, Marseille et Strasbourg. Si le nom apparaît en priorité pour les textes publiés dans les années 1680-1720, il reste fréquemment évoqué par la suite, notamment au XIXe siècle et au XXe. C'est sous la plume du marquis de Dangeau qu'il revient le plus souvent – 1 676 occurrences – puis viennent l'avocat parisien Barbier et *Chronique*, Mme de Sévigné et ses *Lettres*, les frères Goncourt et leur *Journal*...

Par son approche purement quantitative, une telle étude est forcément biaisée ; elle n'en révèle pas moins l'importance essentielle acquise par Versailles dans la culture française. « Versailles, écrivait l'historien Jacques Bainville, symbolise une civilisation qui a été pendant de longues années la civilisation européenne, notre avance sur les autres pays étant considérable et notre prestige politique aidant à répandre notre langue et nos arts. »

Pour Louis XIV, quel triomphe ! Il est vrai que le lieu ne devient objet littéraire qu'après son abandon par la Cour. Où l'on songe aux rêveries inquiètes d'André Chénier, venu se mettre, dans un humble logis de la rue de Satory, en marge de la Révolution :

Ô Versailles, ô bois, ô portiques !
Marbres vivants, berceaux antiques,
Par les rois et les dieux Élysée embelli,
À ton aspect, dans ma pensée,
Comme sur l'herbe aride une fraîche rosée,
Coule un peu de calme et d'oubli.

Les romanciers ont été moins nombreux que les poètes à venir chercher l'inspiration à Versailles. « Flaubert, écrit ainsi Breillat, le grand Flaubert, qui a laissé des descriptions lumineuses et précises de Chambord et de Chenonceaux, et qu'ont ému les vieux donjons de Clisson et de Tiffauges, n'a pas accordé une seule ligne à Versailles. » Quelques auteurs moins célébrés sauveront l'honneur de la cité royale. En 1884, Léon Hennique situe ainsi dans la ville de

Versailles – au cœur du milieu corseté de la magistrature – l'action d'un célèbre roman naturaliste, *L'Accident de Monsieur Hébert*. En 1902, Paul et Victor Margueritte font naître une grande idylle entre Henri Sicard, architecte imaginaire du domaine, et leur jeune héroïne versaillaise, Rose du Vernay… « Inconsciemment, leurs pas les avaient menés jusqu'à cet endroit du Tapis vert où, l'autre jour, après la visite du château, ils s'étaient séparés… De cette minute et de cet endroit, la vie repartait pour la longue étape définitive… Et la route s'enfonçait au loin, tout droit, dans le soleil, comme cette perspective de gloire et de clarté qu'alignait devant eux la fuite du Tapis vert et du Grand Canal, une trouée de lumière vers les champs de France… » Eugène de Vogüé, en 1910, situe en grande partie dans le Versailles d'une élection présidentielle l'action de son roman *Les morts qui parlent*…

Par la suite, les auteurs les plus inattendus : Martin du Gard, Claudel et Montherlant ; Karl Marx, Henry James et John Steinbeck – mais oui – auront glosé sur Versailles, accumulant les métaphores subtiles ou audacieuses, les points de vue tranchés, les échos vibratoires ! On pourrait en citer une pléiade – d'ailleurs je m'étais amusé, en écrivant *Ils ont sauvé Versailles*, à placer, en tête de chaque chapitre, un petit texte emprunté à l'auteur le plus marquant de chaque période évoquée : de Stendhal à Marcel Proust, de Balzac à André Maurois…

Toutes les grandes plumes ont été amenées à broder, un jour ou l'autre, sur l'incontournable trame versaillaise – et, ce faisant, à chercher un moyen de trancher sur l'énorme masse existante. Elles ont convoqué, dans cette quête éperdue d'un renouvellement illusoire, tous les ressorts de l'âme et des sens. Pour découvrir bien souvent que les versaillomanes étaient passés avant elles… Reste le raffinement d'une évocation délicate, signée Samain :

Ô visions : paniers, poudre et mouches ; et puis,
Léger comme un parfum, joli comme un sourire,
C'est cet air vieille France ici que tout respire ;
Et toujours cette odeur pénétrante des buis…

Louis XIII

Deux événements, l'un secret, l'autre connu, ont décidé du sort de ce terrain de chasse qu'était encore, au début du règne de Louis XIII, la *garenne de Versailles*. Le premier se situe au retour de la campagne victorieuse de 1621 contre les huguenots. Rentré au Louvre en janvier 1622, après neuf mois d'absence, le monarque de vingt ans – il était né en 1601 – paraît d'humeur joyeuse ; au point de fréquenter plusieurs fois la chambre de son épouse, la jeune Anne d'Autriche, et de la mettre enceinte. Le roi se montre heureux de la nouvelle ; mais après un bon mois de grossesse, guère davantage, la reine fait une fausse couche. Le 16 mars 1622. La douleur de Louis va se muer en colère froide lorsqu'il apprend, cinq jours plus tard, que ce drame a été provoqué par une imprudence de la souveraine : après une soirée des plus gaie, Anne a couru à perdre haleine dans la grande salle du Louvre, en compagnie de ses amies, Mme de Luynes et Mlle de Verneuil. Elle y a fait une chute, fatale à l'embryon… Les deux dames seront bannies de la Cour ; la reine dûment tancée pour sa coupable légèreté ; quant au roi, il renonce à son idée première, qui était de faire rénover, pour le couple royal, le vieux château de Madrid, et se met en quête d'un domaine où bâtir, à l'écart, sa propre thébaïde – comme un refuge personnel : ce sera Versailles, dont les travaux commencent dès 1623.

L'autre épisode prend place huit ans plus tard ; c'est un chapitre fameux du règne. En novembre 1630, à l'instigation de Marie de Médicis, plusieurs grands personnages se liguent pour exclure Richelieu du Conseil et le faire tomber en disgrâce. Alarmé par tous les bruits qui lui reviennent, le Cardinal parvient à surprendre, au palais du Luxembourg, une conversation décisive entre Louis XIII et sa mère ; le ton monte ; Marie de Médicis chasse Richelieu de chez elle et conjure son fils de le renvoyer. Et cependant, le monarque hésite. Si l'on en croit Saint-Simon – qui n'allait pas manquer si belle occasion de mettre sa famille en valeur –, c'est son propre père, le premier duc de Saint-Simon, qui sut convaincre Louis XIII de se retirer au calme pour prendre sa décision. Il le conduisit donc à Versailles, où Richelieu, dûment averti, courut rejoindre son maître et s'entendit confirmer dans ses fonctions. Le Cardinal, logé dans une chambre au-dessous de celle du monarque, triompha ce soir-là de ses ennemis à la Cour : la reine Marie était assignée à résidence ; quant au garde des Sceaux, Marillac, il se voyait ordonner de restituer les Sceaux et de se rendre aux gardes venus s'assurer de sa personne – on parlerait bientôt de la *journée des Dupes*.

Ainsi, l'histoire s'écrivait-elle à Versailles, bien avant que Versailles n'accueillît de château digne de ce nom. Les contemporains parlent encore d'un « pied-à-terre », d'un « petit château de cartes », d'une « chétive maison dont un gentilhomme n'aurait pu se faire gloire »… Dans un ouvrage passionnant et neuf – *Versailles avant*

Versailles –, Jean-Claude Le Guillou a décrit avec force détails les aménagements successifs effectués à Versailles pour Louis XIII. On y suit les projets de l'architecte Philibert Le Roy et l'avancement des travaux ordonnés par le roi ; on y découvre les intérieurs d'une demeure jusque-là fort mystérieuse – en un mot, l'on découvre un nouveau Versailles – sous la forme d'une retraite austère où Louis XIII aimait à se ranger, loin de Paris, de la Cour, de la reine et des dames…

Il m'est arrivé, alors que j'étais invité pour une soirée, de venir un peu en avance et d'aller perdre mes pas du côté de la cour de Marbre, brillamment illuminée de nos jours… Derrière tous les ornements voulus par Louis XIV, les murs du petit château de son père sont toujours là, témoins presque invisibles du désir de solitude du plus étrange de nos rois. Ironie de l'histoire : à l'emplacement du plus modeste des hameaux, avec sa petite église Saint-Julien à clocher pointu, et près d'une ruine médiévale, les ailes d'un grand moulin à vent, se dressera un jour la seconde capitale du royaume et le centre de gravité d'une Europe en plein épanouissement ! Singulier destin, tout de même, que celui d'une garenne où l'imagination peine à restituer en songe des masures et deux cabarets, quelques talus d'herbes folles et des terriers de lapin…

Louis XIII, venant de Noisy, avait chassé là dans sa prime enfance, à tir et au vol, alors qu'il n'était encore que dauphin ; il avait aimé ce coin de campagne giboyeux, sans pourvoir imaginer qu'un jour le vieux donjon ferait place au plus moderne des bâtiments et l'étang puant à une pièce d'eau dédiée au corps des Cent-Suisses…

Louis XIV

Dans mon esprit, Versailles et Louis XIV n'ont longtemps fait qu'un. Lorsque j'étais enfant, le château me paraissait être l'émanation du Grand Roi, comme la traduction de sa personnalité dans l'espace. Jusqu'à la fin de l'adolescence, j'aurais été bien embarrassé de choisir entre l'un et l'autre ; et quand on me demandait quel était l'objet de ma passion d'historien en herbe, je répondais, selon l'humeur du jour, tantôt « Versailles », tantôt « Louis XIV ». Indifféremment. Combien de fois, d'ailleurs, ai-je entendu cette phrase : « Il faut savoir gré à Louis XIV d'avoir bâti Versailles ; c'était de l'argent bien dépensé » ? Quant au souverain lui-même, j'aurais eu du mal à l'imaginer ailleurs qu'au milieu des parterres de Le Nôtre ou devant les façades de Hardouin-Mansart… Du reste, je n'étais pas le seul à penser ainsi ; presque toujours, j'ai vu le nom de Versailles étroitement associé à celui du *Roi-Soleil* – pour reprendre cette appellation galvaudée, née sous la monarchie de Juillet.

En vérité, une telle évidence est trompeuse. Car si Louis XIV s'éprend tôt du refuge de son père, il n'en fait la résidence de la Cour et le siège du Gouvernement qu'en 1682, alors qu'il règne depuis bientôt quarante ans et se trouve lui-même assez avancé dans la seconde moitié de son existence. L'exactitude oblige à préciser que la plupart des grands événements de la cour de Louis XIV – ceux des années 1660 et 1670 – auront eu pour cadre le château de Saint-Germain-en-Laye, pour ne rien dire du Louvre, de Fontainebleau, et accessoirement de Chambord. Si l'on considère au surplus que, dans le dernier quart de son règne, le vieux monarque a passé beaucoup de temps à Marly, force est d'admettre qu'en fin de compte Versailles n'a peut-être pas été le décor principal du grand règne !

Qu'importe : ce château et ces jardins, tels qu'ils se présentent encore à nos yeux, sont bel et bien la création personnelle de Louis XIV. La volonté du souverain, la persévérance de son dessein, la sûreté de son jugement et la force de son engagement ont été décisifs dans cette œuvre de longue haleine. C'est lui qui a choisi les maîtres d'œuvre, distingué les artistes, soutenu et encouragé les talents – lui qui a orienté les plans, assumé les choix, dévolu les budgets, suivi les chantiers – lui surtout qui, à chaque étape cruciale, a su maintenir le cap, évitant que le vaisseau ne s'ensable ou ne dévie.

« Tout cela est vraiment l'œuvre personnelle de Louis XIV et on ne le dira jamais trop, insiste Jean de La Varende. Nous le voyons à ses interventions, à ses insistances, à ses critiques, à ses entêtements. De quelques artistes dont il s'entourât, aucun ne fut aussi possédé que ce prince d'une vitalité presque surhumaine et qu'on n'apprécie pas à sa valeur. Le Grand Roi a pensé jour et nuit sa maison de Versailles, et l'on dirait à voir sa hâte, et l'on ose dire sa *frénésie artistique*, qu'il eût été l'agent vital, le moteur secret mais formidable de cette population de sculpteurs, de peintres, de décorateurs de toute sorte. C'est vraiment Louis XIV qui les a fécondés ; peut-être même créés en les plongeant dans cette orageuse atmosphère d'attentes, de louanges senties, d'émerveillements heureux, de retours, de visites ; dans cette suroxygénation qui les embrasa. » Et l'écrivain normand, dans sa ferveur inconditionnelle, d'enfoncer le clou : « On a tendance à sous-estimer le Roi, à le croire plus maniaque que fervent, plus vaniteux qu'artiste, et ceci prouve la pauvreté originelle des jugeurs. Leur compas n'est point à la taille de ce qu'ils ont l'audace de mesurer. Chez le Grand Roi, le conquérant, le législateur s'effacent devant l'animateur plastique, devant l'*obsédé d'art*. Ne resterait-il de Louis XIV que le créateur de Versailles, qu'il demeurerait encore le plus grand des Français jamais né. »

On connaît, dans le même esprit, l'anecdote rapportée par Saint-Simon, à propos de la construction du Trianon de Marbre, en 1688. Lors d'une visite du chantier, le roi, dont le coup d'œil était infaillible, aurait fait remarquer à Louvois, devenu surintendant des Bâtiments depuis la mort de Colbert, qu'une des croisées du rez-de-chaussée n'avait pas la même dimension que les autres. Le ministre ne voulut rien savoir ; le roi n'insista guère. Mais au cours d'une visite ultérieure, il pria Le Nôtre, en présence de Louvois, d'aller vérifier les mesures de cette fenêtre. Le bonhomme, avec gêne, dut convenir que le roi avait vu juste ; alors Louis XIV toisa le ministre en public : « On ne peut tenir à vos opiniâtretés ! lui lança-t-il. Sans la mienne à vous montrer votre tort, on aurait bâti de travers ; et il aurait fallu tout abattre, aussitôt que le bâtiment aurait été achevé. » Le mémorialiste affirme que Louvois, se voyant perdu, n'eut d'autre choix dès lors que de jeter la France dans une guerre où ses bons offices seraient jugés indispensables ; et ce fut la guerre de la Ligue d'Augsbourg…

Louis XIV savait-il, dès le commencement, ce vers quoi il voulait aller ? Répondre à cela n'est pas simple. Certes, à chaque étape de la construction, l'influence du roi a pesé en faveur de la grandeur et de l'ambition – question de tempérament, peut-être… Mais en même temps, combien d'hésitations, de repentirs, de contrordres, de changements d'échelle et de reprises successives ? Comme le plus simple des particuliers qui, tâtonnant, procède par étapes et à coups d'essais plus ou moins concluants, Louis XIV a bâti Versailles petit à petit, agrandissant sans cesse l'ancienne demeure de son père. Dans les premiers temps de son règne, chaque accord victorieux, gage d'une période de prospérité, avait vu relancer les travaux sur un pied de plus en plus considérable. La Paix d'Aix-la-Chapelle, en 1668, détermina le roi à commander l'*enveloppe neuve* ; le traité de Nimègue, en 1678, le convainquit de réaliser la Grande galerie et ses salons, avant de se lancer dans l'aile des Princes…

Le rapport passionnel qu'aura entretenu Louis XIV avec sa création transparaît en permanence dans le souci qu'il a toujours manifesté d'être tenu au courant du moindre aspect du grand chantier. À Colbert qui, dans les débuts, a cru bien faire en résumant l'état d'avancement des travaux, il renvoie son mémoire annoté de ces mots comminatoires : « Le détail de tout ! » Il observera la même attitude jusqu'à la fin. « Les ordres du roi reçus par Mansart entre 1699 et 1702, qui nous ont été conservés sur un registre particulier, montrent presque à chaque page l'attention qu'il apporte au moindre détail », écrira Pierre Verlet. « On y voit Louis XIV étudier avec le sérieux qui convient à un artiste la qualité et la couleur d'une dorure aussi bien que la manière dont on pourrait déplacer une souche de cheminée "pour qu'elle ne se puisse voir" », précise-t-il.

L'on comprend, après cela, que les lauriers reviennent tous au grand commanditaire ; mais aussi – et c'est la contrepartie – qu'il concentre sur lui les critiques et les condamnations, nombreuses. Qu'on se rappelle les termes durs choisis par l'ambassadeur de Prusse, Ézéchiel Spanheim, dans le rapport qu'il adresse, en 1690, à l'Électeur de Brandebourg : « Il ne faut, en tout cela, que réfléchir : d'un côté, sur les quatre-vingts millions que le château, le jardin et les eaux de Versailles lui coûtent ; de l'autre, sur la misère du petit peuple et des gens de la campagne, épuisés par les tailles, par les logements de gens de guerre et par les gabelles… » Voilà pour ceux, si nombreux, qui affirment que cette balance entre dépenses somptuaires et misère de certaines provinces ne serait qu'un effet de nos modernes scrupules.

« Ne m'imitez point dans le goût que j'ai eu pour les bâtiments », conseillera le vieux monarque, sur son lit de mort, au futur Louis XV ; est-ce à dire que le Grand Roi regrettait les sommes englouties dans son chef-d'œuvre ? Quatre-vingt-un millions de livres, exactement, devait estimer, tous comptes faits, le chartiste Jules Guiffrey, expert ès comptes des Bâtiments du Roi : soit un coût très important… Un tel regret me semble peu probable ; mais il est certain, en revanche, que Louis XIV n'a jamais nié les défauts de sa réalisation. « Le roi avoue lui-même qu'il y a des fautes dans l'architecture de Versailles, écrit sa belle-sœur, la Princesse Palatine, en novembre 1699. Cela vient de ce que, dans le principe, il ne voulait pas y bâtir un si vaste palais, mais seulement faire agrandir un petit château qui s'y trouvait. Par la suite, l'endroit a plu au roi : mais il ne pouvait y résider, vu l'insuffisance du logement. Alors, au lieu de faire abattre entièrement le petit château et d'en construire un grand sur un dessin nouveau, il a, pour sauver l'ancien château, fait élever des constructions tout autour, le recouvrant, pour ainsi dire, d'un beau manteau, et cela a tout gâté. »

Surtout, il est permis de penser que le roi finit par se fatiguer un peu de Versailles et par se sentir lui-même prisonnier de la belle cage forgée pour sa noblesse… N'a-t-il pas cherché, les années passant, à s'évader dans la simplicité de Trianon, puis dans les verdures de Marly ? N'a-t-il pas souhaité, sur le tard, s'éloigner d'une Cour dont on a dit un peu vite qu'il appréciait l'affluence sans cesse renouvelée ? Le monarque vieillissant que l'on pousse, dans sa *roulette*, en petit comité devant le Buffet d'eau de Trianon, le vieux roi solitaire, abandonné de Dieu, qui se complaît dans les cabinets retirés, interdits, de son appartement de collectionneur, a changé sans doute. Il apprécie moins qu'autrefois l'affluence, la presse et les mouvements de foule. Et les derniers aménagements qu'il commande à Versailles – en dehors du chantier colossal de la Chapelle – n'ont pour ambition que de protéger le plus possible son intimité.

L'évolution des goûts du roi a laissé des traces dans le marbre et les stucs de Versailles. Les décors fantasques des débuts du règne – la féerique Grotte de Téthys, le richissime Trianon de Porcelaine – étaient déjà des souvenirs lorsque Louis XIV fit réaliser par Mansart les versions définitives de l'Orangerie, des Écuries ou de la grande façade sur les jardins. Le classicisme, l'*ordre français* – par opposition aux ordres classiques : dorique, ionique et corinthien –, la mesure et la grandeur instillées dans tout seraient le legs d'un souverain qui, grâce au double enseignement de sa mère, Anne d'Autiche, et de son parrain, Mazarin, avait tôt compris l'importance du style dans le gouvernement des hommes.

Vers la fin, le vieillard préféra les fleurs et les oiseaux aux grandes allégories de la mythologie ; il goûta une simplicité champêtre, demanda qu'on adoucît les lignes, qu'on arrondît les angles ; et puis il réclama « de l'enfance partout ». C'est la raison, tout évidente, du style charmant et léger, quoique un peu court, parfois presque mièvre, de la fin du règne – et c'est la preuve patente de l'influence directe du Maître sur l'esthétique versaillaise.

Cette influence, il est vrai, lui échappait largement… Elle passait, pour mieux dire, par un canal que lui-même ne maîtrisait pas : cinquante années durant, chaque mur édifié à Versailles, chaque trophée sculpté, chaque arbre taillé, chaque fontaine mise en place l'a été pour lui, personnellement, par des artistes et des ouvriers qui donnaient le meilleur d'eux-mêmes avec pour seule fin de le satisfaire. N'est-ce pas ce qu'on pourrait appeler le summum de l'influence ? Et comment s'étonner, après cela, que le résultat ait fini par lui ressembler un peu ? Où l'on songe à Victor Hugo :

Tout du maître suivait la loi.
Comme au même but vont cent routes,
Là les grandeurs abondaient toutes.
L'Olympe ne pendait aux voûtes
Que pour compléter le grand roi !

À tout seigneur, tout honneur : laissons à Saint-Simon le soin de conclure ces quelques pages sur l'ambition du monarque pour Versailles. « Louis XIV aima en tout la splendeur, la magnificence, la profusion. Ce goût, il le tourna en maxime par politique, et l'inspira en tout à sa cour. C'était lui plaire que de s'y jeter en tables, en habits, en équipages, en bâtiments, en jeu. C'étaient des occasions pour qu'il parlât aux gens. » Ce trait de personnalité, si l'on en croit le *petit duc*, n'était pas innocent ; il avait pour fin ultime l'amoindrissement de la noblesse : « Le fond était qu'il tendait et parvint par là à épuiser tout le monde en mettant le luxe en honneur, et pour certaines parties en nécessité, et réduisit ainsi peu à peu tout le monde à dépendre entièrement de ses bienfaits pour subsister. » Ainsi Louis XIV aurait-il joint l'utile à l'agréable… « Il y trouvait encore la satisfaction de son orgueil par une cour superbe en tout, et par une plus grande confusion qui anéantissait de plus en plus les distinctions naturelles » – entendez : les *distinctions culturelles*, ou tout au moins nobiliaires, puisque, à en croire Saint-Simon, telle était bien l'arrière-pensée du souverain.

De cette critique acerbe se nourrit tout un courant d'idées qui, dans la perspective du tricentenaire de la mort du Grand Roi, cherche à lui imputer de lourdes responsabilités dans le délitement de l'Ancien Régime. La mise en cause de la *grandeur* du souverain – on y revient toujours – s'appuie sur le réquisitoire implacable de Saint-Simon. Dans son passionnant ouvrage *La Grandeur. Saint-Simon*, paru dans la collection « L'un et l'autre » de Gallimard, Jean-Michel Delacomptée écrit ainsi : « C'est que la grandeur, qui implique un dépassement de soi pour coïncider avec une idée supérieure aux intérêts particuliers, englobe toute la communauté, confère à chacun le sentiment de sa valeur et, par là même, interdit le souci de soi vaniteux, exclusif, exorbitant dont Louis XIV offrit l'exemple lamentable. Le roi, dictateur assourdi par le bourdonnement de l'essaim des flatteurs qui lui tourbillonnaient autour, s'est institué au-dessus de ses sujets rassemblés en une foule compacte et indistincte qui n'existait que par lui, engendrée par lui seul en descendant l'échelle qui allait des ministres enchaînés à l'arbitraire de ses grâces, jusqu'au plus faible des faibles soumis à leur empire. Pour les uns, les places acquises au forceps et toujours en suspens, pour les autres la taille, les corvées, les fers et le bâton. Et solitaire tout au sommet, lui, le Roi, astre resplendissant sur la terre dévastée, soleil s'admirant dans la vanité de sa gloire, n'ayant de grand que le nom. »

Voici peut-être, durement exprimé, le socle de la perception dominante du projet louis-quatorzien. Sans la rejeter dans sa totalité, je serais tenté, quant à moi, de la nuancer, en posant la question suivante : si le roi avait seulement, en bâtissant Versailles, travaillé à forger un miroir exclusif à sa gloire, comment expliquer la fierté qu'en tirent tant de Français, de toutes origines, depuis trois siècles et demi ? Quant à la soif de splendeurs de Louis XIV, elle se mua, au fil des années, en une quête effrénée de retraite et de solitude, qui devait conduire le roi vers Trianon puis, surtout, vers Marly… Peut-être le verdict accablant du duc de Saint-Simon, si ardemment repris par tant de censeurs actuels, pèche-t-il au fond par excès d'intelligence ; il prête à Louis XIV des visées par trop politiques, et ne me semble pas faire assez de place, dans ses attendus, aux deux plus puissantes favorites des rois : Contingence et Improvisation.

Louis XV

Il est le seul roi de France qui soit « né à Versailles, mort à Versailles ». À sa naissance, le 15 février 1710, il n'est que troisième fils du duc de Bourgogne – le second encore en vie – et quatrième dans l'ordre de succession au trône ; aussi l'événement n'est-il pas fêté hors de mesure. L'accouchement, selon la coutume, s'est déroulé en public, dans la grande chambre des souveraines, alors occupée par sa mère, première dame en l'absence de reine et de dauphine. Louis XV mourra soixante-quatre ans plus tard – dont cinquante-deux de règne effectif – le 10 mai 1774, emporté par la petite vérole. Sa pénible agonie, dans un lit de fortune installé entre les fenêtres de sa chambre privée, à portée de regard du cabinet du Conseil, laissera aux courtisans un souvenir affreux.

Entre ces deux dates, Louis XV aura passé plus d'un demi-siècle à Versailles ; soit deux décennies de plus que Louis XIV, une et demie de plus que Louis XVI. On peut donc soutenir d'évidence que, des trois monarques appelés à régner depuis cette demeure, il est celui qui l'aura le plus longtemps habitée. Paradoxe : il est aussi celui dont la trace y est restée le plus ténue. Au sein des appartements du premier étage du corps central, les styles propres à son règne sont certes visibles encore dans la chambre de la Reine, ainsi que dans la plupart des salles de l'appartement intérieur du Roi. Mais Louis XVI et Marie-Antoinette ayant par la suite aménagé les lieux à leur goût, l'empreinte du Bien-Aimé a eu tendance à s'estomper un peu partout…

À la vérité, il faut une certaine sensibilité et une connaissance poussée du château pour percevoir encore à la dérobée, en de multiples endroits, le souvenir d'un roi qui n'aima pas vraiment Versailles. À ses yeux d'orphelin et de neurasthénique, la trop vaste création de son bisaïeul était contraignante, incommode. Louis XV préféra tôt, lorsqu'il ne séjournait pas à Compiègne ou à Fontainebleau, fréquenter les demeures satellites de Marly, de La Muette – on disait alors *la Meute* –, de Saint-Hubert, proche de la forêt giboyeuse de Rambouillet, et surtout de Choisy, à l'orée de celle de Sénart. Il affectionnait par ailleurs les petits pavillons de chasse – au Butard, à Marcoussis, aux Alluets, à Verrières-le-Buisson – et s'invitait volontiers chez les princes et les grands commis de l'État, quand il n'était pas l'obligé de ses favorites : chez Mme de Pompadour, à Crécy ou Bellevue, puis chez Mme Du Barry, à Louveciennes – on disait alors *Luciennes*. Barbier n'affirme-t-il pas que « le roi est toujours gai lorsqu'il est hors de Versailles » ?

À la mort de Louis XIV, on avait vite entraîné l'enfant-roi loin d'un Versailles affecté par le deuil. À Vincennes d'abord, aux Tuileries ensuite, le petit monarque avait dû entendre son entourage parler de Versailles, pour en regretter les splendeurs et en critiquer les désagréments. Peut-être a-t-il rêvé du jour où, devenu majeur à son tour, il y réinstallerait sa cour… Ce jour vint, le 15 juin 1722, et – si l'on en croit le *Journal de Barbier*, « l'œil, l'oreille et la plume » de son temps – le retour du jeune roi se fit dans l'enthousiasme.

Notons que les licences associées, dans la mémoire collective, à Philippe d'Orléans, et qui animèrent tant les hôtels parisiens de la Régence, ont suivi la cour à Versailles, et que l'échotier Mathieu Marais, avocat au Parlement, affirmait en juillet 1722 qu'on y vivait « en débauche ouverte ». Le propre petit-fils du maréchal de Villeroy, gouverneur en titre, et plusieurs de ses amis – les jeunes marquis de Meuse, d'Alincourt, de Rambures, entre autres – s'y livraient entre eux, dans les détours du Labyrinthe, à de furieuses sarabandes… « Au clair de lune, écrit Barbier de son côté, il plaisait à ces jeunes seigneurs, qui sont presque tous nouvellement mariés, de faire des débauches assez publiquement. » L'affaire s'ébruite, des sanctions tombent : les noceurs sont bannis. Mathieu Marais : « Quand le roi a demandé pourquoi tous ces exils contre ces jeunes seigneurs, on lui a dit qu'ils avaient arraché des palissades dans les jardins, et à présent on ne donne d'autre nom à ces jeunes seigneurs qu'*arracheurs de palissades* ! »

Les oreilles du monarque resteront chastes plus longtemps que de coutume. Après avoir, de longs mois durant, fait poliment sa cour à une fiancée castillane, trop jeune pour lui donner des enfants – la pauvre Infante sera finalement renvoyée à Madrid –, il acceptera d'épouser une douce Polonaise, Marie Leszczyńska, de sept ans plus âgée, et lui restera fidèle une dizaine d'années… Ensuite, mais ensuite seulement, viendra le temps des maîtresses successives – de moins en moins bien nées –, puis celui des *petites maîtresses* : de toutes jeunes filles, rabattues pour lui dans une demeure bourgeoise de Versailles, sise au quartier neuf du Parc aux Cerfs…

Après tout, le règne de Louis XV est aussi celui de Crébillon fils et de Duclos, des romans licencieux et des maisons de plaisirs, de Casanova, du duc de Richelieu – comment s'étonner après cela que son Versailles n'ait pas eu l'apparente rigueur de celui de Louis XIV ?

Au château, dès 1738, le roi ordonne d'importantes transformations visant à mettre ses appartements au goût du jour et à les rendre confortables. Pour autant – à l'exception notable de l'escalier des Ambassadeurs –, le Bien-Aimé se montrera toujours respectueux de l'héritage du Grand Roi, ne modifiant presque pas le Grand appartement, et les salons et galeries voués à la représentation. Il a, au début de son règne, achevé le salon de Marbre où il a fait transporter une grande toile de Véronèse, entreposée jusque-là au Louvre : *Le Repas chez Simon* ; il a fait décorer, dans les jardins, la grande pièce d'eau terminant la perspective du Nord, et qui était restée en travaux ; il va remanier, sur la fin, une partie des façades, côté ville, et même bâtir la grande salle de spectacle dont Louis XIV n'avait pas su doter Versailles. Ainsi, du salon d'Hercule à l'aile Neuve, et du bassin de Neptune à l'Opéra royal, se complète un Versailles en voie de parachèvement.

Mais pour le reste, aucun bouleversement : le roi procède par ajouts ponctuels, aménagements limités et harmonisations. La plupart des transformations – toujours pour un gain de place et de confort – empiètent sur les cours intérieures, ce qui reste invisible de l'extérieur. « Louis XV n'abolissait ni n'effaçait : en homme de science, il organisait ; en homme de goût, il modelait », raconte son biographe Yves Combeau qui précise qu'au chapitre de l'architecture ce souverain s'attacha toujours à la mesure et à la convenance – notion forte et complexe, importante pour qui veut comprendre l'esthétique de cette fin d'Ancien Régime.

La *convenance*, au singulier, désigne alors ce qui convient naturellement, ou paraît convenir, à l'harmonie, à la mesure, à la bienséance – sans conférer à ce terme la moindre connotation morale. Un certain équilibre, un certain respect des proportions et, sans doute plus que tout cela, l'observance noble de tout un corpus de règles tacites et de principes non écrits font de ladite notion, certes flottante – et même déroutante pour un esprit moderne –, une sorte de garde-fou contre les excès furieux et les innovations trop criantes en matière d'esthétique et de bon ton. Le Versailles de Louis XV est bel et bien le château de *la* convenance – à défaut, on l'aura compris, d'être celui *des* convenances !

La thèse dans laquelle je m'étais lancé jadis, à l'EHESS, sous la conduite de Guy Chaussinand-Nogaret – sans vraiment espérer, avouons-le, la soutenir un jour –, portait sur « les réseaux de pouvoir à la Cour, sous Louis XV ». J'avais réuni, pour m'y atteler, une bibliographie importante et des sources infinies, et mené quelques réflexions qui, vingt ans après, ont laissé dans mon esprit quelques traces. Le moment serait-il venu d'en livrer la quintessence ?

Il me paraît d'abord qu'on ne comprendrait rien au Versailles de Louis XV sans avoir pris conscience, une bonne fois, de la permanence de codes et d'usages qui, hérités de Louis XIV et de ses devanciers, se poursuivront encore sous Louis XVI. « La cour de Versailles n'éprouva aucun changement d'étiquette pendant la durée du règne de Louis XV », écrivait Mme Campan ; elle n'en ménagea pas davantage sur le plan des comportements publics. En contrepartie, la rencontre des goûts profonds du monarque et de l'influence de sa principale favorite, Mme de Pompadour, issue des rangs de la finance parisienne, devait clairement faciliter la pénétration à la Cour des mœurs de la ville. Mœurs bourgeoises, si l'on peut dire… Ainsi une recherche accrue d'intimité et l'importance nouvelle réservée aux notions de confort, de privauté, de retraite modifient-elles alors en profondeur l'atmosphère versaillaise. Les poêles de faïence dans les petits cabinets, l'affectation des salles à des fonctions précises, jusqu'aux persiennes des fenêtres et aux balbutiements de l'eau courante, toutes ces innovations sont la traduction matérielle d'une aspiration générale au confort.

Enfin – et c'est peut-être l'essentiel à retenir de l'influence propre du roi Louis XV –, il semble bien que, sous ce règne, et notamment dans ses dernières années, la demeure du Grand Roi, instituée un peu vite creuset de civilisation, ait perdu l'essentiel de son aura. Un souverain qui tient son rôle avec conscience, certes, mais sans plaisir ; de grands officiers qui subordonnent en tout le devoir à l'intérêt ; des courtisans qui cherchent la moindre excuse pour se rendre à Paris, de nouveau centre de la vie mondaine et artistique, et y demeurer ; des serviteurs largement dépourvus du dévouement et de la fierté d'autrefois ; des observateurs, enfin – chroniqueurs, échotiers, gazetiers –, qui, à l'unisson du public, songent davantage à dénoncer les abus de la Cour qu'à en louer les magnificences… Même si Versailles, au milieu du siècle, conserve un certain pouvoir d'attraction – la cohue provoquée par le *Bal des Ifs*, en 1744, l'a bien montré –, et quoique ce palais demeure, pour toute l'Europe, une référence en matière de goûts et d'usages, l'éclat de l'astre a fort pâli… En termes de renommée, la lourde machinerie que transmet Louis XV, en 1774, n'a plus grand-chose à voir avec la mécanique puissante qu'il avait héritée lui-même, en 1722.

Louis XVI

« Tâchez de me sauver mon pauvre Versailles ! » Tels sont, le 6 octobre 1789, alors qu'il monte en voiture pour regagner Paris sous la pression de la foule, les derniers mots de Louis XVI au comte de Gouvernet qui, en l'absence du prince de Poix, déjà exilé, assume la responsabilité du domaine royal. Son « pauvre Versailles », on ne peut pas dire, pourtant, que le souverain s'y soit vraiment accroché ; depuis la réunion des états généraux et le drame intime de la disparition de son fils aîné, il semble que Sa Majesté ait hésité entre Meudon, Saint-Cloud, Rambouillet, pour ne demeurer à Versailles que par défaut. Ses chers livres, ses cartes de géographie, ses registres de comptes, ses instruments de précision sont ici, réunis autour de la cour des Cerfs ; les souvenirs heureux et malheureux de sa jeunesse et de son règne aussi – de même que les appartements raffinés qu'a voulus son épouse, et les escaliers discrets qui conduisent chez ses enfants... Ses frères et ses belles-sœurs étaient l'âme de l'aile des Princes ; ses tantes avaient colonisé le rez-de-chaussée Nord du corps central... Mais Versailles, pour ce roi si las, si contrarié, c'est aussi la Cour, et les ministres, et les soucis en cascades, politiques et financiers, et les doléances qui montent de toutes les provinces, et le rappel partout présent du brillant ancêtre qui a voulu ce palais trop grand, trop pompeux, trop dispendieux – trop isolé de la capitale... La machine aura continué de tourner, même à vide, et Chateaubriand, qui a connu les lieux deux ans seulement avant leur abandon, pourra écrire dans ses *Mémoires* : « On n'a rien vu quand on n'a pas vu la pompe de Versailles. Louis XIV était toujours là. »

À propos des lacunes de Louis XVI et des réelles défaillances qu'il a pu montrer face aux défis de la Révolution, il n'est pas rare que l'on accuse une éducation stricte, dévote, étriquée. On invoque aussi volontiers, à sa décharge, un déséquilibre affectif et des penchants compensatoires pour la table et l'établi, peu conformes aux inclinations attendues d'un monarque. Il me semble qu'il serait juste d'ajouter, au nombre des handicaps que cet homme, bon et fin par ailleurs, n'aura pu surmonter, l'espèce d'enfermement qui fut le sien pendant les trente-cinq premières années de sa vie. Peut-être même faut-il y voir l'origine de sa passion pour la chasse et pour ces chevauchées qu'il pratiquait sans mesure… Né à Versailles, élevé à Versailles, cantonné à Versailles, Berry-Dauphin, devenu roi très jeune – il n'avait pas vingt ans –, n'a presque pas voyagé ; il n'a quasiment rien connu d'autre que ce palais intimidant, inhumain par certains aspects, du moins soumis en permanence aux rigidités de l'étiquette.

Lui qui rêvait d'océans et d'explorations, il n'aura vu la mer qu'une fois – une seule – en juin 1786, à l'occasion d'un voyage officiel à Cherbourg. Mais on raconte qu'adolescent il grimpait sur les toits du palais avec l'espoir de l'apercevoir, au loin... Naïveté poignante.

Il m'est arrivé, en visitant la bibliothèque des combles, d'avoir le sentiment que l'âme de Louis XVI s'était réfugiée là, dans cet emboîtement de pièces modestes autrefois réparties sur trois petits étages, et comprenant des cabinets de géographie, de menuiserie, d'électricité, de physique, de chimie et – la chronique n'a retenu que cela – de serrurerie. Un inventaire retrouvé par Pierre Verlet peuple ce jardin secret de modèles d'artillerie, de maquettes de bateaux ou de grues pour décharger les vaisseaux, de pistolets de cavalier ou de calibres de fusils de soldats... Louis XVI est bien là, dans ce bric-à-brac austère de rêveur placide, capable de coups de griffe inattendus.

Revenons à octobre 1789 et à cette irruption dramatique, en plein Versailles, des émeutiers venus de Paris. Pendant toute la soirée du 5, une partie de son entourage, dont le comte de Saint-Priest, l'adjure de quitter Versailles pour Rambouillet, le temps que l'ordre soit rétabli. Il ne s'y décide pas. Mais le lendemain, lorsque les émeutiers, avec la complicité – au moins passive – de la garde nationale de La Fayette, ont pris possession du château, il n'a pas le cran de leur résister vraiment et se laisse emmener à Paris, avec les siens, comme un otage consentant. La Cour et les administrations s'imaginent alors que, le calme revenu, Louis XVI voudra réintégrer au plus tôt le séjour de ses pères. Il n'en est rien. En octobre 1790, il reçoit gentiment aux Tuileries une délégation de la municipalité de Versailles, lui exprimant « la profonde douleur des habitants de cette ville » ; il la paie de mots rassurants, mais ne songe pas à rentrer. En vérité, les Versaillais, en prenant parti pour la Révolution, l'ont déçu… Le comte d'Hézecques raconte que lors d'une chasse ultime à l'intérieur du domaine, dans l'ancien parc de Clagny, des habitants accoururent pour le supplier de revenir. Le roi, « indigné de leur ingratitude, leur tourna le dos, remonta à cheval et partit pour Saint-Cloud »…

Au fond, Louis XVI aura-t-il vraiment regretté Versailles ? Il est plus que permis d'en douter. Il se plaisait bien à Saint-Cloud et ne méprisait pas les Tuileries, en dépit des inconvénients de l'heure. Plus étonnant même : il semblerait qu'il ait trouvé quelque douceur à la tour du Temple, dans les premiers temps de sa captivité, lorsque, enfin seul avec sa famille, il a pu tranquillement s'occuper de ses enfants et leur faire lui-même apprendre leurs leçons… L'on songe au tsar Nicolas II, goûtant avec les siens la trompeuse intimité des résidences surveillées de Tsarskoïe Selo, puis de Tobolsk…

À Versailles, le règne de Louis XVI avait été, surtout, celui de Marie-Antoinette. Pour autant, il serait faux de minimiser les soins apportés par le roi lui-même à l'entretien du château et des jardins. Le jeune souverain s'est impliqué dans la replantation des arbres du parc ; il s'est intéressé de près à l'installation de sa bibliothèque et de son cabinet des Jeux. Après un moratoire dicté par la crise financière, il avait même l'intention de reprendre le Grand Dessein de Louis XV, et de mener à bien la réfection complète des façades, côté ville. Enfin, pour ce qui regardait son propre confort, il avait pris ses marques dans les petits appartements de son grand-père, ajoutant discrètement quelques éléments de décor qui en disent long sur sa nature profonde : ici un thermomètre, là un tableau donnant les noms des officiers de sa musique, ailleurs une petite armoire pour y pendre ses montres, ou encore la carte des États voisins de la Diète impériale, un tableau représentant le système de Copernic, un autre figurant l'État des Trappes de France…

Sans la Révolution, Louis XVI n'aurait certainement, pas plus que son devancier, songé à quitter un palais qui, malgré lui, avait toujours été son milieu et son horizon. Il l'aurait amélioré – un peu – et supporté pour le reste… Mais on serait en peine – même aux pires heures de 1789 et de la déréliction générale – de trouver chez le dernier des trois souverains versaillais le moindre indice d'une affection particulière pour des lieux qui, à ses yeux, devaient apparaître objectivement – sans grand attrait ni véritable répugnance – comme l'alpha et l'oméga d'un cadre de vie royal.

Louis XVIII

Jamais, à Versailles, on ne parle de Louis XVIII en tant que roi. S'il peut arriver qu'on mentionne, à la rigueur, le jeune comte de Provence – *Monsieur* pour la Cour –, frère urticant de Louis XVI, grand esthète mal marié, protecteur de la comtesse de Balbi, son rôle en tant que souverain est, en revanche, presque toujours omis. Il y a là, me semble-t-il, une injustice.

En effet, si le château de Versailles, malmené sous la Révolution, tout juste entretenu sous l'Empire et finalement pas restauré sous la monarchie de Juillet, est resté debout, c'est à Louis XVIII qu'il le doit, et à personne d'autre.

Naturellement, l'ancien comte de Provence était né à Versailles ; et c'est à Versailles qu'il avait grandi, étudié, rêvé, aimé et attendu son heure pendant ses trente-cinq premières années ! Rien d'étonnant, dans ces conditions, à ce qu'il ait souhaité, dès son avènement, en 1814, rendre la vie à sa demeure natale – qui était aussi celle de son frère martyr, celle de son père, le pieux dauphin, et de son grand-père Louis XV… D'ailleurs, le souverain était poussé dans cette voie par un cercle de nostalgiques : le vieux marquis de Brézé, le duc de Blacas et surtout le vieux prince de Poix, gouverneur des lieux sous Louis XVI…

Le prince de Poix commença par s'assurer du budget nécessaire à l'entretien d'un train de maison : quarante Suisses, trente frotteurs, vingt valets de pied, tous en grande livrée – de quoi redonner vie à une maison par ailleurs remeublée. L'idée serait que la Cour vienne l'occuper six mois par an, aux beaux jours, Versailles devenant aux Tuileries ce qu'à Vienne, Schönbrunn était à la Hofburg.

Deux mille ouvriers sont chargés de remettre en état tous les grands décors, tandis que sont rétablis les *insignes de royauté*, bûchés à la Révolution. Le 10 août 1814 – vingt-deuxième anniversaire de la chute du trône de son frère –, le roi Louis XVIII, quoique devenu obèse, fait l'effort de visiter le chantier. La foule lui fait un triomphe. Les architectes du précédent régime – Dufour, Fontaine – n'ont pas été remerciés ; ce sont eux qui suggèrent l'idée – aussitôt adoptée – de construire, côté ville, un pavillon néoclassique en pendant de celui commencé, sous Louis XV, par Gabriel, et jamais achevé… Ainsi naîtra le *pavillon Dufour*.

Tout irait donc pour le mieux sans l'annonce, en mars 1815, de l'évasion de Napoléon qui a fui l'île d'Elbe pour débarquer en France ! Louis XVIII, outré, reprend donc le chemin de l'exil… Quand il rentrera, au lendemain de Waterloo, ce sera sous l'égide des Alliés, dans un pays grevé par les dommages de guerre et dans lequel il n'aura plus le cœur de placer sa confiance. C'en est fini du rêve versaillais – mais pas des travaux !

Et c'est ici qu'il faut, une nouvelle fois, rendre hommage à Louis XVIII. Car si le roi a renoncé à faire de Versailles sa résidence d'été, il veille à ce que tous les travaux de restauration entrepris soient menés à leur terme. Et c'est à ce beau scrupule que la demeure devra son sauvetage. Les nouveaux occupants qui investissent les lieux ne sont guère, il est vrai, à la dimension de ceux-ci : ce sont d'anciens émigrés qui ont tout perdu dans la tourmente révolutionnaire, et auxquels la monarchie restaurée veut rendre service. Le successeur du prince de Poix, le marquis de Vérac, aura fort à faire avec ces locataires indisciplinés, pour le moins : un jour, c'est du linge que les uns font sécher à des fenêtres donnant sur l'extérieur ; une autre fois, ce sont des animaux de ferme – dont une vache – que d'autres ont installés dans les combles, « afin d'y disposer de produits laitiers »…

Une anecdote moins connue me paraît représentative de cette époque paradoxale. On la doit à Marguerite Jallut, première femme qui ait porté, à Versailles, le titre de conservateur. Vers la fin des années 1940, elle exhuma des archives une lettre de Dufour à l'intendant des Bâtiments de la Couronne, datée du 12 décembre 1815. Sujet de la missive : la restauration d'une des peintures du salon d'Apollon, *Auguste faisant bâtir un port à Mysène*. « Quelqu'un, explique l'architecte, a cru remarquer que la tête d'Auguste ressemblait à Napoléon. Il l'a dit à son voisin, celui-ci à un autre, et de bouche en bouche, le bruit a couru et court plus fort que jamais, que le peintre restaurateur de ce tableau, a altéré le caractère de la tête originale pour la faire ressembler à Buonaparte [*sic*], de sorte que tous ceux qui viennent visiter le château demandent à voir cette tête… » Dans sa réponse, vaguement lasse, le baron Mounier estimera « qu'il est inutile de s'occuper de cet objet, et que ce bruit ne méritant aucune attention sérieuse, ne manquera point de tomber de lui-même ».

Le fait est qu'on en parle encore après deux siècles… Or, je dois préciser que j'ai vu le fameux visage d'Auguste, peint par La Fosse au XVIIe siècle, et qu'en effet, honnêtement, il y a bien quelque ressemblance…

Louis-Philippe

Voici l'occasion que j'attendais de défendre le jugement sévère envers le roi-citoyen, contenu dans mon ouvrage *Ils ont sauvé Versailles* – réédité, dans une version de poche, sous le titre *Versailles après les rois*. « Comment, m'a notamment reproché le cher prince Michel de Grèce, avez-vous pu retourner contre mon ancêtre les efforts énormes qu'il a consentis, sur ses fonds personnels, en faveur de Versailles ? Vous savez pourtant bien que ce château a été la passion de sa vie ! » Oui, je le sais ; c'est entendu : Louis-Philippe a aimé, beaucoup aimé Versailles… Mais il l'a mal aimé – c'est-à-dire, d'un amour essentiellement destructeur.

Je m'explique. De toutes les idées fausses que j'entends, si souvent, propager sur Versailles, la plus irritante, peut-être, est celle qui affirme, sans désemparer depuis bientôt deux siècles, que les travaux de Louis-Philippe auraient, d'une manière ou d'une autre, « sauvé le château ». Comme je l'ai déjà démontré, cette assertion est fausse, pour ne pas dire mensongère. D'un point de vue matériel, le château était, quand le roi des Français l'a pris à sa charge, en excellent état. Napoléon Ier, puis surtout Louis XVIII y avaient pourvu ; et l'on pourrait prouver que, de 1833 à 1847, les comptes des architectes ne couvrent pas la moindre intervention de sauvegarde !

Quant à l'aspect moral… Il est vrai que, vers 1830, le château n'était pas à l'abri d'affectations indignes de son passé. Pire : des voix s'étaient élevées pour réclamer – une fois de plus – sa destruction. Mais cela ne justifiait en rien la conversion des anciens appartements en galeries modernes, dédiées « à toutes les gloires de la France » ! Or, cette conversion aura eu de lourdes conséquences : bouleversement profond de tous les aménagements intérieurs, évidage des ailes, uniformisation des volumes, pour ne rien dire de la destruction massive de superbes ensembles décoratifs. Car tous les appartements princiers ou presque auront, au final, été ravagés sur ordre de Louis-Philippe !

D'un point de vue esthétique, le bilan de cette longue intervention est donc calamiteux. Partout, on aura substitué de l'ordinaire à l'extraordinaire. Sans parler des collections entassées dans le musée – la plupart des œuvres de qualité provenant d'époques antérieures –, la décoration des galeries devait imposer à tous les étages un académisme ingrat, où la surcharge le disputerait à la platitude. Certains fleurons nous en sont parvenus, comme la gigantesque galerie des Batailles ou les pittoresques salles des Croisades… Mais, tout snobisme mis à part, comment mettre en balance ces tristes réalisations avec les merveilles dont elles ont généré la destruction pure et simple ?

Le vandalisme d'État dont se sont rendus coupables Louis-Philippe et ses hommes est aujourd'hui presque impossible à justifier. Dans leur entreprise de restructuration, ils auront manqué d'humilité, de recul, de lucidité et, tout simplement, de goût. Pierre Francastel : « La grande erreur intellectuelle du roi et de Nepveu fut de prétendre d'un coup substituer au patient effort des générations, solidaires jusqu'alors en dépit de leurs différences, une conception absolue et diamétralement opposée à l'esprit de ce monument. » Le célèbre historien de l'art, si sévère, à juste titre, envers un projet qui, sous certains aspects, peut paraître démentiel, n'a pourtant pas manqué d'en expliquer les raisons profondes. « Détruisant le palais pour réaliser leur dessein, a-t-il écrit en 1930, le roi et ses conseillers nous paraissent comme atteints d'une véritable aberration, mais il faut bien voir encore qu'ils étaient tout simplement dans la tradition d'une époque que nous jugeons aujourd'hui seulement révolue. [...] Fontaine et Nepveu étaient, en tant que techniciens, dans l'état d'esprit des hommes du grand siècle qui brisèrent les cathédrales gothiques, placèrent dans le chœur des autels rococo, au talent près... » Au talent près, ce qui n'est pas rien...

Un exemple, parmi d'autres, de la brutalité des partis pris de Louis-Philippe et de ses sbires : durant l'hiver 1834, on abaisse le niveau de la cour de Marbre et des salles qui l'entourent, dans le but de rétablir partout le plain-pied – quitte à créer, sous les colonnes d'avant-corps, des socles démesurément hauts. Dès lors, c'est l'ancien appartement d'été de Marie-Antoinette, au rez-de-chaussée sur cette cour, qui est condamné au profit de salles d'exposition ; mais au lieu d'en profiter pour rétablir la transparence primitive entre ville et jardins, Nepveu préfère exécuter des percements latéraux « qui permettent à l'œil de pénétrer de la cour des Cerfs dans la cour du Dauphin », écrira Marguerite Jallut… Au sud, pour créer un passage vers l'escalier de Marbre, on déplace un gros mur d'époque Louis XIII, ce qui provoque aussitôt un tassement des refends extérieurs. Quatre colonnes de l'ancien vestibule de marbre, remises au jour par ces travaux, sont aussi détruites, pour être remplacées par d'énormes poutres visibles – trop visibles…

Cela posé, je pousse l'amour de Versailles – et c'est un paradoxe – jusqu'à chérir le souvenir des multiples visites – près de quatre cents en tout – effectuées par Louis-Philippe sur son immense chantier. Faut-il redire que le roi, déjà sexagénaire, se considère personnellement comme le maître d'œuvre de ce qu'il regarde comme la grande réalisation de son règne ? Les sommes gigantesques englouties dans l'opération – plus de vingt-trois millions en tout – sont bel et bien prélevées en intégralité sur sa propre liste civile. De toute évidence, la conversion du palais de Versailles en galeries historiques est son affaire en même temps que son délassement ; sa danseuse, diraient certains… Quand d'autres iraient à la chasse ou au bal, lui vient ici respirer l'odeur du plâtre et du mortier, viser ou rectifier des plans, superviser des accrochages… Aussi les galeries seront-elles bien sa création en propre – et sa responsabilité…

Le conservateur Daniel Meyer, dont je salue la mémoire avec émotion, a étudié dans le détail le mobilier du château sous la monarchie de Juillet, notamment grâce à un inventaire établi en 1840. Sa description des *appartements de jour* réserve une place importante au *mobilier d'époque.* Ce goût de l'ancien, qui sous le second Empire s'emparera de toute la bonne société, s'exprime donc dès les années 1830 dans l'entourage de Louis-Philippe ; il faut y voir sans aucun doute une manifestation de cet attrait pour l'imitation qui va pousser, paradoxalement, le créateur des galeries historiques à tenter une restitution vague des *pièces d'étiquette* de l'ancien appartement du Roi : antichambre de l'Œil-de-Bœuf, chambre de Louis XIV et cabinet du Conseil en particulier. Pas de panorama militaire ici, aucune cimaise à touche-touche, mais un essai – maladroit mais d'autant plus touchant – de restitution des anciens décors. Si seulement le roi-citoyen avait étendu cette tentative à l'ensemble du château, plutôt que de prétendre en faire une sorte de Panthéon désincarné, dédié à toutes les vieilles gloires !

Comme je l'écrivais en 2003 : « On peut admettre qu'il y avait de l'audace à vouloir enseigner l'histoire par l'image, de la grandeur à tenter de réunir les Français autour d'un florilège de hauts faits – avant tout militaires, il est vrai. Seulement, c'était une ambition et une idée à courte vue, puisque fondées sur un état flottant des sensibilités ; une ambition et une idée, surtout, qui n'avaient guère leur place à Versailles – sauf à reconnaître franchement que leur but était d'en dévitaliser le symbole… Ce fut en tout cas leur unique résultat. En convertissant le palais des rois en galeries de peinture, la monarchie de Juillet est parvenue, sans coup férir, à vider de sa substance le plus important emblème de l'absolutisme, à tuer dans son cœur même le nerf de la Monarchie de droit divin. Le nouveau régime y a physiquement supprimé des symboles vivants qui lui semblaient morts ou morbides, des allégories bien parlantes, mais qui paraissaient muettes à son ignorance – ou à sa mauvaise foi… Tant pis, si l'anéantissement d'un tel ensemble supposait de lourds dégâts ; la raison d'État ne connaît pas ce genre de regret. »

M

Maintenon (Marquise de)

Qu'on me permette de dédier cet article à ma chère Ève Ruggieri. C'est en effet, depuis longtemps, un sujet de plaisanterie entre nous : chaque occasion nous est bonne de ranimer la vieille querelle opposant les mânes de Mme de Montespan à ceux de Mme de Maintenon. Les partisans de la première – dont Ève pourrait être chef de file – soutiennent que la très noble Françoise-Athénaïs de Rochechouart-Mortemart, coruscante maîtresse de Louis XIV entre 1668 et 1683 – d'ailleurs mère de plusieurs princes légitimés –, fut la victime bien naïve des menées souterraines de la bourgeoise Maintenon. Les défenseurs de la seconde, dont j'aurais tendance à me réclamer plutôt – surtout lorsqu'il s'agit de nourrir une controverse assez drôle –, rappellent que la modeste Françoise d'Aubigné, veuve Scarron, née dans une prison et longtemps démunie, n'a fait que se protéger des traits acerbes de l'altière Montespan et par la prendre à son propre piège – jusqu'à devenir il est vrai, en 1683 justement, de façon secrète mais devant Dieu, l'épouse du Grand Roi…

Les deux femmes étaient intelligentes ; mais il me semble patent que Montespan, toute en aisance et en rapidité, avait l'éclat de surface des grandes dames et plus d'esprit que de pénétration ; rien à voir avec l'entendement profond de Maintenon, affûté à l'épreuve des souffrances et poli au contact des meilleurs maîtres. Cette dernière avait longtemps connu la misère, la contrainte, la honte, et tout cela, dans une mesure propice aux grandes revanches. Cette petite-fille de protestants était devenue catholique de stricte observance ; cette ancienne femme légère, modèle de vertu et comme directrice de conscience ; cette ancienne gouvernante d'enfants, épouse du plus grand roi, sinon reine elle-même… Au critère de la destinée, un tel parcours me paraît peu comparable à la chute attendue, inexorable, d'une fille de haute naissance, d'abord servie par la nature, et peu à peu gâtée – au vieux sens – par le temps, les caprices et toutes sortes d'expédients.

Cette fausse polémique, pour tout dire, n'aurait pas vu le jour sans le magnétisme d'un grand ouvrage, un roman qui – après les *Mémoires d'Hadrien*, de Marguerite Yourcenar – devait conférer ses lettres de noblesse au genre neuf des mémoires apocryphes : *L'Allée du Roi*, de Françoise Chandernagor. Je me revois, adolescent, traînant à l'été 1982 ce livre épais avec moi – partout jusqu'en Prusse occidentale, chez mon correspondant d'allemand… J'y trouvais tout ce qu'on peut chercher dans un roman d'été – intrigues, amours et haines immortelles –, mais avec un surcroît de profondeur, de finesse et d'extrême élégance. Certaines des premières phrases, gravées dans ma mémoire, parlent pour tout le livre – conçu comme une longue lettre écrite *pour Marie de La Tour, quand elle aura vingt ans*… Dans les premières lignes transparaît la passion de la Marquise pour sa fondation de Saint-Cyr et pour les jeunes filles qu'on y éduquait, portant, en fonction de leur âge, des rubans rouges, jaunes, verts et bleus.

« J'ai marché jusqu'à la fenêtre. Je voyais, sur la neige de la "Cour Verte", courir et danser les petites filles "rouges" dont les rubans mal noués glissaient sur les robes brunes ; vous mettiez, mon enfant gâtée, toute l'ardeur de vos sept ans à piétiner la boue des allées. Au-delà dcs parterres dépouillés, j'apercevais par les fenêtres du réfectoire les "jaunes" et les "vertes" qui finissaient de dîner en silence ; leurs couverts d'argent et leurs coiffes blanches renvoyaient vers les croisées plus de lumière qu'elles n'en recevaient. De la chapelle, derrière moi, j'entendais monter le chant des grandes fillcs "bleues" qui disaient l'office du milieu du jour avec leurs maîtresses, et leur voix, s'élevant dans l'air glacé, avait la brûlante pureté d'une flamme. »

Avant le travail si décisif de Mme Chandernagor, la jalousie morbide de la Princesse Palatine comme l'admiration extatique de Mme de Caylus, la haine recuite d'un Saint-Simon autant que la complaisance ridicule d'un Dangeau, avaient eu tendance – avec La Beaumelle, malgré Sainte-Beuve – à nous détourner de celle que Madame affublait indifféremment des jolis noms de *guenipe* et de *vieille ripopée*. Saint-Simon, plus que d'autres, lui avait fait une réputation. Le mémorialiste ne cesse de dénoncer son omnipotence, tout en l'admirant malgré lui : « … la toute-puissance, l'adoration publique, universelle, les ministres, les généraux d'armée, la famille royale la plus proche, tout en un mot à ses pieds… Tout bon et tout bien par elle, tout réprouvé sans elle : les hommes, les affaires, les choses, les choix, les justices, les grâces, la religion, tout sans exception en sa main, et le roi et l'État ses victimes ; quelle elle fut, cette fée incroyable, et comment elle gouverna sans lacune, sans obstacle, sans nuage le plus léger, plus de trente ans entiers, et même trente-deux, c'est l'incomparable spectacle qu'il s'agit de se retracer… »

La mainmise, longtemps obscure, de Mme de Maintenon sur le cœur et l'esprit du roi coïncide à peu près avec l'installation définitive de la Cour à Versailles. Comme elle ne devait plus cesser qu'avec la mort de Louis XIV, il est possible d'estimer que le Versailles Grand Siècle fut aussi – fut peut-être d'abord – le Versailles de la Marquise… Pierre Verlet a noté que, avec le règne de Mme de Maintenon, « le château prendra sa forme définitive, comme figé par une volonté nouvelle, qui gouverne discrètement le roi ». Changement de style, changement d'époque : Mme de Montespan avait été l'âme du Trianon de Porcelaine ; Mme de Maintenon se sentira plus à son aise au sein du Trianon de Marbre. « La vraie reine de Versailles, poursuit Verlet, celle qui durant quatre ou cinq ans connaît le château dans sa plus grande splendeur, un Versailles auquel elle est étrangère et dont elle verra bientôt, comme indifférente, les premiers amoindrissements, c'est, qu'on le veuille ou non, Mme de Maintenon. Chaque jour, Louis XIV se rend chez elle ; l'esprit du château va changer et perdre un peu de sa grandeur. »

Au château, *la dame* – comme la nomme souvent aussi Madame Palatine – occupait un appartement bien à son image : pas très étendu, mais idéalement placé de plain-pied avec celui du roi, et doté d'une entrée on ne peut plus prestigieuse sur la loggia de l'escalier de Marbre ; pas très luxueux, mais joliment aménagé, avec une chambre – devenue l'épicentre du royaume – tendue de damas vert et or alterné avec des bandes de damas rouge – elle qui n'aimait que le bleu – ; à peu près invisible aux yeux du public, mais archiconnu de la Cour qui savait parfaitement qu'en ces quelques murs, se faisaient et se défaisaient les carrières et les ministères, se décidait de la paix et de la guerre, se forgeait la politique civile et religieuse de la France et, partant, le sort de l'Europe… Saint-Simon, de nouveau : « Chez elle, avec le roi, ils étaient chacun dans leur fauteuil [*sic*], une table devant chacun d'eux, aux deux coins de la cheminée, elle du côté du lit, le roi le dos à la muraille du côté de la porte de l'antichambre, et deux tabourets devant sa table, un pour le ministre qui venait travailler, l'autre pour son sac. » On appelait les documents du ministre la *liasse* – et c'est peu à peu le nom que prendront les séances de travail elles-mêmes. « Les jours de travail, ils n'étaient ensemble que fort peu de temps avant que le ministre entrât, et moins encore fort souvent après qu'il était sorti. Le roi passait à une chaise percée, revenait au lit de Mme de Maintenon où il se tenait debout fort peu, lui donnait le bonsoir et s'en allait se mettre à table. Telle était la mécanique de chez Mme de Maintenon. »

Au soir du règne, le public avait fini par comprendre que la seule assurance de voir encore le roi était de se poster sur le passage qui le menait de son appartement à celui de la Marquise. En mars 1711, le marquis de Sourches notait par exemple, dans ce qui allait devenir ses *Mémoires* : « Le soir, le maréchal de Villars qui arrivait de Flandre, salua le roi quand il sortit de son cabinet pour passer à l'appartement de la marquise de Maintenon, et le roi s'arrêta un moment à lui parler. » Et deux dates plus loin : « Le soir, comme le roi sortait de son cabinet pour aller chez la marquise de Maintenon, la duchesse de Chevreuse lui demanda pour son fils, le vidame d'Amiens, un brevet de retenue de deux cent vingt mille livres sur sa charge de capitaine lieutenant des chevau-légers de sa garde. »

Le roi ne paraît plus : il se rend chez Mme de Maintenon. Les ministres ne tiennent plus conseil : ils se rendent chez Mme de Maintenon. La famille royale ne cherche même plus à se réunir : elle se rend chez Mme de Maintenon ! Là tout se passe, au regret apparent de la Marquise qui feint l'accablement. N'est-elle pas devenue trop âgée pour assumer les obligations d'une vie publique harassante ? La splendeur du cadre versaillais lui pèse. « Il nous faudra mourir en symétrie », soupire cette femme aux goûts simples, qui eût préféré son confort aux contraintes imposées par le respect dû aux grands décors. Calfeutrée dans sa *niche* – un fauteuil spécialement conçu pour la tenir à l'abri des courants d'air, Louis XIV ne vivait-il pas fenêtres ouvertes ? – ou dans la petite cage de verre qu'on avait installée à son intention sur la tribune de la Chapelle, elle mettra toutes ses forces à soutenir son auguste époux dans les pires années de son règne – le roi l'appelait *Votre Solidité*...

Quelle fut, réellement, son influence sur la grande politique ? Longtemps, on l'a chargée de toutes les fautes d'un roi vieillissant, à commencer par la révocation de l'édit de Nantes et la persécution des protestants. Il semble aux historiens actuels que ce soit excessif et injuste. Ne tombons pas pour autant dans l'excès inverse, et n'exonérons pas trop vite une femme de tête dont l'influence, pour indirecte, voire insidieuse, qu'elle était sans doute, n'en fut pas moins puissante. Sa grande ambition était de porter au pouvoir les enfants légitimés de Mme de Montespan, qu'elle avait élevés, et spécialement le duc du Maine, infirme de naissance, qu'elle chérissait tendrement et appelait *mon Mignon*. Elle fut en vérité bien près d'y réussir ; et si le Parlement de Paris n'avait eu l'énergie de casser très vite le testament de Louis XIV, on eût pu voir la vieille dame régner encore sous la Régence... Elle survivra tout de même trois ans et demi à son mari, avant de s'éteindre, âgée de quatre-vingt-trois ans, non loin du grand château, à Saint-Cyr, dans la fameuse Maison royale de Saint-Louis qu'elle avait fondée.

J'ai le souvenir de m'être moi-même *rendu chez Mme de Maintenon*, au milieu des années 1980. Je veux parler du collège militaire de Saint-Cyr, où j'espérais trouver des traces – tout au moins le souvenir – de « Madame Louis XIV » (pour plagier Levron et son *Madame Louis XV*). Les bombardements de

1944 n'avaient pas laissé grand-chose des bâtiments d'époque ; mais on pouvait se recueillir encore, dans la chapelle restaurée, sur les restes présumés de la Marquise, retrouvés après les bombardements dans un grenier encore debout. J'avoue l'avoir fait, sans vraiment chercher à savoir qui je vénérais au juste, de l'héroïne de *L'Allée du Roi* ou de la véritable Françoise d'Aubigné, marquise de Maintenon… Ne sont-elles pas une seule et même personne ?

Marie-Antoinette

Autant le confesser d'emblée : je ne fais pas partie de la cohorte énamourée des admirateurs de Marie-Antoinette. En dépit des travaux délicats de Pierre de Nolhac, malgré le génie de Stefan Zweig et les efforts du regretté André Castelot – ce grand monsieur possédait une malle de voyage au monogramme de la reine, et s'était mis en tête de me la léguer ! –, n'en déplaise à mes amis, et notamment à Évelyne Lever, l'*infortunée reine de France* ne hante pas mes nuits. Bien avant que le film sucré de Sofia Coppola lui ait conféré le statut d'icône planétaire – on dit que les jeunes Japonaises lui vouent aujourd'hui un véritable culte –, je connaissais pourtant bien cette figure ou plutôt : *ces figures*, tant il convient de distinguer l'archiduchesse horripilante, la dauphine un brin hautaine, la trop frivole souveraine, la mère exemplaire et l'admirable victime de la tourmente révolutionnaire.

Pour tout dire, je m'étais intéressé davantage à l'entourage de cette femme, il est vrai très entourée : sa mère, ses mentors – Mercy-Argenteau et l'abbé de

Vermond –, ses favorites – Lamballe, puis Polignac –, ses beaux-frères, son ami de cœur – Fersen –, et le coiffeur Léonard, la modiste Rose Bertin, l'intendant Bonnefoy du Plan… Comme si la galaxie *Marie-Antoinette* me parlait davantage que l'astre lui-même.

Paradoxe : les hasards de ma carrière de passeur d'histoire m'ont offert des occasions peu banales d'entrer en contact avec des reliques de la reine. J'aurai – sans fétichisme aucun – tenu, palpé quelques-uns des objets qui ont marqué sa vie. J'ai pu manipuler, comme je l'ai raconté, la carte dépliante qu'avaient cousue la jeune archiduchesse et ses dames, lors du long voyage qui les amena de Vienne à Compiègne. J'ai eu l'occasion de toucher, au château du Champ-de-Bataille, la plus émouvante pièce du fonds Blacas : un mouchoir de deuil orné, au pochoir, de lys noirs par la reine elle-même, après la mise à mort de son mari… Plus récemment, pour les besoins d'une émission de télévision, j'ai éprouvé le choc d'avoir en main l'ultime billet, poignant, adressé par la condamnée à sa belle-sœur Élisabeth, aux marches de l'échafaud, pour lui recommander ses enfants et lui confier ses dernières pensées en ce monde… Les larmes me montèrent aux yeux, en la circonstance – moins du fait de la provenance insigne de ce document, qu'eu égard à son poids de détresse et de noblesse mêlées.

Gérald Van der Kemp considérait Marie-Antoinette – entre Louis XIV et Napoléon – comme « une des trois *locomotives* de Versailles ». Il entendait par là : l'une des trois figures susceptibles de fédérer sur son nom un engouement universel. De fait, un grand nombre de visiteurs rêve avant tout de découvrir les Petits cabinets de la Reine – dont le célèbre Cabinet doré, divinement restauré depuis peu –, le riche serre-bijoux de Schwerdfeger, offert à la souveraine par la Ville de Paris, et la table pétrifiée de la Méridienne ; puis ces fidèles courent au Petit Trianon et jusqu'au célèbre Hameau, bâti tant bien que mal dans l'inspiration d'un village normand. Sur ce dernier point comme sur tant d'autres, je ne puis que souscrire au sévère jugement de Jean de La Varende : « On dirait, écrivit-il à propos de ces fausses maisons paysannes, une kermesse désaffectée. En soi, c'est d'une mélancolie infinie, même en faisant abstraction des journées révolutionnaires, même en tentant d'en éliminer la Reine. Cela doit tenir à l'effort accompli pour si peu de chose, au souvenir de tant d'autres vrais villages qui ont leur charme personnel et sans facticité, par leur situation, leur groupement ; et qu'alors l'esprit s'afflige de ces investissements et de ce gaspillage. »

Les inconséquences de Marie-Antoinette ont alimenté jusqu'à la nausée une littérature républicaine qui, de génération en génération, a voulu faire de cette reine trop légère le concentré de toutes les tares royales. Dans le cadre de l'École des hautes études en sciences sociales, j'ai jadis étudié toute la littérature calomniatrice, et même pornographique, qu'une haine farouche, irrationnelle devait susciter contre elle à la fin du XVIIIe siècle. L'avouerai-je ? Quoique révulsé par tant de sottise, et bien que je n'aie jamais douté de l'innocence foncière de Marie-Antoinette dans l'affaire du Collier, par exemple, je n'ai jamais pu m'empêcher de songer que toutes ces méchancetés n'étaient pas nées de rien, et que cette princesse, par sa futilité chronique – sans doute compréhensible –, n'avait pas fait le nécessaire pour s'en prémunir. Marie-Antoinette fut sans doute, à des degrés divers, victime de sa jeunesse, de ses préjugés, de sa myopie, de ses infortunes conjugales et des conseils désastreux de la coterie qui l'entoura longtemps. Faut-il pour autant excuser son indigne accumulation de faux pas ?

Bonne fille peut-être, bonne mère assurément, bonne chrétienne me dit-on, et, finalement, bonne Française en dépit des appels à l'ennemi – mais cet ennemi-là n'était-il pas frère et cousin ? –, Marie-Antoinette n'en fut pas moins, me semble-t-il, une assez mauvaise reine. Y compris dans l'espèce de magistère artistique qu'elle assuma, ou tenta d'assumer, en l'absence de favorite en titre.

Certains ont entrepris, depuis cinquante ans, de nous faire croire à l'écriture par la reine d'un chapitre de l'histoire des arts décoratifs. Nous lui devrions, pour un peu, l'existence miraculeuse d'un « style Marie-Antoinette ». Je ne partage guère cet engouement. À mes yeux, les extraordinaires réalisations accomplies à la demande – souvent pressante – de la souveraine ne sont que le produit d'un très grand, d'un incomparable savoir-faire, stimulé par des moyens presque illimités.

Personne n'ayant, après cela, canalisé l'ardeur à plaire des ébénistes, des sculpteurs, des doreurs, des bronziers, des tapissiers, l'on se retrouve en face d'inconcevables miracles de technicité, au service d'une inspiration de fleuriste et de mercière. Des rubans fort bien imités, des pétales raffinés à l'impossible, d'obsédantes plumes de paon et des sculptures naturalistes jusqu'à la platitude – tout cela dans des tons de lilas et de tilleul dignes d'un salon de thé du Kent – voilà ce qu'accomplirent les grands maîtres, au sommet de leur grand art ; mais des maîtres, mais un art dévoyés, ce me semble, par les affinités immatures d'une commanditaire que personne, jamais, n'osa contredire.

C'est tout juste si, sur le tard, notamment après la vente du duc d'Aumont, ce goût finit par mûrir au contact de l'échauffement révolutionnaire ; et si les Tuileries des années 1790 et 1791, encore trop mal connues, si le Saint-Cloud des derniers étés rachetèrent par leur austère beauté les puériles extravagances de la décennie précédente. On n'y perdit presque rien en richesse ; mais on gagna peut-être en inspiration. Il n'empêche : les éblouissantes pièces de mobilier fournies par Jacob, par Riesener, par Weisweiler et par tant d'autres, lorsqu'elles furent destinées à la reine, portent presque toujours en elles ce je-ne-sais-quoi d'un peu anecdotique qui les tire, en direction du bas, vers un esprit *plumes-et-chiffons* qui devait épater Rose Bertin, mais n'atteint que malaisément à la grâce.

Marie Leszczyńska

Quelques mots seulement pour saluer la mémoire de cette noble figure, une des plus calmes de toute la longue cohorte versaillaise. On ne parle jamais ou presque de la reine Marie, et cela convient sans doute à sa discrétion naturelle… Les professeurs semblent s'ingénier à l'exclure des cours d'histoire ; quant à leurs étudiants, ils redoutent seulement d'avoir à orthographier son nom. C'était tellement plus simple, au dernier siècle, lorsqu'on écrivait, comme Pierre de Nolhac, *Leczinska* !

Nolhac, justement, aura sans doute été son meilleur biographe. Comme il a su nous la rendre attachante, cette jeune *Maruchua*, seule enfant survivante d'un simple roi de Pologne, élu puis déchu : Stanislas Leszczyński ! Et comme on aurait aimé se trouver dans la petite cité alsacienne de Wissembourg, refuge du souverain détrôné et de son épouse, Catherine Opalińska, un beau jour de l'été 1725, lorsque l'envoyé du très jeune et très puissant roi de France vint troubler la quiétude, toute provinciale, de cette petite famille !

Marie avait sept ans de plus que Louis XV, et c'était la garantie qu'elle pourrait vite assurer sa descendance et, par là même, l'avenir de la dynastie. On la voulait enceinte ; elle ne s'en fit pas faute, mais ce fut pour donner, après deux jumelles, une trop longue série de filles ! « Toujours grosse, se plaignait la mère, toujours coucher, toujours accoucher… » Deux fils seulement naquirent au milieu de neuf filles, dont survivraient sept princesses et un seul mâle – c'était assez tout de même pour asseoir le trône ; et Louis XVI, Louis XVIII, Charles X seront les petits-enfants de la reine.

Bonne épouse, Marie n'en demeurait pas moins une fille attentive ; et sa joie lorsque ses parents séjournaient à Versailles, sa violente douleur à la nouvelle de la mort de son père, en 1766, dans des circonstances affreuses – le feu avait pris dans sa robe de chambre –, dénotent une belle piété filiale. Notons, au passage, que la mort de Stanislas, devenu duc de Lorraine en 1737, apportait cette province à la France, sur un plateau de vermeil…

Lorsque la reine, épuisée de grossesses, finit par fermer sa porte à Louis XV, savait-elle qu'elle allait jeter son mari dans les bras d'ambitieuses maîtresses ? D'abord les quatre filles du marquis de Nesle, puis Mme de Pompadour – en attendant Mme Du Barry, heureusement venue après la mort de la reine… (Je passe sous silence toutes les demoiselles du Parc aux Cerfs.) Du moins, Marie eut-elle la pudeur et la dignité de ne jamais s'en plaindre, et alla-t-elle jusqu'à admettre dans les rangs de ses dames quelques-unes des sultanes du moment… L'apparence était sauve, ainsi que la tranquillité de la reine qui vivait un peu à l'écart. En dehors des obligations de la charge, ses journées passaient en prière, en broderie, en peinture – car elle recevait les leçons du maître Oudry. Une jolie toile représentant une ferme, qu'elle aurait peinte elle-même, orne encore, de nos jours, la chambre du dauphin. Au reste, le duc et la duchesse de Luynes, ses seuls intimes, réunissaient pour elle un petit cercle de bonne compagnie, où l'on trouvait les Argenson, par exemple, et Moncrif, l'historien des chats ; cela suffisait à sa société. Le soir, vers six heures, on installait dans son grand cabinet – le salon de la Paix, rattaché à ses appartements – des tables pour le *jeu de la reine* : d'assez languissantes parties de cavagnole qui amusaient cependant cette âme simple. Comme tout le monde alors, la reine n'en jouait pas moins gros jeu, et souvent Louis XV dut éponger de sérieuses dettes.

Vertueuse pour le reste, discrète et pieuse, la reine Marie était très à cheval sur les devoirs religieux, mais également sur toutes les obligations d'une reine de France, qu'elle accomplissait ponctuellement, sans déplaisir apparent. Lors de son séjour à la Cour, à l'été 1750, Casanova eut l'occasion d'assister, à la mi-journée, au dîner que la reine prenait en public, devant une douzaine de courtisans disposés en demi-cercle, à dix pas de sa table. Durant la plus grande partie du repas, raconte le Vénitien, elle n'eut pas un regard pour eux. Mais soudain, reprenant d'un plat et cherchant sans doute à excuser sa gourmandise, elle parcourt des yeux la triste assistance et nomme M. de Lowendal, le héros de Fontenoy. Le général s'avance : « Madame ? – Je crois que ce ragoût est une fricassée de poulet ? – Je suis de cet avis, Madame. » Fin de l'échange : la reine acheva de dîner en silence…

Ses grands portraits de cour, par Tocqué ou Carle van Loo, nous la montrent assez hiératique, et tenant parfaitement le rôle ; mais on la préfère évidemment détendue, portraiturée par Nattier dans son intimité, en robe d'intérieur à fourrure, avec sur la tête un bonnet de dentelles que retient une mantille noire. S'il me fallait en deux mots qualifier la souveraine, je dirais qu'elle fut une grande dame. Simple et bonne, sans doute, mais parfaitement consciente de son rang. Charles Kunstler a rappelé sa sortie très ferme à l'encontre d'une de ses dames qui, ayant négligemment laissé sa pelisse blanche sur un ployant de la chambre royale, l'avait retrouvée jetée sur une banquette de l'antichambre, où un chat l'avait salie. La dame s'était vivement plainte à la reine : « Voyez, Madame, l'impertinence de vos gens, qui ont jeté ma pelisse sur une banquette de l'antichambre ! – Sachez, madame, que vous avez des gens et que je n'en ai pas. J'ai des officiers de ma Chambre qui ont acheté l'honneur de me servir. Ce sont des hommes bien élevés et instruits ; ils n'ignorent pas que, choisie parmi les plus grandes dames du royaume, vous devriez être accompagnée d'un écuyer, ou tout au moins d'un valet de chambre qui recevrait de vous votre pelisse, et qu'en observant les formes convenables à votre rang, vous ne vous seriez point exposée à voir vos effets jetés sur des banquettes d'antichambre. »

À Versailles, Marie Leszczyńska aura laissé l'image d'une souveraine humble mais d'autant plus respectée, bienveillante et surtout généreuse : elle fonda la maison de l'Enfant-Jésus où des centaines de jeunes femmes pauvres subsistaient en filant du lin et du coton, aida les filles de Saint-Vincent-de-Paul, parraina des régiments, dota d'innombrables jeunes filles issues de familles nombreuses ; elle allait à la rencontre des victimes d'incendies ou d'inondations, et payait la caution de prisonniers pour dettes… On la vit même oser faire une pension à la célèbre veuve Calas, dont le mari avait été roué vif – injustement – sur ordre du Parlement de Toulouse !

À ce qu'on dit, cette douce reine ne se serait pas montrée aussi bonne mère que Louis XV était bon père. Il faut dire, à sa décharge, que l'étiquette était rigide et la condamnait à ne voir ses enfants qu'à heure fixe, et selon tout un protocole. Des chroniqueurs lui ont notamment reproché d'avoir prié *Mesdames* – ses filles – d'éviter de lui baiser la main plusieurs fois dans la même journée, si les circonstances les amenaient à se croiser d'heure en heure ; il me semble qu'il s'agissait moins d'insensibilité de sa part que du souci de leur épargner des effusions publiques, forcément guindées.

Car, au fond, Marie ne fut pas une mauvaise mère ; elle s'est trouvée présente au chevet de ses enfants chaque fois qu'ils furent malades, veilla intelligemment sur leur éducation, ne cessa jamais de surveiller leur conduite, sans pour autant les étouffer… Et je me plais à citer sa remarque à l'Intendant des Menus-Plaisirs, un jour qu'il hésitait à prononcer devant la reine et ses filles le titre de la pièce de Molière, *Le Cocu imaginaire* : « Apprenez, monsieur, que ces sortes de mots ne peuvent gêner la pudeur de mes filles, et qu'il vaut bien mieux jouer devant elles les excellentes pièces de Molière que toutes ces pièces à sentiment dont nous sommes inondés. »

Je pensais ne consacrer que quelques lignes à la reine, et je comprends que j'ai finalement plus à en dire que je ne l'imaginais. N'est-ce pas un trait bien attachant du personnage : se révéler plus présent, plus important en somme, que ne le donneraient à penser des mentions toujours brèves ? Il y a chez Marie – qui s'en étonnerait ? – quelque chose de très polonais ; et c'est le don de se rendre discret sans effacement, le talent de ne pas faire de bruit pour mieux se faire entendre. La belle exposition montée en 2013 à Varsovie ne s'y est pas trompée.

Marigny (Marquis de)

Pour être complète, la bibliographie d'un auteur devrait comprendre, à côté des livres publiés, la liste de ses ouvrages inaboutis. Elle serait souvent très parlante. Pour ma part, je porte comme une croix – ou comme les regrets d'enfants mort-nés, toutes proportions gardées – la séquelle de mes ouvrages abandonnés et des projets que je n'ai pas su mener à bien. Ma pire frustration sans doute concerne un récit romanesque qui devait s'intituler *La Leçon d'Italie* et raconter le Grand Tour du marquis de Marigny. J'y ai travaillé plusieurs mois, puis j'ai laissé ce chantier en plan pour me lancer – avec il est vrai plus de facilité – dans une série de romans sur les femmes de la Renaissance : *La Cour des Dames*.

À la fin de l'année 1749, le jeune frère unique de Mme de Pompadour – il s'appelle Abel de Vandières et n'est pas encore marquis de Marigny – a vingt-deux ans. Sa sœur, au sommet de la faveur, lui a fait réserver le poste éminent de directeur général des Bâtiments, Jardins, Arts, Académies et Manufactures royales ; autant dire qu'elle s'apprête à faire de lui une sorte de super-ministre de la Culture, disposant selon ses choix des fonds énormes affectés chaque année aux commandes de l'État ! L'on conçoit que de telles responsabilités n'aient pu échoir à un jeune homme inexpérimenté ; et c'est précisément pour former le goût de ce futur arbitre des styles, pour asseoir son jugement dans tous les domaines de l'art, que ses bonnes fées décident de l'envoyer en Italie, accompagné de trois cicérones avertis : l'abbé Le Blanc, critique d'art, le graveur Cochin, grand connaisseur de la peinture, et l'architecte Soufflot.

Les quatre voyageurs – le jeune homme ultra-protégé et ses trois brillants chaperons – vont donc sillonner, dix-huit mois durant, la péninsule italique, courant de palais en galeries et de jardins en chantiers de fouille, reçus par les plus grands mécènes et les plus fabuleux collectionneurs, avant d'être les hôtes, à Rome, du peintre de Troy, président de l'Académie de France. Milan, Bologne, Turin, Gênes, Rome, Naples, Florence et Venise, entre autres, devaient livrer, pendant tout le cours de l'année 1750 et le début de la suivante, la quintessence de leurs trésors d'architecture, de sculpture, de peinture, de gravure, mais aussi de littérature, d'histoire, de musique…

Où l'on songe aux vers de Nolhac :

Terre de grâce et de clarté,
Un enfant t'est venu de France
Qui te demandait la science ;
Tu lui révélas la beauté !

Au printemps 1751, ce voyage incomparable est interrompu par la nouvelle, arrivée de France, de la mort du vieux marquis de Tournehem qui exerçait la charge de directeur des Bâtiments dans l'attente du retour d'Abel. Sitôt, il faut, au plus vite, rentrer à Versailles. Ainsi le jeune homme va-t-il pouvoir, sans attendre davantage, mettre en pratique l'enseignement accéléré qu'il vient de recevoir. Disposant des crédits de la Couronne, il ne cessera, dès lors – durant les vingt-deux années d'exercice de ses hautes fonctions –, d'orienter la création française dans le sens de ce qu'on appellera le *néoclassicisme*. Car ce qui a le plus marqué Marigny, au cours de son voyage, ce sont les fouilles d'Herculanum, c'est le temple de Paestum, et tous les beaux vestiges antiques dont ses conseillers n'ont cessé de lui affirmer la supériorité. Qu'on se le dise : la révolution politique de 1789 a été devancée, dès le milieu du XVIIIe siècle, par une révolution esthétique de premier ordre, insufflée par Marigny. À son initiative, le vieux style rocaille a été balayé par le goût grec ; et le théâtre de ce bouleversement, évidemment, fut Versailles.

Marly

Au milieu des années 1980, un étudiant de Sciences-Po, habitué à « sécher » les cours, s'éclipsait volontiers de la rue Saint-Guillaume pour venir, des après-midi entiers, arpenter le parc de Marly. Ce jeune promeneur entrait à pied, par la Grille royale dont il aimait le petit musée, et descendait, le cœur serré, l'interminable rampe qui mène à la terrasse du pavillon du Roi. Pourquoi « le cœur serré » ? Mais parce que, tout en marchant, il rebâtissait en songe des édifices, des bassins, des bosquets disparus depuis bientôt deux siècles, et se laissait gagner avec ravissement au souvenir des merveilles qui, jadis, avaient peuplé les lieux… Laissant errer ses regards sur les talus en herbe, le vallon presque en friche, les pièces d'eau asséchées, maintenant envahies de ronces, l'étudiant se prenait à les rhabiller de berceaux, de topiaires, de viviers à carpes, de murs à fresques dorées et de cascades…

Marly est surtout un rêve : le rêve d'un roi, un temps réalisé jadis, devenu aujourd'hui le songe de promeneurs nostalgiques, accrochés aux maigres vestiges d'un paradis perdu… Car tout, ici, relevait de l'enchantement : le site, gagné à grand-peine sur un paysage hostile – ne dit-on pas qu'il avait fallu, pour créer le domaine, « araser une montagne » ? ; la disposition des douze pavillons d'invités, plantés de part et d'autre d'une pièce d'eau avec, au fond, dominant l'abreuvoir aux *chevaux de Marly*, la vue magnifique sur une boucle de la Seine et, plus loin encore, sur le château de Saint-Germain ; le raffinement des décors minéraux et végétaux – les jardiniers d'ici rivalisant d'invention ; une cascade aux eaux généreuses, aussi abondantes en ces lieux qu'elles étaient rares à Versailles ; et mieux encore que tout cela : le charme de la privauté ! Le petit nombre des invités du roi – moins de mille sur tout le règne – était ici dispensé des règles de l'étiquette. Chose incroyable : il était en effet permis aux messieurs de rester couverts en présence du souverain, et aux dames de se présenter devant lui *en robe de chambre* – c'est-à-dire dans une tenue moins empesée que la fastidieuse robe de cour. Faveur insigne : les convives prenaient à Marly leurs repas en même temps que le roi, les plus distingués à sa propre table, les autres à des tables présidées par différents membres de sa famille.

Au XVIIIe siècle, Louis XV et Louis XVI feront à Marly des séjours assez réguliers ; mais cette maison reste, définitivement, la résidence secondaire de Louis XIV. Dans l'esprit du Grand Roi, elle est moins le prolongement de Versailles que son retranchement – une sorte d'ermitage, en somme… Saint-Simon écrit : « À la fin le roi, lassé du beau et de la foule, se persuada qu'il voulait quelquefois du petit et de la solitude. Il chercha autour de Versailles de quoi satisfaire ce nouveau goût. » Et tomba sur Marly… Faut-il, pour autant, voir en cette thébaïde une antithèse du grand château ? Thierry Sarmant le pense, qui n'hésite pas à parler d'un *anti-Versailles*, d'une sorte de favori tardif mais d'autant plus avantagé. Stéphane Castelluccio, analysant les déplacements royaux à partir des notations de Sourches et de Dangeau, a pu établir que le monarque avait passé, entre 1686 et 1715, sept années pleines en ces lieux verdoyants – soit un bon quart de son temps ! Encore faudrait-il ajouter à cela les passages à Marly lors des chasses, les excursions d'après-dînées et autres promenades vespérales – disons en somme que Louis XIV ne demeurait jamais trois jours loin de son havre de paix.

À Marly – de même qu'à Trianon –, les bâtiments, d'inspiration palladienne, étaient entièrement neufs, en terrain vierge, comme surgis du néant. Ce défi avait dû ravir le roi qui, très tôt, prit l'habitude d'en inspecter les travaux. Dans les années 1680, il y conduisait volontiers sa belle-fille, la dauphine Marie-Anne – ce qui était prétexte à des déplacements pleins de gaieté. Au cours des années 1690, les séjours se firent plus fréquents, plus durables, excédant volontiers la semaine et poussant jusqu'à deux. Le roi passait désormais à

Marly trois ou quatre mois chaque année ; d'avril à juillet 1711 – au lendemain de la mort du Grand Dauphin –, la villégiature durera même trois mois entiers…

« J'ai fait Versailles pour ma Cour, Trianon pour ma famille, Marly pour mes amis », aurait dit Louis XIV – si l'on en croit une phrase souvent répétée, mais dont je n'ai, pour ma part, jamais trouvé l'origine. Domaine privé du souverain, il était évidemment soumis à de strictes conditions d'accès ; même les jardins n'étaient pas ouverts au public, si ce n'est quelques jours par an. Pour venir à Marly, il fallait y avoir été expressément invité – autrement dit, voir son nom figurer sur une liste que le roi dressait lui-même. Saint-Simon a décrit la mécanique en vigueur : « À son souper étaient toujours grand nombre de courtisans et de dames, tant assises que debout et, la surveille des voyages de Marly, toutes celles qui voulaient y aller ; cela s'appelait *se présenter pour Marly*. Les hommes demandaient le même jour, le matin, en disant au roi seulement : "Sire, Marly !" »

À l'usage, un tel cérémonial fut jugé pesant par le destinataire des suppliques. « Les dernières années, le roi s'en importuna, explique Saint-Simon ; un *garçon bleu* écrivait, dans la galerie, les noms de ceux qui demandaient, et qui allaient se faire écrire. Pour les dames, elles continuèrent toujours à se présenter. » La liste des courtisans retenus était couchée par écrit par le roi lui-même, le soir qui précédait son déplacement. Elle était ensuite recopiée et rendue publique. L'effectif a crû avec le temps, jusqu'à des fournées d'une centaine de convives. Certains Marly, plus prestigieux encore que les autres, étaient dits *particuliers*, car restreints à des invités spécialement sélectionnés ; il y eut ainsi des Marly de chasse, des Marly de jeu, des Marly de danse, des Marly de dames, des Marly de guerre ou des

Marly de deuil… « Quand on danse à Marly, précise la Princesse Palatine au nouvel an 1704, les jeunes dames seules se présentent pour y aller et c'est ce qu'on appelle un *Marly gambade*… Le plus plaisant [dans le sens de *drôle*, à l'époque] est que, lorsque on y mène maris et femmes, cela s'appelle un *Marly à cheval*… » Les séjours plus classiques étaient dits *Marly ordinaires* ; en général, le roi s'arrangeait pour convier toujours, au milieu d'un gros noyau d'habitués, des *gens nouveaux* dont le ravissement devait amuser les autres.

Louis XIV jouait là son rôle favori : la source de toute faveur ! À M. de Metz qui le divertissait, il dit un jour : « Les autres me prient de les mener à Marly et moi je vous prie, vous, d'y venir. » Il envoya, une autre fois, son cher valet Bontemps trouver le maréchal de Villars : « Vous avez, monsieur le Maréchal, demandé d'aller à Marly ? – Moi ? Oh, je suis bien éloigné d'oser prendre cette liberté. – Et moi, monsieur, je vous soutiens que vous l'avez demandé. – Je comprends… Eh bien, puisque vous m'en assurez, admettons que j'aie demandé ! »

On imagine sans peine le privilège inouï que pouvait représenter une invitation au royal ermitage – en même temps que l'humiliation, pour certains grands personnages, d'avoir été omis… Délice pour les uns, torture pour d'autres, la publication de la fameuse liste allait finir par mobiliser l'attention du Tout-Versailles. Louis XIV, qui possédait comme personne « l'art de donner l'être à des riens », en fit un instrument politique ; il monnaya même, parfois très cher, le privilège d'une promenade à ses côtés dans le jardin enchanté. L'exemple du banquier juif Samuel Bernard, ainsi récompensé de ses largesses au Trésor, est célèbre ; il y en eut d'autres… « J'admirai, persifle Saint-Simon, et je n'étais pas le seul, cette espèce de prostitution du roi, si avare de ses paroles, à un homme de l'espèce de Bernard. Je ne fus pas longtemps sans en apprendre la cause, et j'admirai alors où les plus grands rois se trouvent quelquefois réduits. » Il est vrai que les rois de France n'ont guère partagé ce que nous appellerions l'antisémitisme de leurs cours…

J'emportais avec moi, lors de mes escapades buissonnières, la photocopie des meilleures pages d'un charmant ouvrage de l'érudit Émile Magne, paru en 1934, et dont j'avais déniché un exemplaire à la Bibliothèque classique de Poitiers. Tous les recoins du domaine y étaient décrits par le menu ; et je pouvais ainsi m'amuser à replacer, livre en main, tel bassin à sa place exacte, telle chapelle sur les fondations qu'elle avait laissées… La terrasse du pavillon du Roi garde la trace des anciens murs porteurs ; de sorte que l'on peut se donner aisément l'illusion, en franchissait un mince bandeau, au ras du sol, d'entrer dans le grand salon octogonal, épicentre du bâtiment. Ce vaste espace s'élevait jadis sur deux étages ; il ouvrait sur quatre sobres vestibules, ces derniers donnant eux-mêmes accès à quatre appartements d'angle. Le bon M. Magne : « Le Roi occupait à gauche et Monseigneur à droite, ceux de la façade nord ; Monsieur à droite et Madame à gauche, ceux de la façade sud. » Il croit utile de préciser que ces quatre appartements, meublés de manière assez simple – avec Louis XIV, tout est relatif… –, étaient respectivement tendus de rouge, de vert, de bleu et, pour la Princesse Palatine, d'aurore – c'est-à-dire de jaune pâle. « Au premier étage, on avait ménagé, pour les Princesses de la famille royale et madame de Maintenon, autour du dôme couronnant le salon, un couloir à ciel ouvert où s'alignaient huit appartements de deux pièces chacun et d'une garde-robe desservis par des vestibules communs. »

Disons-le : aux yeux des contemporains, une telle distribution devait paraître du dernier cri, aussi furieusement excitant que l'allègement du protocole, l'organisation de loteries très richement dotées, la présence d'essences rares dans le parc et, fin du fin, l'aménagement de jeux de plein air. Oui, des jeux de plein air ! On se baignait à Marly, on canotait l'été dans des chaloupes sur le réservoir de la Ramasse, on patinait l'hiver, ou l'on glissait en traîneaux, près de l'étang du Trou-d'Enfer… En 1691, dans le bosquet du Couchant, Louis XIV fit même suspendre, à l'usage de la jeunesse, une escarpolette entre deux grands arbres, dissimulée à la vue par un rideau de marronniers. Et dans la foulée, il fit édifier, sur une vaste esplanade des Hauts de Marly, un grand char sculpté bleu et or, qui dévalait la longue pente à toute vitesse sur une glissière, et que remontaient ensuite des ouvriers appointés ; on appelait cela *la roulette* de Marly, et je crois que l'on peut y voir l'ancêtre direct de nos attractions foraines – en quelque sorte un *lunapark* du Grand Siècle…

À titre d'exemple, voici ce que dit Dangeau à la date du jeudi 20 décembre 1696 : « Le roi mena la princesse [c'est-à-dire la duchesse de Bourgogne] dîner à Marly [donc à la mi-journée]. Monseigneur y alla avec le roi, et après dîner, y mena la princesse à la roulette, et, de la roulette, il partit pour coucher à Meudon, où il demeura jusqu'à dimanche. Le roi se promena jusqu'à la nuit dans les jardins de Marly, et ramena dans son carrosse toutes les dames de la princesse. »

Au tournant du XXIe siècle, une circonstance inattendue allait me remettre ces choses en tête… Nous déjeunions un vendredi au château du Champ-de-Bataille, dans l'Eure, quand le téléphone confidentiel du maître de maison se mit à sonner. Jacques Garcia prit la communication, et ne tarda pas à sourire. « Cela va t'amuser », me dit-il en se levant de table ; il faisait déjà signe aux convives de le suivre. Quelques minutes plus tard, nous nous trouvions dans un nouveau secteur des jardins, où un groupe d'ouvriers s'activait à remonter une ancienne fabrique, en forme de petite tour. Je savais seulement que le vestige provenait du parc d'une gentilhommière, sise du côté de Marly-le-Roi. « Eh bien, demanda Jacques en fondant sur le contremaître, vous avez fait une découverte ? » D'un geste, l'homme désigna fièrement une inscription gravée sur le flanc d'un moellon, invisible en temps normal, car dissimulée dans l'appareil des blocs : *ANNO 1692*. Pour les personnes présentes autour de nous, cela n'était sans doute qu'une date ; mais Jacques et moi savions bien ce qu'il fallait en conclure… « Je crois que c'est clair, non ? » me lança-t-il, radieux. Je m'inclinai fort bas : « Ne manque plus que la *roulette* ! »

J'ai souvent eu l'occasion, dans ce *Dictionnaire amoureux*, de montrer le duc de Saint-Simon sous un jour critique. J'aimerais citer ici un extrait méconnu des *Mémoires* où le duc, devenu, après la mort de Louis XIV, l'un des plus influents conseillers du régent Philippe d'Orléans, s'instaure le défenseur d'un Marly menacé. Les finances de la Régence sont alors au plus bas, et parmi les propositions d'économies drastiques, figure la démolition d'un domaine alors considéré comme secondaire. Le Régent n'est pas loin de se laisser fléchir. C'est alors qu'intervient Saint-Simon. « Je lui répondis [...] que cette destruction retentirait dans toute l'Europe avec un blâme que ces basses raisons de petite épargne ne changeraient pas ; que toute la France serait indignée de se voir enlever un ornement si distingué ; que, encore que lui et moi pussions n'être pas délicats sur ce qui avait été le goût et l'ouvrage favori du feu Roi, il devait éviter de choquer sa mémoire, qui, par un si long règne, tant de brillantes années et de si grands revers héroïquement soutenus, avait laissé le monde entier dans la vénération de sa personne. »

Le Régent acquiesça, et Marly survécut – moins d'un siècle... Vendu comme Bien national, sous le Directoire, à un bourgeois qui devait y installer une filature de coton et une fabrique de drap, il sera démantelé sous l'Empire et vendu au prix des fournitures, avant de rentrer dans le giron de l'État – mais sous la forme d'un parc dévasté. *Sic transit gloria mundi.*

Mémorialistes

Connaît-on de petit plaisir plus suave que celui qui consiste, par une fin de matinée douce et oisive, à se laisser guider, sans idée précise, sur les sentiers inconnus, pleins de surprises, d'une correspondance ou d'une autobiographie ? Pour ma part, c'est un passe-temps que j'ai toujours chéri, et que je recommande chaudement aux amateurs d'anecdotes et de détails piquants.

Trois articles de ce *Dictionnaire amoureux* sont consacrés aux mémorialistes fameux de la cour de Louis XIV : la truculente Princesse Palatine, l'incontournable Saint-Simon et – moins connu – celui dont le *petit duc* s'est inspiré en dépit de ses préventions, le marquis de Dangeau. À eux trois, cependant, ces témoins de première main sont loin d'épuiser la matière ; et les relations, lettres, journaux, mémoires, précis, souvenirs et autres témoignages ne feront jamais défaut à qui voudrait, avec la curiosité d'un entomologiste, se pencher de près sur la ruche versaillaise.

Mon adolescence a été bercée par les publications savoureuses d'une collection dont, aujourd'hui encore, je n'ouvre jamais un volume sans ressentir un pincement au cœur : la série du « Temps retrouvé », au Mercure de France. Récemment reprise sous la houlette d'Évelyne Lever, cette collection demeure excellente ; mais ses couvertures bleu nuit, illustrées en couleurs, n'effacent pas en moi le souvenir des anciennes, aux teintes pastel de saumon, d'amande ou de céladon. Nostalgie de bibliophage…

Les deux premiers titres, je les avais acquis à Poitiers, dans une brocante, presque par hasard. Il s'agissait des *Mémoires* de l'abbé de Choisy qui passa toute sa vie habillé en femme, et des *Souvenirs* de la marquise de Caylus, nièce de Mme de Maintenon. À la réflexion, la verve du premier, l'esprit réservé de la seconde me paraissent bien s'accorder aux périodes qu'ils abordaient l'un et l'autre, offrant sur le règne de Louis XIV un panorama que j'ai tôt nourri, par ailleurs, de divers travaux d'érudition, dont ceux d'un chroniqueur drômois de la Belle Époque, le comte Humbert de Gallier.

Les brillantes épistolières du Grand Siècle vinrent de bonne heure pimenter ce gentil ragoût. Laquelle eut ma préférence ? Mme de Sévigné, légère, bavarde, maternelle et cancanière, dont le style plein de vie n'abordait Versailles que de manière incidente, au hasard d'incursions vaguement exaltées ? Madame Palatine, espionne de choix, superbement installée au cœur même du sérail, mais dont la fausse bonhomie, pleine de frustration, et la grande verdeur de termes laissaient à mon palais un arrière-goût d'amertume ? La marquise avait le style pour elle, mais c'est la princesse qui, depuis son observatoire inespéré, me faisait partager les plus belles émotions.

Introduit pareillement, je fus dès lors en quête d'observateurs bien placés, de témoins à la vue imprenable sur la Cour et qui, grâce aux détails qu'ils pourraient collecter, seraient à même de m'en faire respirer l'atmosphère. Un marquis de Sourches, sous le règne de Louis XIV, un duc de Luynes, sous le suivant, présentaient certes le mérite de ne rien laisser passer des arguties d'étiquette – mais Dieu que leurs journaux pouvaient être assommants ! Je n'ai jamais trouvé, chez eux, la vivante précision des mémoires et souvenirs livrés, pendant la Révolution ou juste après elle, par certains grands officiers des deux dernières cours. Le comte Dufort de Cheverny, par exemple, sous Louis XV, introducteur des ambassadeurs, possède l'art de conter une anecdote ; grâce à lui, c'est l'intimité du souverain que l'on a parfois le sentiment de partager. Comme dans ce croquis pris sur le vif : « Nous soupions à Fontainebleau chez Lebel », le premier valet de chambre de Louis XV. « Ce Lebel aimait beaucoup les dames de moyenne vertu, et les pourvoyeuses de Paris n'en laissaient jamais manquer les amateurs. Nous étions six [...]. Deux de ces dames furent invitées, le souper fut très gai ; une de ces dames fit la difficile : Saint-Vigor la prend sur ses genoux et, d'une main vigoureuse, nous étale ses appas comme s'il voulait lui donner le fouet. Cette scène était bruyante, la *princesse* se fâchait, tout le monde riait lorsque nous entendons ouvrir la porte et voyons le roi entrer à mi-corps. Dès qu'il eut vu ce qui nous faisait rire, il resta en extase et, en fermant : "Messieurs, que je ne vous dérange pas ; prenez que je ne suis pas venu." Ce fut le signal de se retirer : nous allâmes à son Coucher, et il ne fut question de rien. »

Plus palpitants encore, plus incarnés, si possible, sont les témoignages de ces dames du service intime que furent respectivement Mme Du Hausset auprès de la marquise de Pompadour, Mme Campan chez la reine Marie-Antoinette. J'ouvre les *Mémoires* de la première, et les trouve abondamment annotés – souvenir du temps où j'écrivais mon *Bal des Ifs*... « Quand il arrivait un nouveau ministre, écrit-elle, [le roi] disait : "Il a étalé sa marchandise comme un autre, et promet les plus belles choses du monde, dont rien n'aura lieu. Il ne connaît pas ce pays-ci ; il verra..." Quand on lui parlait de projets pour renforcer la marine, il disait : "Voilà vingt fois que j'entends parler de cela. Jamais la France n'aura de marine, je crois." C'est M. de Marigny qui m'a dit cela. » Mme Du Hausset cite sa source : Marigny était le frère de Mme de Pompadour. Le fait est qu'on croirait entendre Louis XV parler...

Sur le crépuscule du Versailles royal, les *Mémoires* tantôt insolents, tantôt désabusés, du prince de Ligne, du baron de Besenval – on prononce *Beuzeval* à la Cour – et du comte de Tilly apporteront au curieux des détails de grand intérêt. Mais aucun de ces récits ne possède la naïve sincérité de celui du comte d'Hézecques, qui avait servi comme page et savait, comme personne, trousser l'anecdote. À propos de la représentation devant Louis XVI, en 1786, d'une pièce de Marie-Joseph Chénier, frère du poète et futur grand révolutionnaire, il raconte : « Un acteur, nommé Dorival, avait une prononciation gênée. Mais ce jour-là, sa langue s'embarrassa tellement, qu'au lieu d'entendre :

« *Que diront les Français, que dira ton vieux père ?*

« On entendit plutôt :

« *Que diront les Français, que dira Dieu le père ?*

« Un immense éclat de rire, qui gagna les acteurs eux-mêmes, accueillit cette étrange interprétation. Mais à la fin du quatrième acte, un sifflement aussi aigu que prolongé partit du haut de la salle. C'était chose inouïe aux spectacles de la Cour. Ce manque de respect, la position de la loge grillée où se plaçait le roi, tout a persuadé que le monarque avait pu lui seul pousser cette note malheureuse qui perça sûrement le tympan de M. Chénier, fit éclore sa monstrueuse tragédie de *Charles IX*, et le rendit l'ennemi irréconciliable des rois. »

On croit voir ici ressurgir des fantômes engloutis par la Révolution… Il en est de même, souvent, dans les *Mémoires* de la baronne d'Oberkirch. Elle-même refusait le terme de « Mémoires », lui préférant celui de « Souvenirs ». « L'histoire, disait-elle, se compose aussi des détails ; ils peignent l'époque. Ne faut-il pas donner aux tableaux la couleur qui leur est propre ? » Sage notation. Car c'est peut-être, en fin de compte, le mérite le plus sûr de cette catégorie d'ouvrages : donner des couleurs au grand tableau de l'Histoire.

Michelet (Jules)

Pendant toute la durée de mes études, j'ai entendu mes professeurs, mes camarades, et jusqu'à de simples conférenciers, fondre sur Michelet comme les aigles sur l'agneau. Dépassé, sentencieux, partial et sujet même à la mythomanie, l'auteur de l'*Histoire de France* semblait personnifier à leurs yeux le mauvais historien. Un contre-exemple, voilà ce qu'il était. Aussi m'en suis-je longtemps méfié comme de la peste, fuyant ses livres et sautant volontiers, dans mes lectures, les récurrentes citations de son œuvre.

Je vécus ainsi, assez bien, sans Michelet, jusqu'au jour – assez récent – où me sont tombés sous les yeux plusieurs volumes d'une réédition complète. Je savais, pour y avoir glané naguère des exemples fameux de mauvaise foi, que le tome XII de la série racontait *Louis XIV et la Révocation de l'Édit de Nantes*. Et que Versailles y était peint sous des traits peu flatteurs… Je savais moins – même si j'en nourrissais timidement l'intuition – que cette prose était limpide, cette pensée, puissante, cette œuvre, proprement magnétique. J'en fus donc réduit à découvrir sur le tard la jubilation qu'il peut y avoir à saisir la logique sous-jacente, discutable parfois mais toujours lumineuse, de pans entiers de l'Histoire.

Voici, à titre d'exemple, l'idée que se fait Michelet de la dynamique à l'œuvre dans le projet versaillais : « En 1661, à l'avènement de Colbert, il n'y avait qu'une Cour, toute petite et qui tenait dans Saint-Germain. Depuis 1670, Colbert fut condamné à faire ce monstrueux Versailles… Il voyait venir la terrible et ruineuse création de ce château, qu'on ne referait pas avec un milliard d'aujourd'hui.

« Mais lorsque Louvois le remplace comme surintendant des bâtiments, c'est bien pis. Au lieu d'une Cour, il y en a dix et Versailles a fait des petits.

« Sans parler de Monsieur, qui réside à Saint-Cloud, ni du Chantilly des Condé, tout le gracieux amphithéâtre qui couronne la Seine se couvre de maisons royales. Partout, de Villers-Cotterêts à Chantilly ou à Anet, de Fontainebleau ou de Choisy à Sceaux, à Meudon, à Saint-Cloud, de Rueil à Marly, à Saint-Germain, tout est palais, tout est Versailles !

« Ainsi, de plus en plus, dans l'amaigrissement de la France, le centre monarchique va grossissant, se compliquant. Ce n'est plus un soleil, c'est tout un système. »

On goûtera au passage la saveur des termes employés avec une pénétrante justesse : *avènement, condamné, ruineuse, amphithéâtre, amaigrissement*… Jules Michelet ajoute : « Versailles, que l'on croyait fini, va croissant, s'augmentant, comme par une végétation naturelle. Il pousse vers Paris des appendices énormes, vers la campagne l'élégant Trianon, les jardins de Clagny, l'intéressant asile de Saint-Cyr ; enfin, ce qui est le plus grand dans cette grandeur, le Versailles souterrain, les prodigieux réservoirs, l'ensemble des canaux, des tuyaux qui les alimentent, le mystérieux labyrinthe de la Cité des Eaux. »

La Cité des Eaux : Henri de Régnier ne manquera pas de relever le terme et d'en faire un titre… En vérité, quel souffle ! Quelle implication de l'auteur dans le tableau vivant qu'il donne, non d'un état, mais de la poussée à l'œuvre ! J'aimerais beaucoup, je l'avoue, que tous ceux qui, du haut de leurs petits écrits et de leurs références timorées, se permettent de stigmatiser le grand écrivain, soient capables, une fois dans leur modeste carrière, d'approcher – même imparfaitement – d'une telle puissance d'évocation.

Au reste, il n'est pas difficile de discerner, derrière la prose enlevée de Michelet, celle, non moins enlevée, de Saint-Simon. Certaines images lui sont directement empruntées. On se rappelle la condamnation esthétique du travail de Hardouin-Mansart par le mémorialiste du XVIIIe siècle : « On croit voir un palais qui a été brûlé, où le dernier étage et les toits manquent encore ; la chapelle, qui l'écrase, parce que Mansart voulait engager le Roi à élever le tout d'un étage, a de partout la triste représentation d'un immense catafalque. » Cela devient, chez l'historien du siècle suivant : « On commença ce bâtiment sans fin, et sans mesure, qui est resté décapité, n'ayant pas le couronnement qui devait en relever la platitude. » Avec en sus, tout de même, un jeu des plus audacieux sur les termes *décapité* et *couronnement*…

Il y a chez Michelet une verve hardie, presque désinvolte, qui transmue l'information parfois triviale en fait historique – un fait intégré au raisonnement poursuivi. Il écrit à propos de la disparition de la reine Marie-Thérèse, en 1683, précédant de peu celle de Colbert, mort d'épuisement, et dans un moment où le roi, éloigné de Mme de Montespan, n'a pas encore officiellement remplacé cette favorite : « Le Roi tua la Reine, comme Colbert, sans s'en apercevoir. N'ayant plus de femme qu'elle, il l'emmena dans un long et fatigant voyage. Elle était replète, toute ronde, fort molle. Au retour, elle mourut. » J'admire infiniment ce sens de l'ellipse, qui nous fait grâce du périple de Bourgogne et d'Alsace et des trois jours d'agonie. Les ronchons rappelleront qu'à cette époque le roi était déjà très proche de Mme de Maintenon, et la souveraine affectée d'un abcès au bras gauche. Certes… Mais Mme de Maintenon n'était pas en position d'accompagner le roi dans ses voyages ; quant aux causes de la mort, elles sont directement liées à l'épuisement de la souveraine. Aussi Michelet, qui n'a pas tort au fond, a-t-il sans doute raison de simplifier la forme…

Mise au monde

Odile Caffin-Carcy n'est pas seulement une amie charmante et fidèle ; sa connaissance étendue des mœurs d'autrefois lui rend familiers les témoignages les plus pointus. C'est dans sa belle demeure d'Éragny que, préparant *Ils ont sauvé Versailles*, j'allais consulter une collection complète de la *RHV – Revue de l'histoire de Versailles et de Seine-et-Oise*. Archiviste inlassable et dénicheuse de trésors, elle contribue à diffuser une connaissance plus fine du château, notamment sur un chapitre méconnu et passionnant, celui de la venue au monde des Enfants de France. Accouchement, allaitement, traitement des nourrissons : sa biographie romancée de *Marie-Madeleine Mercier, nourrice de Louis XV*, dans la collection « Les métiers de Versailles », chez Perrin, est une mine de renseignements inédits. On y apprend maints détails sur la manière de soigner les enfants princiers, de les langer, les coucher, les nourrir, les amuser… On y revit aussi, minute par minute, la naissance du duc d'Anjou, futur roi Louis XV, le matin froid du samedi 15 février 1710.

Sa mère, la duchesse de Bourgogne, née Marie-Adélaïde de Savoie, n'est pas encore dauphine ; mais elle occupe déjà le grand appartement des reines, au midi du corps central. C'est donc dans la grande chambre de Marie-Thérèse et de Marie-Anne – qui sera celle, plus tard, de Marie Leszczyńska puis de Marie-Antoinette, et où seront nés tant et tant de Fils et de Filles de France – que l'événement va se dérouler. À sept heures, les contractions se rapprochant, on est allé réveiller Louis XIV qui, à soixante et onze ans, fait dans la chambre une entrée remarquée ; toute l'assistance s'incline et Mme Quentin, première femme de la duchesse de Bourgogne, prévient l'accoucheur, Julien Clément, qui ne quitte pas pour autant le chevet de la parturiente. Mme de La Salle, qui officie en tant que *garde de l'accouchée*, a passé au cou de Marie-Adélaïde une relique de Saint Louis ; un dernier coup de peigne, et les cheveux sont soigneusement attachés dans un bonnet de dentelles – l'accouchée ne doit pas prendre froid à la tête ; elle gardera cette espèce de coiffe durant douze jours.

Malgré le grand feu dans la cheminée, la chambre est glaciale. À droite du lit de parade, derrière un paravent, des valets ont installé dans la ruelle un lit de travail comportant une planche entre deux matelas, des couvertures fines et deux traversins. C'est à la duchesse du Lude, dame d'honneur, que revient le soin de conduire le roi auprès de sa petite-fille par alliance. Il l'embrasse tendrement et lui prend la main. De l'autre côté du lit se trouve le jeune duc de Bourgogne, qui est penché sur le lit pour chuchoter à l'oreille de sa femme, Mme de Maintenon, bien sûr, et derrière la balustrade Monseigneur le Grand Dauphin, beau-père, le duc de Berry, beau-frère, Madame Palatine, veuve de Monsieur, grand-tante, et la plupart des princes et princesses qui se sont fait réveiller aux aurores pour être présents. Toutes les dames de la princesse, sa dame d'atour, son chevalier d'honneur sont également là, ainsi que nombre de grands officiers.

Sur la table près du lit de travail, l'apothicaire de la duchesse de Bourgogne a placé l'huile d'amande douce, l'huile de noix, le sirop de capillaire, des œufs, des oranges, du fil et des ciseaux. Les médecins et les chirurgiens ne sont pas loin, mais on les tient dans la pièce voisine, le salon de la Paix. Il y a là Fagon, Premier médecin du roi, Maréchal, Premier chirurgien du roi, et les premiers médecins et premiers chirurgiens de chaque prince. Le premier médecin de la princesse, Bourdelot, est le plus nerveux. Lorsque les cris de la parturiente se font entendre, leur petit groupe se tait.

Une lettre de Mme de Maintenon nous apprendra que « la douleur est si longue et si terrible que les hommes sortent de la chambre, ne pouvant plus la soutenir ». Le roi et ses proches demeurent cependant.

Clément transpire. Odile Caffin-Carcy : « Le chirurgien s'approche du Roi et lui souffle :

— Sire, l'enfant est mal tourné, il se présente par le derrière, il faut le retourner.

— Faites, je m'en remets à vous.

« Clément revient à la princesse.

— Madame, le travail va être rude, mais tout ira bien. Poussez vos pieds sur la barre et serrez bien fort les poignées.

« Clément introduit la main jusqu'à l'épaule de l'enfant qu'il pousse, la glisse le long du côté afin d'aller chercher les pieds et le tirer.

« Marie-Adélaïde gémit.

— Pourquoi me tourmentez-vous plus que vous n'avez jamais fait, plus que les autres fois ?

« Le duc de Bourgogne et Mme de Maintenon ont entendu. Leurs regards se croisent et se tournent vers Clément qui leur adresse un signe de réconfort.

« Huit heures sonnent. Pâles et tendus, le Roi et Mme de Maintenon ont regagné leur fauteuil et attendent, comme tous, en silence. »

L'enfant naît trois minutes plus tard : c'est un prince ! Mme de La Salle a tendu les ciseaux à Clément, qui coupe le cordon après l'avoir ligaturé. Liesse générale. L'enfant est enveloppé dans des linges tièdis, puis Mme de Ventadour, gouvernante en titre des Enfants de France, vient le présenter à la mère, au roi, à l'assemblée… Puis elle l'emmène, par la porte dérobée de l'alcôve, vers les petits cabinets bien chauffés où vont lui être prodigués les premiers soins.

« Clément achève de délivrer la duchesse de Bourgogne, attentif à ne rien laisser de l'arrière-faix, même si celui-ci, déposé sur un plat, va être examiné par les autres médecins. [...]

« Pendant ce temps, l'enfant est déposé sur la *remuette* pour être lavé. Les femmes de la Maison du prince, Mme de Villefort, sous-gouvernante, Catherine Despériez, la remueuse, Hélène Antoine, la première femme de chambre, se placent autour. Mme de La Salle trempe un linge dans un poêlon où l'on a chauffé du vin coupé d'eau et mélangé à du beurre frais. Elle commence par la tête et quand elle a frotté tout le corps, elle fait signe à Catherine Despériez d'aller quérir Fagon et Clément. Ils viennent constater que le nourrisson est parfaitement proportionné et qu'il réagit bien à tous les mouvements de la toilette. »

Ce nourrisson, par la mort de son grand-père, l'année suivante, puis celles, deux ans plus tard, de son père et de son frère aîné, le duc de Bretagne, deviendra dauphin puis, à la mort de son arrière-grand-père, en 1715, roi de France. Le roi Louis XV.

Grâce à Odile Caffin-Carcy, nous savons tout désormais de ses premières minutes en ce monde.

Mobilier

Par le biais de mon ami Jean-Jacques Gautier, inspecteur du Mobilier national, j'ai pu suivre, depuis quelques années, la belle aventure du retour au bercail de quantité de meubles et d'objets d'art, provenant de Versailles et de ses satellites, mais dispersés depuis deux siècles dans diverses collections publiques.

Jean-Jacques en écrira peut-être l'histoire lui-même ; je me contenterai de dire l'émotion qui accompagne toujours le « retour à la maison » du cartel prodigue ou de la bergère infidèle. Car les inépuisables réserves de notre moderne garde-meuble, aux Gobelins – pourvoyeuses inlassables des ambassades et des palais de la République –, regorgeaient encore, il y a peu, de sièges, de consoles, de tapis réalisés jadis pour les demeures royales, et plus ou moins égarés depuis dans tel ministère ou telle direction centrale. Le cas le plus spectaculaire, à mes yeux, fut la somptueuse table de chasse en bois doré, chef-d'œuvre de l'ébénisterie Grand Siècle, échouée au ministère de la Défense, et qui devait se révéler l'une des tables-consoles ornant les antichambres du pavillon royal, à Marly. Il est difficile de décrire mon émotion lorsque je pus contempler ce chef-d'œuvre en détail, dans sa réserve de la rue Berbier-du-Mets, quelques jours avant qu'il ne gagne le Grand appartement.

Qui a connu Versailles à peu près vide – « coquillage oublié par l'Histoire », selon Roger Nimier, où les visiteurs « collent une oreille et, se pressant les uns contre les autres, imaginent qu'ils perçoivent la rumeur du passé » –, quiconque a pleuré sur les dispersions causées par la Révolution ne saurait trop louer le travail admirable de tous ceux qui, depuis un demi-siècle, se sont battus pour remeubler ses chambres, regarnir ses grands salons, repeupler ses cabinets et ses galeries. Donateurs, mécènes, sociétés d'amis, fonctionnaires de tous ordres mais aussi et surtout conservateurs passionnés – comme Daniel Mayer et Christian Baulez – ont accompli discrètement, dans l'ombre, par acquisition et par transfert, par échange parfois, une œuvre admirable, faisant du Versailles d'aujourd'hui un extraordinaire conservatoire des arts décoratifs français.

« La grande aventure du *remeublement* de Versailles ferait en soi l'objet d'un bel ouvrage », écrivais-je en 2003. Elle a commencé vers le milieu des années 1950, lorsque le jeune Van der Kemp, mettant en pratique la vieille intuition de son ennemi Verlet, se jura de faire reprendre le chemin de Versailles aux œuvres dispersées, aux meubles égarés. Ainsi vit-on revenir au salon d'Hercule, en 1961, la toile monumentale de Véronèse, *Le Repas chez Simon*. Van der Kemp s'était arrangé pour qu'une revue artistique démontre, par photomontage, l'utilité d'un tel transfert… Peu de temps après, André Malraux obtenait du conservateur des peintures du Louvre la cession du chef-d'œuvre : premier tour de force.

Pour le mobilier, les intérêts à bousculer n'étaient pas moins puissants. Versailles se lança dans une véritable bataille contre le Louvre et Fontainebleau. Dès 1957, son patron refusait de restituer les grands meubles prêtés à l'occasion d'une visite d'État de la reine Élisabeth II. Ainsi le célèbre secrétaire à cylindre d'Oëben et Riesener, pièce maîtresse du cabinet d'angle, et les quatre chaises livrées par Folliot, en 1774, pour le même endroit, devinrent-ils otages – avant que l'on ne finisse par admettre le bien-fondé de leur transfert… Le Premier ministre de l'époque, Michel Debré, apporta au conservateur en chef un soutien de poids ; il prit même le fameux décret du 13 février 1961, ordonnant que « les peintures, sculptures, meubles, tapis et tapisseries, livres reliés et généralement toutes les œuvres d'art ayant appartenu au décor intérieur des châteaux de Versailles et des Trianons, de leurs annexes et dépendances, ainsi qu'au décor intérieur du château de Marly et des autres demeures royales disparues des XVIIe, XVIIIe et XIXe siècles, et actuellement affectées aux administrations ou collections publiques de l'État autres que les musées nationaux et mises en dépôt dans ces mêmes administrations ou collections, [soient] affectées au musée national de Versailles et des Trianons ». Cet acte courageux sema la discorde chez les conservateurs, jusqu'à ce qu'on exclue de son champ d'application les musées nationaux – et donc le Louvre… Il n'empêche : des institutions comme la Bibliothèque nationale ou le Conservatoire des arts et métiers furent sommées de restituer à Versailles, qui des meubles précieux de Gaudreaux et Joubert, qui la célèbre pendule de Roque…

C'est alors que de bonnes volontés privées vinrent seconder l'initiative publique : cessions, donations et dations, mais aussi de nombreuses acquisitions en vente publique permirent, au fil des ans, à des centaines de meubles et d'objets d'art de reprendre le chemin de Versailles. Les premiers cas furent l'armoire Boulle de Machault d'Arnouville (donation Ansley), deux torchères guéridons de la galerie des Glaces (don du comte Niel en souvenir de la comtesse), un lustre du XVIIIe siècle placé dans le salon des Nobles (don de la comtesse de Pimodan), les quatre encoignures et plusieurs chaises du salon de Jeux de Louis XVI, etc. Les donateurs se recrutaient parmi les amis du couple Van der Kemp : le comte de Noailles, Paul-Louis Weiller, Pierre David-Weill, Anténor Patiño, Stávros Niárchos, Charles O. Zieseniss, Arturo López-Willshaw… Les rejoignirent bientôt des donateurs d'outre-Atlantique : Albert Lasker, Arthur Watson, Ellen Lehmann, Joseph Lauder, Vincent Astor, Oscar Wyatt, Gordon Getty, Averell et Pamela Harriman, etc. Depuis lors, la liste des généreux bienfaiteurs n'a cessé de s'allonger, rendant possible un rêve qui, *a priori*, aurait pu paraître insensé.

Depuis quelques années, j'ai moi-même eu la joie d'assister à un véritable retournement d'esprit au sein des grandes institutions de notre patrimoine. Après les guerres et les rivalités, c'est la coopération et la compréhension mutuelle qui, désormais, règnent entre le Louvre, Fontainebleau, Compiègne et Versailles. Toute une politique d'échanges, soutenue en sous-main par des personnalités bienveillantes comme Jacques Garcia, a donné un nouveau souffle au *remeublement* de Versailles, avec des résultats magnifiques. Depuis quelques années, cela s'est accompagné d'un réaménagement d'ensemble de l'antichambre du Grand couvert, du Cabinet doré de Marie-Antoinette, de la chambre de Louis XV, de la salle à manger des Retours de chasse – plus récemment des appartements de Mesdames, au rez-de-chaussée du corps central. « C'est notamment dans les travaux de tapisserie, de drapage ou de dressage de table que l'intervention d'un homme de l'art me paraît indispensable, devait me confier Jacques Garcia. Un conservateur de musée, si savant, si érudit soit-il, n'aura jamais l'expérience suffisante de ces choses. Or, c'est précisément cette expérience-là, relayée par celle d'artisans émérites, qui opère toute la différence en termes d'atmosphère, et fait qu'une étoffe *tombera bien* et qu'un aménagement *sonnera juste*. »

Et le grand décorateur d'ajouter : « Il existe un esprit versaillais tout à fait inimitable, et qui imprègne tous les meubles, tous les objets commandés jadis pour cette demeure. C'est cet esprit-là qu'il faut, me semble-t-il, s'efforcer de recréer, à mesure que les meubles reviennent, un à un, dans les places qu'ils occupèrent jadis. »

Muséum et musée spécial

Le plus étonnant, dans toute l'histoire de Versailles, me paraît être que ce château, symbole suprême de la royauté, ait pu survivre à la Révolution. Trop vaste, peut-être, pour être vendu comme bien national. Trop important, dans l'imaginaire collectif, pour être simplement voué à la destruction… À la fin de l'an II de la République, la ci-devant demeure des rois est cependant désaffectée, démeublée, privée de tous les signes – couronnes, fleurs de lys, L entrelacés – qui pourraient rappeler le régime honni. Elle est devenue une carcasse en souffrance, à la destination imprécise.

Le décret du 5 mai 1794 (16 floréal an II) a voué Versailles, entre autres vestiges, « à l'agriculture et aux arts » – affectation révolutionnaire. On a commencé par disperser les parties du domaine laissées en friche. Ainsi, les milliers d'hectares du Grand Parc ont-ils été amputés sans merci : sous la Convention d'abord, dans le but égalitaire de doter les plus démunis ; puis sous le Directoire, avec l'ambition de vendre au plus cher des parcelles parfois très étendues… Et en 1800, les trente fermes que comptait le domaine sous l'Ancien Régime auront toutes été aliénées.

Quant au château lui-même, quoique dépouillé de son mobilier, il est alors loin d'être vide : depuis novembre 1793 (frimaire an II), il sert de dépôt central et unique pour le regroupement des œuvres d'art saisies par l'État à travers toute la Seine-et-Oise ! Il en arrive de partout, d'églises et de couvents, de demeures princières, de celles des émigrés et des condamnés… « À côté de pièces démeublées, de grands murs nus, privés des tableaux qui les garnissaient jadis, devait écrire l'avocat Paul Fromageot, on rencontrait une réunion hétérogène des objets les plus dissemblables : des piles énormes de livres superbement reliés, venant des bibliothèques royales ou princières, exposés aux dangereuses atteintes de l'humidité ; des collections minéralogiques, des objets du culte enlevés non seulement des églises de Versailles, mais de toutes les maisons religieuses du département ; des statues, des bustes et bas-reliefs de tout genre, gisant sur le sol, dans la poussière ; des armes, des modèles de bateaux, des instruments de musique rapportés d'un peu partout, comme le piano de la princesse Louise de Bourbon-Condé ; des tableaux grands et petits, bons et mauvais, envoyés de tous les châteaux voisins ; enfin, les innombrables objets mobiliers de toute nature séquestrés pour cause d'émigration, et déposés provisoirement dans les salles du palais. »

Au milieu de ce capharnaüm, se distingue une collection d'histoire naturelle, fruit des lointains voyages d'un certain Fayolle, et que cet ancien commissaire de la Marine royale avait cédée jadis au comte d'Artois, pour l'édification de ses enfants. Ce cabinet de curiosités, confisqué chez le prince, rue des Réservoirs, est revenu en quelque sorte à son fondateur. Car Fayolle est à présent membre de la Commission des Arts ; et comme il est habile, il s'est arrangé pour obtenir la garde de son ancien bric-à-brac. Mieux : en juin 1794 (messidor an II), il est même parvenu à faire instituer, au sein du château, un « muséum » dont il prétend diriger le conservatoire ! Ainsi le Muséum national de Versailles voit-il le jour, sans tambours ni trompettes.

Pour le troisième anniversaire de l'insurrection républicaine, le 10 août 1795 (23 thermidor an III), on autorise le public à en visiter les premières salles. Mais le Muséum est en fait loin d'être présentable ; les retards s'y accumulent, surtout à la bibliothèque dont tous les fonds n'ont pas été rapatriés. Pour tenter de mettre bon ordre, un dénommé Hugues Lagarde a été affecté au palais, mais avec pour mission de coordonner les actions de ses collègues du Muséum. Ce Lagarde – qui s'appelle en réalité Joseph Hugues de La Garde-Adhémar – s'installe dans l'ancien appartement de Mme de Maintenon et se bat, quatre mois durant, contre l'incurie générale.

Le 25 octobre 1795 (3 brumaire an IV), à la veille de l'instauration en France du Directoire – et donc à quelques heures de son propre départ –, le représentant Charles Delacroix, tout en créant au Muséum un corps de quatorze conservateurs égaux en pouvoir, rétrograde le citoyen Hugues Lagarde au poste de simple bibliothécaire. Aussitôt, celui-ci démissionne, sanctionnant la fin de la « courte, pénible et orageuse administration » du premier conservateur en titre jamais nommé à Versailles.

Disons-le clairement : les premiers visiteurs du Muséum ont été attirés au château, moins par les collections présentées que par nostalgie ou curiosité pour le séjour des ci-devant tyrans… Quant aux conservateurs, ils attendent beaucoup de l'installation prochaine, au palais national, du fameux gymnase prévu dès 1793, et rendu nécessaire par la loi du 24 octobre 1795 (3 brumaire an IV) sur l'enseignement secondaire. Tous rêvent d'affilier la future École centrale au Muséum ; surtout, ils espèrent qu'eux-mêmes pourront en assurer les cours… Hélas ! Ils vont déchanter en découvrant son organisation définitive. Installée dans l'aile nord des Ministres et garnie de mobilier provenant de l'ancien hôtel des Affaires étrangères, cette école dispensera bien des cours de dessin, d'histoire naturelle, de grammaire et de mathématiques, et même de droit ; mais elle les dispensera sans aucun concours extérieur !

Devant le tollé suscité par la nouvelle, le ministre de l'Intérieur, Pierre Bénézech, se sent obligé de réagir. Le 21 juillet (3 thermidor), il annonce la réorganisation du site « d'une manière plus simple et plus convenable ». Tout d'abord la bibliothèque, ainsi que les cabinets de physique et d'histoire naturelle, sont détachés du Muséum et annexés à l'École. Ensuite, la mission prioritaire des conservateurs maintenus en poste sera la mise sur pied d'une ultime vente publique des trésors conservés au Garde-Meuble et dans les réserves !

Pourtant, et malgré cette abrupte entrée en matière, Pierre Bénézech va se révéler providentiel pour le Muséum. Il faut dire que ce quinquagénaire connaît bien Versailles : en 1794, responsable de l'installation au Grand Commun d'une manufacture d'armes, il avait obtenu, tout près, un logement de fonction qui n'était autre que l'ancien appartement de la comtesse d'Angiviller. Il a donc, juste avant d'accéder au faîte du pouvoir, vécu à l'ombre d'un château dont il a su goûter les beautés et les sortilèges. Ses décisions sur Versailles en profiteront largement.

L'idée du ministre de l'Intérieur est effectivement lumineuse : il s'agit pour lui de spécialiser le Muséum, afin de lui donner plus d'attrait. Bénézech a la belle idée d'en faire une sorte de conservatoire de l'École française. « Pour que le Musée central des Arts (le Louvre) et celui de Versailles ne se nuisent point, écrit-il, j'ai décidé que l'on formerait à Versailles le Musée spécial de l'École française. » Il précise sa pensée : « Le musée de Paris, étant le Musée central des Arts et de la République, contiendra de belles productions en tout genre et de toutes les écoles. Il aura aussi un choix de tableaux de notre école peu nombreux, mais bons, ce qui n'empêchera pas Versailles de faire une prodigieuse récolte, de posséder le centre et le grand ensemble de l'école, au point que ce ne sera que dans ce musée où l'on puisse en prendre une idée complète et qu'il faille aller l'y étudier. Le Brun, Le Sueur, Le Poussin [*sic*], Jouvenet, Vernet, etc., y paraîtront avec une grande masse d'ouvrages. »

J'ai souvent eu l'occasion de le dire : le choix de Bénézech, par l'adéquation du contenu au contenant, par l'accord intime des collections et du décor, devait s'imposer comme la destination la plus pertinente, peut-être, jamais offerte au grand château.

Au début, les conservateurs du Musée spécial ne peuvent s'empêcher de regretter le départ pour Paris d'un certain nombre de fleurons, italiens notamment ; à plus juste titre, ils protestent aussi contre le décrochage de huit grands Poussin, enchâssés jusque-là dans les boiseries du cabinet intérieur du Roi et du cabinet de la Pendule. Ils iront jusqu'à s'accrocher, bec et ongles, aux antiques de la Grande galerie... En revanche, tous sont heureux de voir entrer – ou rentrer – à Versailles, quelques morceaux de bravoure de l'art français ; et tous vont prendre plaisir à clouer certains Champaigne, certains Largillierre aux cimaises du Grand Siècle. Le nouveau conservatoire décidera de présenter au public un choix représentatif de quelque quatre cents chefs-d'œuvre... Bénéficiaires inattendus de l'acte d'autorité de Bénézech, les bergers de Poussin et les muses de Le Sueur se ménageront ainsi des vis-à-vis grandioses avec les héros autochtones des Audran, Houasse et autres Coypel... Dernière faveur du destin : le père de ce beau musée vivra tout juste assez longtemps pour fêter son ouverture au public, à la fin de 1801 (an X).

Empressons-nous d'ajouter que ce musée idéal ne vivra pas longtemps ; bientôt, le nouvel empereur voudra récupérer à son usage des salons que, à défaut d'occuper, il soustraira *manu militari* à la disposition du public...

Musique

Il faut imaginer Versailles empli de rythme et d'harmonie, vibrant sans cesse aux accents de « symphonies » et d'hymnes composées dans ses murs. Ici règne la Musique ; et pas seulement aux jours de fête religieuse ou civile... Le roi et les princes ne sauraient s'en passer : leurs dîners, leurs soupers, leurs jeux sont accompagnés par les musiciens de la Chambre – sous l'égide d'un surintendant – regroupant Pages, Grande

Bande – les fameux Vingt-quatre Violons du Roi, hissés par Lully au plus haut niveau, et que copiera la Cour d'Angleterre –, Petite Bande et musiciens du Cabinet. En plein air, officie la musique de la Grande Écurie, où dominent forcément les cuivres. Mais – et c'est ce qu'admire toute l'Europe – c'est dans les œuvres sacrées que s'impose la primauté versaillaise ; la responsabilité en incombe au Maître de la Chapelle-Musique, menant une petite centaine de virtuoses sous Louis XIV – on sait la fascination de Saint-Simon pour les grands offices chantés de Versailles.

Les membres de la famille royale s'essaient eux-mêmes à divers instruments. La Princesse Palatine s'irrite plus d'une fois de l'engouement d'une jeunesse mélomane, qu'elle n'entend parler que de croches, de soupirs et de bémols… Sous le règne suivant, Nattier peint Madame Henriette jouant du violoncelle, Madame Adélaïde lisant une partition – ce sera aussi la posture adoptée par Mme de Pompadour pour son grand portrait au pastel, par La Tour… Quant à Gautier d'Agoty, il représentera Marie-Antoinette, au début de son règne, jouant de la harpe dans sa chambre.

On l'aura compris : le génie propre de Versailles, en matière musicale, est à chercher dans la musique sacrée. « Un splendide répertoire est ainsi créé, a écrit Jean-François Solnon dans *La Cour de France* : aux côtés des psaumes et des hymnes, les motets en forment le fonds. Le genre, renouvelé par Du Mont, est porté à sa perfection par Delalande. Ses soixante-dix grands motets, qui constituent au début du XVIIIe siècle l'essentiel du programme du Concert spirituel des Tuileries, seront chantés en France et en Europe jusqu'à la Révolution. »

De nos jours, les *Grands concerts de Versailles* – dont le niveau s'élève chaque année, au point de réunir à présent des ensembles, des solistes, des chefs et des voix dignes des plus grandes scènes musicales et lyriques – mettent comme jamais en valeur la chapelle et l'opéra. Or ce temple sacré de la Chapelle royale, ce temple profane de l'Opéra royal sont comme deux parfaites caisses de résonance, conçues à l'idéal pour faire sonner les pièces de Lully, Charpentier, Cassanéa de Mondonville, Campra, Grétry… Du reste, pour ne pas inverser les choses, il conviendrait d'écrire que ce ne sont pas de tels lieux qui ont été conçus pour accueillir une musique aussi particulière ; en vérité, c'est cette musique qui a été conçue pour habiter de tels lieux. Musique versaillaise, spécifiquement, constituant un répertoire à part entière, comme il existe par ailleurs un art versaillais des parquets, des lambris, des bronzes ou des cheminées… Mais la vraie singularité de ces pièces pour orgue, pour bande ou pour orchestre, c'est qu'elles furent longtemps oubliées.

À l'étranger, des maîtres comme Bach, Haendel ou Vivaldi n'ont jamais connu de véritable éclipse ; leurs chefs-d'œuvre ont toujours été joués. Il n'en va pas de même en France, où la fracture révolutionnaire a longtemps privé le public des grands motets de Michel Richard Delalande ou des ballets de Jean-Philippe Rameau… De sorte qu'il aura fallu aux pionniers de ce qu'on appelle – à tort ou à raison – la musique baroque (entre autres : Jean-Claude Malgoire avec la Grande Écurie et la Chambre du Roy, William Christie avec les Arts Florissants, Marc Minkowski avec les Musiciens du Louvre, Hervé Niquet avec le Concert Spirituel) se lancer à la recherche de partitions évanouies dans les greniers et les sacristies, à la découverte de merveilles oubliées.

Deux grands messieurs, Philippe Beaussant et Vincent Berthier de Lioncourt, ont conduit ce magnifique sauvetage, à travers le Centre de musique baroque, créé à Versailles en 1987, et sis avenue de Paris, dans le très historique – et fort indiqué – hôtel des Menus Plaisirs. Musiciens, chercheurs, érudits s'y rencontrent ; ils peuvent y consulter des dizaines de milliers de documents, viennent y éditer, y diffuser des trésors… Avec sa magnifique Maîtrise de jeunes chanteurs et son chœur des Pages et des Chantres, le Centre est aussi un vivier d'interprétation, et, dans l'esprit des musicologues, fait désormais figure de haut lieu ; il est à la musique de cour ce que Salzbourg est à l'univers mozartien ou Bayreuth, à celui de Wagner.

À propos de Mozart, je voudrais rappeler que son fantôme hante un peu les murs de Versailles. Avec son père, Léopold, et sa sœur, Nannerl, il y avait résidé à Noël 1763, et fut introduit à la Cour par le baron Grimm. Le premier concert, privé, pour le roi et Mme de Pompadour, donna lieu à un célèbre malentendu : le petit Wolfgang, à l'issue du récital, avait tenté d'embrasser la Marquise qui s'était détournée et l'avait repoussé ; Léopold prit cela pour de la morgue ; en vérité, la pauvre femme était à un stade avancé de la tuberculose, et n'avait sans doute pas voulu prendre le risque de contaminer l'enfant prodige… Quelques jours plus tard, les Mozart se produisaient devant la dauphine et Mesdames, enthousiastes ; puis, le 1er janvier 1764, ils dînaient à la table du roi et de la reine – privilège insigne et marque de haute considération. C'est à l'occasion de ce séjour que Jean-Baptiste Greuze brossa le très beau portrait de Wolfgang Amadeus à la sanguine, merveille redécouverte, il y a quelques années, par mon ami Carlos Leresche.

Plus tard, lors d'un second séjour à Paris, en 1778 – celui où il perdit sa mère dans des circonstances affreuses –, Mozart se vit proposer le poste d'organiste de la Chapelle ; il est vrai que la nouvelle souveraine, Marie-Antoinette, l'avait connu à Vienne, dans son enfance, et apprécié… Il refusa, pour son bonheur. Car la Cour de France n'était pas plus tendre avec les musiciens qu'avec les autres catégories d'humains : on avait vu Lully, puis Delalande s'y imposer avec dureté, Rameau y subir mille vilenies, Gluck y affronter la cabale des piccinistes… Il n'empêche : on ne peut s'empêcher de méditer sur la voie différente qu'aurait prise l'histoire de la musique, dans l'hypothèse où l'enfant de Salzbourg aurait accepté l'offre royale et se serait fait versaillais.

N

Napoléon Ier

Une idée reçue voudrait que Napoléon Ier se soit désintéressé de Versailles. J'ai pu montrer combien c'était faux, et à quel point l'Empereur, au contraire, avait nourri pour le séjour royal un penchant certain et quelques projets. Sans revenir à tous les détails, rappelons tout de même que, après avoir logé à Versailles quelques soldats mutilés, il en fit rouvrir le parc, restaurer les bâtisses et briller à nouveau le nom.

Le Premier consul, devenu consul à vie en 1802, avait parfaitement conscience de l'importance du symbole que Versailles pouvait représenter ; très tôt, il a fait rouvrir la salle de comédie autrefois aménagée dans l'aile Gabriel pour Marie-Antoinette, et relancé le spectacle populaire des Grandes Eaux – deux signes d'apaisement, annonçant la fin des temps révolutionnaires. À cet égard, la visite à Versailles, en 1805, du pape Pie VII, bénissant la foule depuis le balcon de la galerie des Glaces, devait marquer les consciences.

Bonaparte aimait la grandeur ; il ne pouvait demeurer insensible à Versailles. Mais il n'est pas indifférent qu'il ait attendu, pour s'y intéresser vraiment, le changement de régime de 1804. Alors seulement il prit possession des lieux et désigna un architecte du domaine en la personne de Guillaume Trepsat, naguère « mutilé à son service », lors de l'attentat de la rue Saint-Nicaise. La première visite du nouvel empereur eut lieu en mars 1805 – une visite en coup de vent, comme presque toujours avec lui, mais à l'issue de laquelle fut décidée la remise en état immédiate des Trianons.

La vérité, c'est qu'à cette époque Napoléon songe sérieusement à s'installer dans la demeure des rois. Des soieries sont commandées pour remeubler les salons ; des achats de terres visent à reconstituer l'ancien domaine ; surtout, par-dessus la tête de Trepsat, on charge un élève de Blondel, Jacques Gondouin, très versé dans le goût néoclassique, d'une étude globale de restauration. La Quatrième coalition, en 1807, mettra un terme à ces grands projets – pour un temps seulement.

Dès 1805, Napoléon a donc voulu qu'on rouvre les Trianons ; il a dévolu le Grand à sa mère, qui ne s'y plaît nullement et demande toutes sortes d'aménagements de confort. Furieux, le fils exaspéré dicte d'Italie la lettre suivante à son intendant : « Monsieur Fleurieu, on a indisposé Madame contre le logement qui lui a été préparé dans l'aile dite du Dauphin du Grand Trianon, qui est cependant la partie la plus convenable de ce palais ; je lui ai écrit dans ce sens ; j'espère qu'elle le sentira. Faites venir le secrétaire de ses commandements et dites-lui qu'une partie de ses observations est ridicule, qu'on n'occupe pas un palais comme une petite maison, qu'il faut le prendre tel qu'il est. » Finalement, Napoléon choisira de garder pour son usage le chef-d'œuvre de Hardouin-Mansart. Quant au Petit Trianon, il l'a déjà offert à sa sœur Pauline, et lui rend sur place une visite qu'a immortalisée Frédéric Masson : « Les dames et les officiers qui tiennent la table dans la salle à manger s'affolent en apercevant, au milieu d'un nuage de poussière, un escadron de guides. “C'est l'empereur !” Tous s'envolent pour faire toilette ; on enlève le couvert ; mais, sur une console de l'antichambre, on oublie un huilier. “Pas d'ordre ici, l'argenterie traîne”, dit l'empereur. On a cru qu'il allait entrer chez la princesse qui occupe le tiers entier du bâtiment à droite, point ; il traverse la salle à manger, sort sur le parterre des orangers et se dirige vers le Grand Trianon. L'impératrice, les dames, les grands officiers, les officiers suivent en courant, traversent le palais en acrobates, filent aussi vers le Grand Trianon. L'empereur y rencontre Trepsat […], regarde tout, voit tout, trouve tout si fort à son gré qu'il annonce à l'architecte une gratification de huit mille francs. »

Fin 1809, il viendra effectuer un premier séjour au Grand Trianon, dans les circonstances les plus tristes de son règne : celles, dramatiques, de l'annulation de son mariage. Rongé par le remords, l'Empereur – qui n'a pris cette décision que pour des raisons dynastiques, Joséphine ne parvenant pas à lui donner un héritier – ne supporte pas la séparation ; il invite celle qui est devenue *impératrice douairière* à venir, depuis la Malmaison, partager son repas de Noël, au cours duquel tous deux ne feront que pleurer…

Le chagrin s'estompe… Et six mois après, l'Empereur est de retour à Trianon, au bras de sa nouvelle épouse : Marie-Louise de Habsbourg-Lorraine, fille de l'empereur d'Autriche… et petite-nièce de Marie-Antoinette ! Tout de suite, la jeune souveraine s'éprend de ces lieux qu'elle sait avoir été si chers à sa pauvre tante. Elle y décèle, croit-elle, un charme germanique propre à lui rappeler certains lieux de son enfance. Et les séjours impériaux se succéderont dès lors, presque jusqu'à la fin du régime.

Au-delà de Trianon, deux visites détaillées du domaine, au printemps 1808, avaient convaincu Napoléon de la nécessité de restaurer Versailles. On l'avait vu donner des ordres pour l'entretien du plomb d'une toiture ou du marbre d'une colonne. Un devis « léger » de trois millions sept cent mille francs fut établi pour une restauration générale. Travaux retardés : 1809 fut l'année des affaires romaines et de l'annulation du mariage… Il allait falloir le nouveau souffle du remariage, en 1810, pour relancer l'activité du chantier versaillais. En prévision de l'arrivée prochaine de la nouvelle impératrice, on avait adjoint à Trepsat le jeune et fougueux Alexandre Dufour – un petit conquérant à l'ombre du grand…

Sans perdre un instant, le jeune homme se lança dans la reprise des façades, côté jardins. Il consolida les avant-corps à colonnes, enduisit le parement des attiques d'un badigeon protecteur, répara, sur les combles, les balustrades menaçant ruine, et supprima sans états d'âme les trophées qui les couronnaient. Il rebâtit même entièrement deux travées de la façade de l'appartement de la Reine, sur le parterre du Midi, et les fit décorer dans un style néoclassique qui, de nos jours encore, continue de trancher sur l'ensemble.

Au passage, les architectes tentèrent leur chance et proposèrent des innovations – en vain : Bonaparte, général révolutionnaire, s'était mué en Napoléon, souverain conservateur… Contre l'avis de ses conseillers, qui avaient repris le Grand Dessein de Gabriel, il se montra respectueux avant tout de l'héritage de Louis XIV. Même la naissance de son fils, le roi de Rome, auquel aurait pu être alloué un palais remanié, ne suffit pas à le décider ! Il examina sans conviction les dessins qu'on lui présentait, pleins d'arcs de triomphe monumentaux… Et la sanction tomba : « Parce que Louis XV a mal dépensé un million cinq cent mille francs, lâcha-t-il, ce n'est pas une raison pour mal dépenser quarante millions. » L'Empereur alla même plus loin : dans son nouveau purisme, il envisagea sérieusement de détruire l'Aile neuve, pour la remettre dans la continuité des façades brique et pierre du temps du Grand Roi ! Étonnant jugement tout de même, à mon sens juste et même visionnaire – en tout cas très en avance sur les conceptions de son temps. Dois-je l'avouer ? Ce point de vue impérial m'a fait grande impression, lorsque je l'ai lu pour la première fois ; il a sans doute contribué à changer mon regard – jusque-là peu amène – sur Napoléon.

Cela dit, comment concilier une telle finesse d'analyse et le passage célèbre du *Mémorial de Sainte-Hélène*, où l'empereur déchu se livre, sous la plume de Las Cases, aux pires spéculations sur le domaine ? « Je condamnais Versailles dans sa création, dictera-t-il, mais dans mes idées parfois gigantesques sur Paris, je rêvais d'en tirer parti et de n'en faire avec le temps qu'une espèce de faubourg, un site voisin, un point de vue de la grande capitale, et pour l'approprier davantage à cet objet, j'avais conçu une singulière idée dont je m'étais même fait présenter le programme : de ces beaux bosquets, je chassais toutes ces nymphes de mauvais goût, ces ornements à la Turcaret et je les remplaçais par des panoramas en maçonnerie de toutes les capitales où nous étions entrés victorieux, de toutes les célèbres batailles qui avaient illustré nos armes. C'eût été autant de monuments éternels de nos triomphes et de notre gloire nationale posés à la porte de la capitale de l'Europe, laquelle ne pouvait manquer d'être visitée par force du reste de l'univers. »

Étonnant personnage, en vérité, capable du meilleur comme du pire, et dont on doit pouvoir dire, à la réflexion, que le château de Versailles aura été l'une des rares entités sur lesquelles il n'ait jamais pu se faire un avis tranché. Sans doute estimait-il la demeure à son échelle, et la respectait-il pour cela ; mais la grandeur de Versailles, au final, ne pouvait longtemps lui convenir. Car c'était la grandeur d'un autre.

Newton (William Ritchey)

Il y avait naguère à Versailles un conférencier atypique, dont les visiteurs avertis s'arrachaient le talent. Au lieu d'évoquer la biographie des princes, de traiter d'allégories et de programmes décoratifs, de citer des architectes, des ébénistes ou des peintres, Jean-Luc Delpech s'attachait à lever le voile sur le quotidien des courtisans et sur celui de leurs servants : luttes contre le froid, l'obscurité, la puanteur ; efforts pour se laver, se blanchir, se nourrir… Il rapportait la largeur des escaliers à celle des robes à paniers, justifiait la hauteur des paravents – tellement importants, les paravents – par la nécessité de les faire passer sous les lustres. Il faisait revivre un peuple de porteurs d'eau, de frotteurs, de sommiers, de fourriers, et racontait avec un luxe de détails comment les soldats s'organisaient, dans les salles des gardes, pour passer la nuit sur des couches de fortune… On imagine le succès de ces conférences, et l'étonnant bouche à oreille dont elles pouvaient bénéficier.

Une approche aussi personnelle était d'autant plus méritoire que, jusqu'au tournant de ce siècle, les considérations pratiques n'avaient guère retenu l'attention des historiens de Versailles. Il aura fallu, pour faire entrer de telles matières dans le champ de la recherche, l'intervention majeure et salutaire d'un historien d'outre-Atlantique, docteur de l'université du Michigan : William Ritchey Newton. Né en 1945, Newton avait étudié à Rome et à Paris. Se passionnant pour la demeure des rois de France, il a cherché – dans cet esprit pragmatique qui souvent caractérise les Américains – à savoir comment s'organisait, au quotidien, la vie de ce microcosme de plusieurs milliers de personnes, maîtres et valets resserrés dans un espace somme toute limité. À sa grande surprise, il lui fallut admettre qu'on n'en savait rien au juste, et que tout, dans ce domaine, restait à établir

William Newton se mit à la tâche. Compulsant des masses d'archives inexplorées avec une énergie et une persévérance dignes d'éloges, il commença par établir la topographie précise des logements à la Cour, entre 1682 et 1789. Ce fut la matière d'un premier maître-ouvrage, *L'Espace du roi*, publié par Fayard en 2000. À la parution, j'ai ressenti un léger pincement au cœur ; en effet, cet impressionnant labeur avait compté, jadis, au nombre de mes projets. Chimères d'étudiant velléitaire… Il faut dire que j'avais, autrefois, découvert dans un vieil ouvrage de Vatout sur les résidences royales de France un « état des logements du château de Versailles pour l'année 1789 ». Y figurait, aile par aile, étage par étage, une liste détaillée des personnes auxquelles se trouvaient affectés les différents appartements. Par exemple, pour l'attique de l'aile du Nord : « M. de Ventimille [*sic*], le marquis de La Suze, le comte de Tavannes, le marquis de Boisgelin, M. de Chabannes, la duchesse de Narbonne », etc. Devant chaque nom, une cote devait renvoyer à un plan qu'il m'aurait fallu dénicher, quelque part dans la sous-série 0^1 des Archives nationales, pour enfin déterminer, avec précision, qui avait habité où ! Le même travail, me disais-je, devait pouvoir être mené pour d'autres époques – peut-être même pour toutes – en fonction des archives disponibles…

Ainsi donc, ce que ma paresse m'avait empêché d'accomplir, M. Newton, de Springfield dans le Tennessee, l'avait réalisé – et avec quelle maestria ! Sa monographie est un modèle de rigueur ; elle clarifie définitivement un domaine jusque-là bien opaque, et constitue, pour plusieurs générations d'historiens à venir, un inépuisable vivier d'indications parfois précieuses. Mais l'Américain ne s'en tint pas à cet exploit. Encouragé par son premier succès, il devait livrer dans la foulée, en 2006, une somme inouïe, intitulée *La Petite Cour*, et sous-titrée : *Services et serviteurs à la Cour de Versailles au* XVIII*e siècle*. Analyse détaillée de l'infinie nomenclature des personnels de service, de bouche, de garde-robe, sans oublier les médecins, les aumôniers, les musiciens affectés aux Maisons du roi et de la reine, aux Petit et Grand Commun et jusqu'aux petits appartements. Paneterie, Échansonnerie, Cuisine, Fruiterie, Fourrière : la liste sans fin des petits et des grands offices est détaillée, expliquée ; elle s'enrichit, ici, des comptes affectés aux *bonnes fêtes* – jour de l'An, des Rois, de Carême, etc. –, là, des difficultés de la *lavandière du linge de corps de la reine* pour trouver un lavoir digne de son office... On n'a plus conscience, du reste, de la place importante occupée par les lavandières et par les blanchisseuses.

S'il faut donc louer la contribution décisive de William Newton à la connaissance pratique du Versailles d'autrefois, il serait hypocrite de tenir pour divertissante la lecture de ses deux sommes. Certes, quelques mordus dans mon genre trouveront toujours délicieux d'éplucher, sur trois étages et quatre entresols, les plans détaillés du Grand Commun sous Louis XVI... Mais je conçois que le grand public ne s'y amuse guère – du reste, l'auteur lui-même a dû le comprendre, puisqu'il a jugé utile de faire paraître, en 2008 et 2011, des ouvrages beaucoup plus légers, fourmillant l'un et l'autre d'anecdotes. Le premier, chez Perrin, s'intitule *Derrière la façade* ; il explore

– à la manière d'un Jean-Luc Delpech, mais avec une incomparable précision documentaire – la vie quotidienne des courtisans et des serviteurs à Versailles, entassés sous Louis XV et Louis XVI dans un poulailler humain dont on n'a plus l'idée. Le second, chez Tallandier, nous fait passer de ce dédale suffocant au grand air, et raconte la vie des jardiniers, des pépiniéristes, des fontainiers, des garde-bosquets de Versailles, de Louis XIV à la Révolution.

Oserai-je l'avouer ? Plus encore que la lecture des deux bibles newtoniennes, celle de *Derrière la façade* a été un choc pour moi. Depuis trente ans, je n'avais cessé de m'interroger, sans trouver aisément de réponses, sur la vie concrète à la Cour, notamment pour tout ce personnel pléthorique dont j'avais du mal à imaginer où il se restaurait, se reposait, se soulageait aussi… Et voilà qu'avec une exactitude imparable, l'historien américain apportait des réponses ! Grâce à lui, surgissait « l'envers du décor dans ces 226 appartements où s'entassait un bon millier de personnes, certaines confinées dans la garde-robe de leur maître ou dormant sur les bat-flancs ». Vie de contraintes et de promiscuité, que la splendeur des grands décors préservés tendrait à nous faire oublier… « Derrière la façade, insistait Newton, on trouvait une cohabitation entre la grandeur et la misère, la parade et la pauvreté, les décors et la réalité vécue. »

Certaines pratiques, bien connues des habitués de Versailles, mais que les historiens n'avaient guère jugé utile, jusqu'alors, de mentionner avec précision, se trouvent détaillées ici. À titre d'exemple, citons le système des *restants bons* qui faisait vivre plus ou moins grassement, dans la Maison du Roi et celle de la Reine, officiers, valets de chambre, huissiers et garçons. Ils ne recevaient ni cire ni argent, écrit William Newton, « mais ils avaient droit de faire porter à leur compte la valeur des bougies peu ou non utilisées, qu'ils restituaient à la Fruiterie. Pour ces officiers, le rebut devenait revenu et, selon un rapport des commissionnaires pour les années 1770, cette pratique, à l'origine marque de la bienveillance royale, s'était transformée en une prérogative âprement défendue ». Ainsi, touche par touche, se met en place un autre Versailles, fait aussi de combines, de privilèges et de rentes juteuses. Un Versailles où ne manquent pas, pour un lecteur actuel, les motifs d'étonnement.

Passons sur les infinies complications liées à l'attribution des logements vacants – un changement d'appartement entraînant, comme au jeu de dominos, toute une cascade de déménagements –, sur le système astucieux des tables ouvertes chez les grands officiers de la Couronne, *tables d'honneur* et *tables secondaires*, qui permettaient à la plupart des courtisans de se restaurer bon an mal an ; passons aussi sur les reliefs de la table du roi – la *desserte* – permettant de nourrir toute une séquelle de serviteurs, grands et petits… Ne nous attardons pas aux mille deux cents cheminées qui tiraient mal, ni aux deux cent mille livres de bougies livrées chaque année à Marie-Antoinette, ni à la course aux miroirs pour augmenter la luminosité, aux persiennes – appelées alors *jalousies à la persienne* – pour avoir de l'ombre, aux fenêtres à double-châssis contre les courants d'air… Mais concédons que tous ces problèmes, triviaux en apparence – pour ne rien dire de celui des rats qui pullulaient à Versailles –, occupaient à longueur de journée les bureaux du directeur général des Bâtiments du Roi ; et ne nous cachons pas la réalité : ils obsédaient les plus nobles seigneurs et les plus gentes dames !

Seulement il y a plus gênant, et c'est pourquoi j'ai parlé d'un choc... Depuis toujours, j'avais vu mentionner les relents nauséabonds qui, au cœur même de la *Cour parfumée*, rendaient le séjour de Versailles pénible aux nez délicats. Comme la plupart des *versaillomanes*, j'avais souvent lutté contre les idées absurdes, véhiculées par certains historiens républicains du XIXe siècle, selon lesquelles, chez Louis XIV, les courtisans se seraient soulagés derrière les paravents et dans les recoins d'escalier... Mais tout en réfutant de telles allégations, je ne pouvais m'empêcher de me demander, en mon for intérieur, ce que l'on avait bien pu faire, en ces lieux magnifiques, des déjections et autres ordures... Naturellement, M. Newton apporte la réponse – or, elle n'est pas agréable à lire.

« On dénombrait en 1780 dans le périmètre du château 29 fosses d'aisances dont les nuisances étaient insupportables et la vidange très coûteuse. » Il s'en trouvait jusque sous la voûte de la cour de la Bouche du Roi et sous l'escalier de marbre de la Reine ! « Le travail du vidangeur, qui devait descendre dans la fosse, était considéré comme une "terrible torture". En 1761, lors de la vidange des égouts situés sous le corps de garde des gardes-françaises, l'inspecteur rapporta : "On a été obligé d'avoir recours à deux lampions pour y pouvoir travailler, faute de jour, et de donner de l'eau-de-vie aux ouvriers qui ne pouvaient en soutenir la mauvaise odeur." [...] En 1769, Marigny écrivit à son inspecteur : "J'ai entendu quelquefois Sa Majesté se plaindre de la mauvaise odeur qui s'exhalait d'une petite cour voisine de ses appartements, et je soupçonnais que c'était l'effet de la vidange de quelque fosse d'aisances qui se faisait là." » Des effluves méphitiques, insupportables aux résidents, dangereux pour les vidangeurs – et parfois même fatals –, des quantités inimaginables de matières pestilentielles, évacuées tant bien que mal, dans une puanteur extrême, voilà ce que révèle aussi la part obscure d'archives jamais consultées – et pour cause ! Mais cela aussi fait partie de l'histoire de Versailles, et c'est tout à l'honneur de William Newton d'en avoir assumé l'évocation tardive.

Nolhac (Pierre de)

En écrivant ces lignes, j'ai sous les yeux trois des trésors de ma bibliothèque versaillaise : des in-4° brochés, format raisin, dont les couvertures souples ont été recouvertes, jadis, de papier cristal par un lecteur soigneux. Le bruit qu'ils font, en s'ouvrant, est inimitable. Il s'agit, en édition de luxe, richement gravée et illustrée, de l'*Histoire du Château de Versailles* de Pierre de Nolhac, publiée chez Émile-Paul, place Beauvau, à la veille de la Première Guerre mondiale. Les deux premiers volumes s'intitulent *Versailles sous Louis XIV* ; le troisième – paru un peu plus tard – *Versailles au* XVIII*e siècle*. Ces livres me sont chers ; j'y vois la quintessence de la méthode et du style d'un homme qui fut tout à la fois l'un des plus grands conservateurs du musée de Versailles et son meilleur historien. Bien plus modeste d'apparence, la série de ses *Études sur la cour de France*, parue chez Calmann-Lévy dans l'entre-deux-guerres, ne m'a jamais quitté depuis trente ans : *Louis XV et Marie Leczinska*, *Louis XV et Madame de Pompadour*, *Madame de Pompadour et la politique*, *Marie-Antoinette dauphine*, *La reine Marie-Antoinette*, *Le Trianon de Marie-Antoinette*...

D'aucuns pourront trouver cela étrange : ces volumes me donnent aujourd'hui le sentiment qu'ils font partie intégrante de ma vie. Au risque de paraître un peu dérangé, j'irais jusqu'à dire qu'ils me sont plus familiers que mes propres ouvrages, et que la vision de leurs couvertures défraîchies, déchirées pour certaines, me fait invariablement chaud au cœur. Rien ne me ravit davantage, lorsque j'écume les brocantes et les foires aux vieux livres, que de tomber sur telle édition rare d'*Autour de la Reine*, ou sur une édition originale de *L'Art à Versailles*, sortie chez Louis Conard, place de la Madeleine, en 1930. Mais mon Nolhac préféré – si j'ose ainsi m'exprimer – c'est un vieux bouquin déniché au square Brancion le jour de mes vingt-quatre ans, et qui s'intitule : *La Résurrection de Versailles, souvenirs d'un conservateur, 1887-1920.* Réédité depuis par Perrin, avec la Société des Amis de Versailles, il s'agit des mémoires du grand homme, un de ces textes jubilatoires dont on savoure chaque paragraphe, en vérifiant de temps en temps qu'il reste encore un peu de texte avant la fin...

Comme sa propre petite-fille me l'a fait remarquer un jour, le plus singulier, dans la destinée de Pierre de Nolhac, est qu'il ne soit venu à Versailles que par hasard – pour mieux dire encore : par défaut ! Auvergnat d'origine, pétri d'humanités classiques, ce brillant sujet de l'École des hautes études avait mis à profit deux années passées à l'École de Rome pour exhumer des fonds pléthoriques de la bibliothèque vaticane le manuscrit autographe du *Canzoniere* de Pétrarque. Il n'en devait pas moins échouer au concours du Cabinet des Estampes de la Bibliothèque nationale, et peinait à nourrir sa petite famille, quand Gabriel Monod, son maître, lui conseilla d'accepter un poste vacant d'attaché au musée de Versailles.

On n'a plus idée, aujourd'hui, de l'état de relégation où était tombé le domaine, en cet automne 1887. Près d'un siècle après son abandon par la Cour, le château avait été bouleversé en profondeur par les transformations de Louis-Philippe, puis occupé par les Prussiens et maltraité par les parlementaires qui s'y étaient installés de 1871 à 1879. Le musée n'attirait que de rares visiteurs, la demeure historique était devenue l'ombre d'elle-même ; quant à l'histoire des lieux, tiraillée entre chroniques faciles et synthèses orientées, elle n'était plus connue de personne.

Lorsque Nolhac, avec l'enthousiasme de la jeunesse, proposa au conservateur en titre, le peintre Charles Gosselin, de l'aider à faire un tri parmi les innombrables œuvres encombrant ses *galeries historiques*, il s'entendit répondre : « Jeune homme, ne vous emballez pas. Sachez bien que je n'ignore pas les richesses que nous avons là-haut ; mais il n'est aucun moyen de les mettre en valeur ; croyez-moi, n'en ébruitons pas l'existence, notre fonction est de les conserver, ce qui est d'autant plus facile qu'elles se conservent toutes seules. – Mais, dis-je, elles se conservent fort mal ; nos attiques, peu chauffés l'hiver, ont trop de chaleur en été… – C'est la faute de Louis-Philippe et non la nôtre ; il n'y a point de péril urgent et, si je soulevais une question aussi grave, l'administration ne m'en saurait aucun gré. Pas de zèle, jeune homme ; écrivez des livres sur Versailles, si cela vous amuse, mais laissez en paix ce musée qui n'intéresse plus personne. »

« Écrivez des livres sur Versailles »… Le conseil ne tomba pas dans l'oreille d'un sourd. Le jeune attaché s'attela aux documents jamais exploités que recelaient les archives des Bâtiments du Roi ; il en tira, bon an mal an, quantité de révélations et d'éléments inédits qui devaient contribuer à renouveler en profondeur la connaissance de la monarchie française en général et de Versailles en particulier. Devenu conservateur à son tour, en 1892, Pierre de Nolhac avait ainsi trouvé le plus sûr moyen d'intéresser à son musée les gens cultivés. Bientôt secondé par André Pératé, il allait redonner vie à ce château de la Belle au Bois dormant. L'*aggiornamento* des collections, une belle exposition Nattier, quelques habiles conférences feraient le reste : au tournant du siècle, le château de Versailles était redevenu à la mode au sein de la bonne société parisienne, et son conservateur pouvait à bon droit faire figure de personnalité en vue… Tandis que, peu à peu, tranquillement, le château tournait la page du musée louis-philippard pour renouer avec sa véritable histoire, les anciens appartements royaux et princiers retrouvaient leur logique, à défaut de renouer avec le brillant décor de leurs origines. Car le patron du musée ne disposait aucunement des moyens offerts à l'architecte en chef pour restaurer, restituer, remanier…

Anatole France, en ce temps-là, donne de lui ce portrait dans le quotidien *Le Temps* : « Pour bien faire, il faut surprendre, comme je l'ai fait, M. de Nolhac épars sur ses papiers comme l'esprit de Dieu sur les eaux. Il a l'air très jeune, les joues rondes et souriantes, avec une expression de ruse innocente et de modestie inquiète. […] M. de Nolhac porte des lunettes légèrement bleutées, derrière lesquelles on devine des yeux gros, étonnés et doux. » Les *Souvenirs d'un conservateur* fourmillent d'anecdotes piquantes mettant en scène une foule de brillants visiteurs Belle Époque, accueillis par Nolhac dans ce qu'il restait des décors de l'ancienne demeure des rois. Chefs d'État, têtes couronnées, écrivains et artistes allaient bientôt se disputer l'honneur d'une visite privée.

« Il y avait, raconte-t-il, au temps des premiers remaniements de Versailles, un prince qu'ils intéressaient particulièrement et sans doute inquiétaient quelque peu : c'était le duc d'Aumale. » Comment le fils le plus subtil de Louis-Philippe n'aurait-il pas accueilli avec angoisse, lors de ses fréquentes visites, cette entreprise de destruction de l'œuvre de son père ? Le jeune conservateur tentait de le rassurer en achevant chacune de ces visites par un détour aux salles d'Afrique, dont la plus grande toile avait pour thème son plus grand fait d'armes… « Le prince s'arrêtait longtemps devant *La Prise de la Smalah d'Abd-El-Kader à Taguin* : il y contemplait un jeune capitaine à la tête de ses chasseurs d'Afrique, et l'illustre soldat repartait content, assuré du souvenir immortalisé de sa jeunesse et de sa gloire. »

Tandis que Robert de Montesquiou s'installe à Versailles, qu'on voit s'y promener les plus grosses fortunes d'outre-Atlantique, à la recherche de modèles pour leur hôtels particuliers de la côte Est, les *Études sur la cour de France* font de M. de Nolhac un auteur en vue, partout reçu et fêté, bientôt académicien. Lui qui, dans sa jeunesse, avait négligé les artistes français des XVIIe et XVIIIe siècles – au grand dam de Puvis de Chavannes qui lui en avait fait le reproche – était devenu le chantre de cet art national dont s'entichaient désormais les étudiants. Architectes et peintres du Grand Siècle, ébénistes parisiens, ornemanistes des Bâtiments du Roi sortaient de l'ombre pour devenir, grâce à lui, des références partout admirées. Et c'est peut-être, en fin de compte, le plus grand mérite de Pierre de Nolhac : avoir rendu des générations d'historiens et d'artistes conscients de la primauté – longtemps oubliée – des maîtres de l'art français sur leur époque.

L'une des dernières grandes tâches de Nolhac aura été, en 1919, d'assurer l'accueil des délégations officielles et des invités accourus à Versailles pour la signature du célèbre – et si controversé – traité de Paix. Comme toujours, Nolhac s'acquitta de sa tâche à la perfection ; puis il rendit son tablier, très dignement, avec la satisfaction d'un grand devoir accompli et celle de mériter l'hommage universel de ses pairs. Quel chemin parcouru, pour le jeune Auvergnat qui, quarante ans plus tôt, en 1878, était venu jusqu'à Versailles dans l'espoir d'y rencontrer le poète Leconte de Lisle, alors bibliothécaire du Sénat… Ce jour-là, la Haute Assemblée ne siégeant pas, le jeune homme avait dû, selon ses propres termes, « se contenter de Louis XIV »… Sans regret : la visite l'avait comblé ; au plus profond de lui, une flamme s'était allumée. Et après un long détour par Trianon, il avait eu de la peine à s'arracher aux perspectives de Le Nôtre, « bien décidé à revenir, ayant savouré dans la solitude un des grands moments de sa vie ; et le soir, sur son carnet de voyage, il [avait écrit], l'imagination pleine de ces images : "Ce qu'il y a de plus beau à Paris, c'est Versailles." »

Par la suite, Pierre de Nolhac devait entrer, tout naturellement, à l'Académie française et se voir confier les destinées du merveilleux musée Jacquemart-André… Au lendemain de sa mort, le 31 janvier 1936, son amie Amélie Murat, poétesse et romancière auvergnate, racontera l'une de leurs dernières rencontres, en plein été, dans un vieux village de son pays natal. Elle nous dépeint un vieux monsieur, « un peu las d'une trop longue promenade, assis sur une murette du vieux Royat.

— Connaissez-vous, me demanda-t-il dès que je l'abordai, l'inscription en l'honneur des nymphes de Royat que le Florentin Gabriel Simeoni fit graver sur une roche, tout près d'ici ?

« J'avouai, à ma grande honte, que je ne connaissais pas cette inscription.

« Nous descendîmes par un chemin en escalier, jusqu'à cette roche où l'inscription, dont les caractères avaient été nettoyés et repeints sur la demande de l'hôte illustre de Royat, apparaissait maintenant bien visible, entre les retombantes verdures.

« Comme il semblait heureux, Pierre de Nolhac, qu'un témoignage venu de sa chère Italie fût gravé, depuis des siècles et pour des siècles, sur une roche de sa non moins chère Auvergne ! » conclut la femme de lettres. Je pense qu'il l'était, en effet ; le natif du Puy-de-Dôme devait trouver bienfaisante – peut-être providentielle – la trace inspirée du passage, en cette bourgade thermale, d'un des plus grands esprits de la Renaissance… Et l'on comprend Anatole France lorsqu'il se demande, justement à propos de Nolhac : « Fut-il un temps où les savants étaient aussi aimables qu'aujourd'hui ? Je ne crois pas. »

O

Œil-de-Bœuf (Salon de l')

Tout récemment, le cher Jean Castarède a eu la bonne idée de rééditer le premier tome d'un des plus grands succès de la librairie postrévolutionnaire : *Les Chroniques de l'Œil-de-bœuf*, de Georges Touchard-Lafosse. Ce collectionneur d'anecdotes plus ou moins graveleuses, inlassable compilateur de dictionnaires historiques, et qui prêtait sa plume à une prétendue comtesse douairière de B, se fait l'écho de tout un tas de bruits et de ragots, censés avoir meublé l'attente des courtisans massés à la porte de la chambre du Roi. Car le salon de l'Œil-de-Bœuf, à Versailles, né de la réunion de deux pièces, n'est autre que l'antichambre royale. Du reste, par métonymie, le terme d'*Œil-de-Bœuf* avait fini par devenir synonyme de saint des saints, et par désigner plus généralement ce que nous appelons les *allées du Pouvoir*.

Ce salon tient son nom du grand ovale vitré prenant jour sur la cour de la Reine, et qui fut percé lors de la création de l'antichambre, en 1701. Par souci de symétrie, un autre œil-de-bœuf, factice, en miroirs, est installé en face, dominant la cheminée du côté de la chambre.

Si je consacre un petit article à cette pièce, au-delà de son importance historique, c'est pour vous conseiller de vous y attarder, lors de votre prochaine visite. Sous l'Ancien Régime, un garde se tenait là en permanence, pour empêcher les badauds de s'arrêter : « Allons, disait-il d'un ton monocorde, passez votre chemin ! » De nos jours, il est permis de faire halte et de lever les yeux vers le rampant de l'attique – entendez la corniche. C'est une des merveilles décoratives de Versailles, une « espèce de frise courant en bas-relief de plâtre moulé, qui représente des jeux d'enfants », selon les prescriptions de Jules Hardouin-Mansart et Robert de Cotte.

Fascinants reliefs – entièrement dorés sur fond blanc, y compris les fins treillages formant l'arrière de la frise – où des chérubins à ailes d'oiseaux et des zéphyrs à ailes de papillons se prennent pour des comédiens et des musiciens, se promènent en char et se balancent… Les six sculpteurs à l'origine de ce chef-d'œuvre ont travaillé au calme, dans l'Orangerie ; puis leurs panneaux ont été assemblés sous les applaudissements du roi et de la Cour. « Rien de plus frais, de plus souriant, de plus élégant que la voussure du salon de l'Œil-de-Bœuf, estime Pierre Verlet. L'art des jardins l'inspire, l'enfance l'égaie, les sculpteurs de Versailles y déploient un esprit rajeuni. Louis XIV, ainsi qu'il le montre presque au même moment à la Ménagerie ou à Trianon, devient ici l'initiateur du XVIIIe siècle. »

Opéra royal

Bien des fois, j'ai refait l'expérience ; jamais l'effet n'a manqué. À la fin des visites accompagnées, les conférenciers entraînent leur petit groupe dans la longue et sinistre galerie de pierre de l'aile du Nord. C'est l'heure d'un certain relâchement ; l'attention, soutenue jusqu'ici, faiblit soudain et les bavardages reprennent le dessus. Le groupe atteint, au bout de l'interminable corridor, les coursives de l'Opéra royal, aux sols couverts de simples tommettes, aux murs dépouillés, seulement chaulés… Le conférencier ou la conférencière ouvre alors une porte et – retenant souvent un sourire – précède la file des visiteurs à l'intérieur de la salle. Fin immédiate des bavardages ! Un profond silence s'empare du groupe, entrecoupé seulement de gloussements de joie et de petites exclamations admiratives. Un simple raclement de gorge : les spectateurs sont de nouveau tout ouïe…

Louis XV et son Premier architecte, Ange-Jacques Gabriel – c'était tellement plus simple, il y a quelques années, lorsque l'on disait Jacques-Ange… –, ont-ils sciemment ménagé cet effet, et réduit à ce point le décor des abords de la salle pour mieux surprendre et enthousiasmer leur monde ? C'est plus que probable, tant le contraste paraît avoir été délibérément accentué, entre l'extérieur blanc, digne d'un réfectoire de couvent, et l'intérieur doré, festonné comme celui d'un gigantesque carrosse.

Dedans, c'est donc une explosion d'ors et de cristaux, de soies et de faux marbres aux tons clairs, mais intenses. Le volume de cette nef de bois – sonnant comme un stradivarius – est d'autant plus admirable qu'il était modulable, à l'époque, et qu'un étonnant mécanisme surélevant le plancher de l'orchestre au niveau de la scène permettait de transmuer aisément l'ellipse tronquée de la salle d'opéra en une vaste salle de fêtes ovale ! Le style est *néoclassique* – pour adopter un vocable qui viendra plus tard –, autant dire qu'il allie grandeur et régularité. Mais attention : nulle sécheresse dans cette grandeur, nulle monotonie dans cette régularité : on est ici, un siècle après les coups d'essai-coups de maître de Louis XIV, dans une réalisation parfaitement digne du Versailles éternel. Le décor, sous l'égide de Gabriel, était l'enfant d'une triade : le machiniste Arnoult, le sculpteur Pajou, le peintre Durameau.

Cette salle est à ce point truffée de petits détails pittoresques qu'on la croirait conçue exprès pour le triomphe des conférenciers. « Avez-vous remarqué, demandent-ils, les petits lustres, là-haut, dans la galerie à colonnettes ? Eh bien, ce ne sont que des demi-lustres : l'autre moitié n'est qu'un reflet dans un miroir… – Ah, oui ! – N'est-ce pas ? Sauriez-vous estimer de combien sont espacées, sur une même ligne, les fleurs de lys d'or du grand rideau de scène ? – 50 centimètres, 70 centimètres… – Plus d'un mètre ! – Oh ! – Et pourriez-vous deviner de quoi le sol de ce balcon était recouvert, avant la Révolution ? Pas de tapis, non… Pas de velours… Tenez-vous bien : de fourrures d'ours ! »

L'histoire de la salle, à tout prendre, n'est pas moins étonnante. Il est presque donné d'y faire revivre les festivités du mariage de l'archiduchesse Marie-Antoinette avec notre Berry-Dauphin ; et le trop fameux banquet des gardes-françaises, au cours duquel fut portée la cocarde blanche, dont la mythologie révolutionnaire a voulu faire le déclencheur des journées d'Octobre ; et l'inauguration du musée de Louis-Philippe, en 1837 – c'est pour cette occasion qu'on avait tout badigeonné en rouge, au sang de bœuf… Sans oublier le grand festin pour la reine Victoria, en 1855. Vient le moment dramatique où il conviendra de raconter l'installation dans cette salle de l'étrange Assemblée de 1871, et les transformations nécessaires à cet office : remplacement du plafond peint de Durameau par une immense verrière, clouage au parterre de pupitres et de banquettes, installation de rampes de gaz pour l'éclairage des séances… « Mais où peut-on se documenter sur ces événements ? »

Tout est dans les livres, madame. Cherchez et vous trouverez !

Le Comité national pour la sauvegarde du château de Versailles devait publier, en 1958, un grand album richement illustré : *L'Opéra royal de Versailles*. Cette édition spéciale s'agrémentait d'une pochette de clichés en noir et en couleurs. J'en ai acquis autrefois, chez un bouquiniste, l'exemplaire numéroté *097* – un de ces volumes trop grands pour loger commodément sur les rayons d'une bibliothèque, et qui errent sur quelque plan de travail avant de finir en sous-main de fortune… Le mince ouvrage, cartonné, préfacé par l'architecte André Japy, doit sans doute beaucoup à Rose-Marie Langlois, conférencière attitrée de la salle et qui, la même année, faisait paraître chez Pierre Horay un opuscule un peu plus détaillé. Il faut dire qu'en 1958, alors que la France changeait de régime, l'Opéra venait de faire peau neuve ; une part non négligeable du grand effort national de sauvegarde, lancé cinq ans plus tôt, avait été investie dans cette importante restauration, et l'inauguration du théâtre – l'année précédente, par le président de la République et la jeune reine d'Angleterre – était passée pour le triomphe de la bonne volonté sur le poids des ans.

Il y avait si longtemps qu'on parlait de restaurer le chef-d'œuvre de Gabriel ! L'un après l'autre, la comtesse Greffulhe à la Belle Époque, puis les frères Tharaud et jusqu'à Paul Valéry s'en étaient mêlés. Sans résultat. « Une nation possédait le plus beau théâtre du monde, avait écrit Valéry. Gabriel l'a construit ; Pajou en a fait la sculpture, Durameau le plafond. Le Sénat le détient ; la France le conserve, le balaye et l'ignore. [...] Ni la question d'argent, ni l'occupation actuelle de l'édifice par le Sénat ne sont de vrais obstacles. L'inertie, la pluralité des administrations ou services "intéressés", la crainte vague de ce qui séduit, la douceur de l'absence d'*histoires*, et tous les charmes de l'indifférence : voilà les monstres vains qui gardent le sommeil du beau théâtre du château... »

Il avait donc fallu le grand élan national des années 1950 pour enfin lancer les travaux. L'architecte Japy s'était attaché d'abord à la consolidation générale de la charpente. Le châssis vitré du plafond fut supprimé et les planchers repris. « Ces travaux de restauration des charpentes, de la couverture et de la maçonnerie ont été longs, difficiles et onéreux, devait confesser Japy après coup. La dépense s'est élevée à neuf cents millions environ. Non moins laborieuse devait être la remise en état de la salle, de son décor et de son ameublement et, du point de vue "archéologique" et artistique, plus délicate encore, par les recherches historiques qu'elle allait exiger. Mais contrairement à ce qu'on pourrait croire, elle fut infiniment moins coûteuse, se situant aux alentours de cent millions. »

Quelques belles surprises étaient venues encourager les restaurateurs ! Sous le plancher de l'orchestre, par exemple, se révélèrent d'un coup les faux marbres nuancés d'autrefois, partout rougis sous Louis-Philippe. De même, de simples nettoyages avaient permis de récupérer l'essentiel des ravissants motifs peints sous Louis XV. De nombreux morceaux d'étoffe avaient également échappé à la destruction, permettant de peaufiner la reconstitution ; ce fut le cas de ce morceau de velours d'Utrecht frappé, bleu assez foncé, qui avait recouvert jadis tabourets et banquettes, et qu'on avait découvert par hasard… dans le trou du souffleur ! « Ce morceau était encore monté sur son châssis d'époque qui comprenait une moulure ancienne sculptée et un panneau de faux marbre. Ce fragment provenait d'une des secondes loges et se raccordait parfaitement à la décoration, ce qui a permis à M. Japy de résoudre un des problèmes délicats qui lui étaient posés. » Or, un bonheur n'arrivant jamais seul, « les presses anciennes qui avaient frappé ce velours d'Utrecht ont été elles aussi retrouvées chez un fabricant d'Amiens. De sorte que, si le velours recouvrant les banquettes et tapissant l'intérieur des loges est moderne, il a exactement le ton qu'il avait au XVIIIe siècle et a été frappé avec les mêmes fers ». En revanche, les restaurateurs avaient dû renoncer à réparer le célèbre mécanisme qui, à l'origine, permettait au parterre d'être hissé au niveau de la scène – désormais le plancher serait fixe…

Ce n'en est pas moins une des plus belles salles de spectacles du monde qui, le mardi 9 avril 1957, put accueillir Élisabeth II d'Angleterre et le prince consort Philip. Après avoir visité le château et les jardins, la jeune souveraine et son époux avaient pris un peu de repos dans les petits appartements de Marie-Antoinette. Puis ils avaient présidé un grand déjeuner de trois cents couverts, dans la galerie des Glaces. Enfin, quand ils pénétrèrent dans la salle brillant de tous ses feux, on entendit un concert de cris d'admiration. Certains affirment avoir vu la jeune reine se pencher à l'oreille du président René Coty et articuler, dans un sourire, les mots qui convenaient : « *It's too lovely.* »

Orangerie

Il n'est rien de plus pur à Versailles que l'Orangerie, joyau de Hardouin-Mansart, bâtie à grands frais en 1684 et 1685. Sa prééminence s'est imposée à moi très tôt, et ne s'est, depuis lors, jamais démentie : perfection des lignes, harmonie des volumes, exposition idéale… Qu'on envisage d'en haut ses alignements d'arbustes, depuis le parterre du Midi, avec le centre de la pièce d'eau des Suisses pour point de fuite ; de côté, depuis l'une des deux volées des Cent-Marches ; ou bien d'en bas, avec le château pour couronnement, ce vaste quadrilatère, bordé sur trois côtés de galeries aux trente-cinq baies cintrées – comme une sorte d'immense cloître – offre les plus belles vues du domaine.

L'intérieur n'est pas en reste, et je garde notamment le souvenir ébloui d'un grand dîner de gala donné, sous ses voûtes en berceau, par Catherine Hamilton, pour les American Friends of Versailles. La splendeur des tables, l'élégance des robes sublimées par une infinité de bougies tranchaient sur l'extrême simplicité de l'immense galerie de cent cinquante-six mètres sur vingt et un – près du double de la galerie des Glaces –, véritable chef-d'œuvre de cet art de tailler les pierres que l'on appelle la *stéréotomie*. Deux galeries en retour, de cent dix-sept mètres, communiquent à angle droit avec la principale, sans que l'on puisse discerner, à l'œil, la moindre arête, la plus légère jointure !

L'une des représentations les plus réussies – d'ailleurs très célèbre – des extérieurs de l'Orangerie a été peinte, à la fin du XVIIe siècle, par un aimable paysagiste, dans l'esprit du grand Poussin : Étienne Allegrain. J'ai souvent laissé courir mon imagination sur cette toile aux dimensions modestes, prisée des éditeurs qui en ont fait d'innombrables couvertures… On y voit, dans une composition paisible, équilibrée, dont la douceur lumineuse tient plus de l'Olympe que du monde terrestre, un petit nombre de seigneurs et de dames, dans leurs beaux atours colorés, devisant sur la volée ouest des Cent-Marches. Des silhouettes plus petites se promènent sur le parterre de l'Orangerie, où ne subsistent que quelques arbustes en caisses, d'ailleurs plus ou moins translucides – comme des spectres végétaux…

Au centre de la toile, sont traités dans toute leur magique simplicité : parements à bossages, corniche délicate, baies en plein cintre – toutes en léger retrait –, discret avant-corps orné de colonnes toscanes, angles traités en tambour… Tout le génial édifice est là, que Louis XIV avait trouvé, lors de son inauguration, d'« une magnificence admirable », et que l'architecte Blondel jugerait « digne de la magnificence des Romains… une des merveilles de l'Europe ».

Sur ce socle de rêve, ourlé d'une fine balustrade, le château prend une dimension mythologique, comme un Empyrée d'albâtre à colonnes, surmonté de trophées et de pots-à-feu qui se découpent, lumineux, sur un relief imaginaire. Car Allegrain a pris quelque liberté avec le réel : il s'est lui-même placé sur une hauteur fictive, assez boisée, assez sauvage, pour souligner le dessin raffiné des broderies de pelouse ; il a été jusqu'à réduire de moitié l'aile du Midi, dans sa largeur, choisissant d'ignorer sa façade de brique, du côté de la Surintendance.

Et si, après tout, Versailles n'avait jamais été plus beau que sur de telles représentations idéalisées ? Si l'Orangerie, dans son épure, nous invitait précisément au rêve, à l'absence ? S'il nous fallait, pour en goûter pleinement l'excellence, accepter la licence du poète et le parti pris du peintre ?

Ornemanistes

À mes yeux, dans le décor versaillais, ce qu'il y a de plus beau, ce sont les boiseries… Sculptées en pleine essence, dans la masse d'un panneau de chêne, elles représentent l'aboutissement d'un savoir-faire ancien. Comme tous les éléments décoratifs, ces lambris peuvent être vus de loin, dans leur ensemble ; alors ils offrent à l'œil une harmonie de blanc et d'or infiniment flatteuse ; ils prêtent leur noble surface à tous les jeux du jour et de la lumière – plus ou moins chauds, plus ou moins rasants… Mais les connaisseurs ne s'en tiendront pas là. Ils s'approcheront de la surface ouvragée ; ils en observeront de près les filets, les gorges, les doucines, suivront du regard la tige de roseau, le rameau d'olivier jaillissant du feuillet de bois sous le ciseau sans limites de l'ébéniste. Et ces rinceaux, et ces rubans, et ces cartouches où se dessinent toutes sortes d'allégories… Du relief très léger, à peine sensible, à l'élément saillant – dit *en ronde-bosse* – derrière lequel le néophyte se sentira forcé de passer tout le doigt, ils apprécieront un ouvrage relevant du tour de force…

La boiserie sculptée remonte au Moyen Âge ; mais à Versailles, on lui a d'abord préféré les cimaises d'étoffe, sur des bas-lambris de marbre. Ce n'est que vers la fin du XVIIe siècle qu'un changement du goût, greffé sur un souci d'économie, va mettre en avant le panneau de bois sculpté, peint et doré – parfois vernis. Ce qui se pratiquait, depuis longtemps, pour les vantaux de porte va s'étendre à l'échelle de murs entiers. Et en 1701, lors de la création de la nouvelle chambre du Roi et de son antichambre, dite de l'Œil-de-Bœuf, il n'est plus question d'autre chose que de stucs et de bois sculpté et doré. Ainsi s'élabore ce qui, dans toute l'Europe, sera bientôt copié comme le *grand style versaillais*.

Plusieurs lignées d'ébénistes ont attaché leurs noms aux plus fortes réalisations dans ce domaine. Sous Louis XIV, les Italiens Cucci et Temporiti, notamment, en furent considérés comme des maîtres. Mais c'est avec Jules Du Goullon, Pierre Taupin et André Le Goupil que, dans les débuts du règne de Louis XV, se constitue le vrai savoir-faire qui fera de Paris un centre inégalé des arts décoratifs, et se déploiera sans fin, par la suite, dans les hôtels particuliers et les demeures de campagne de toute la haute société. Le gendre de Le Goupil, Jacques

Verberckt, fait figure de virtuose du genre ; Anversois d'origine, il manie le ciseau avec une aisance telle que le support en paraît transcendé : est-ce du bronze ? Est-ce de l'or ? se demandent, sidérés, les premiers spectateurs de ses chefs-d'œuvre. Verberckt officie, notamment, dans le cabinet de la Pendule, en 1738, chez le dauphin et la dauphine, au milieu de la décennie 1740, dans le propre cabinet de travail du roi – appelé cabinet d'Angle – en 1760. Sculpteur de génie, il sera finalement agréé par l'Académie de peinture et sculpture, mais ne sera pas admis à siéger en son sein – l'auteur de boiseries, aux yeux des contemporains, n'est pas tout à fait un sculpteur ; il reste un ornemaniste. C'est tout l'écart – absurde – qui sépare un artisan, même génial, d'un artiste…

L'art ornemental ira encore plus loin. Après Verberckt, la famille Rousseau repousse, si possible, les limites du genre. Jules-Antoine est lui-même le fils d'Alexandre, sculpteur sur bois attitré des Bâtiments du Roi, et qui avait travaillé, pour Robert de Cotte, aux décors de la chapelle. C'est à Jules-Antoine que l'on doit, en 1755, ce qui constitue peut-être le plus bel ensemble de boiseries de Versailles : les panneaux vigoureux, pleins de noblesse, du cabinet du Conseil. Ses propres fils, Jules Hugues, dit Rousseau l'Aîné, et Jean Siméon, dit Rousseau de la Rottière, perpétueront son admirable tour de main jusqu'à la chute de la monarchie : ils signeront ainsi les célèbres boiseries des derniers Bains de Louis XV, de la garde-robe de Louis XVI ou du Cabinet doré de Marie-Antoinette, d'une élégance et d'une finesse absolument incomparables. Qui sait, si la Révolution n'était venue rompre le fil – de tels savoir-faire s'éteindront en moins de deux générations –, jusqu'où la sculpture ornementale aurait pu se hisser, en France ? Mais peut-être avait-elle atteint déjà son paroxysme, et la mode – comme toujours – aurait-elle fini par passer…

P

Palatine (Princesse)

Sous la forme d'un article de presse…

Quand on demande à la belle-sœur de Louis XIV si sa haute position lui pèse, elle répond : « Si ma charge était à vendre, il y a beau temps que je m'en serais défaite. » Il est vrai que celle que la Cour appelle Madame *– elle est la veuve de Monsieur – n'a pas l'âme courtisane ; elle possède au surplus une grande franchise et du bon sens à revendre... Est-ce à dire qu'à ses yeux, toute vérité serait bonne à dire ? Rencontre printanière, à Marly, avec une Altesse Royale dépourvue de hauteur, mais non de majesté.*

Les jappements d'une meute d'épagneuls saluent l'entrée de Madame dans son cabinet d'angle, choisi pour l'audience. La Princesse est accompagnée de trois dames de sa suite ; elle marche un peu lourdement mais répond avec beaucoup de grâce à ma révérence ; puis elle prend place, en retenant un soupir, sur un vaste canapé fort ouvragé et, d'un geste auguste, me désigne une chaise sur la droite. À peine assis, je vois un chien grimper sur mes genoux, et venir y essuyer ses pattes crottées… Madame s'en amuse plus qu'elle ne s'en alarme. « Oh ! Robe ! » crie-t-elle en riant. Et comme je manifeste de l'étonnement à ce nom de *Robe* : « La dame qui vient d'accomplir cette belle action s'appelle Candale, née Robe, dit-elle. Ce nom lui vient de ce que sa mère est accouchée d'elle sur ma robe de velours… »

Je souris en repoussant discrètement *la dame*, et débite un petit compliment. Il faut dire que, la veille, Mme de Châteautiers – à qui je dois cet entretien – m'a chapitré sur ce qu'il convenait de dire et de ne pas dire : vanter les mérites du duc d'Orléans et du jeune duc de Berry, mentionner Saint-Cloud et le Palais-Royal ; éviter toute référence à la duchesse d'Orléans, au souvenir de Monsieur et de ses amis trop chers ; surtout ne rien évoquer des anciens malheurs du Palatinat… La Princesse m'écoute d'une oreille distraite ; elle porte une robe de cour en brocart mordoré, bordée d'une gaze noire qui contraste avec la blancheur de sa poitrine et de ses bras dodus… La chevelure, blanche et bouclée, surmonte un visage où les yeux, trop petits, le nez, un peu tors, la bouche délicate sur un opulent double menton forment un ensemble disgracieux, certes, mais non dépourvu de noblesse. « Quand on est belle, cela ne dure guère, a-t-elle écrit naguère ; un beau visage change bien vite, mais avoir bon cœur, voilà ce qu'il fait bon posséder en tout temps. »

Aucun fard, pas davantage de poudre. Le teint de Madame est du reste si manifestement rouge qu'elle croit devoir s'en justifier. « J'ai fait des exercices violents, ce qui m'est toujours très salutaire, lance-t-elle, avec le léger accent tudesque dont elle n'a pu se défaire. L'on chasse ici dans le plus bel endroit du monde, car le parc de Marly est un véritable jardin. En ce moment toutes les haies sont en fleur et parfument l'air ; avec cela, les rossignols et les autres oiseaux chantent si bien qu'on s'y console parfaitement… » Par de hautes baies, sur ma droite, je devine les frondaisons taillées, pour ne pas dire *sculptées*, de Marly. « On dirait que ce sont les fées qui travaillent ici, dit la Princesse, comme en écho à mes pensées ; car là où j'avais laissé un étang, j'ai trouvé un bois ou un bosquet ; là où j'avais laissé une grande place et une escarpolette, j'ai trouvé un réservoir plein d'eau, dans lequel on jettera ce soir cent et quelques poissons de diverses espèces et trente grandes carpes admirablement belles. » Et comme pour corroborer ces propos bucoliques, le chant d'une fontaine nous parvient par la porte entrouverte.

Aux yeux des gens de cour, le véritable charme de cette résidence réside ailleurs : dans les libertés qu'on y prend avec l'étiquette. Ici – et seulement ici – les seigneurs peuvent demeurer couverts en présence du roi. Sur ce point comme sur d'autres, Madame ne partage pas l'enthousiasme commun. « On ne sait plus du tout qui on est ! s'insurge-t-elle. Quand le roi se promène, tout le monde se couvre ; la duchesse de Bourgogne va-t-elle se promener, eh bien, elle donne le bras à une dame et les autres marchent à côté. On ne voit donc plus qui elle est. Ici, au salon, tous les hommes sont assis devant M. le Dauphin ; quelques-uns même étendus tout de leur long sur les canapés ! Jusqu'aux frotteurs, qui jouent aux échecs ! » Les dames de la suite, peut-être un peu gênées d'une franchise à laquelle elles sont pourtant rompues, tentent de faire diversion en tendant un plateau d'argent, couvert de fruits confits ; Madame m'invite à me servir, puis elle puise abondamment dans la pyramide de douceurs. « J'ai grand-peine à m'habituer à cette confusion, conclut-elle ; on ne se fait pas d'idée comme tout est présentement, cela ne ressemble plus du tout à une cour… »

J'ai bien noté qu'à propos du parc de Marly et de ses petits oiseaux, Madame avait dit que l'on s'y *consolait* parfaitement… Est-il permis de lui demander quels chagrins la perturbent à cette heure ? La Princesse ignore, ou feint d'ignorer, mon indiscrétion ; pudiquement, elle préfère poursuivre sur le thème de la chasse. « Je crois que l'exercice à pied est plus favorable à la santé que le cheval, mais je suis devenue trop lourde, et je ne peux plus bien marcher ; je m'en tiendrai donc au cheval aussi longtemps que je le pourrai… » Un haussement d'épaules, puis elle ajoute : « J'ai vu prendre certainement plus de mille cerfs ; et fait mainte chute à la chasse. Sur les vingt-six que j'ai faites, je n'ai eu de mal qu'une seule fois. » Madame rit maintenant, et ses dames l'imitent. Je profite de ce moment de gaieté pour poser la première des questions que j'avais soumises, la veille, à l'approbation d'un secrétaire. Puis-je demander quelques nouvelles à Son Altesse Royale ? « Oh, monsieur, nous n'avons rien de neuf ici ! Il ne vous intéressera guère de savoir que notre vieux roi est allé à cheval tirer des perdrix, tandis que les jeunes gens se font traîner en roulette… » Ainsi, de nouveau, c'est le relâchement des mœurs actuelles que Madame tient à stigmatiser : « Présentement, déplore-t-elle, les jeunes gens se piquent de ne rien savoir ni connaître ; le jeune T…, qui est d'une des meilleures maisons, fait la révérence plus gauchement qu'aucun paysan derrière sa charrue : ne rien savoir, ne s'entendre à rien, être impoli, grossier, c'est là la gentillesse du temps actuel… »

Sachant l'attachement presque tendre que Madame conserve cependant à son royal beau-frère – qu'elle affecte d'appeler « Monsieur » et non « Sire » –, je tente de relancer le propos sur la santé du roi, son humeur du moment, les projets dont, peut-être, il l'aurait tenue informée… « Il est vrai que notre roi a encore très bonne mine, répond-elle avec une évidente satisfaction ; il est de si bonne humeur que c'est vraiment quelque chose d'étonnant. » La Princesse a-t-elle souvent l'occasion de s'entretenir avec Sa Majesté ? Madame grimace de manière assez comique, et cela doit vouloir dire : *pas assez souvent à mon gré*... « Le soir, je soupe avec le roi, concède-t-elle dans un soupir. Nous sommes cinq ou six à table ; chacun avale son affaire sans dire une parole comme dans un couvent ; tout au plus dit-on tout bas quelques mots à son voisin… » Madame souffre-t-elle de ce défaut d'épanchements ? Oui, visiblement. « Nulle part il n'y a de conversation ! se plaint-elle. Monseigneur cause fort peu, aussi bien que le roi. Je crois que celui-ci compte les mots et a résolu de ne jamais dépasser un certain chiffre. Quant aux dames, elles ont une telle peur de dire quelque chose qui pût déplaire et les empêcher de venir ici, à Marly, qu'elles ne parlent que de toilette et de jeu, ce qui me semble assez ennuyeux. »

On sait que la belle-sœur de Louis XIV ne pratique aucun jeu de cartes, et passe peu de temps avec ses couturières… Ce qu'elle aime pour sa part, lorsqu'elle n'écrit pas d'interminables lettres à sa famille allemande, c'est la comédie. Madame regrette d'ailleurs que celle-ci ne soit jouée que l'hiver, jusqu'au jeudi qui précède la semaine sainte, et ne reprenne qu'à l'automne, généralement lors du séjour de la Cour à Fontainebleau. C'est pour elle le premier des divertissements, supérieur même aux joies de la conversation. « Je tiens les visites pour plus dangereuses que la comédie, pérore-t-elle, car, quand on se visite, il est difficile de ne pas parler du prochain, ce qui est un plus gros péché que d'assister à la comédie. » Or, si l'on en croit la Princesse, le roi lui-même serait pour beaucoup dans la désaffection dont souffre actuellement la scène française. « Tant qu'il y allait ce n'était pas un péché, dit-elle. C'en était un si peu que tous les évêques y allaient journellement. Mais depuis que le roi n'y va plus, c'est devenu un péché… »

Un plissement d'yeux en direction de son confesseur, qui vient d'entrer pour se joindre à nous, et marche sur la pointe des pieds, puis Madame précise – peut-être surtout à son intention : « Je n'approuverais pas qu'on allât au spectacle au lieu d'aller à l'église, mais une fois qu'on s'estime en règle avec le bon Dieu, je trouve le spectacle moins dangereux pour la conscience que la conversation… » Justement, à propos du bon Dieu… On sait que sa conversion au catholicisme, jadis nécessaire pour épouser un Fils de France, a été pour elle un crève-cœur. J'essaie en vain d'obtenir de Madame un point de vue sur la question ; mais elle demeure sur la réserve – ce qui ne l'empêche pas d'avoir la dent dure envers les prêtres catholiques… « C'est le cadet des soucis des prêtres d'ici de faire connaître et admirer les œuvres merveilleuses de Dieu, estime-t-elle ; le dieu de la plupart d'entre eux, c'est Mammon, comme il est dit dans les Saintes Écritures. » Elle n'hésite pas, sur ce sujet, à égratigner le roi lui-même… « Notre roi est très pieux, mais il est fort ignorant des choses qui ont trait à la religion : jamais de sa vie il n'a lu la Bible, il croit tout ce que lui disent les prêtres et les faux dévots. Il n'y a donc pas lieu de s'étonner que les choses aient pris si mauvaise tournure. » Sous-entendu : *qu'on ait pu le convaincre si aisément de persécuter les protestants…*

Quoique averti, je ne puis qu'admirer l'incroyable liberté de ton de cette femme, liberté sans égale au sein d'une cour où personne d'autre qu'elle, jamais, n'oserait livrer le fond de sa pensée. Aucun thème ne lui paraît défendu. « On a tellement détourné notre roi de toute grandeur qu'il n'y pense même plus », lance-t-elle ainsi tout à trac, à la gêne ostensible de ses dames. Oserai-je insister un peu, et demander qui se cache derrière ce « on » ? La Princesse semble hausser les yeux au ciel, mais son regard désigne en vérité l'appartement de Mme de Maintenon, juste au-dessus de nous. Je pensais que l'allusion n'irait pas plus loin. Je me trompais. « La pantocrate – Madame prononce *pantecrate* – a un grand pouvoir, soupire-t-elle. Toutefois, il paraît qu'elle n'est pas la femme la plus heureuse du monde, car elle pleure souvent à chaudes larmes et parle à chaque instant de la mort. » *In cauda venenum* : « Je crois pourtant que ce qu'elle en fait n'est que pour voir ce qu'on en dira. » Les dames de la suite affichent à présent des mines consternées…

Madame elle-même aurait-elle, soudain, le sentiment d'avoir été trop loin ? Elle interroge sa dame d'honneur pour connaître l'heure ; on la rassure. « Dans une demi-heure, nous allons assister à la musique, s'excuse-t-elle dans un bâillement. Ce ne sont que des rabâchages, car on chante uniquement les vieux opéras de Lully. Il m'arrive souvent de m'endormir en les écoutant… » La confidence est à prendre au pied de la lettre : les assoupissements de Madame sont devenus légendaires ; on prétend qu'à la messe elle ne peut assister au moindre sermon sans se mettre à somnoler, ce qui exaspère le roi. D'une manière générale, les obligations de son rang l'assomment. « Plus on est haut placé, plus il y a de contraintes, soupire-t-elle, et si le rang de *Madame* était une charge qu'on pût vendre, il y a beau temps que je m'en serais défaite – et à bas prix encore ! »

C'est bien connu, celle que, jadis, on appelait *Liselotte* regrette les joies simples de sa jeunesse, à Heidelberg, et « le souvenir des cerises mangées à cinq heures du matin sur la montagne »… Une des trois dames ose intervenir pour défendre les bons côtés de la vie versaillaise, et soutenir qu'elle réserve, à sa façon, d'autres joies… Madame, avec une brusquerie étonnante, l'interrompt : « Les femmes de France n'ont pas de joies véritables », tranche-t-elle. Et se tournant vers moi : « Pour vous en convaincre, monsieur, vous n'aurez qu'à les voir à leur jeu qui dure vingt-quatre heures. Quelles mines désespérées elles ont ! L'une pleure à chaudes larmes, l'autre est rouge comme le feu et roule des yeux comme si elle allait avoir des convulsions, une troisième est pâle comme la mort et sur le point de s'évanouir. Hommes et femmes ont l'air de possédés ; ils ne peuvent souffrir personne autour d'eux. Voilà les joies d'ici, mais ce ne sont pas les miennes ; je préférerais faire un repas sur l'herbe avec de bons amis, à côté d'une source. »

Je songe, *in petto*, aux confidences qu'un grand seigneur m'a faites à son sujet : il me l'a décrite « forte, courageuse, allemande au dernier point, franche, droite, bonne et bienfaisante, noble et grande en toutes ses manières, et petite au dernier point » pour tout ce qui regarde ce qui lui est dû… L'orage est passé, déjà, aussi vite qu'il était venu ; et la Princesse joue à présent avec le plus jeune des épagneuls qui, sans égard à l'étiquette, s'est allongé sur le canapé, tout près d'elle. « Celle-ci, c'est Mione, dit-elle. M. Leibniz soutient que les bêtes ont de l'intelligence, qu'elles ne sont pas des machines, comme l'a prétendu Descartes, et que leurs âmes sont immortelles. Dans l'autre monde, j'aurai donc la joie de revoir, non seulement parents et amis, mais encore toutes mes bêtes… » Le petit cénacle applaudit à cette belle sortie – peut-être un peu vite… Car Madame ne s'en tient pas à ces charmants propos. « Mais je serais bien attrapée, poursuit-elle, si cela voulait dire que mon âme est mortelle comme la leur, et que, tous ensemble, nous ne serons plus que néant ! » Silence… À présent, le bon père observe les boucles de ses souliers, les dames se lèvent, arborant un sourire crispé. Même le laquais, à la porte, n'a pu retenir un raclement de gorge : je comprends que mon audience s'achève ici.

Alors je rassemble mes notes, remercie poliment et me fends d'une belle révérence, mais sans détourner un instant Liselotte de son tête-à-tête avec Mione… Elle s'amuse à provoquer la petite chienne en allemand, et rit de bon cœur chaque fois que celle-ci aboie. Gentille princesse ! En retrouvant les admirables frondaisons du parc de Marly, je ne pourrai m'empêcher de songer à ce que doit être, au fond, la solitude de cette grande dame si verte et si pure, perdue dans un univers si peu fait pour elle…

NB : Les propos cités entre guillemets sont extraits des lettres de la Princesse Palatine.

Pompadour (Marquise de)

« Nous aimerions avoir connu Mme de Pompadour qui protégea si bien les arts, et nous nous serions autant ennuyés auprès d'elle qu'auprès des modernes Égéries », écrit Proust dans *Le Côté de Guermantes*, mettant le doigt, au passage, sur le grand paradoxe caché du présent *Dictionnaire amoureux*. Car, pour tout dire, ce Versailles qui, depuis l'enfance, absorbe mon énergie et stimule mon imagination, où j'ai passé, en rêve, tant et tant d'heures délicieuses, où je me transporte avec délectation en soulevant la couverture du moindre guide imprimé, ce Versailles idéal et fantasmé m'aurait déplu, sans aucun doute, si j'avais eu la possibilité de le fréquenter autrefois. Et je crois pouvoir affirmer qu'au XVIIe ou au XVIIIe siècle, passé la première curiosité, je l'aurais fui à toutes jambes.

Le même paradoxe m'a retenu, à l'instar de Marcel Proust, dans les rets délicats du souvenir de Pompadour. Pour écrire mon roman *Le Bal des Ifs*, j'ai même consacré deux années de ma vie à suivre les traces de cette femme d'exception, jusqu'en des fonds d'archives parfois peu accessibles. J'ai mille fois tenté de comprendre ses motivations, j'ai compulsé pour cela récits d'époque et biographies modernes. Oserai-je avouer que je me suis, peu à peu, laissé gagner à ses charmes ? Oui, je fus bien près, au cœur de ma recherche, de tomber amoureux d'elle – ou pour mieux dire : de son image ! Image rêvée, sans doute, image projetée, d'autant plus trompeuse que je la savais peu conforme à la nature profonde du personnage.

Car ce qui m'apparaissait, à mesure que se précisait la figure de la dame, c'était une seule et même motivation, sans cesse exprimée, sans cesse poursuivie jusqu'à la mort : une inextinguible soif de pouvoir et de richesse. Toujours plus d'argent, toujours plus de bien, toujours plus d'influence ! Cela n'exclut pas une sensibilité vive, trop vive peut-être pour assumer un tel destin… Fille d'un aventurier et d'une dame plutôt légère, Jeanne avait eu la chance de naître, sous la Régence, aux franges d'un milieu privilégié : celui de la haute finance parisienne. Les bonnes fées du clan Pâris se penchèrent sur son berceau, de même que le fermier général Le Normant de Tournehem, un temps directeur de la compagnie des Indes, et dont il est permis de penser qu'il était son père biologique. Elle ferait de lui, plus tard, le puissant directeur des Bâtiments, Arts et Manufactures du Roi…

Pendant vingt ans, Jeanne rêva d'entrer à Versailles et d'y être acceptée ; puis elle rêva, pendant vingt autres années, d'en sortir et de s'en libérer. Tel fut le sort – tragique au fond – de cette femme hors du commun qui, pour vivre heureuse, était sans doute trop belle, trop intelligente et surtout trop ambitieuse.

La tradition rapporte que, disposant de terres en bordure des chasses royales, en forêt de Sénart, Jeanne-Antoinette Poisson, épouse Lenormant d'Étiolles, venait exprès se placer sur le passage de Sa Majesté, tantôt en bleu dans un phaéton rose, tantôt en rose dans un phaéton bleu… Louis XV, d'abord intrigué, se prit d'autant plus volontiers au jeu qu'il était entouré d'une petite coterie qui, très objectivement, œuvrait au service de la jeune bourgeoise. Elle rencontra le roi dans des bals publics, se fit inviter à la Cour pour les fêtes du mariage du dauphin, bénéficia des leçons privées de Voltaire et de Bernis qui, l'été de Fontenoy, s'employèrent à lui donner le ton et l'esprit de *ce pays-ci*.

Logée tant bien que mal dans les Petits cabinets du roi, elle fut enfin déclarée, puis logée dans l'ancien appartement de Mme de Châteauroux. Il fallait gravir cent marches pour monter chez elle, sous les toits ;

mais la Cour ne rechigna guère, et l'on vit bientôt à sa toilette plus de monde qu'à celle de la reine… Hélas, si la toute nouvelle *marquise de Pompadour* était plus que douée dans bien des domaines – y compris ceux du théâtre et du chant –, elle ne possédait guère les sortilèges de l'amour. Sans doute frigide en effet, elle peinait à satisfaire le roi qui la trouvait bien froide et l'appelait, avec un dépit mal dissimulé, sa *macreuse*. Les épices, le gingembre, le chocolat ambré, ingurgités à haute dose, n'y suffirent pas : la favorite ne devint jamais une maîtresse vraiment satisfaisante ; et ce qu'elle ne pouvait obtenir par les sens, il fallut qu'une intelligence hors du commun y suppléât.

À partir de l'automne 1750, il devint officiel que la Marquise – comme l'appelaient les courtisans, sans avoir besoin de préciser son nom – n'était plus l'amante du roi, simplement son amie. Et sa conseillère en tout… À Versailles, les changements d'état se traduisent toujours par des changements de lieu : Mme de Pompadour dévale ses quatre étages pour emménager, au rez-de-chaussée du corps central, dans l'appartement laissé vacant par le décès de la comtesse Toulouse, veuve d'un fils légitimé de Mme de Montespan, et qui avait servi de mère à Louis XV. Un appartement prestigieux, mais triste, car prenant jour exclusivement sur le parterre du Nord. La Marquise savoure le prestige de cette affectation et feint de mépriser ses inconvénients ; non sans humour, elle signera « au Nord » les planches qu'elle grave elle-même, sous la conduite du maître Cochin.

Grâce, en particulier, aux *Mémoires* de Mme du Hausset, la vie quotidienne de Mme de Pompadour nous est assez bien connue : on y découvre une femme angoissée, nerveuse, constamment sur la brèche et payant très cher la place inouïe qu'elle occupait dans l'ombre du roi. Véritable Premier ministre de l'ombre, protégeant les écrivains et les artistes, fondant l'École militaire et la Manufacture royale de porcelaines, pourvoyant aux offices, négociant avec les parlements, dirigeant la diplomatie et commandant jusqu'aux plus grands stratèges, la Marquise était devenue l'indispensable soutien du roi, en même temps, peut-être, que sa plus grande faiblesse…

Sa pire crainte était forcément que le roi ne s'éprît d'une femme plus jeune et plus jolie qu'elle, et n'en fît sa favorite. C'est pour parer un tel coup du sort qu'elle laissa s'instituer – puis encouragea activement, avant d'entretenir en personne – le système mis en place dans le quartier du Parc aux Cerfs, et qui visait à fournir au roi, sans danger, de très jeunes filles, à la fois saines de corps et faibles d'esprit. Des rivales ne s'en firent pas moins jour, de Mlle de Choiseul-Beaupré à Mlle de Romans, qui souvent empêchèrent Jeanne de trouver le sommeil. Ses dernières années furent ainsi des plus éprouvantes, surtout à partir de 1756 et du retournement d'alliances – la France devenant, contre la tradition, l'alliée de l'Autriche… Mme de Pompadour, considérée à tort ou à raison comme responsable de la guerre de Sept Ans et de tous ses désastres, devait alors atteindre une impopularité extrême.

Elle qui avait tant rêvé de pouvoir se retirer, en paix, dans son château de Menars, mourra en fonctions, si j'ose dire, après vingt ans de service ininterrompus, et sous le toit du roi – encore un privilège extraordinaire – à la toute fin de l'interminable hiver

1764… Son corps sera transporté, sur un simple brancard, jusqu'à son hôtel de la rue des Réservoirs, en attendant le départ pour Paris d'un imposant cortège funèbre… L'étiquette ne permettant pas à Louis XV d'assister à de telles obsèques, il se contenta de regarder passer ce cortège depuis le balcon de son cabinet d'angle. « La marquise aura bien mauvais temps pour son voyage », aurait-il confié à un valet de chambre. Il pleuvait, en effet ; de sorte que les larmes du roi se mêlaient à de grosses gouttes de pluie.

Terrible et poignant épilogue : à quelque temps de là, se livrant, pour une fois, à la comtesse de Séran, le roi lui aurait confié n'avoir jamais aimé Mme de Pompadour.

R

Réservoirs (Hôtel des)

Ce fut un temps le siège de l'Office de tourisme de Versailles ; on y trouve encore de beaux appartements de fonction à l'usage de l'Établissement public, mais c'est aujourd'hui une grande école de commerce qui en occupe la majeure part. L'ancien hôtel de Pompadour, bâti par Jean Cailleteau, dit Lassurance, pour la Marquise, et acquis par la Couronne en 1765 pour y loger le gouverneur de Versailles, constitue le point de mire de l'actuelle rue Carnot, qui débouche devant sa façade. Vendu à la Révolution comme Bien national, il avait échoué bientôt entre les mains d'un aubergiste nommé Raimbault.

L'hôtel est adossé aux soubassements des Réservoirs d'eau du château – d'où son nouveau nom d'*hôtel des Réservoirs*... La catastrophe était prévisible ; elle survint le 30 juin 1836. Ce jour-là, le mur des cuves céda en plusieurs endroits ; et des masses d'eau se déversèrent, par la cour de l'hôtel, jusque dans la rue des Réservoirs...

C'est à compter du 1er janvier 1857 que la famille Grosseuvre devint locataire des lieux ; Louis-Henri et sa femme, Rose, doués d'une énergie débordante et d'un véritable sens du commerce, devaient transformer l'ancienne auberge en un *Grand Hôtel des Réservoirs* qui déborderait, en 1866, sur l'hôtel voisin du *Garde-Meuble*. Beaux décors, service soigné, clientèle huppée ; Versailles avait enfin son hôtel de luxe, bientôt fréquenté par le prince de Galles, futur Édouard VII, Jules Massenet – qui composa là son *Werther* –, Émile Zola ou encore Marcel Proust qui viendrait s'y installer quelques semaines après la mort de sa mère. Au tournant du siècle, le *Grand Hôtel* fut encore surélevé de deux étages.

Henri Grosseuvre devait, dans une conférence prononcée en 1933, raconter comment le roi d'Angleterre, sortant de table aux *Réservoirs*, exprima un jour le souhait de visiter le château *incognito* ; c'était jour de fermeture, personne ne pouvait joindre le conservateur ; et devant la couardise des gardiens, c'est l'hôtelier lui-même qui avait dû prendre le risque de tirer le verrou et d'introduire « clandestinement » son hôte dans le palais désert !

Ce que ne savaient pas toujours les clients du *Grand Hôtel*, c'est que Louis-Henri Grosseuvre était *versaillomane* et possédait, sur l'histoire du château, le plus important fonds documentaire de l'époque ! En avril 1934, son fils Henri chargea l'étude de Me Ader, à Paris, d'en disperser les richesses. Heureusement, le prestigieux ensemble, comptant quelque six cents livres, manuscrits, estampes et tableaux, fut acheté, pour le compte des services de conservation du château, par de prestigieux donateurs. Le *Fonds Grosseuvre* était sauvé.

Revues

Les passionnés d'un sujet se réunissent toujours autour d'une revue totémique. À Versailles, depuis 1899, il s'agit de la *Revue de l'histoire de Versailles et de Seine-et-Oise* – rebaptisée en 1976 *Revue de l'histoire de Versailles et des Yvelines* – que les habitués nomment par ses premières initiales : la *RHV*. Publié de manière annuelle, bisannuelle ou trimestrielle, selon les ardeurs de l'Académie de Versailles, dont il est l'organe, ce périodique a réuni les plus grandes plumes et proposé des contributions décisives à la connaissance du domaine. Lorsque j'habitais à Versailles, mon grand plaisir était d'aller fouiller compulsivement, chez un bouquiniste de la rue de la Paroisse, dans des caisses où figuraient, en vrac, comme de poussiéreux trésors, d'anciens numéros de la *RHV*, aux sommaires toujours prometteurs.

Depuis quelques années, la revue a fait peau neuve et, tout en restant fidèle au format d'origine et à l'esprit qui l'avait fait naître, s'est assuré de nouveau le concours de talents ; c'est tout le mérite de ses récents responsables – au premier rang desquels Catherine Lecomte. Il était temps, si l'on ose dire ; car au fil des décennies, on avait vu décroître, inexorablement, sa fréquence de publication et la qualité de ses contributions… Bien des passionnés – à regret – s'étaient alors détournés de la *RHV* pour aller chercher leur pitance ailleurs. Non sans mal… Une publication somptueuse, la revue helvétique *Versailles*, éditée à Nyon dans les années 1960 et 1970, avait pu contenter un temps les plus exigeants.

Mais le grand renouveau des études versaillaises, on le doit à la revue de la Société des Amis de Versailles, fondée en 1997 et magistralement animée par Marcel Raynal. *Versalia*, qui paraît au début de chaque année, propose une réunion sans précédent d'études inédites, signées des plus grands spécialistes, accompagnées de tout un appareil critique et très richement illustrées. Formons des vœux pour que ce petit chef-d'œuvre périodique, régal annuel de tous les amoureux de Versailles, soit édité longtemps encore, en dépit de coûts sans aucun doute élevés ; il fait partie de ces rares publications exemplaires, dont les éditeurs peuvent à bon droit s'enorgueillir.

Richard (Antoine)

Il y aurait un monument à consacrer à tous les héros de l'ombre qui, dans des circonstances plus ou moins délicates, ont fait leur possible pour sauver telle ou telle partie du domaine. C'était un peu mon idée, au début des années 2000, lorsque j'ai entrepris de relater l'histoire du château depuis la Révolution. L'une des figures les plus attachantes, dans cette galerie des bienfaiteurs de Versailles, est certainement celle du jardinier Antoine Richard, fils de Claude Richard, l'un des botanistes de Louis XV. Formé par Jussieu, dont il avait été l'adjoint dès 1767, Antoine était devenu tout naturellement, à la mort de son père en 1782, le jardinier de Marie-Antoinette. C'est dire s'il avait toutes les raisons d'apparaître comme suspect aux autorités révolutionnaires.

Qu'importe au dévoué jardinier ! En 1794, lorsqu'il est décidé de transformer les somptueux jardins de Le Nôtre en exploitation agricole – ce qui aurait pu aboutir à la destruction pure et simple des merveilles que nous connaissons –, Antoine Richard entre en action. « Il écrit, fait des mémoires qu'il adresse à la Convention, et pendant que l'Assemblée délibère, propose, tout en conservant le parc tel qu'il est, de le transformer en jardin de rapport, en cultivant les parterres en légumes et en les entourant d'arbres fruitiers », écrit Jules-Adrien Le Roi, premier historien du château. Ainsi, pour préserver l'essentiel, verra-t-on les parterres du Nord et du Midi, les Quinconces et les esplanades à chaque bout du canal, se hérisser de centaines de pommiers ! Cette lubie va durer deux saisons, jusqu'en 1796 (an IV) ; puis on arrachera tout, et l'architecte Le Roy tentera de rendre aux perspectives leur élégance native…

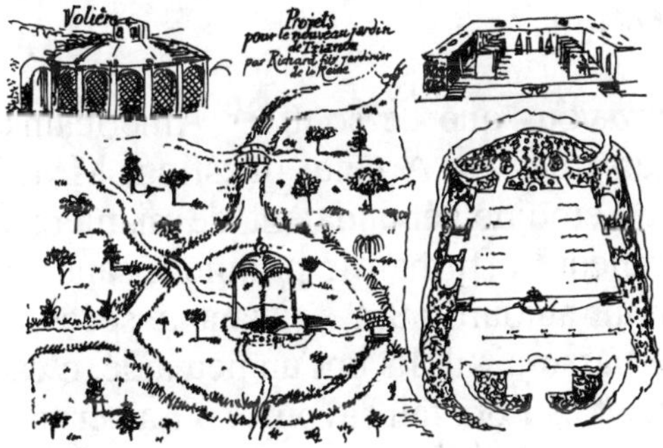

Après les jardins du château, ce sont ceux du Petit Trianon qui se trouvent menacés. Le représentant en mission Charles Delacroix – le père officiel du peintre –, affectant d'ignorer ses richesses botaniques et ses essences rares, s'est fait fort de scinder l'ancien domaine de Marie-Antoinette en dix lots cessibles ! Sa survie, cette partie du Petit Parc ne la devra qu'à Antoine Richard. Rassemblant tout son courage, celui-ci ose s'adresser directement au représentant du peuple, et lui démontre l'inanité d'une telle aliénation.

Victoire : le 23 janvier 1795 (14 germinal an III), la vente est reportée *sine die*. Pour autant, l'ancienne retraite de la reine n'échappera pas à une carrière dégradante ; loué au limonadier Langlois, le chef-d'œuvre de Gabriel sera transformé en simple auberge, tandis qu'un bal public prendra possession du Jardin français, et qu'une vulgaire buvette envahira le charmant Pavillon décoré par Verberckt à l'intention de Mme de Pompadour.

Rockefeller

« Diriez-vous que ce sont les Américains qui ont sauvé Versailles ? » À cette question, MM. Van der Kemp et Lemoine répondaient de manière opposée. « Et comment ! affirmait le premier ; sans eux, où en serions-nous aujourd'hui ? » Quant au second : « Sûrement pas ! assurait-il. Ils ont un peu aidé, c'est certain, mais surtout ils l'ont fait savoir… » La vérité me paraît à mi-chemin ; et si l'on en croit le travail documenté de Pascale Richard (*Versailles, the American Story*), les apports d'outre-Atlantique, quoique toujours circonscrits, n'ont pas été pour rien dans la résurrection du domaine. Le plus bel exemple, évidemment, reste celui de la donation Rockefeller, dans l'entre-deux-guerres – mieux qu'un exemple, une parabole.

Au printemps 1924, Raymond Poincaré – ancien président de la République, il dirige alors le gouvernement – reçoit des États-Unis une lettre inespérée, signée du fils du célèbre Rockefeller : de retour d'un voyage en France, l'héritier de la Standard Oil y exprime sa douleur d'avoir vu un patrimoine dévasté par la guerre, et son souhait d'y apporter remède ! On imagine le sourire du président du Conseil… Dans cette lettre, John Davison Rockefeller Jr manifeste le souhait d'aider en priorité trois hauts lieux symboliques de l'histoire de France : la cathédrale de Reims, le château de Versailles et celui de Fontainebleau. Il semble d'ailleurs qu'il ait déjà mûri son plan : un représentant de la famille à Paris, suggère-t-il, l'architecte Welles Bosworth, pourrait assurer le suivi des opérations auprès des autorités françaises, dans le cadre d'un Comité franco-américain pour la Restauration des Monuments… Que désirer de plus ? Ainsi fut donc fait.

L'architecte en chef de Versailles se nomme alors Patrice Bonnet ; c'est sur sa tête que tombent les cinq millions et demi de francs de la première annuité ! Il ne reste pas longtemps sans les utiliser : il prévoit d'abord, pour un devis de deux millions sept cent mille francs, la réfection des couvertures, charpentes, souches cheminées et corniches les plus endommagées, à savoir celles de la galerie des Glaces, de l'attique du Nord côté jardins, des ailes des Ministres, du théâtre de Trianon et de l'aile de Trianon-sous-bois. Avec un budget avoisinant les deux millions, le deuxième gros morceau va porter sur la restauration de façades abîmées, notamment celles des ailes des Ministres, des pavillons Gabriel et Dufour, de la cour des Princes, des bâtiments sur la rue Gambetta et celle des Réservoirs, ainsi que de l'Opéra et du Grand Trianon. Enfin, M. Bonnet remettra en état des menuiseries extérieures du corps central côté jardins, de l'Orangerie, du théâtre de Trianon et du Petit Trianon, pour un devis presque modeste de trois cent soixante mille francs, et rénovera les grilles de l'Orangerie et de l'entrée du Grand Trianon, pour quatre cent quarante mille autres francs.

Depuis les grands travaux de Louis XVIII – pour peu que l'on mette de côté les destructions de Louis-Philippe –, on n'avait pas vu Versailles disparaître sous autant de grues et d'échafaudages. J'aimerais souligner ici un aspect important : contrairement à la plupart des actuelles opérations de mécénat, généralement réservées à des opérations de prestige, et visant à rendre tout leur éclat à des chefs-d'œuvre flatteurs pour l'image des donateurs, les travaux menés grâce à M. Rockefeller auront porté sur le gros œuvre, et financé des travaux ingrats pour l'essentiel. Or, sur les quatre premières années, la donation atteindra le montant d'un million de dollars, soit environ vingt millions de francs de l'époque – dont la moitié consacrée au seul Versailles ! Par comparaison, les efforts accomplis jusqu'ici par l'État paraissent dérisoires ; c'est tout juste s'ils permettront la restitution des Cascatelles de Trianon, ou le curage du balcon du Roi, sur la cour de Marbre…

Ce n'était pas tout… En 1927, à l'admiration générale, M. Rockefeller décida de renouveler et d'intensifier sa participation. Cette fois, ce ne furent pas moins de quarante millions de francs, sur cinq ans, qui se retrouvèrent entre les mains des responsables du patrimoine français – dont vingt-trois millions pour le seul Versailles ! Alors – mais alors seulement –, au-delà des chantiers d'urgence, purent être envisagées des restaurations amusantes, notamment sur les bosquets et les pièces d'eau du Petit Parc. La générosité se révélant par ailleurs contagieuse, un certains nombre d'institutions françaises emboîtèrent le pas au milliardaire américain.

Le 30 juin 1936, l'État organisa une réception brillante pour M. Rockefeller et son épouse : on inaugurait ce jour-là le bosquet des Rocailles, rendu à sa splendeur native, et pour lequel les restaurateurs étaient allés se procurer des coquillages jusque dans l'océan Indien… Gabriel Hanotaux en personne vint prononcer l'hommage, après quoi le ministre Jean Zay – on était en plein Front populaire – dévoila une plaque au moderne bienfaiteur de Versailles, qui, visiblement ému, déclara : « Le matérialisme doit à la fin céder aux valeurs spirituelles. »

S

Saint-Simon (Duc de)

Voilà quelques années, j'étais invité à dîner chez des amis, au rez-de-chaussée d'un bel immeuble du faubourg Saint-Germain. La soirée était joyeuse. Un peu avant la fin du repas, alors qu'il était question de Versailles, la maîtresse de maison se tourna vers moi : « Toi qui aimes tant Louis XIV, me dit-elle, tu dois savoir que c'est dans cette pièce que Saint-Simon a rédigé ses fameux *Mémoires* ! » Silence… Je restai muet, vaguement incrédule. Sans mentir, mon amie m'aurait moins surpris en m'annonçant que nous étions proches parents, ou que la maison dissimulait un abri antiatomique…

« Saint-Simon ? répétai-je ; tu veux dire que le duc de Saint-Simon a vécu ici ? – Mais oui, c'était son hôtel particulier ! répondit-elle en riant. Et cette salle à manger était son cabinet de travail ; c'est ici même qu'il a rédigé toute une partie de son œuvre ! » Je repris mon souffle et bus une gorgée. Je ne sais ce qui me stupéfiait le plus, du caractère inattendu, presque irréel, de l'information, ou de l'espèce de désinvolture avec laquelle on me l'avait annoncée… Je retins un rire nerveux : ainsi, me disais-je, si la conversation n'avait pas roulé sur Versailles, je serais ressorti de cet endroit sans avoir su !

Moi qui n'avais connu, jusqu'alors, des résidences du *petit duc* que le château percheron de La Ferté-Vidame, dont un incendie a laissé seulement une étrange façade dressée, sépulcrale, au milieu d'un parc, je tentais de rassembler mes souvenirs épars, à la recherche de bribes d'indication sur cet hôtel du Faubourg… Les circonstances ne se prêtaient guère à la méditation sur les *Mémoires* et sur leur rédacteur. Mais je pris le temps, tout de même – cette fois-là et toutes les autres –, de me figurer, mentalement, ce petit homme, sexagénaire, emmitouflé dans sa robe de chambre fourrée – certains l'ont représenté calfeutré dans une chaise à porteurs –, et noircissant, de son écriture droite et régulière, presque sans ratures, 2 854 pages grand format, réunies en 173 cahiers, eux-mêmes reliés pour donner 11 portefeuilles de cuir de veau écaille aux armes.

Je puise ces informations à bonne source, chez une des plus grandes lectrices du maître : Hélène Himelfarb. « Le récit, écrit-elle, couvre les années 1691-1723, soit la vie publique de Saint-Simon, de sa présentation à Louis XIV pour entrer aux Mousquetaires gris, à seize ans, jusqu'à sa retraite de la Cour après la mort du Régent, à quarante-huit ans : Saint-Simon n'est pas seulement l'historien de Louis XIV, mais tout autant de la Régence ; du règne de Louis XIV, il ne relate de façon complète et suivie que les sombres années finales marquées par les guerres de la Ligue d'Augsbourg (1688-1697) et de Succession d'Espagne (1701-1714). Toutefois, ses exposés remontent fort haut dans les XVIe et XVIIe siècles, voire au Moyen Âge, et descendent souvent jusqu'au moment où il écrit, en plein règne personnel de Louis XV. »

Imaginons un instant que Saint-Simon n'ait pas existé : la cour de Louis XIV nous paraîtrait soudain bien terne. En revanche, supposons qu'il ait décrit plutôt la cour de Louis XV – n'étant mort qu'en 1755, il aurait fort bien eu la possibilité de le faire : celle-ci nous semblerait, tout à coup, haute en couleur. Tout est là, me semble-t-il, dans ce *relief* que la plume du mémorialiste sans pareil aura donné aux derniers temps de la Cour du Grand Roi. Il aura agi comme ce que les chimistes, dans leur jargon barbare, appellent un *exhausteur de goût*…

Encore faut-il prendre la peine de s'immerger dans l'épaisseur de l'œuvre, et de lire le *petit duc* – c'est le surnom que lui a donné la postérité – autrement que sous forme de citations. « Saint-Simon est de ces écrivains majeurs que le public pratique trop souvent en anthologie et que les spécialistes consultent à l'aide d'index, déplore Mme Himelfarb. Dans les deux cas, la cohésion monumentale de l'esthétique et de la pensée risque d'échapper au profit du pittoresque ou du document, également trompeurs. »

L'existence de Saint-Simon – tout comme celle de Proust, qui s'inspirera tellement de lui, avec un parcours d'ailleurs plein de similitudes – n'a rien pour séduire le néophyte. Sa formation, ses affectations militaires, ses intrigues de cour autour du duc de Bourgogne, puis dans l'ombre du futur Régent, enfin sa carrière tronquée, politique et diplomatique, sont d'un grand seigneur de son temps, pétri d'humanités, féru de religion et passablement crispé sur ses privilèges. Il aura nourri, dans sa vie, deux passions : un profond amour pour son épouse, Marie-Gabrielle de Durfort de Lorges, parente de Turenne et du roi d'Angleterre – preuve s'il en fallait encore qu'un mariage arrangé n'est pas toujours malheureux –, et, plus que tout, une fascination totale, rageuse, pour la défense des hiérarchies nobiliaires, et spécialement des prérogatives curiales des ducs et pairs ! Il est certain que cela peut sembler, de nos jours, quelque peu dérisoire ; la défense du rang des ducs n'en est pas moins la raison d'être objective des *Mémoires*, leur moteur profond, avec aussi la nostalgie inconsciente d'une jeunesse heureuse…

Cela posé, il serait un peu réducteur, me semble-t-il, de ranger M. de Saint-Simon dans la catégorie des écrivains réactionnaires dont la forme, fulgurante, dissimulerait un fond moisi. Le *petit duc* a su tirer la quintessence des génies de son temps ; admirateur de Pascal et de Fénelon, défenseur des idées avancées de Vauban sur la fiscalité, ami de Montesquieu et de Boulainvilliers – dont on ne peut certes pas prétendre qu'il fût spécialement progressiste –, Saint-Simon avait le sentiment d'œuvrer pour la postérité. Il entendait livrer aux historiens à venir un point de vue sévère sur le régime de monarchie moderne, *administrative*, mis en place durant le règne de Louis XIV, et selon lui préjudiciable aux intérêts du royaume.

Comme l'ont expliqué Georges Poisson et les membres de la Société Saint-Simon, notamment à travers les articles d'une quarantaine de *Cahiers* publiés par leur association, le grand mémorialiste a d'abord voulu – et peut-être uniquement – faire *œuvre d'historien* ; c'est bien la fourmillante chronique d'un règne qu'il prétend faire, cousant délibérément ensemble des éléments parfois hétéroclites. Seulement, avec le recul et la décantation des siècles, ce que lit et apprécie le public moderne se trouve être plutôt l'*œuvre littéraire*, admirée de tous les grands auteurs, de Stendhal à Balzac et de Lamartine à Proust, bien sûr. Chateaubriand disait du *petit duc* qu'il écrivait « à la diable pour l'éternité » ; Victor Hugo louait son « beau style grand seigneur »… Le mémorialiste possède ses formules, ses constructions à lui, et jusqu'à ses règles de syntaxe. Sa langue est un peu différente, comme un dialecte à peine déformé, et joliment ; on la suppose issue tout à la fois du parler de cour – dont elle nous laisse entrevoir la richesse colorée – et d'un don personnel pour l'ellipse et la fulgurance. Saint-Simon reste l'homme des bonheurs de plume…

Je ne saurais mieux faire, à ce stade, que de citer, dans la graphie de l'auteur, une anecdote souriante, arrachée au flux du grand œuvre – après avoir cependant précisé que tout Saint-Simon est loin d'être aussi distrayant que cette page. Au milieu d'un développement sur l'année 1697, le chroniqueur revient – comme il le fait sans cesse – quinze années en arrière, et raconte la mésaventure survenue au comte et à la comtesse de Roye, des protestants français qui s'étaient réfugiés à la cour de Danemark au moment de la révocation de l'édit de Nantes. Ils s'étaient trouvés bien accueillis à Copenhague, et même traités sur un grand pied par la reine, née Charlotte Amélie de Hesse-Cassel. « Ces Roys du nord mangent ordinairement avec du monde, écrit le duc, et le comte et la comtesse du Roye avoient très-souvent l'honneur d'estre retenus à leur table avec leur fille mademoiselle de Roye. Il arriva à un disner que la comtesse de Roye frappée de l'estrange figure de la reine de

Danemark se tourna à sa fille et luy demanda si elle ne trouvoit pas que la Reine ressembloit à madame Panache comme deux gouttes d'eau. Quoyqu'elle l'eust dit en françois, il arriva qu'elle n'avoit pas parlé assez bas, et que la Reine qui l'entendit luy demanda ce que c'estoit que cette madame Panache. La comtesse de Roye dans sa surprise luy répondit que c'estoit une dame de la cour de France qui estoit fort aimable. La Reine qui avoit veu sa surprise n'en fit pas semblant, mais inquiette de la comparaison, elle escrivit à Mayereron envoyé de Danemark à Paris, et qui y estoit depuis quelques années, de lui mander ce que c'estoit que madame Panache, sa figure, son aage, sa condition, et sur quel pied elle estoit à la cour de France [...] Il mandoit à la reine qu'il ne comprenoit pas par où le nom de madame Panache estoit allé jusqu'à elle, beaucoup moins la sérieuse curiosité qu'elle luy marquoit d'estre informée d'elle exactement. Que madame Panache estoit une petite et fort vieille créature avec des lippes et des yeux éraillés à y faire mal à ceux qui la regardoient, une espèce de gueuse qui s'estoit introduite à la cour sur le pied d'une manière de folle, qui estoit tantost au souper du Roy, tantost au disner de Monseigneur et de Madame la Dauphine ou à celuy de Monsieur à Versailles ou à Paris, où chacun se divertissoit à la mettre en colère et qui chantoit pouille aux gens à ces disners-là pour faire rire, mais quelquefois fort sérieusement et avec des injures qui embarrassoient et divertissoient encore plus ces princes et ces princesses qui lui emplissoient ses poches de viandes et de ragousts dont la sauce découloit tout le long de ses juppes, et que les uns luy donnoient une pistole ou un écu, et les autres des chiquenaudes et des croquignolles dont elle entroit en furie, parce qu'avec ses yeux pleins de chassie elle ne voyoit pas au bout de son nez ny qui l'avoit frappée, et que c'estoit le passe-temps de la cour. À cette réponse la reine de Danemark se sentit si picquée qu'elle ne put plus souffrir la comtesse de Roye, et qu'elle en demanda justice au Roy son mari. Il trouva bien mauvais que des estrangers qu'il avoit comblés des premières charges et des premiers honneurs à sa cour avec de grosses pensions se mocquassent d'une manière si cruelle. Il se trouva des seigneurs du païs et des ministres jaloux de la fortune et du grand establissement dont le comte de Roye jouissoit, tellement que la Reine obtint que le Roy le remercieroit et luy feroit dire de se retirer. »

Au temps du collège, je me trouvais, un mercredi, dans une librairie de Poitiers, afin d'y acheter je ne sais plus quel roman contemporain, recommandé par un professeur. Comme un patient bien décidé à n'accepter la potion qu'accompagnée de son antidote, je crus dénicher celui-ci sous la forme d'un volume des *Mémoires* de Saint-Simon. Il s'agissait en fait d'extraits choisis, l'œuvre étant trop volumineuse, sans doute, ou trop peu attrayante dans sa continuité pour être intégralement publiée en version de poche. Je m'y plongeai le soir même, de préférence au roman, et fis mon miel aussitôt de ces instantanés Grand Siècle, croqués avec une verve, une férocité, une liberté de ton et de pensée qui me conquirent d'entrée de jeu. De ce jour, je rêvai d'acquérir l'intégrale des *Mémoires*, dans la superbe collection Boislisle.

Quelques années plus tard, un mandarin fort ennuyeux, tout dépourvu d'idées et qui, de mon temps, n'en professait pas moins, à Sciences-Po, l'histoire des idées politiques, nous annonça que sa leçon allait porter… sur Saint-Simon ! Je crus défaillir en l'entendant : ainsi donc, les deux moitiés de ma vie mentale, l'hémisphère gris et mort de la rue Saint-Guillaume et l'hémisphère vif et coloré de Versailles allaient entrer en contact – peut-être même ces deux mondes allaient-ils pouvoir enfin coïncider… J'en jubilais à l'avance lorsque, aux premiers mots de ce maître *assez du commun* – comme aurait dit mon *petit duc* –, je compris que le Saint-Simon dont il allait être question ne serait pas Louis de Rouvroy, le mémorialiste, mais son petit-cousin éloigné, le philosophe Claude Henri de Rouvroy, fondateur du saint-simonisme ! Comble de l'ennui. J'en éprouvai un cuisant déplaisir ; et je crois pouvoir dater de cet instant la décision, qui devait grandir en moi, de m'éloigner à toute force d'une filière pour laquelle, à l'évidence, je n'étais pas fait.

Encore un peu plus tard, j'avais pris l'habitude de grimper, de temps en temps, jusqu'à l'appartement qu'occupait, dans les étages élevés d'un immeuble voisin du Luxembourg, M. Pierre Lemoine. Cet ancien patron de Versailles, où il avait succédé à Gérald Van der Kemp, était un monsieur discret, élégant, avec qui prendre le thé était un jeu de belle conversation. Un soir, nous parlions justement de Sciences-Po, par où lui-même était passé. « Je me rappelle, me dit-il, ma déception lorsque je compris que le Saint-Simon figurant au programme n'était pas celui de mes bonnes lectures… » Je le regardai un moment, sidéré : « Il m'est arrivé la même chose ! – Et vous avez fait part de votre déception à vos camarades ? – Oui, mais ils se sont contentés de hausser les épaules… » À son sourire, je compris que nous avions vécu, à plusieurs décennies d'écart, exactement la même déconvenue. « Quand on s'est habitué au style et à l'esprit de Saint-Simon, disait M. Lemoine, tout, en comparaison, paraît fade. »

Il y aurait un article à écrire – certains experts l'ont fait à leur manière – non plus sur Saint-Simon, mais sur son œuvre, considérée comme objet d'histoire. La genèse des *Mémoires* et leur sort posthume constituent en effet une aventure en soi. C'est semble-t-il aux armées, alors qu'il était de repos dans un camp du Palatinat, que le tout jeune Louis, enthousiasmé par la lecture des *Mémoires* de Bassompierre, a pris la résolution d'écrire un jour les siens – ce qui supposait de coucher déjà quelques idées sur le papier et de rédiger des notes qui, en temps utile, trouveraient leur place dans le projet. On était alors en 1694. Trente-cinq ans plus tard seulement, en 1729, le duc de Luynes allait confier à Saint-Simon le *Journal de Dangeau*, durement jugé par le *petit duc*, afin qu'il en fît prendre copie – en ordonnant de laisser libre une page sur deux. C'est sur cette trame insipide à ses yeux, et dans ces interstices, que Saint-Simon écrivit les fameuses

Additions au *Journal de Dangeau* qui feront plus tard le gros de sa matière. J'écris *plus tard* : il faudrait en effet dix années encore pour que le mémorialiste s'attelât à la rédaction définitive de l'œuvre. Il n'est pas indifférent, d'ailleurs, qu'il s'y soit mis alors que circulait un premier jet de l'hagiographie de Voltaire, *Le Siècle de Louis XIV* – comme s'il entendait rétablir certaines vérités, contre la légende en marche…

C'étaient les dernières volontés du *petit duc*, que la publication des onze volumes de ses *Mémoires* fût largement différée. L'œuvre devrait « mûrir sous la clé et les plus sûres serrures, passer ainsi à ses héritiers, qui feront sagement de laisser couler plus d'une génération ou deux et de ne laisser paraître l'ouvrage que lorsque le temps l'aura mis à l'abri des ressentiments ». En vérité, sitôt l'auteur disparu, ses créanciers discutèrent de l'opportunité de vendre le très épais manuscrit à des imprimeurs hollandais. Mais l'essentiel fut sauf, grâce à une saisie effectuée, sur ordre de Choiseul, pour le compte du ministère des Affaires étrangères. Saint-Simon n'avait-il pas eu rang d'ambassadeur ? On imagine le grand ministre se régalant, un demi-siècle avant tout le monde, de bribes soutirées aux *Mémoires*…

À la veille de la Révolution, quelques extraits choisis en furent déjà publiés ; mais il fallut attendre, comme prévu, la toute fin de la Restauration pour que parût une première édition complète. On imagine le choc généré dans le public ; et l'on comprend l'enthousiasme incrédule des grands auteurs romantiques. Saint-Simon avait voulu passionner les historiens ; ce furent surtout les écrivains qu'il fascina, même si, à mesure que les éditions se précisaient et s'enrichissaient de notes – Chéruel, Boislisle, enfin Truc puis

Coirault (pour « La Pléiade ») –, les historiens finirent par s'emparer d'une matière à ce point précieuse.

J'aimerais justement saluer un grand lecteur de Saint-Simon qui, jadis, à l'EHESS, a rendu compte de mes petits travaux d'historien en herbe : Emmanuel Le Roy Ladurie. Ce dernier devait consacrer un ouvrage passionnant au *Système de la Cour*, envisagé à travers les *Mémoires* de Saint-Simon. « Faut-il ajouter, demandait-il dans sa conclusion, que Saint-Simon, comme ethnographe de son temps et peut-être du nôtre, reste inégalé ? Source et gibier pour nos anthropologues contemporains au premier chef ; mais aussi prophète et parangon de l'inégalité ; anti-Rousseau par excellence, tout juste avant la lettre, pendant ou avant l'écriture des grands textes égalitaires de Jean-Jacques. Homme du XVIIIe siècle sans aucun doute, au meilleur sens du terme ; mais aussi homme d'un autre âge, et des générations classiques, voire baroques. Un "ludovicien" entre tous, ce Louis de Saint-Simon : car admirateur de Louis XIII ; contemporain et critique de Louis XIV ; écrivant ses *Mémoires* sous Louis XV ; enfin, publié, puis reconnu et admiré à son tour sous Louis XVI, et surtout au temps de Louis XVIII et de Louis-Philippe… Espèce de bloc erratique dans la culture française, au moins parmi les grands auteurs ; une sorte de Pseudo-Denys l'Aréopagite égaré, Dieu sait pourquoi, au cœur de notre second millénaire. »

Dois-je préciser, pour ma part, que ce Pseudo-Denys l'Aréopagite, moine syrien des premiers siècles, fut l'auteur des *Hiérarchies* célestes et ecclésiastiques, et qu'il faisait partie des références de Malebranche, ami des parents de Saint-Simon, et l'un de ses maîtres à penser ? Les *Mémoires* ressortissent à certaines généalogies savantes, au moins autant qu'à des lignages de sang…

Sauvegarde

Dans l'ouvrage que j'ai, naguère, consacré au sort de Versailles depuis la Révolution, je me suis amusé à raconter les multiples épisodes d'une histoire sans fin : celle des luttes répétées, de génération en génération, pour sauvegarder un patrimoine fragile et d'entretien coûteux. Le plus beau chapitre de cette saga me paraît être celui de la campagne de 1952, qui réunit les trois ingrédients idéaux d'une bonne histoire : un enjeu saisissant, un héros sympathique, un dénouement plein d'enthousiasme.

Tout a commencé par une chute de neige. Nous sommes début novembre 1951. Les intempéries sont précoces, les chéneaux du corps central, fatigués… Aussi la neige accumulée, l'espace d'une seule nuit, au-dessus de la Grande galerie se met-elle, en fondant trop vite, à liquéfier des plâtres et inonder la voûte. La menace qui pèse sur le chef-d'œuvre de Le Brun concerne autant les responsables du musée que les architectes du domaine… Charles Mauricheau-Beaupré, conservateur en chef, s'adresse directement au tout nouveau secrétaire d'État aux Beaux-Arts du ministère Pleven : un certain André Cornu.

Le ministre reçoit *cinq sur cinq* le SOS du patron de Versailles. Républicain farouche, nourri dans le sérail radical, député puis sénateur des Côtes-du-Nord – comme on dit encore à l'époque –, André Cornu est aussi un familier de la presse écrite et de la radio. Il a été marqué, en 1919, par la signature du traité de Versailles. Et dans sa vision idéalisée du château, c'est bien le symbole d'un certain esprit français que révère ce patriote. « Tout n'est pas d'inspiration purement française dans Versailles, écrira-t-il un jour dans ses Mémoires. La Grèce et la Rome antiques, l'Italie, l'Espagne, et même l'Orient y ont laissé leur marque. Mais ces différentes influences, ces modes ont été coulées, fondues à la mesure française. Versailles est plus qu'un palais royal, un siège de gouvernement, il est le symbole du goût français. »

Alerté par le télégramme de Mauricheau-Beaupré, Cornu se fait donc annoncer sur les lieux ; il arpente le parc et les bâtiments, se fait commenter par l'architecte les dommages les plus criants. En quelques heures, son opinion est arrêtée : Versailles est en péril, seule une campagne d'ampleur nationale pourrait parvenir à le sauvegarder. L'initiative publique n'y suffira pas, pense le ministre ; il va falloir solliciter les citoyens eux-mêmes ! C'est dans ce but qu'est créé un Comité national pour la sauvegarde du château de Versailles, placé sous le haut patronage du président Vincent Auriol et des présidents des Assemblées. Reste à susciter la générosité – cela, André Cornu en fait son affaire.

En février 1952, il lance à la radio – le grand média du temps – un appel en faveur de Versailles, aussitôt relayé par toute la presse. Sur un ton pressant, ému, le secrétaire d'État s'applique à toucher la fibre nationale : « Vous dire que Versailles menace ruine, c'est vous dire que la culture occidentale est sur le point de perdre un de ses plus nobles fleurons. Ce n'est pas seulement un chef-d'œuvre de l'art que la France doit craindre de voir disparaître, mais en chacun de nous une image de la France qu'aucune autre ne saurait remplacer. Aussi puis-je dire, sans forcer les termes, qu'en perdant Versailles, la France serait découronnée et le patrimoine français dévalué. »

Le retentissement de ce cri du cœur est immense. Les dons affluent dans la foulée. Le gouverneur de la Banque de France, le président du patronat, mais aussi des employés, des ouvriers, des écoliers de tout le pays – jusqu'à des soldats stationnés en Indochine –, tout le monde se mobilise pour la cause ! Même à l'étranger, l'appel de Cornu aura porté.

Et c'est là que réside sans doute le vrai mérite de ce petit homme déterminé : il a su rendre possible, au-delà d'un grand geste en faveur du château mal en point, la prise de conscience de la place éminente qu'occupait Versailles dans le patrimoine national – patrimoine matériel et immatériel.

Société des Amis de Versailles

L'automne 2007 m'a ménagé une grande joie : celle de faire entrer les antennes HF et les micros d'Europe 1 dans l'appartement intérieur du Roi, à l'occasion de l'exposition *Un siècle de mécénat à Versailles*, célébrant les cent ans de la Société des Amis de Versailles. Suivant les pas d'Olivier de Rohan, alors président de cette association, de la salle à manger des Retours de chasses au cabinet des Jeux de Louis XVI, nous avons pu faire comprendre aux auditeurs quelle chance ce fut, pour le château, d'avoir bénéficié, depuis la Belle Époque, de l'aide et de la vigilance de ces quelques milliers d'amoureux et de passionnés qui, bon an, mal an, ont toujours « été là pour Versailles ».

Inscrit à la Société, comme membre, depuis 1989, j'en suis moi-même sociétaire depuis 1994 – et ce fut longtemps mon principal titre de gloire… Je me souviens d'avoir été, dans les débuts, intimidé par le public pour le moins trié qui fournissait alors le gros des assemblées générales. Les bonnes familles versaillaises y côtoyaient un florilège de grands noms aristocratiques, et les baisemains esquissés, les petits signes de connivence entre membres « naturels » impressionnaient beaucoup le jeune provincial assez gauche que je pouvais être. Il faut rendre à Olivier de Rohan cette justice, qu'il m'adopta vite et sans ambages, et dissipa très tôt mes inquiétudes en privilégiant la passion sur les titres et l'enthousiasme sur la fortune.

Dans le catalogue de l'exposition de 2007, le pétillant vicomte reconnaît qu'à l'origine, en 1907, les noms des sept cents premiers membres illustraient « la Cour et la ville ». « Le bon ton commandait d'en être, dit-il. Rassemblement remarquable de personnalités dites du *grand monde* où les femmes furent très nombreuses : la chose en ce temps-là n'était pas fréquente ; la Société dès sa naissance fut la plus distinguée de Paris. » Il est vrai que le mécénat mondain était alors en vogue ; en 1905, l'un des plus grands chefs-d'œuvre de la peinture occidentale, la *Vénus à son miroir* de Vélasquez, avait été acquis chez Thomas Agnew & Sons par les soins du National Art Collections Fund de Londres, pour en faire don à la National Gallery. L'événement fit grand bruit dans le monde des arts et soulignait l'utilité de ces sociétés d'amis des musées qui, depuis quelques années, faisaient florès à Hambourg, à Francfort, à Bruxelles – et bien sûr à Paris avec la Société des Amis du Louvre… « Tous les conservateurs soucieux de la vie de leur musée devraient provoquer la création d'une société des amis du musée, pour compenser par l'initiative privée l'insuffisance des crédits officiels », estime à la même époque Louis Réau, historien de l'art.

Seulement, qui dit société d'amis dit transparence, consultation publique et participation des membres à la vie de l'institution ; pour le conservateur, il peut en résulter une certaine gêne. Quand celui-ci s'appelle Pierre de Nolhac et qu'il s'est habitué à gérer son musée sans interférence, la perspective d'un partage du pouvoir n'est pas forcément bienvenue… « Elle suscita aussi, écrit Olivier de Rohan, des réticences de la part des pouvoirs publics qui admettent difficilement l'intervention à leurs côtés de citoyens sans autre mandat que leur initiative. »

C'est pourquoi la Société des Amis de Versailles va mettre un peu de temps à se constituer. À son origine : un éditorialiste, Eugène Tardieu, qui a su convaincre le patron de son journal, *L'Écho de Paris*, d'ouvrir ses colonnes à une consultation préliminaire sur l'utilité, pour Versailles, d'une telle association. Les lecteurs ayant répondu en foule, c'est presque dans l'urgence que seront établis des statuts – confiés à Raymond Poincaré et Alexandre Millerand, deux futurs présidents de la République – bientôt approuvés par l'assemblée générale du 25 juin 1907, tenue dans l'amphithéâtre des Beaux-Arts. La Société des Amis de Versailles est née !

Dans les commencements, la Société se révèle limitée dans ses moyens. Installée, comme son aînée, au Louvre, dans le pavillon de Marsan, elle enrichit le musée de dons pertinents, comme ce dessin de Moreau le Jeune figurant les illuminations du parc pour le mariage du dauphin et de Marie-Antoinette, et lui offre son soutien pour des actions ponctuelles, comme cette restauration des vues agrestes de Cotelle, qui pourront ainsi retrouver leur place dans la Galerie de Trianon. Très vite, la ligne de conduite de l'association sera claire : aider, chaque fois que possible, par un soutien intellectuel mais aussi matériel, les efforts menés par les conservateurs pour rendre aux lieux ces attributs divers qui, jadis, en ont fait tout le charme.

Ses présidents successifs ne manqueront ni de brio, ni de bonne volonté : le premier est le célèbre dramaturge Victorien Sardou ; lui succèdent Édouard Detaille, fameux peintre militaire, puis Alexandre Millerand et le grand diplomate Maurice Paléologue. Ayant démissionné de la présidence de la République, Millerand reprendra celle des Amis de Versailles jusqu'à sa mort, en 1943 ; il est alors remplacé par le comte de Fels, qui passera ensuite le flambeau au duc de Brissac. Olivier de Rohan assurera la présidence de 1987 à 2009, avant de la transmettre, à son tour, à Roland de l'Épée, fils d'un grand mécène et lui-même expert en art. « On est passé d'un duc à un vicomte et d'un vicomte à un petit baron ! » répond-il en riant à une journaliste du *Nouvel Observateur* venue l'interroger sur toutes ces particules à la tête des Amis de Versailles. La boutade donne une idée de l'humour du personnage ; mais elle ne doit pas masquer la compétence, la fermeté, le feu qui anime le nouveau président, constamment sur la brèche en vue d'instiller du sang neuf aux Amis et rendre la Société plus efficace encore.

En vérité, explique son prédécesseur, « la fin du XXe siècle coïncida avec un redoublement d'activité des Amis de Versailles pour reconstituer le cadre magnifique de son apogée. Ce fut l'effet d'une orientation de la Société dans trois nouvelles voies : la première en élargissant les bases de son recrutement, le parrainage étant aboli pour entrer dans la Société, désormais ouverte à tous ; la deuxième en sollicitant le mécénat des entreprises, chose qui ne s'était jamais faite et qui paraissait alors choquante ; la troisième en renouant les contacts avec les États-Unis, relâchés depuis le départ de Gérald Van der Kemp. À cet égard, la fondation, en 1998, de l'association des American Friends of Versailles fut la manifestation la plus remarquable de cette vitalité. La création de cette société sœur se fit en plusieurs étapes et s'est appuyée sur la personnalité de Catherine Hamilton, décoratrice américaine passionnée d'art français ».

Depuis quelques années, des European Friends of Versailles sont venus seconder l'effort des Américains ; leurs projets ne manquent pas de souffle ; ils devraient donner un nouvel élan à la Société.

Son et Lumière

L'incroyable dynamisme qui s'est emparé de la France dans l'euphorie de l'après-guerre et de la reconstruction a gagné Versailles en 1953, au lendemain de l'appel d'André Cornu. Il s'est traduit par une mobilisation sans précédent en faveur de la sauvegarde du château ; et ce n'est pas un hasard si Sacha Guitry, cette année-là, tourne sa fameuse fresque en technicolor…

Dès l'été dc cette année cruciale, une forme innovante de spectacle fait son apparition. Testée la saison précédente à Chambord, la formule du *Son et Lumière* va révolutionner en effet l'image des monuments historiques. « Il s'agissait, raconte l'un de ses auteurs, d'utiliser une technique nouvelle : la stéréophonie, qui permet de déplacer les voix dans l'espace et de donner l'impression qu'une phrase parlée, ou musicale, vient tantôt de tel point et tantôt de tel autre. En même temps, un jeu d'orgues lumineuses pouvait illuminer, soit tout le château, soit le lieu précis où se passerait une scène. Avec ces éléments, il s'agissait de bâtir un spectacle qui suggérât la présence des personnages. » Reprenant la dédicace de Louis-Philippe, inscrite aux frontons des pavillons occidentaux – *À toutes les gloires de la France* – et mis en scène par Maurice Lehmann, ce divertissement va connaître un succès fracassant : cinquante-trois millions de francs de recettes dès la première saison !

À quoi pouvait bien ressembler ce Son et Lumière encore pionnier ? Si l'on en croit le texte publié alors, le public regardait d'abord du côté du parc, depuis le haut de Latone, tandis qu'un texte signé Jean Cocteau, onirique à souhait, le mettait dans l'ambiance ; puis il se retournait pour observer les façades, sur un texte plus historique d'André Maurois. La voix de Pierre Fresnay, envoûtante et cependant familière, devait marquer des vagues et des vagues d'estivants : « En ces lieux, aujourd'hui si beaux, où la longue façade classique d'un palais domine les plus nobles jardins du monde, et où de larges allées s'enfoncent en des lointains bleuâtres, il n'y avait au temps du roi Louis XIII que des forêts, des marécages et une maison de chasse où le roi venait avec quelques familiers courir le lièvre, le cerf et le renard… »

Pour rendre possible le Son et Lumière de Versailles, d'importants travaux d'aménagement ont été nécessaires – et notamment la mise en électricité de zones entières qui, jusqu'alors, n'avaient jamais vu passer un câble… Dès 1947, un premier poste de livraison haute tension avait été installé dans l'aile du Midi ; lui-même desservait le poste de transformation de la salle du Congrès, où siégeait alors l'Assemblée de l'Union française, et le poste principal du corps central situé, côté chapelle, dans l'ancienne cave du Roi.

En 1953, ces timides essais de modernisation sont confirmés et étendus. Afin d'alimenter parterres, fontaines et bosquets, mais aussi l'Orangerie, une arrivée supplémentaire de courant est installée à proximité du bassin d'Apollon, au poste dit de la Petite Venise. Lors des représentations, la façade du corps central se trouve éclairée par trois groupes de projecteurs montés sur châssis mobile, ce qui permet, le jour, de les dissimuler dans des fosses couvertes. De nos jours, la plupart des monuments faisant depuis longtemps l'objet d'éclairages plus ou moins spectaculaires, cela paraît presque banal ; mais il faut se mettre à la place des spectateurs de 1953, pour qui de telles illuminations n'étaient en rien habituelles.

Ce qui éblouit surtout la foule, lors de ces premières éditions du *Son et Lumière* versaillais, ce fut de voir la Grande galerie s'embraser soudain de l'intérieur. « Il importait de restituer la lumière scintillante et vivante qui caractérisait l'éclairage des lustres et torchères à bougies, expliquaient les concepteurs de cet effet dans une brochure spécialement éditée en 1959. Tcchniquement, ces jeux de lumière furent obtenus à l'aide de panneaux rectangulaires équipés dc pastilles métalliques mobiles et installés sur la corniche de la galerie. » Avec les torchères de la galerie Basse et les lustres de la galerie des Batailles, cette voûte de lumière électrique marquait, en quelque sorte, l'entrée du château dans la modernité.

Sous-série 0^1 des Archives nationales

Sous ce nom rébarbatif se dissimule la plus fantastique caverne d'Ali-Baba dont puisse rêver un amoureux de Versailles. J'ai eu la chance d'y accéder par bribes, jadis, lorsque je travaillais sur les arcanes de la cour de Louis XV. Ce que l'on appelle, rue des Quatre-Fils, la Sous-série 0^{1}, c'est le fonds d'archives de la Maison du Roi sous l'Ancien Régime. Elle comprend 1 234 cartons, dont plus de la moitié concerne la direction générale des Bâtiments, Jardins, Arts, Académies et Manufactures royales. Or, au sein de cette dernière, la plus grande partie des documents se rapporte à Versailles – et parmi ces documents, au premier chef : plusieurs milliers de dessins d'architecture !

C'est bien simple : depuis Louis Le Vau jusqu'à la Révolution, tous les Premiers architectes – François d'Orbay, Jules Hardouin-Mansart, Robert de Cotte, les Gabriel père et fils, enfin Richard Mique – ont alimenté ce fonds de trésors graphiques : plans, coupes, élévations, parfois des élévations en parties coupées, parfois des coupes avec des éléments d'élévations… Les plus beaux plans comportent des *retombes*, c'est-à-dire des volets de papier amovibles, permettant de suivre une succession d'états, ou plusieurs étages d'une même zone. Tous ces travaux d'atelier ont été soigneusement exécutés par des commis habiles, à la mine de plomb ou à l'encre de Chine, parfois mis en couleurs au lavis ou à l'aquarelle… Sur les plans, les murs existants sont généralement en noir, les transformations en rouge vermillon ; on voit ainsi évoluer l'intérieur du château, se multiplier les propositions d'aménagement, se déplacer les cloisons, se construire des additions…

Avec un peu de chance, on tombera sur une surcharge, ou sur une correction, de la main même de l'architecte. Parfois une note ou une apostille de celle du directeur général, du ministre, du roi lui-même ?

Ayant goûté à cela, comment l'étudiant que j'étais n'aurait-il pas été tenté d'abandonner un moment les actes royaux et les papiers ministériels pour commander – récompense du chercheur – quelques beaux plans bien léchés ! Hélas, ces documents étant souvent consultés, ils sont, pour la plupart, communiqués sous forme de fac-similés reliés. Cela nuit un peu à la magie, forcément... En se plongeant avec ravissement dans ces morceaux d'architecture pratique, on ne peut s'empêcher de songer aux grands devanciers qui, tels des pionniers, ont eu, les premiers, à tailler leur chemin dans cette jungle : Pierre de Nolhac, bien sûr, et son fidèle complice André Pératé, puis Pierre Verlet notamment. Comme il devait être exaltant, à une époque où ces documents étaient, pour la plupart, consultés pour la première fois à des fins historiques, de les classer, de les dater, de les comprendre, de les interpréter... Le plus important étant de savoir si l'on est en présence d'un projet réalisé ou demeuré à l'état de projet... Cela, les dessins ne le disent que rarement... Il faut donc se lancer chaque fois dans une enquête policière, dont les recoupements et les rebondissements sont autant de motifs d'émotion.

Pour ceux que tenterait l'expérience, je ne puis que conseiller la consultation préalable du catalogue publié, sous la direction de Danielle Gallet-Guerne – la biographe de Mme de Pompadour –, des *Dessins d'architecture de la direction générale des Bâtiments du Roi*.

T

Tourisme

« Versailles s'est déshonoré en même temps que Venise, avec l'invasion du touriste, et la fréquentation de ceux qui prétendent les aimer, parce que d'autres paraissent y prendre du plaisir ; excellente définition du snobisme des cités et des sites, le plus avantageux pour les entreprises de transports. » Ainsi s'exprime Robert de Montesquiou, esthète et dandy, versaillais d'adoption, dans ses fameux mémoires – *Les Pas effacés* – publiés en 1923, donc peu après sa mort. À cette époque, le domaine est pourtant loin d'accueillir les hordes de visiteurs qui, un demi-siècle plus tard, convergeront vers lui en autocar et par train de banlieue.

Il faut dire que le tourisme, dans son acception moderne, a toujours eu partie liée avec le château de Versailles. Inscrit dès 1862 à l'Inventaire des Monuments historiques, le haut lieu de la monarchie française, mué en musée d'histoire par Louis-Philippe, a toujours eu pour vocation de meubler les dimanches de la bourgeoisie parisienne et d'attirer les voyageurs venus du monde entier, à commencer par les Anglais. Sous le second Empire, des établissements comme l'*hôtel des Réservoirs*, l'*hôtel de l'Europe,* le *Petit Vatel* et l'*hôtel de France* affichent souvent complet ; les restaurants, dont *Le Chien qui fume* et le fameux *Lasue*, pratiquent des tarifs insensés. Les étrangers un peu fortunés qui font le voyage de Versailles ont à leur disposition, d'ores et déjà, un choix de manuels imprimés dans différentes langues. Par ailleurs, des guides professionnels se spécialisent dans une histoire locale encore approximative…

Un événement de portée internationale va donner un coup de fouet à ce grand commerce naissant : c'est l'Exposition universelle de 1867, en prévision de laquelle l'Anglais Thomas Cook règle « avec le secrétaire privé de Napoléon III, nous dit le chroniqueur Jean Pastreau, les modalités du premier voyage collectif à l'étranger de cinq cent soixante-dix-huit sujets de Sa Majesté britannique. Vingt mille autres traverseront la Manche après eux pour visiter Paris et Versailles, soigneusement mis en garde, dans une notice par le grave Mr Cook. “En matière de goût et de courtoisie, nous pouvons beaucoup apprendre des Français ; mais sur certaines questions de moralité, nous avons aussi pas mal de suggestions à leur faire” »…

Cette année-là, parmi la foule des visiteurs étrangers, se remarque un incroyable défilé de têtes couronnées. « Il vient tant de princes qu'on va devoir les coucher à deux dans le même lit », lance Prosper Mérimée… Le nouveau roi des Belges Léopold II ouvre la marche en mai, accompagné de son épouse, la reine Marie-Henriette. Puis c'est, un dimanche de juin, la réception du roi de Prusse Guillaume Ier et du tsar Alexandre II, encore sous le choc de l'attentat manqué contre sa personne au bois de Boulogne, la semaine précédente. La princesse Clotilde, fille du roi d'Italie et cousine par alliance de l'empereur, se présente avec son frère et sa belle-sœur à la fin du même mois. Le 9 juillet, c'est au tour du sultan de Constantinople, Abdul Aziz, pour qui l'on a décoré la Galerie « à l'orientale », mais qui préfère la visite de Saint-Cyr. Huit jours après, ce sont la reine Marie-Louise Auguste de Prusse et le futur empereur Frédéric III, avec le futur Guillaume II alors âgé de huit ans, juste avant l'ancien roi Louis Ier de Bavière, qui avait dû abdiquer, près de vingt ans plus tôt, en faveur de son petit-fils. Charles XV de Suède, un Bernadotte, est à Versailles début août, la reine Sophie des Pays-Bas à la mi-octobre – elle reviendra dix jours plus tard pour une seconde visite… De même, le 30 octobre et le 2 novembre, l'empereur François-Joseph s'y reprend-il à deux fois pour mieux profiter des galeries et des jardins…

Comme bien souvent, ces visiteurs privilégiés ne font que montrer le chemin à tous les autres ! Et au tournant des années 1900, ce seront déjà des dizaines de milliers de touristes – le mot commence à se répandre – que l'on voit arpenter l'enfilade du Grand appartement ou les allées de Trianon, guide à la main, et les yeux grands ouverts sous des chapeaux de paille…

Ces promeneurs consciencieux – souvent plus concentrés que nos modernes foules de visiteurs pressés, mitraillant avec leurs smartphones des tableaux et des statues déjà photographiés des millions de fois – doivent-ils être considérés comme les successeurs des excursionnistes d'autrefois, véritables pionniers de la curiosité attirés à Versailles par des ouï-dire que rien, alors, ne confirmait officiellement ? D'une certaine manière, sans doute… Lorsque j'écrivais *Ils ont sauvé Versailles*, je m'amusais à collecter, dans toutes sortes de sources, les relations de voyage des devanciers de nos modernes touristes, au temps de la Révolution et de l'Empire. Je me rappelle ce ressortissant d'Oldenbourg, en Basse-Saxe, qui notait dans ses carnets, en 1790 : « La solitude règne maintenant dans l'intérieur. Tout ce qui garnissait les salons a été enlevé, emballé, mis dans un garde-meuble ; et les Versaillais concluent que la Cour ne reviendra plus. » À cette époque, des compagnies de visiteurs étaient menées dans le palais par des *guideurs* qui, une fois inscrits sur une liste, étaient libres de les conduire à leur guise un peu partout dans le château. Datée de juin 1796, une lettre du Genevois Charles de Constant trahit la motivation secrète de visiteurs qui cherchent, dans le palais abandonné, à retrouver d'anciens souvenirs. « Le goût et l'élégance des Petits Appartements sont parfaits ; on y respire encore un air parfumé, qui rappelle la volupté et l'ambroisie qu'on y a goûtées une fois. Mais le silence et la solitude de ce lieu, l'air triste et morne de ceux qui le montrent, le contraste de ce qu'on y a vu et de ce qu'on y voit aujourd'hui, jettent dans l'âme une tristesse, une mélancolie dont on ne peut se défendre. Je me suis cru entouré d'ombres. »

N'oublions pas la désinvolture de ces *conductrices* qui, selon un rapport établi par un certain Lauzan, recrutaient « dans le parc des ouvriers sans bas ni souliers, des "bonnes" avec leurs enfants, qu'elles menaient au musée malgré eux, moyennant quelque menue monnaie extorquée par la force » !

Je terminerai par la relation de l'Écossais Lemaistre, venu visiter Versailles au lendemain de la Paix d'Amiens – donc en 1802 : « Ce magnifique édifice n'a pas du tout souffert pendant la Révolution ; néanmoins, par suite du défaut d'entretien et n'étant plus habité, il conserve un caractère de tristesse qui rappelle forcément les malheurs de ses derniers propriétaires et la fragilité des grandeurs humaines. [...] Nous avons parcouru une longue suite de pièces qui étaient autrefois le siège de la gaieté, de la splendeur, du luxe et de la magnificence royale, et qui sont devenues maintenant le séjour de la solitude et le témoignage de la grandeur déchue. »

Traité de Versailles

Pour avoir mené parfois, à la télévision et surtout à la radio, des charges argumentées contre Clemenceau, pour avoir montré au public la dureté de l'homme et la nocivité du politicien, ainsi que la somme de griefs que les Français seraient en droit de nourrir à son encontre, je me suis fait de solides inimitiés dans certains cercles où l'on tient ce personnage en haute estime. Les *clemencistes* voudraient que l'on continue d'admirer sans comprendre le *Tigre* et le *Père la Victoire*, et que l'on évite d'entrer dans le détail de ses multiples décisions. Ce n'est pas ici l'endroit de critiquer les conditions de la Paix de 1919, ni de montrer jusqu'où Clemenceau fut responsable de certains aspects du traité ; mais puisque le nom de Versailles a été donné à ce document crucial de l'histoire contemporaine, on voudra bien me permettre d'en raconter au moins les circonstances, à grands traits.

À la fin de la Première Guerre mondiale, le choix de Versailles pour y mener les négociations de paix, et *a fortiori* celui de la galerie des Glaces pour en signer l'accord, a été tout, sauf anodin. Dès 1914, l'abbé Wetterlé, au nom de l'Alsace, avait réclamé ce fort symbole. Ce choix obéissait à une soif de revanche que l'on pourrait comprendre, évidemment, de la part d'un peuple affreusement meurtri, mais qu'on ne peut que déplorer chez ses plus hauts responsables, civils et militaires.

Rappelons peut-être que c'est à Versailles, dans la galerie des Glaces, qu'avait été proclamé l'Empire allemand, en janvier 1871, à l'issue de l'invasion prussienne. Dans l'esprit de Clemenceau, il s'agissait de *boucler la boucle*, en tout cas de revenir au lieu du péché originel, afin d'en mieux effacer la trace. Versailles avait servi de cadre à l'humiliation de la France ; Versailles allait servir de cadre à son dédommagement – pour ne pas dire à sa vengeance. Et tant pis si les circonstances amenaient le radical Clemenceau dans le temple de la Monarchie ; à ses yeux, la République ne devait pas l'emporter sur la France, ni le républicain sur le patriote.

Que le président Woodrow Wilson ait accepté de se prêter à cette mise en scène ne manque pas de surprendre ; mais il faut faire la part de l'émotion de l'époque, de la pression revancharde du peuple français et de ses dirigeants – la part aussi, peut-être, du préjugé favorable des Américains à l'égard de ce Versailles où est née leur nation, en 1783…

Le conseil interallié va donc s'installer aux lisières du domaine, dans *l'hôtel Trianon Palace* flambant neuf. Six mois durant s'y tiendra la partie officielle des pourparlers entre représentants des nations belligérantes. Dans un ouvrage intéressant, *Versailles 1919 : chronique d'une fausse paix*, mon ami Patrick de Gmeline a décortiqué ces négociations versaillaises et montré en quoi elles menaient, inéluctablement, à une impasse. Encore une fois, ce n'est pas l'endroit d'en disserter.

La signature du traité de Paix, dans le cadre majestueux et glaçant de la galerie des Glaces, aura été empreinte de la gravité et de la relative sobriété requises. Pour planter le décor, on a seulement déroulé, sur le parquet ciré, quelque vingt-quatre tapis de la Savonnerie, que des couturières à genoux ont cousus bord à bord. On a disposé au centre une grande table en fer à cheval pour les plénipotentiaires, entourée d'autres tables et de quelque deux cents chaises d'orchestre dorées. Face à la travée centrale, on a placé un bureau plat d'époque Louis XV, attribué à Cressent, issu des maigres collections d'un château qui, à cette époque, compte encore bien peu de meubles.

Il fait soleil, en cet après-midi du samedi 28 juin 1919, et c'est d'autant plus notable que les journées précédentes ont été grises, pluvieuses. À quatorze heures précises, l'automobile du président du Conseil dépose Clemenceau au pied de l'escalier de Marbre. Dans la galerie attendent déjà les centaines d'invités du gouvernement et des différentes délégations

– mais quasiment aucun des grands chefs militaires : il faut noter, tout de même, que ni Foch, ni Joffre, ni Pétain, ni Fayolle, par exemple, ne sont présents. Le Premier ministre britannique, Lloyd George, et le président des États-Unis gravissent l'escalier à leur tour, trois quarts d'heure après le Français. Ils rejoignent les délégués du Canada, de l'Australie, de l'Afrique du Sud, de la Nouvelle-Zélande, de l'Inde, de l'Italie, du Japon, de la Grèce, de la Pologne, de la Yougoslavie, de la Tchécoslovaquie, de la Roumanie, du Portugal, de l'Argentine, de l'Uruguay, etc. Les seuls qui, pour le moment, manquent à l'appel sont bien sûr les plénipotentiaires de l'Allemagne vaincue, alors hébergés à *l'hôtel Vatel* et à celui des *Réservoirs*.

Au rez-de-chaussée, dans le grand cabinet de Madame Victoire, les attendent le préfet de police et le conservateur du musée. Pierre de Nolhac : « Bientôt, à l'une des portes-fenêtres de la pièce au-dessous du salon de la Guerre, parurent les délégués allemands, amenés à travers le parc désert ; et nous eûmes à les conduire le long de ces jolies pièces où revivaient depuis peu les portraits de notre histoire. Ils purent s'arrêter parmi les Nattier auxquels ils feignirent de prêter quelque attention.

« Au signal venu, je pris la tête du petit cortège et l'acheminai, par des salons qu'on dut trouver interminables, à l'escalier de Marbre où les gardes républicains faisaient la haie sur les marches. Sabre au clair, ils venaient de rendre les honneurs aux délégués des nations amies. Je n'oublierai jamais l'ordre donné à notre approche et répété de salle en salle à mesure que nous avancions, et le bruit que fait l'acier en rentrant au fourreau. C'était, pour quelques instants encore, l'ennemi qui passait et le vaincu, et je voyais dans les yeux de Hermann Müller se former des larmes qu'il ne pouvait dissimuler. Dès que nous parûmes sous l'arcade du salon de la Paix, le bruit d'immense volière s'arrêta instantanément ; l'Allemagne fut conduite aux places qui lui étaient réservées et la cérémonie commença. » À quatre heures moins le quart, les signataires ont apposé leur paraphe. Clemenceau déclare : « Messieurs, les conditions de paix entre les Alliés, associés, et l'Allemagne sont signées. La séance est levée. MM. les plénipotentiaires alliés sont priés de rester. » Les cinq Allemands se retirent sous l'opprobre général.

Rien n'aura été épargné aux vaincus ce jour-là, ni dans la forme – comme on voit –, ni dans le fond. Les conditions iniques de ce traité allaient forcément faire le lit des pires revanchismes et conduire le monde, en moins de vingt ans, à une Seconde Guerre… Écrasement de l'Allemagne, certes, mais aussi démantèlement acharné de l'ancien Empire austro-hongrois – représenté par la Hongrie – tel qu'il résultera du traité corollaire de Trianon (4 juin 1920). Les obsessions de Clemenceau sont immortalisées, grosses de toutes les dérives…

Dehors, la population ayant été admise dans le parc, on fait jouer les fontaines, tandis que des avions apparaissent du côté de la pièce d'eau des Suisses et viennent survoler le domaine en geste d'hommage. Clemenceau, Wilson, Orlando et Lloyd George sortent sur la terrasse où ils soulèvent une clameur immense. « Ces hommes d'État qui se mêlaient à la foule apportaient la preuve vivante que le temps des souffrances et de la mort était bien terminé, écrira Jean Pastreau. Les canotiers, les melons et les cannes s'agitaient joyeusement au-dessus des têtes. Ah ! on allait connaître maintenant de folles années, rattraper les jours perdus, oublier, oublier dans le travail, l'amour et les plaisirs. »

Précisément, c'est à l'érudition aimable de Jean Pastreau que je dois une anecdote étonnante, propre à détendre l'atmosphère autant qu'à renforcer ce que je viens de noter. Selon l'érudit, ce 28 juin 1919, Clemenceau aurait demandé à son chauffeur de faire une halte au ministère des Affaires étrangères. Pour comprendre ce que le président du Conseil venait y faire, il faut remonter plus d'un siècle en arrière, jusqu'au 21 juin 1791 et à cette échappée pathétique de la famille royale que l'Histoire a retenue sous le nom de *Fuite à Varennes*. Alors qu'il s'échappait de la capitale, le convoi royal avait fait une première halte au relais de Bondy, où le comte de Fersen – véritable artisan de l'équipée – devait prendre congé de la reine et de sa famille. Avant de le laisser, Louis XVI lui aurait confié, en marque de reconnaissance, sa propre bague : un grenat antique, intaillé d'une Bellone et semé de fleurs de lys.

On sait le sort funeste de l'expédition… Un peu plus tard, après la mort du roi, Fersen, persuadé que le duc de Brunswick allait se rendre maître de Paris, lui aurait confié la bague, avec pour mission de la remettre au petit Louis XVII. Brunswick n'entra jamais dans

Paris ; on ne sait ce qu'est devenu Louis XVII ; mais les héritiers de Brunswick, croyant le reconnaître en Charles-Guillaume Naundorff, lui confièrent finalement la bague. Lui-même, sur son lit de mort, la remit à l'avocat républicain qui, paradoxalement, avait accepté de plaider sa cause devant les tribunaux français – or, cet avocat se trouvait être Jules Favre. Le même Jules Favre qui, venu à Versailles en 1871 pour y négocier avec Bismarck, au nom du gouvernement de défense nationale, et n'ayant évidemment pas les Sceaux de France à sa disposition, avait dû sceller la convention d'armistice avec sa bague – celle de Naundorff, ou de Brunswick, ou de Fersen, ou de Louis XVI !

Fascinante aventure qui devait trouver un épilogue digne d'elle grâce au revanchisme de Georges Clemenceau : le Tigre, voulant effacer jusqu'aux derniers symboles de l'humiliation de 71, serait en effet passé chercher la bague au ministère des Affaires étrangères, où l'avait déposée la veuve de Favre, afin de signer, avec la bague de Fersen, le traité de Paix de 1919... Quant à savoir ce qu'a pu devenir la bague elle-même, j'ai mon idée sur la question ; mais ce n'est pas le lieu d'en traiter.

Trianon

La faveur de Mme de Montespan avait coïncidé avec la vogue du Trianon de Porcelaine, dont les façades étaient de pierre, mais les salons, ornés de faïence, et les toits brisés, en ardoise, hérissés d'animaux multicolores et de vases peints en bleu et blanc, à la façon de Delft. La faveur de Mme de Maintenon – ou, pour mieux dire : le remariage secret du roi avec cette dame – allait être marquée par le parti, en 1687, de raser cette folie et de la remplacer par une demeure de plaisance d'une tout autre ampleur : le Trianon de Marbre.

Malgré les transformations successives – l'ameublement Empire, les aménagements de la monarchie de Juillet, la réfection complète de l'aile de Trianon-sous-bois au XXe siècle –, cette architecture idéale, simple et grandiose à la fois, et montrant par endroits des audaces esthétiques en avance sur leur temps, a su garder l'essentiel de sa splendeur Grand Siècle. On ne peut se faire une idée, tant qu'on ne l'a pas contemplée, de la beauté romaine, éternelle si l'on veut, du vaste péristyle aux colonnes roses de marbre du Languedoc, qui relie ses deux principaux corps de logis. L'effet de transparence obtenu et, partant, la réussite de la perspective sur les jardins y sont incomparables.

Trianon – ce qu'on devait appeler le *Grand Trianon* quand vint s'y ajouter un Petit –, ce sont d'abord les parterres de fleurs – on les changeait chaque nuit du temps de Louis XIV –, la symphonie des marbres, la noble et muette splendeur de boiseries toutes blanches… J'ai souvent soutenu qu'il faudrait, pour bien faire, commencer par là toute visite de Versailles. On y saisirait, d'entrée de jeu, l'esprit qui règne ici. Espace, rythme, pureté, ouverture, clarté, perspective, symétrie, rectitude, sérénité et, plus que tout, évidemment, grandeur : toute la grammaire versaillaise a été résumée ici par Hardouin-Mansart, Le Nôtre et – on l'aura compris, j'espère – Louis XIV en personne.

Que Mme de Pompadour, par la suite, se soit entichée des lieux, qu'elle ait souhaité y avoir son ermitage, y élever des poules, faire bâtir à proximité un salon frais, un pavillon français, puis un château plus petit qui deviendrait celui de Mme Du Barry – en attendant Marie-Antoinette – n'étonnera pas ceux qui auront noté le penchant de la marquise pour l'aisance large et sobre, en somme opulente.

La dernière reine, gratifiée du domaine par son jeune époux, fera de Trianon son refuge, pour ne pas dire sa réserve… Au « service de la Reine », se démèneront alors ici des horticulteurs, des bateliers, des artificiers, des éleveurs, des décorateurs et des accessoiristes en tout genre. Trianon deviendra synonyme d'excès privés et de gaspillages ; et l'on en viendra presque à oublier, sous les treillages de théâtre d'un hameau déjà romantique, l'austère beauté de la résidence secondaire du Grand Roi. N'est-ce pas un grand dommage ?

Tribune de l'Art (La)

Il est de bon ton, dans certains cercles versaillais, de penser du mal de Didier Rykner et de son *webzine*. Puriste sourcilleux, avare de compliments, le directeur de la rédaction de *La Tribune de l'Art* est devenu la bête noire de nombre d'administrateurs en France, d'architectes et de commissaires d'exposition. Il est vrai que ses avis sont généralement sans concession et ses prises de position dépourvues de la complaisance habituelle. En un mot, le cyber-critique s'est imposé, notamment dans le petit monde de Versailles, comme un trouble-fête.

Je ne partage pas la défiance ambiante à son égard. À mes yeux, Didier Rykner est un connaisseur, doublé d'un passionné – j'ai pu juger de sa conscience professionnelle en travaillant un temps à ses côtés… On doit pouvoir l'inscrire dans la lignée des sonneurs d'alerte qui, tels Eugène Tardieu et Albéric Cahuet à la Belle Époque, ont permis à Versailles, plusieurs fois, d'échapper au pire. Aussi, le rôle qu'il assume aujourd'hui me paraît-il d'une importance réelle ; c'est celui d'un défenseur sans concession du patrimoine et de son intégrité, face aux attaques, frontales ou insidieuses, d'une époque obsédée par des impératifs de rendement et d'efficacité, une époque tendue vers la quantité, parfois au détriment de la qualité.

Où, en dehors de *La Tribune de l'Art*, a-t-on clairement vu dénoncer les excès ponctuels de la « mise en tourisme » du domaine national ? Et les lacunes de l'exposition *Louis XIV, l'homme et le roi* ? Et le danger que d'immenses gradins peuvent faire courir au nord du Petit Parc, autour du bassin de Neptune ? Et la perte de pouvoir inquiétante du directeur du musée (auparavant directeur général de l'Établissement public) par rapport au président et à l'administrateur général ? Et les périls courus du fait de la récente révision du Plan local d'urbanisme de la ville de Versailles ?

Nulle part, évidemment…

Il me semble que le sain engagement de Didier Rykner au service du patrimoine versaillais – sans considération d'intérêt, d'influence ou d'amitié – mérite mieux que les sarcasmes auxquels certains le vouent parfois. Et sur chacun des dossiers évoqués ci-dessus – pour ne rien dire de nombreux autres –, je redoute le jour, hélas prévisible, où, fatalement, l'évolution des choses lui aura, trop tard, donné raison.

Alors, vive *La Tribune de l'Art* ! Viendra sans doute un temps où l'on en parlera avec une révérence mêlée de nostalgie.

V

Van der Kemp (Gérald)

Et si Versailles, au bout du compte, c'était lui ? Et si, à l'issue de cette longue pérégrination à travers trente années de pratique et de souvenirs, celui qui, à mes yeux, avait le mieux incarné l'esprit, les valeurs, l'éthique de ces lieux était ce géant à la fois impérieux et bonhomme, plein de connivence avec les gens du Grand Siècle et de compréhension pour le projet louis-quatorzien ? J'ai eu, comme je l'ai dit dans mon introduction, le privilège de le rencontrer sur le tard et de recueillir, sans aucun doute, ses ultimes souvenirs de Versailles… Comment le définir ? L'homme avait l'élégance d'un gentilhomme des temps modernes – chaîne de montre, canne à pommeau et rose à la boutonnière. J'aime citer José Luis de Vilallonga lorsqu'il croque ce portrait de Van der Kemp, au tournant des années 1970 : « Il est gigantesque. Il a le teint rose et clair des gens qui savent que la vie vaut souvent la peine d'être vécue. Il a le regard malicieux, un sourire qui quitte rarement ses lèvres bien dessinées. Il a de belles mains blanches, soignées, dont il se sert pour ponctuer une conversation d'érudit. Il porte des bagues, plusieurs, une chaîne en or et des boutons de manchettes précieux. Il ne tourne jamais la tête, mais le corps tout entier, avec une sorte de majesté tranquille. » Pour faire bref, si l'on en croit le héraut de la *café society*, « les dames l'apprécient car il fait mine de s'intéresser à ce qu'elles disent. Les hommes l'estiment parce qu'il sait bien parler d'un vin, d'un gigot, d'un cigare. Il se déplace avec lenteur, royalement, suscitant non la crainte mais le respect chez ses subordonnés aussi bien que chez ceux qui le tutoient. »

Je me dis parfois, avec le recul, que c'est une chance inouïe que sa seconde épouse, Florence, m'ait confié, en 2004, la rédaction d'un hommage biographique publié par Perrin, en coédition avec le château de Versailles. Ce texte évident pour moi – peut-être le plus facile de tous ceux que j'aurai eu à écrire – m'a valu des heures passionnantes, dans les archives privées du maître, installées dans les combles du second atelier de Claude Monet, à Giverny. Dans le préambule de ce livre, *Un gentilhomme à Versailles*, je présentais de Gérald trois instantanés, saisis à des moments clefs de sa fulgurante carrière. Au printemps 1953, lorsque lui échoit, à quarante et un ans, la charge sans pareille de présider aux destinées de Versailles. Décision brillante et visionnaire du ministre d'alors, André Cornu, prise à l'encontre de toute une corporation… Le nouveau conservateur en chef, jusque-là passionné surtout de peinture, va devoir renoncer aux chimères de sa jeunesse pour embrasser à bras-le-corps une tâche presque surhumaine – et la mener à bien.

Deuxième arrêt sur image : à l'automne 1971, le nouveau « roi de Versailles » reçoit chez lui, si je puis dire, le Fils du Soleil en personne, l'empereur

Hirohito. « 1971, année faste, écrivais-je. Depuis une petite décennie, Gérald forme avec sa seconde épouse, une élégante Américaine née Florence Harris, un couple déjà légendaire. Les grands dîners privés qu'ils donnent chez eux, dans les anciens appartements des Gardes-françaises, et où se presse la fleur de Paris et de Washington, passent pour les soirées les plus *glamour* du moment. Versailles est redevenu, grâce à eux, épicentre de mondanité ; et la liste de leurs généreux habitués ferait pâlir bien des comités de parrainage. Mieux encore : grâce aux accointances de Florence dans l'administration Nixon, de nouvelles dispositions fiscales facilitent, outre-Atlantique, la contribution des amis gagnés à la cause ! Après cela, comment n'être pas en vue ? Van der Kemp est devenu l'archétype d'un certain monde luttant contre l'avachissement du monde. »

Enfin, 1993. Le printemps 1993. VDK, comme on l'appelle dans le monde des musées, est devenu un vieux monsieur au regard triste, derrière ses grands verres teintés, une sorte de Commandeur aux mâchoires serrées. Il souffre physiquement de graves ennuis de santé, mais aussi et surtout moralement, depuis que le petit peuple de ses ennemis a fini par s'entendre pour avoir finalement raison de lui, et le faire chasser de Versailles… À Giverny, qui désormais mobilise ses dernières forces, le *French Curator* bien-aimé des Américains reçoit patiemment tous ceux – ils sont innombrables – qui viennent le visiter comme s'il était lui-même un monument digne du voyage.

Le parcours de Gérald Van der Kemp est tout à fait intéressant ; mais ce n'est pas le lieu d'en faire état.

Je renvoie les lecteurs à cet ouvrage paru en 2005, *Gérald Van der Kemp, un gentilhomme à Versailles*. Ce qui compte ici, me semble-t-il, c'est plutôt le bilan des vingt-sept années passées par ce grand homme à la tête du musée de Versailles et des Trianons. Vingt-sept années : exactement le temps imparti par le destin à Pierre de Nolhac, au tournant du XXe siècle. Chacun à sa façon, ces deux grands conservateurs auront donc été les agents d'un renouveau versaillais. Comme Nolhac, Van der Kemp s'est attelé jeune aux destinées de la maison Versailles ; et comme lui, il en a fait sa chose personnelle et l'œuvre de sa vie. Le premier avait prétendu conduire une révolution, quand l'autre s'est contenté d'une restauration. « Tous deux n'en furent pas moins hommes d'envergure, écrivais-je en 2003 ; ils se dotèrent des moyens de leurs ambitions, et surent se poser en visionnaires, en meneurs respectés par leurs troupes, en grands patrons enfin, avec les qualités que cela recouvre, et les défauts : une énergie pharaonique, de l'autorité à revendre, beaucoup de réalisme, pas mal d'entregent, un peu d'égocentrisme et cette pincée de paternalisme qui scelle à jamais les fidélités comme les haines. »

En dépit de l'hostilité à peine voilée de son administration de tutelle, et des nombreux obstacles semés sur sa route par un corps des conservateurs qui ne l'aura jamais considéré comme un de siens, Van der Kemp a su jouer de son charme et de ses relations au service de Versailles et de son éclat. Très jeune et bien avant tout le monde, il avait eu l'idée d'encourager la maîtrise de certains savoir-faire artisanaux. Conscient des nouveaux enjeux de la muséographie, il a su accroître les effectifs de la conservation et plaidé pour que les budgets, confiés jusqu'alors à l'agence d'architecture, prennent en partie le chemin de la conservation. Mais c'est dans l'aventure extraordinaire du *remeublement* et de restitutions financées en grande partie par le mécénat que Van der Kemp aura su donner sa mesure.

Certes, les plus érudits ont parfois souligné les lacunes du conservateur en chef en matière d'histoire. Contrairement à Nolhac, lui n'était ni archiviste ni historien… On a aussi reproché à Gérald Van der Kemp de pousser à l'acquisition hâtive de meubles et d'objets que certains estimaient de provenance douteuse. On a enfin pu regretter que cet homme de goût ait parfois sacrifié au goût des années 1960 et 1970, et imposé plus ou moins, dans les salles de musée, ces tentures colorées que Jean-Marie Pérouse de Montclos a cru pouvoir appeler le « velours frappé Van der Kemp »… Dans le monde de la culture, les adversaires de VDK avaient fini par être si nombreux !

Ils avaient même rendu le personnage amer, et n'ont pas été pour rien dans les souffrances physiques et morales qui ont assombri ses dernières années, jusqu'à sa disparition, le 28 décembre 2001. Depuis lors, nous sommes un certain nombre à demander qu'une rue de Versailles soit baptisée du nom de ce grand monsieur ; serons-nous un jour entendus ?

Verlet (Pierre)

Si j'avais à répondre à la fameuse question : « Quel livre emporteriez-vous sur une île déserte ? », d'abord je serais bien embarrassé. Je me considère en effet comme l'héritier indigne d'une bonne centaine d'ouvrages, au bas mot ; et je n'envisagerais pas sans douleur de m'en séparer. Cela dit, jouons le jeu ! Quel livre emporterais-je ? Pour finasser un peu, je serais tenté de répondre : « *À la Recherche du temps perdu.* Les sept tomes !

— Mais on vous demande de citer *un* livre, pas sept ! »

Un seul livre ! Mon Dieu… Je pourrais, naturellement, lorgner du côté des grands textes qui m'ont nourri : *Les Liaisons dangereuses*, de Choderlos de Laclos ? *Le Manuscrit trouvé à Saragosse*, de Potocki ? *Le Portrait de Dorian Gray*, du cher Oscar Wilde ? L'anonyme *Madame Solario* ? *Autres rivages*, de Nabokov ? Ou, transcendant tout cela, *De la brièveté de la vie*, de Sénèque… À moins que je n'aille chercher l'élu au rayon de l'ésotérisme… *Les Dialogues avec l'ange*, peut-être. Ou qu'en bon historien je me rabatte sur les maîtres : Tocqueville, Toynbee, Braudel… À la réflexion, il me semble qu'il n'est pas raisonnable de répondre à une telle question sans tenter au moins de s'appuyer sur un critère concret. Et dans ce cas, quel meilleur marqueur trouver, en parcourant des yeux les rayons, que l'usure respective des ouvrages ?

À cette aune, un chef-d'œuvre va s'imposer. Il est pour ainsi dire *hors concours* : patiné, pétri, rafistolé, fatigué d'avoir tant servi… Sans exagération, sur plus d'un quart de siècle, je ne pense pas être jamais resté un mois sans avoir consulté ce maître livre, sans l'avoir parcouru, parfois très brièvement, à la recherche d'une infime précision, parfois plus longuement, un paragraphe en appelant un autre, et des associations d'idées se formant entre les chapitres.

Ce livre, publié d'abord en 1961, c'est *Le Château de Versailles*, de Pierre Verlet. Je le possède pour ma part dans la réédition augmentée qu'en a donnée Fayard en 1985. J'aurais pu le renouveler ; mais bien qu'il soit très usé, et que sa couverture dorée se soit depuis longtemps détachée des cahiers, je n'imagine pas de me défaire de mon exemplaire original. Les 740 pages de ce talisman personnel me paraissent encore tout imprégnées des centaines de belles heures que j'ai pu passer en leur compagnie ; et je veux y voir les garantes de toutes celles qui – je l'espère – me restent à vivre avec elles.

Pourquoi aime-t-on un livre ? Ou plutôt : pourquoi aimé-je tant *ce* livre ? Je le révère d'abord pour son exactitude, sa concision, son élégance, et pour cette manière de ne rien laisser dans l'ombre, sans pour autant jamais s'appesantir… Est-ce suffisant ? Non. J'ai bien conscience de ne livrer, par ces arguments rationnels, qu'une part insuffisante de mes raisons de le chérir. Certes, pour préciser ce que j'écrivais plus haut, je suis convaincu que l'on aime aussi, à travers un ouvrage, tous les bons souvenirs de lecture qui s'y attachent. Mais ce n'est pas tout. Si j'ai tant besoin du livre de Pierre Verlet, c'est qu'il me paraît s'adresser à la meilleure partie de moi-même, à la plus flatteuse – en tout cas, à celle que je préfère. Enfin, l'univers de ses références, l'atmosphère qui se crée à sa lecture sont mon univers, mon atmosphère d'élection. Je pense au très beau texte de Roland Barthes – encore un candidat à l'île déserte – *L'Obvie et l'Obtus*. Le sémiologue y explique qu'au visionnage d'un film – il parle en l'occurrence d'*Ivan le Terrible* d'Eisenstein – le premier sens, dénotatif, et le deuxième sens, symbolique, ne parviennent pas à épuiser le message disponible. Il existe, dit Barthes, un *troisième sens*, fait d'un irréductible, d'un indicible réseau de sensations, activé par l'œuvre.

Disons alors que j'aime aussi le *troisième sens* du *Versailles* de Verlet.

Sur la personnalité de l'auteur, je serais peut-être un peu plus réservé. Il est vrai que la plupart des témoins qui m'ont parlé de lui n'étaient pas ses amis. Récemment encore, un grand familier de Versailles me disait : « Verlet ? Si je l'ai connu, pensez ! C'était un homme austère, très sûr de lui, avec des faux airs de notaire énervé. » Je ne crois pas révéler un grand secret en rappelant que notre homme avait été l'adversaire acharné de Gérald Van der Kemp – pour ne pas dire son ennemi personnel. Il existe une raison à cela.

Au printemps 1953, quand mourut le conservateur en chef de Versailles, Charles Mauricheau-Beaupré, victime d'un accident de voiture lors d'une tournée de conférences au Canada, son successeur paraissait tout désigné. C'était justement le conservateur des Objets d'art du Louvre, Pierre Verlet, grand spécialiste du mobilier royal et instigateur des premières politiques de *remeublement*. En lui préférant Gérald Van der Kemp, un homme bien plus jeune et incomparablement moins qualifié, le secrétaire d'État de l'époque, André Cornu, se mit à dos le corps des conservateurs de musée en général, et Pierre Verlet en particulier.

Celui-ci, à ce que l'on raconte, n'avait-il pas déjà inscrit ses enfants à Versailles, pour la rentrée scolaire de 1953 ?

De cette décision allait naître une grande et terrible inimitié entre Verlet et Van der Kemp, ravivant l'animosité, déjà ancienne, et le climat de méfiance entre le Louvre et Versailles. Ce sont là des scories qui, me semble-t-il, ne doivent pas obérer l'essentiel : Verlet fut un très grand connaisseur de Versailles ; peut-être le plus grand de tous. Il fut aussi, et avant cela, le découvreur du mobilier royal.

Dès 1935, en effet, il avait mis au point une méthode infaillible pour l'étude des chefs-d'œuvre de l'ébénisterie française, jusqu'alors bien négligés. Il en présenta les grandes lignes en 1937, dans un article fondateur de la *Gazette des Beaux-Arts*. « La première opération consistait à trouver, parmi les anciens inventaires, celui qui donnerait le plus fidèlement l'état du mobilier versaillais pendant les dernières années de l'Ancien Régime. L'inventaire que j'ai choisi est, il me semble, le plus précieux car, écrit aux environs de 1776, complété et modifié jusqu'en 1788, il permet de voir comment étaient meublés les divers appartements de Versailles peu après la mort de Louis XV, quelles transformations le goût de Louis XVI et de Marie-Antoinette leur fit subir, et quel était, salle par salle, l'état du mobilier à la veille de la Révolution. » Ce dépouillement pouvait s'accompagner de recherches dans les comptes, gravures, dessins, afin de constituer un jeu de fiches complet sur l'ameublement ancien. Venait ensuite l'opération ultime, la plus agréable aux yeux de Verlet ; elle consistait « à rechercher et parfois retrouver, ces fiches à la main, les meubles qui sont dispersés soit dans les collections de l'État, soit dans les musées français ou étrangers, soit dans les grandes collections, spécialement d'Angleterre et d'Amérique ». Et c'est ici que Pierre Verlet émit une idée révolutionnaire, incroyablement stimulante pour les amateurs : « Je suis persuadé, affirmait-il, pour en avoir déjà retrouvé quelques-uns, que les plus beaux meubles, à une ou deux exceptions près, ont échappé à la destruction : il ne s'agit que de les retrouver et puis de les replacer – bien souvent, hélas, ce ne sera possible que par l'imagination – dans leur ancien cadre. » Le chercheur visionnaire concédait : « Louis-Philippe ayant détruit, en ce qui concerne Versailles, les trois quarts de ce cadre, il faut s'attendre à trouver bien des meubles, provenant avec certitude des anciennes collections royales, qu'il sera impossible de situer exactement aujourd'hui. »

Si Pierre Verlet pouvait voir la quantité de grands meubles identifiés de nos jours, et la foule de ceux qui, déjà, ont retrouvé le chemin de Versailles, il s'estimerait comblé, sans aucun doute. Et définitivement apaisé.

Vestiges

J'ai imaginé trois questions bien retorses, à l'usage des amateurs d'insolite.

Question n° 1 : Le plafond de la salle des Gardes de la Reine est très richement orné, avec notamment, peintes en voussure, de grandes scènes où figurent Ptolémée Philadelphe, Alexandre Sévère,

Trajan et Solon. Comment expliquer tant de solennité dans la décoration d'une vulgaire salle de garde ?

Voyons, rien n'est *vulgaire*, chez la reine... Plus sérieusement, cela s'explique le plus simplement du monde : ce plafond n'a pas été peint pour la pièce ! En vérité, il s'agit du plafond conçu par le grand Noël Coypel pour le salon de Jupiter, à l'angle nord-ouest de l'*enveloppe neuve*. Cette pièce étant, à l'origine, censée servir de cabinet du Conseil, on conçoit que son programme iconographique ait convoqué les grands législateurs du monde antique. Si vous regardez dans les écoinçons, vous apercevrez même des courtisans, vêtus comme on pouvait l'être à Versailles et peints à taille réelle, comme en trompe-l'œil. Ces indiscrets donnent le sentiment d'observer ce qu'il se passe en bas, dans la pièce – plus exactement, ils épient les décisions du Conseil...

En 1678, lorsqu'une Grande galerie est venue prendre la place de la terrasse de François d'Orbay, Louis XIV et Hardouin-Mansart ont choisi de lui adjoindre deux vastes antichambres, le salon de la Guerre, au nord, le salon de la Paix, au midi ; on a détruit, pour cela, les décors des cabinets d'angle – à commencer par celui du salon de Jupiter. Le plafond était très beau, très récent ; il convenait, du point de vue des dimensions, à la toute nouvelle salle des Gardes de la reine ; on l'y réinstalla donc, sans trop se soucier des symboles peints dans ses voussures... C'est ce que l'on appelle, en architecture, un *remploi*. Tout de même, on a veillé à ce que le décor des murs, en lambris de marbre et bas-reliefs dorés, respirent au même niveau de richesse et de sophistication.

Question n° 2 : À la pointe sud du Grand Canal, sur la petite route qui conduit au pavillon de la Lanterne, on aperçoit deux kiosques d'angle, de plan carré, ornés de jolis toits et, chacun, de deux arcades en plein cintre. Savez-vous de quoi il s'agit ?

Je crois voir ce dont vous parlez… Ces deux édicules sont les seuls vestiges d'un ensemble architectural et décoratif très important. La Ménagerie de Versailles, « toute de riens exquis », avait été bâtie par Le Vau dès 1662. Elle se composait d'un charmant pavillon octogonal, comprenant un salon à coupole et, au rez-de-chaussée, une grotte de fantaisie. Des ailes transversales abritaient de petits logements raffinés. Le pavillon, sommé d'un lanternon et entouré d'un balcon de ferronnerie doré, d'où l'on pouvait observer les animaux sans aucun risque, dominait une cour octogone et sept cours destinées à accueillir des spécimens exotiques. Il y eut de tout dans ce mini-parc zoologique : y compris un éléphant et un rhinocéros – empaillé, ce dernier se trouve exposé aujourd'hui au Muséum national d'histoire naturelle, dans la Grande Galerie de l'Évolution.

Lorsque, en 1697, le petit-fils aîné de Louis XIV, titré duc de Bourgogne, épousa la toute jeune Marie-Adélaïde de Savoie, le roi vieillissant, cherchant à distraire cette petite princesse, voulut lui offrir la Ménagerie dont, après plusieurs décennies, il fallait seulement rafraîchir les décors. C'est à l'occasion de cette campagne de travaux qu'ont été créés, pour orner les angles d'un nouveau jardin, les deux petits pavillons qui vous intriguent. Bizarrement, ils ont survécu à la Ménagerie elle-même, vendue et détruite au tout début du XIXe siècle.

Hormis cette paire de kiosques, la Ménagerie a laissé fort peu de traces à Versailles – sinon dans la toponymie ; ainsi le nom du pavillon de la Lanterne, bâti tout près, en 1787, pour le gouverneur du château, doit-il son nom au lanternon qui couronnait le pavillon central… Notons au passage que les deux magnifiques termes à têtes de cerfs, qui marquent si fièrement l'entrée de l'actuelle résidence du chef du Gouvernement – occupée, depuis 2007, par le chef de l'État – proviennent aussi de la Ménagerie ; ils y avaient été posés en 1703. Donc, à l'intention de la duchesse de Bourgogne…

Question n° 3 : Depuis toujours, j'étais habitué à retrouver mes amis versaillais au pied de la statue équestre de Louis XIV, au beau milieu de la cour Royale. Or, depuis quelques années, on l'a déplacée très en avant des grilles, sur la place d'Armes. Comment expliquer cette relégation ?

Par le souci de rétablir une certaine harmonie du côté de la ville ! Comme vous devez le savoir, cette statue n'est pas contemporaine de la demeure royale. Elle n'avait été installée, par Louis-Philippe, au centre des cours d'accès, qu'en 1836. Précisons qu'il ne s'agit pas d'une statue cohérente, mais d'un cavalier de Louis Petitot, installé sur une monture déjà conçue par son beau-père, Pierre Cartellier, pour un projet de statue équestre de Louis XV – d'où l'étrange impression de déséquilibre que peut donner ce cavalier d'une échelle supérieure au cheval. Du reste surdimensionné pour l'emplacement, le groupe heurtait l'harmonie d'ensemble ; il avait fait partie de toute une série de statues monumentales, disposées par Louis-Philippe sur le pourtour des cours d'entrée.

Lorsqu'il a été question de réinstaller une grille convexe fermant la cour Royale, entre les pavillons Dufour et Gabriel, s'est posée la question du devenir de la statue équestre. Certains ont proposé de la faire disparaître, en l'envoyant par exemple en province. D'autres – et c'est leur avis qui a prévalu – ont suggéré, eu égard à tous les événements dont elle avait été le témoin si voyant, de la conserver dans le paysage, mais à une place où elle ne nuirait plus à la perspective.

Un plafond déplacé, une paire de pavillons perdue, une statue qui migre : voilà trois vestiges singuliers ; trois témoignages discrets – mais toujours présents – d'états révolus de Versailles.

Ville de Versailles

Depuis la première page, j'ai toujours écrit : *Versailles*, sans préciser davantage ; et ce mot désignait le domaine, le château, les jardins, le musée, autrement dit : le monument historique. Mais je ne voudrais pas écrire le dernier feuillet sans énoncer une évidence qu'il n'est peut-être pas inutile de rappeler : Versailles est *aussi* – certains de mes amis diraient *d'abord* – UNE VILLE. Une ville où j'ai moi-même assez longtemps vécu pour être cru, chaque fois que j'en vante les charmes ineffables. Oui, j'ai connu les petits cafés pris sur la place du marché, de bon matin, après avoir parcouru les halles, tellement belles et si richement approvisionnées ; les déjeuners d'une tranche de gigot limousin, goûteuse, dans la rue de Satory livrée aux piétons, avec ses boutiques ouvertes et toutes ses terrasses ; les thés dans le quartier de Geôle, chaleureux et tendre comme le salon de Miss Marple, avec une concentration d'antiquaires à faire pâlir bien des foires ; les dîners d'huîtres rue des Réservoirs, en sortant du Théâtre Montansier, dans une brasserie animée où l'on s'attendrait à voir débarquer Marcelle Tassencourt au bras de Thierry Maulnier… Je ne voudrais pas laisser penser qu'on ne fait que grignoter, goûter, souper à Versailles – mais cela fait partie, sans nul doute, des plaisirs d'une cité où l'on sait prendre son temps.

Avec aujourd'hui près de quatre-vingt-dix mille habitants – et bien qu'elle ne soit située qu'à dix-sept kilomètres de Notre-Dame de Paris –, Versailles ne peut pas être considérée comme une cité de banlieue. Ce n'est pas, en tout cas, l'impression qu'elle donne. On est ici dans une ville de province à part entière, que les aléas de l'Histoire auraient sise à moins d'une demi-heure de la capitale… Pour ses édiles, les défis à surmonter sont nombreux : la ville a été bâtie par décision royale sur un sol ingrat et mal pourvu en eau, selon un plan fait pour être admiré des balcons du château, mais peu propice à la vie urbaine : ses trois avenues immenses, bien trop larges, délimitent en vérité deux centres urbains : le quartier Notre-Dame, plutôt bourgeois et actif, au nord de l'avenue de Paris ; le quartier Saint-Louis, au sud, plus éteint, vaguement campagnard et peut-être plus aristocratique… Sans industrie, sans vigoureux pôle de recherche, Versailles a longtemps vécu de son statut de capitale militaire, administrative et judiciaire – ce qui n'est pas suffisant pour l'immense patrimoine qu'il lui faut entretenir. Un certain laisser-aller avait d'ailleurs fini par s'instaurer, notamment dans l'entre-deux-guerres ; des bâtiments hideux ont défiguré, par la suite, certains quartiers centraux ; avec le temps, une circulation automobile énorme, liée à la position géographique de la cité, est venue bouleverser le quotidien des habitants.

Le brillant et savoureux André Damien, académicien, ancien bâtonnier, conseiller d'État honoraire, grand-croix de plusieurs ordres souverains – assurément l'un des hommes les plus *décorés* de France –, a été maire de Versailles de 1977 à 1995. Il a beaucoup œuvré pour rendre à la ville sa fierté, son art de vivre, et pour lui assurer de nouveaux moyens d'existence. André Damien s'est considéré d'une certaine manière comme le lointain continuateur du premier maire de Versailles, le baron Thierry de Ville-d'Avray, par ailleurs premier valet de chambre de Louis XVI et intendant de son garde-meuble ; comme ce grand esthète, qui, hélas, ne resta en poste que quelques semaines, André Damien eut l'ambition de donner à Versailles sa pleine autonomie et, si possible, un centre de gravité bien distinct du château.

C'est lui qui m'a fait comprendre, au fil de discussions lumineuses, l'importance de l'histoire d'une cité trop longtemps éclipsée, dans la conscience commune, par son célèbre monument. « Versailles est un peu le *Brasilia* du XVIIe siècle, a-t-il écrit. Voulue par un homme, pour des motifs plus politiques que sentimentaux, la cité naît, gigantesque chantier, semblable à une ville du Far West, et se développe trop vite, subissant périodiquement des crises de croissance. La mort d'un roi, le départ de la présidence de la République ou des Assemblées suffisent à vider Versailles de sa substance. C'est alors la ruine, le marasme des affaires, on se trouve devant une ville qui se révèle trop à l'aise dans un décor trop grand pour sa population sédentaire : ce n'est plus Brasilia, c'est Petrópolis, la ville d'où la vie s'est retirée, en laissant une image de la mort chère aux romantiques... »

Il est vrai que, dans le passé, les habitants de cette ville ont subi les soubresauts de l'Histoire, plus qu'ils ne les ont suscités. On les a vus, en 1792, suivre leur maire, Hyacinthe Richaud, jusqu'à la Convention, pour protester contre la décision parisienne de vider la ci-devant demeure royale de ses objets d'art. « Versailles est privé de tout, gémissaient-ils, et puisque vous nous avez débarrassés de la royauté, que ferez-vous des superbes établissements dont il est plein, si vous ne vous rappelez qu'assez proche de la capitale pour offrir, avec le charme de la solitude, la ressource des sciences, il semble être fait pour être le lycée de la Nation française, la retraite des philosophes, l'école de ses artistes. » Au-delà de l'ingratitude des Versaillais pour la mémoire d'une monarchie qui, rappelons-le, avait fait leur fortune, cette supplique me paraît, avec le recul, singulièrement lucide, et proposait à la ville une destination qui, plus de deux siècles après, ne me paraît pas insensée, loin de là.

Par la suite, on aura vu les Versaillais souffrir plus que d'autres de la campagne de France, en 1814, de l'occupation prussienne, en 1870 et 1871, et encore de l'invasion de 1940. On les aura entendus acclamer Louis XVIII à son retour, Napoléon III quand il recevait la reine Victoria, en 1855, et le président Faure accompagnant, en 1896, les jeunes souverains russes… Que d'espoirs lorsque Louis-Philippe inaugure ses galeries historiques, en 1837 ! Que de cris, que de pleurs, lors du retour à Paris des Assemblées, en 1879 !

Ainsi, depuis les journées d'Octobre 1789, les Versaillais auront constamment subi les décisions importantes prises à Paris, sans leur avis, non sur leur ville – qui n'entre jamais ou presque en ligne de compte –, mais sur ce château dont ils attendent la lumière et qui n'aura cessé, tout bien considéré, de leur faire de l'ombre.

C'est assurément un paradoxe, mais la demeure royale qui a engendré Versailles et reste de loin son plus bel ornement peut être regardée, sous certains aspects, comme un problème local. Le temps n'est plus, certes, où le conseil municipal, par bravade républicaine, s'ingéniait à bâtir – c'était en 1900 – un hôtel de ville aux toitures plus élevées que celles du château, et ce, en violation délibérée des vieux règlements de Louis XIV sur la hauteur limitée des édifices versaillais… Mais tout de même, dans les années 1950 encore, lorsqu'on disait à André Mignot, le député-maire de l'époque, qu'il avait bien de la chance de présider aux destinées d'une ville comme Versailles, il lui arrivait de répondre : « Oui, c'est une belle et bonne ville… Si seulement il n'y avait pas ce maudit château ! » Aujourd'hui, un tel cri du cœur nous fait sourire, mais il traduit certainement encore le fond de la pensée d'une partie notable des Versaillais. Et, de fait, pour la cité, la proximité immédiate d'un lieu de mémoire d'une telle importance n'est pas sans inconvénients : outre l'emprise du domaine public sur deux tiers du territoire de la commune, les contraintes imposées – fort heureusement – par le respect d'un vaste *secteur sauvegardé*, et l'image historique un peu compassée, voire carrément passéiste, attachée à son nom, il lui faut compter avec les nuisances du tourisme et spécialement celles des Fêtes de Nuit.

Si encore ces touristes, qui, chaque jour de l'année, couvrent la place d'Armes de voitures et d'autocars, faisaient marcher le commerce et soutenaient l'activité locale ! Mais l'immense majorité d'entre eux, sitôt vu le château, aperçu les jardins et – dans le meilleur des cas – entraperçu Trianon, s'en retournent comme ils étaient venus, et regagnent Paris ou Roissy sans un coup d'œil pour la ville… La durée moyenne de passage à Versailles d'un visiteur est de trois heures, ce qui – lorsqu'on envisage l'immensité du site historique – donne une idée du temps restant pour visiter les à-côtés !

Voilà quelques années, l'association *Essor de Versailles* m'avait demandé d'animer, à l'Université inter-âges de l'avenue de Paris, un débat sur le thème des rapports entre la ville et son château. Y participèrent, avec courtoisie du reste, le député-maire de l'époque, Étienne Pinte, et mon ami Christophe Tardieu, alors administrateur général de l'Établissement public. Devant une assistance attentive de plusieurs centaines de personnes, les deux responsables se sont fait des politesses et, en toute fin de soirée, ont même pris l'engagement public d'intensifier les liens entre la commune et le domaine – ce qui, je crois, est devenu effectif par la suite. Mais il n'était nul besoin, ce soir-là, d'être grand clerc pour comprendre que les objectifs et les moyens des deux entités n'avaient pas grand-chose de commun, et qu'en dehors d'un dialogue de bon voisinage il était difficile d'envisager entre elles une collaboration très étroite.

L'actuel maire, François de Mazières, que j'avais pu connaître et apprécier, déjà, au Palais de Chaillot, en tant que président de la Cité de l'Architecture et du Patrimoine, avait créé, dès 1996, le beau festival connu sous le nom de *Mois Molière*. Il se bat aujourd'hui avec efficacité pour doter sa commune de nouveaux et ambitieux aménagements. La réhabilitation de l'ancien hôpital Richaud, la restructuration de la gare des Chantiers, l'ouverture, rue de la Chancellerie, d'une *cour des Senteurs*, l'aménagement de la très longue allée Le Nôtre, à partir de la pièce d'eau des Suisses, sont autant de signes de bienvenue, adressés tant aux touristes qu'à de futurs habitants. Bien évidemment, ce développement nécessaire ne saurait s'effectuer au détriment du sacro-saint domaine ; et les alarmes récentes, manifestées à propos de certains aspects épineux du Plan local d'urbanisme, ont montré à quel point – et c'est heureux – les défenseurs du site historique peuvent se montrer vigilants. Mais il me semble que le beau *Versailles* au masculin, celui du château, ne saurait être complet sans la belle

Versailles au féminin, celle de la ville ; et pourquoi ne pas imaginer qu'après tant d'années de fréquentation aigre-douce et de dépits amoureux ces deux-là finissent par s'aimer un jour ?

Permettez-moi, pour achever cet article – et, partant, pour clore ce dictionnaire – de vous donner deux conseils, un grand et un petit. Le petit conseil est de prévoir, lors de votre prochaine visite à Versailles, quelques heures pour aller baguenauder du côté des jolies halles du Marché Notre-Dame, ou des baraques, charmantes, des Carrés Saint-Louis ; pour aller visiter le musée Lambinet, l'*osmothèque*, le parc Balbi ou le petit domaine de Madame Élisabeth, *Montreuil*, propriété du Conseil général des Yvelines… Le second conseil, qui est peut-être le plus beau présent que je puisse vous faire, s'adresse d'abord aux habitants de Paris et de sa banlieue. J'ai hésité avant de le formuler, de crainte qu'à force de vanter Versailles on ne finisse par en tuer les charmes ; mais je sais, d'expérience, que très peu d'entre vous le suivront – or, pour ceux-là, il y va d'un changement de vie.

Ma recommandation, vous l'aurez compris, est la suivante : *Allez, dès que vous le pourrez, vous installer à Versailles !* Ne vous laissez pas décourager par des idées toutes faites sur une ville qu'auraient envahie les scouts, les prêtres en soutane et les mères de familles nombreuses, à serre-tête et jupe plissée. Croyez-m'en plutôt : il est facile de mener en cette ville – donc à proximité de Paris – une vie paisible et chaleureuse, dans la verdure, au sein d'un cadre harmonieux, et à cadence humaine. Faites-en l'expérience, et parlons-en… Et puis, lorsque vous serez à pied d'œuvre, allez donc saluer de ma part, s'il vous plaît, la *Proserpine* de M. Girardon, au milieu de la Colonnade, et le *Milon* de M. Puget, à l'entrée de l'Allée royale. À eux seuls, ils justifient le voyage – peut-être même un déménagement.

Remerciements

Voici l'occasion rêvée de remercier du fond du cœur les responsables de l'Établissement public du château, du musée et du domaine national de Versailles pour l'accueil si chaleureux qu'ils m'ont toujours réservé. L'actuelle présidente, Catherine Pégard, le directeur des Relations extérieures, Olivier Josse, la directrice de la Communication, Ariane de Lestrange, et l'ensemble des personnels de cette maison n'ont cessé de faciliter mon travail. À tous, merci.

Je voudrais spécialement exprimer ma gratitude au directeur du musée national, Béatrix Saule, pour l'amicale bienveillance dont elle fait preuve, depuis longtemps, à mon égard. Ma gratitude s'étend à ses collaborateurs de la Conservation et du Centre de Recherche.

Merci encore à Roland de L'Espée, Patricia Bouchenot-Déchin, Odile Caffin-Carcy et

Jean-Jacques Gautier pour leurs conseils, ainsi qu'à Alain Bouldouyre pour son talent et sa souplesse.

Toute ma reconnaissance à Danielle Porte et à Marc Menant, qui ont été mes premiers lecteurs, et m'auront évité bien des impairs, ainsi qu'à Cécile Kilburg qui a revu ma copie.

Enfin, je voudrais rendre hommage à Jean-Claude Simoën, à sa culture, à sa finesse, à sa patience… On ne dira jamais assez ce que lui doit chaque exemplaire de cette belle collection.

Table

DANS LA MÊME COLLECTION

Ouvrages parus

Philippe ALEXANDRE
Dictionnaire amoureux de la politique

Claude ALLÈGRE
Dictionnaire amoureux de la science

Jacques ATTALI
Dictionnaire amoureux du judaïsme

Alain BARATON
Dictionnaire amoureux des jardins

Alain BAUER
Dictionnaire amoureux de la franc-maçonnerie
Dictionnaire amoureux du crime

Yves BERGER
Dictionnaire amoureux de l'Amérique (épuisé)

Jean-Claude CARRIÈRE
Dictionnaire amoureux de l'Inde
Dictionnaire amoureux du Mexique

Jean DES CARS
Dictionnaire amoureux des trains

Michel DEL CASTILLO
Dictionnaire amoureux de l'Espagne

Antoine DE CAUNES
Dictionnaire amoureux du rock

Patrick CAUVIN
Dictionnaire amoureux des héros (épuisé)

Jacques CHANCEL
Dictionnaire amoureux de la télévision

Malek CHEBEL
Dictionnaire amoureux de l'Algérie
Dictionnaire amoureux de l'islam
Dictionnaire amoureux des Mille et Une Nuits

Jean-Loup CHIFLET
Dictionnaire amoureux de l'humour

Xavier DARCOS
Dictionnaire amoureux de la Rome antique

Bernard DEBRÉ
Dictionnaire amoureux de la médecine

Alain DECAUX
Dictionnaire amoureux d'Alexandre Dumas

Didier DECOIN
Dictionnaire amoureux de la Bible

Jean-François DENIAU
Dictionnaire amoureux de la mer et de l'aventure

Alain DUAULT
Dictionnaire amoureux de l'Opéra

Alain DUCASSE
Dictionnaire amoureux de la cuisine

Jean-Paul et Raphaël ENTHOVEN
Dictionnaire amoureux de Marcel Proust

Dominique FERNANDEZ
Dictionnaire amoureux de la Russie
Dictionnaire amoureux de l'Italie (deux volumes sous coffret)
Dictionnaire amoureux de Stendhal

Franck FERRAND
Dictionnaire amoureux de Versailles

Max GALLO
Dictionnaire amoureux de l'histoire de France

Claude HAGÈGE
Dictionnaire amoureux des langues

Daniel HERRERO
Dictionnaire amoureux du rugby

HOMERIC
Dictionnaire amoureux du cheval

Christian LABORDE
Dictionnaire amoureux du Tour de France

Jacques LACARRIÈRE
Dictionnaire amoureux de la Grèce
Dictionnaire amoureux de la mythologie (épuisé)

André-Jean LAFAURIE
Dictionnaire amoureux du golf

Gilles LAPOUGE
Dictionnaire amoureux du Brésil

Michel LE BRIS
Dictionnaire amoureux des explorateurs

Jean-Yves LELOUP
Dictionnaire amoureux de Jérusalem

Paul LOMBARD
Dictionnaire amoureux de Marseille

Peter MAYLE
Dictionnaire amoureux de la Provence

Christian MILLAU
Dictionnaire amoureux de la gastronomie

Bernard PIVOT
Dictionnaire amoureux du vin

Gilles PUDLOWSKI
Dictionnaire amoureux de l'Alsace

Yann QUEFFÉLEC
Dictionnaire amoureux de la Bretagne

Alain REY
Dictionnaire amoureux des dictionnaires
Dictionnaire amoureux du diable

Pierre ROSENBERG
Dictionnaire amoureux du Louvre

Elias SANBAR
Dictionnaire amoureux de la Palestine

Jérôme Savary
Dictionnaire amoureux du spectacle (épuisé)

Jean-Noël Schifano
Dictionnaire amoureux de Naples

Alain Schifres
Dictionnaire amoureux des menus plaisirs (épuisé)
Dictionnaire amoureux du bonheur

Robert Solé
Dictionnaire amoureux de l'Égypte

Philippe Sollers
Dictionnaire amoureux de Venise

Michel Tauriac
Dictionnaire amoureux de De Gaulle

Denis Tillinac
Dictionnaire amoureux de la France
Dictionnaire amoureux du catholicisme

Trinh Xuan Thuan
Dictionnaire amoureux du ciel et des étoiles

André Tubeuf
Dictionnaire amoureux de la musique

Jean Tulard
Dictionnaire amoureux du cinéma
Dictionnaire amoureux de Napoléon

Mario Vargas Llosa
Dictionnaire amoureux de l'Amérique latine

Dominique Venner
Dictionnaire amoureux de la chasse

Jacques Vergès
Dictionnaire amoureux de la justice

Pascal Vernus
Dictionnaire amoureux de l'Égypte pharaonique

Frédéric Vitoux
Dictionnaire amoureux des chats

À paraître

Catherine CLÉMENT
Dictionnaire amoureux des dieux et des déesses

José FRÈCHES
Dictionnaire amoureux de la Chine

Henri PENA-RUIZ
Dictionnaire amoureux de la laïcité

Composition et mise en page

NORD COMPO
multimédia

Cet ouvrage a été achevé d'imprimer en octobre 2013
dans les ateliers de Normandie Roto Impression s.a.s.
61250 Lonrai
Dépôt légal : octobre 2013
N° d'impression : 133855
Imprimé en France